NZZ Libro

Fritz Staudacher

Jost Bürgi, Kepler und der Kaiser

Uhrmacher
Instrumentenbauer
Astronom
Mathematiker
1552–1632

Verlag Neue Zürcher Zeitung

Bibliografische Information der Deutschen Nationalbibliothek

Die Deutsche Nationalbibliothek verzeichnet diese Publikation in der Deutschen Nationalbibliografie; detaillierte bibliografische Daten sind im Internet über http://dnb.d-nb.de abrufbar.

Gestaltung, Satz: GYSIN [Konzept+Gestaltung], Chur
Druck, Einband: Druckerei Uhl, Radolfzell

ISBN 978-3-03823-828-7

www.nzz-libro.ch
NZZ Libro ist ein Imprint der Neuen Zürcher Zeitung

FSC
www.fsc.org
MIX
Papier aus verantwortungsvollen Quellen
FSC® C004229

1/ Das geozentrische Weltmodell des Claudius Ptolemäus (nach 80–160 n. Chr.) und des Aristoteles: Alle Gestirne am Firmament einschliesslich der Planeten mit Mond und Sonne umkreisen die im Zentrum ruhende Erde. Illustriert und publiziert 1660 von Andreas Cellarius in *Harmonia Macrocosmica*.
Den Bildquellennachweis für sämtliche Abbildungen dieses Buches finden Sie auf den Seiten 290–293.

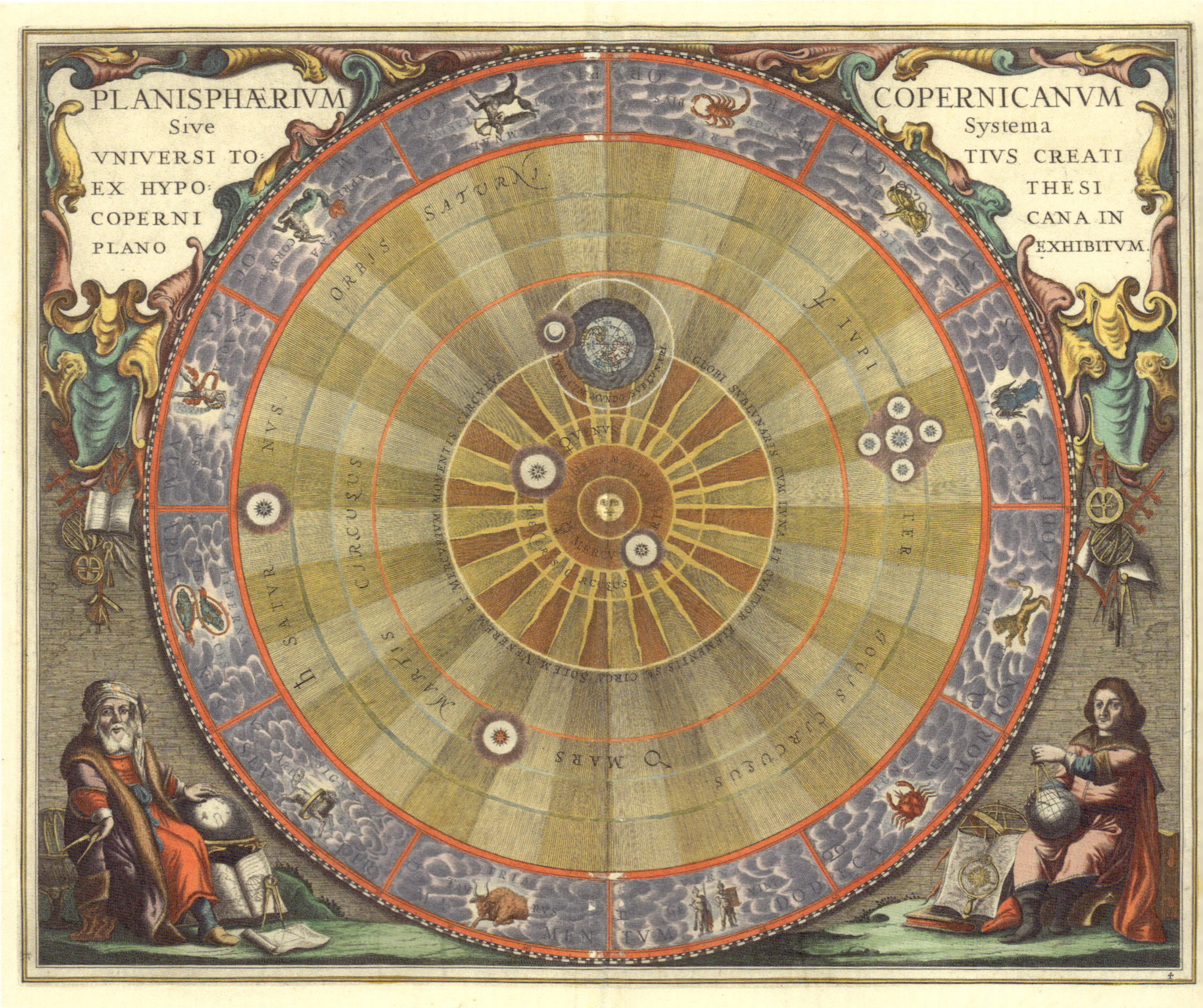

2/ Das heliozentrische Weltmodell des Nikolaus Kopernikus (1473–1543 n. Chr.) und des Aristarch von Samos (310–230 v. Chr.): Die Erde und alle anderen Planeten umkreisen die ruhende Sonne. Erde und Jupiter werden zusätzlich von eigenen Monden umkreist. Illustriert und publiziert 1660 von Andreas Cellarius in *Harmonia Macrocosmica.* Den Bildquellennachweis für sämtliche Abbildungen dieses Buches finden Sie auf den Seiten 290–293.

DIALOGVS
DE SYSTEMATE MVNDI,
Autore
GALILÆO GALILÆI LYNCEO,
SERENISSIMO
FERDINANDO II. HETRVR. MAGNO-DVCI
dicatus.
ARISTOT.
CL. PTOLEM.
N. COPERNICVS.
Anno S.
1635
Augustæ Treboc.
Impensis BONAVENTVRÆ et ABRAHAMI ELZEVIR
Bibliopolar. Leydens.

Vorwort

Jost Bürgi – ein Schweizer in der europäischen Kulturgeschichte

3/ **Dialog der Wissenschaftler und Astronomen Aristoteles, Ptolemäus und Kopernikus um das richtige Weltmodell, dargestellt auf dem Frontispiz von Galileo Galileis gleichnamigem Werk. Die Inquisition bestraft ihn dafür 1633 mit lebenslanger Haft bzw. Hausarrest sowie einem Publikationsverbot.**

4/ **Jost Bürgi (28. 2. 1552–31. 1. 1632).**

Jost Bürgi, ein Instrumentenbauer, ein Uhrmacher, ein Astronom, ein Mathematiker, eine Persönlichkeit, bis heute in höchstem Ansehen. Seine Instrumente – Globen, Uhren, Visierinstrumente –, die höchste technische Perfektion mit ebenso höchstem ästhetischen Anspruch verbinden, sind heute Raritäten und zentrale Objekte der wenigen Sammlungen, die sich glücklich schätzen dürfen, Produkte aus der Werkstatt des Meisters zu besitzen. Doch eine zusammenfassende Darstellung von Leben und Werk Bürgis, der aufgrund seiner Herkunft aus der Talschaft Toggenburg auch noch eine der interessantesten Persönlichkeiten in der Sozialgeschichte der Wissenschaften ist, fehlt bislang.

Wegweisende Arbeiten wurden von John H. Leopold und Ludwig Oechslin zu den bürgischen Globen und Uhren verfasst, zu den Kasseler Instrumenten durch Ludolf von Mackensen, neuere Forschungen zu den Kasseler Sammlungen stammen von Karsten Gaulke, dem Leiter des Kasseler Museums, das die meisten originalen Werke Bürgis besitzt. Etwa in den letzten beiden Jahrzehnten wurde die fundamentale Bedeutung Kassels und damit des Umfeldes des Schaffens von Jost Bürgi für die Entstehung der neuzeitlichen Astronomie klar. Doch dies war kein Umfeld, in das Bürgi hineingestellt war, sondern das er ganz wesentlich mitprägte.

Warum ist aber Bürgi heute noch immer eine Person, die zwar unangefochten in den Fachkreisen dasteht, aber im Bewusstsein einer breiteren, wissenschaftlich und technisch interessierten Öffentlichkeit höchstens mit dem Prädikat des Miterfinders der Logarithmen verbunden wird? Letzteres ist zwar richtig und wichtig, reduziert Bürgi jedoch in einer Weise, die ihn angesichts seiner Gesamtleistung geradezu unverantwortlich verkleinert.

Warum also Bürgi, das wenig bekannte Genie? Vielleicht ist diese Frage nun nicht mehr so wichtig, liegt doch mit der Arbeit von Fritz Staudacher ein Buch vor, das alle Möglichkeiten hat, dies nachhaltig zu ändern. Bürgi wird hier in seiner ganzen Vielfalt begreifbar. Das beginnt schon bei seiner Kindheit und frühen Jugend, seiner fachlichen Ausbildung, seinem doch auch weiterhin nicht leicht nachvollziehbaren Werdegang: vom notdürftig schulisch unterwiesenen Knaben, als den wir ihn im Toggenburg sehen, dann aus den Augen verlieren, bis er wie aus dem Nichts in Kassel am Hof des gebildeten Landgrafen Wilhelm von Hessen als Uhrenmacher auftaucht und bald den Beinamen «zweiter Archimedes» zugesprochen erhält. Hier zählt er zwar nicht, wie sein griechischer Namensgeber, die Sandkörner der Welt, läuft nicht, der Badewanne entsprungen, durch die Stadt und wird vor allem nicht von einem rohen Soldaten erschlagen – sondern: Bürgi schafft die genauesten Uhren des 16. Jahrhunderts und darüber hinaus gibt er damit der Astronomie bislang unbekannte Hilfsmittel, er schafft mit seinen selbstbewegten Globen wissenschaftliche Kunstwerke ohne Vorbild, er vereinfacht die aufwendigen Berechnungen der Astronomen und hilft damit bei der mathematischen Durchdringung der Wissenschaften überhaupt, er erfindet ein neues Visierinstrument für das zivile und militärische Ingenieurwesen und – das sei nicht vergessen – verleiht Kassel als Residenz einer kleinen Landgrafschaft viel Glanz und Ansehen.

Seine technischen Bemühungen fliessen ein in die astronomischen Forschungen in Kassel, vor allem durch Christoph Rothmann, für den er Instrumente verbessert und die Uhren konstruiert. Bürgi hat einen gewichtigen Anteil daran, dass hier einer der Ausgangspunkte der modernen astronomischen Beobachtungskunst gesetzt wird, anerkannt schon unter den Zeitgenossen: von Tycho Brahe, der im Briefwechsel mit den Kasseler Astronomen steht und viel von ihren Forschungen veröffentlicht, und Johannes Kepler, der in Prag mit Bürgi zusammenarbeitete, und 100 Jahre später vom ersten «Astronomer Royal» John Flamsteed in Greenwich, der den wichtigen Kasseler Sternkatalog als eines der wichtigsten Werke der Astronomiegeschichte noch einmal veröffentlicht.

Es gelingt Staudacher eine spannende Darstellung des Lebens und des Werkes des Schweizers und des Europäers Jost Bürgi. Es ist ein Bild entstanden, das in der Gesamtschau erst so richtig die Bedeutung Bürgis sichtbar macht. Ein Bild, das sich zunächst an einen grossen Leserkreis wendet, doch auch für die Fachwissenschaftler wichtig ist, weil es zeigt, wo Forschungen ansetzen können, um manche Details im Leben Bürgis, die der Autor mit einem «vielleicht» markieren musste, zu klären. Es ist ein Buch, das von Geschichte, Kunst und Wissenschaft erzählt.

Jürgen Hamel
Archenhold-Sternwarte, Berlin-Treptow

5/ Das hybride geo-heliozentrische «tychonische» Weltmodell des Tycho Brahe (1546–1601). Um die Erde im Zentrum drehen sich Mond und Sonne, und um diese die (anderen) Planeten. Wie beim geozentrischen Modell wandert die Sonne im Verlaufe eines Jahres durch die zwölf Sternbilder des Fixsternhimmels. Illustriert und publiziert 1660 von Andreas Cellarius in *Harmonia Macrocosmica*. Den Bildquellennachweis für sämtliche Abbildungen dieses Buches finden Sie auf den Seiten 290–293.

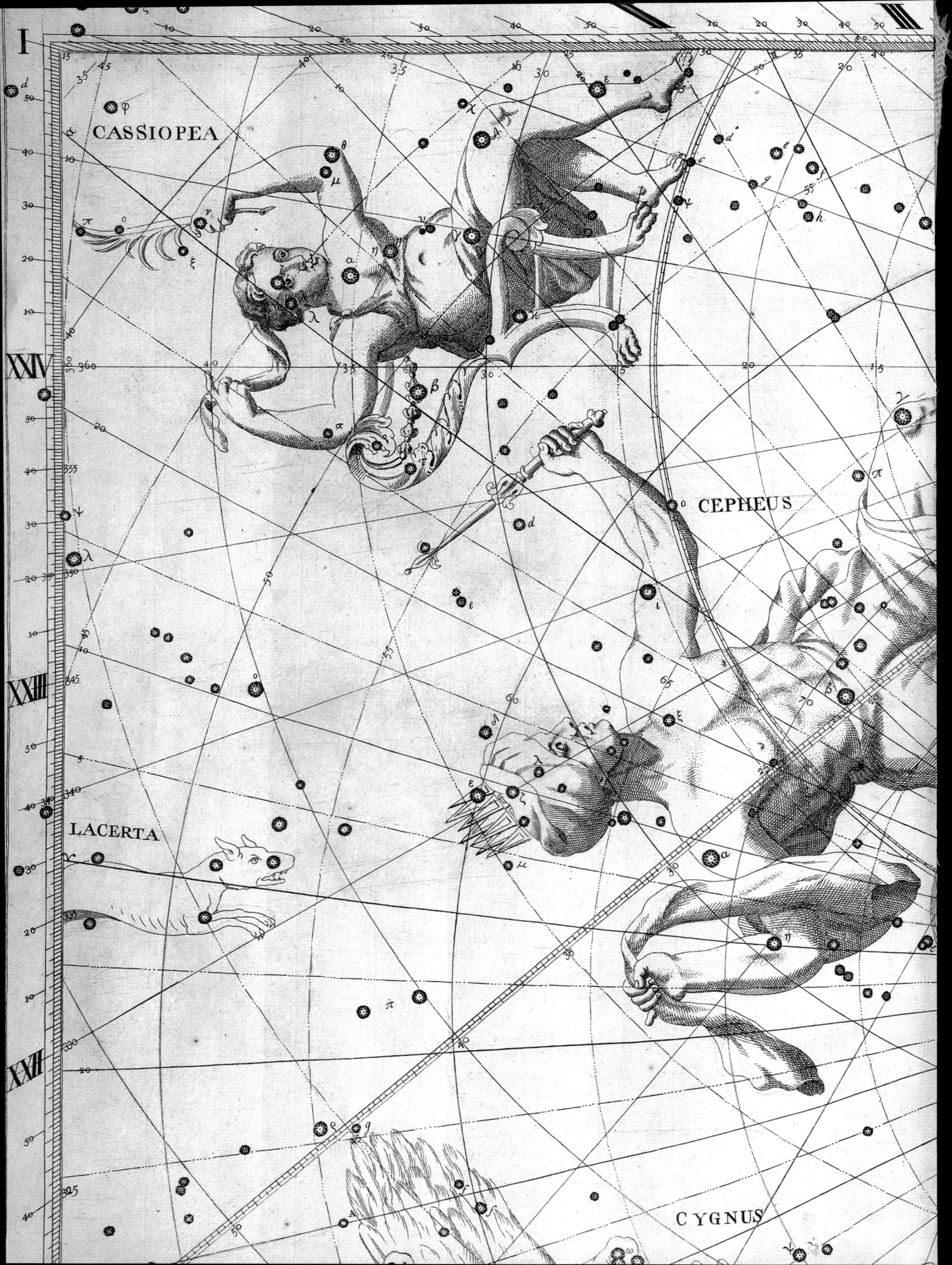
I
CASSIOPEA
XXIV
CEPHEUS
XXIII
LACERTA
XXII
CYGNUS

Einleitung

6/ **Sternkarte von John Flamsteed mit der Cassiopeia aus seinem *Atlas Coelestis*. Dieser erste Königliche Astronom und Leiter der Sternwarte von Greenwich publizierte das von Bürgi und Rothmann in Kassel unter Wilhelm IV. erarbeitete *Grosse Hessische Sternverzeichnis* erstmals im Ausland (Seite 134).**

Mehr sein als scheinen

Warum steckt in der Neuen Astronomie der Frühen Neuzeit mehr Jost Bürgi drin als draufsteht? Urheber dieser Ignoranz Jost Bürgis im Geschichtsbild ist unter Umständen er selbst. Sein Problem: Er ist kein Mann der Öffentlichkeit, sondern der Bescheidenheit. Und er tut sich zeitlebens mit dem Schreiben schwer. Doch obwohl er höchstens sechs Jahre lang eine Schule besucht hat, weiss er mit seinen intelligenten Werken Fürsten und Kaiser zu begeistern, an deren Residenzen in Kassel und Prag er lebt und arbeitet. Dieser Toggenburger Jost Bürgi* ist mehr als der Erfinder der Logarithmen und der Schöpfer der kunstvollsten Himmelsglobens; er ist auch der Erbauer der weltersten Sekundenuhr und genialer Vermessungsinstrumente. Jost Bürgi ist darüber hinaus ein wichtiger astronomischer Beobachter sowie in einigen Disziplinen Johannes Keplers Mitarbeiter, Lehrer und Datenlieferant.

Immerhin hatte dieser Jost Bürgi (28.2.1552–31.1.1632) schon 1586 für seinen Freund Nicolas Reimers «Ursus» Bär ein geo-heliozentrisches Weltmodell berechnet und dreidimensional aus Messing gefertigt – ein Weltmodell, um dessen Erfindungspriorität die drei aufeinanderfolgenden kaiserlichen Hofastronomen Nicolas Reimers «Ursus» Bär, Tycho Brahe und Johannes Kepler streiten werden (Seite 210). Auch hatte J. Bürgi 1590 in seiner Mondanomalien-Äquationsuhr erstmals eine elliptische Bewegungsbahn eingebaut. Und ebenso hatte Jost Bürgi bereits 1591 in mehrjährigen Beobachtungsreihen von Sonne und Mond auch Daten der Erdbahn erarbeitet,[1] die genauer waren als alles bisher Bekannte. Unberechtigt und überraschend gelangen diese Daten plötzlich auch in die Hände des 23-jährigen Johannes Kepler (1571–1630), der gerade dabei ist, sein Manuskript *Mysterium Cosmographicum (Weltgeheimnis)* abzuschliessen.

In seinen ureigensten Gebieten ist der empirisch vorgehende Jost Bürgi einem Johannes Kepler, Tycho Brahe und Galileo Galilei ebenbürtig. Doch im Gegensatz zu Jost Bürgi ziehen diese drei bekannteren Pioniere der Neuen Astronomie einer rein kopernikanischen Lösung zeitlebens

*Jost Bürgi, auch geschrieben mit Familiennamen Birgi, Borgen, Borghi, Bourgj, Burgi, Burgck, Burgk, Burrj, Byrgi, Birgiss, Byrgius oder Pirgius sowie mit Vornamen Iusten, Jobst, Joist, Just, Justi oder Justus.

eigene Modellvarianten vor. So weigert sich Tycho Brahe, die Bahnbewegungen einer scheinbar wandernden Sonne als diejenigen der Erde zu betrachten. Dass Bürgi mit seinen handlichen Messinstrumenten die Positionen der Sonne, des Mondes, der Sterne und der Planeten wesentlich genauer erfasste als Brahe mit seinen riesigen Eigenkonstruktionen, überspielte der Däne nicht alleine mit grossen Geräten, sondern vor allem mit grossspurigem Gehabe. Als Brahe 1601 starb, geschah dies in vollem Irrglauben des dänischen Adeligen an sein hybrides geo-heliozentrisches «tychonisches» Weltmodell. Was aber fehlt Kepler am heliozentrischen Weltmodell des Kopernikus? Ein Jahrzehnt nach Veröffentlichung seiner *Astronomia Nova* schreibt er 1619 selbst in seinem Lieblingswerk *Harmonice Mundi (Weltharmonien)*, dass er noch immer auf der Suche nach göttlichen Harmonien zwischen platonischen geometrischen Körpern sei. Und der italienische Mathematikprofessor Galileo Galilei? Er ignoriert Keplers Gesetze über die Elliptizität der Planetenumläufe gleich ganz – und das zeitlebens.

Die Unterstützung Keplers durch Bürgi ist nicht zu unterschätzen, blieb jedoch bis anhin in der Literatur weitgehend unbeachtet. Worin lagen denn die Beiträge Jost Bürgis? Wir erkennen sie in drei Kategorien:

1. Genauigkeitssteigerung durch Datenaustausch. Während mehr als eines Jahrzehnts tauschen die Uraniborger und Kasseler Observatorien ihre Messwerte aus, optimieren ihre Methoden der Erfassung fortlaufend und verbessern ihre Genauigkeit ständig. Aufgrund dieser gegenseitig optimierten astronomischen Beobachtungen und Berechnungen sind Brahes Datensätze von Mars, Mond und Sonne bzw. Erde so genau, dass es Johannes Kepler möglich wird, den elliptischen Bahnverlauf des Mars zu erkennen und nachzuweisen. Auf der Sternwarte des Landgrafen Wilhelm IV. von Hessen-Kassel (1532–1592) ist Jost Bürgi zusammen mit Landgraf Wilhelm und Mathematicus Christoph Rothmann (1551–1600) der langjährigste und intensivste Beobachter.* Und er bleibt dies für den fehlsichtigen Johannes Kepler auch in den ersten Prager Jahren.

2. Rechenbeschleunigung durch seine neuen Mathematikmethoden. Erst mit der Hilfe von Bürgis Dezimalbruchrechnung, abgekürzter Multiplikation und Division, algebraischer Geometrie und Canon-Sinuum-Tabellen sowie Prosthaphärese und Logarithmentafeln fällt es Kepler leichter, die grossen Datenmengen Brahes in überschaubarer Zeit zu verarbeiten und zu analysieren.

* Jost Bürgi arbeitet von 1579 bis 1603 in Kassel 17 Jahre an den Beobachtungs- und Messinstrumenten, davon die Hälfte dieser Jahre (von 1588 bis 1597) intensiv beobachtend; Mathematicus Christoph Rothmann ist insgesamt fünfeinhalb Jahre auf der Kasseler Sternwarte tätig (von Dezember 1584 bis Mai 1590). Landgraf Wilhelm IV. initiierte und leitete das Kasseler Observatorium von 1558 bis 1592 während mehr als 30 Jahren. Hier beobachtete er die Himmelsobjekte, wenn es ihm seine Zeit zuliess, kenntnisreich und konzentriert. Jost Bürgi ist auch diejenige Person, die zeitlich am längsten mit Johannes Kepler am Kaiserhof in Prag zusammenarbeitet: von Juni 1603 (Eintreffen Bürgis in Prag) bis Februar 1612 (Umzug Keplers nach Linz). Tycho Brahe und Johannes Kepler verbringen hingegen weniger als 220 Tage gleichzeitig auf Schloss Benatek und in Prag.

3. Qualitätsverbesserung durch exaktere Sextanten und die ersten Sekunden-Observatoriumsuhren. Erst dank der damals unübertroffenen Genauigkeit von Bürgis Quadranten, Sextanten und Observatoriumsuhren ist Johannes Kepler in der Lage, eine elliptische Kreisbahnabweichung von acht Winkelminuten zu ermitteln und empirisch sicher zu überprüfen sowie auf Winkelminuten-Bruchteile genau zu bestätigen.

Dass mehr als 400 Jahre vergehen, bis diese Beiträge Bürgis erstmals zusammenfassend in einem Buch dargestellt werden können, hat höchstwahrscheinlich mit zwei von uns vermuteten und bis heute geheim gebliebenen Vertraulichkeitsvereinbarungen zu tun, deren Dokumente bis in unsere Tage so geheim geblieben sind, dass sie auch heute fehlen. Demnach hatte Johannes Kepler geheim zu halten, was er über Bürgis noch unveröffentlichte mathematische Methoden und Algorithmen wusste (und selbst nutzte); und zweitens durfte Johannes Kepler aufgrund einer Verpflichtungserklärung gegenüber den Brahe-Erben nur Tycho Brahe und seine Assistenten als Datenlieferanten nennen. Die über ein Jahrzehnt in Kassel beobachtenden und ihre Informationen und Daten austauschenden Astronomen Rothmann, Wilhelm IV. und Bürgi waren als Datenlieferanten für sein grundlegend revolutionäres Werk *Astronomia Nova* ebenso totzuschweigen wie für die *Rudolfinischen Tafeln* – was, zumindest bis heute, funktioniert hat.

Nicht übersehen, umdeuten oder totschweigen lassen sich hingegen Bürgis Instrumente, Uhren und Himmelsgloben: Im Gegenteil dienen diese kostbaren Objekte dem Ruhm ihres Auftraggebers und mehren das Ansehen ihres Besitzers. Sie integrieren Wissen, Können und Schönheit auf so perfekte Weise, dass ihre automatischen Abläufe wundersam mit der Natur und dem Kosmos übereinstimmen, ohne dass der Betrachter die dafür entwickelten innovativen und hochpräzisen mechanischen Systeme erkennen könnte. Als man sich beispielsweise Jost Bürgis wunderbare Sonnen- und Mondanomalien-Äquations-Tischuhr dreieinhalb Jahrhunderte nach ihrer Fertigung erstmals etwas genauer ansieht, erkennt man nicht nur, dass Bürgi mit seinen Sekunden-Observatoriumsuhren ein neues Kapitel der Zeitmesstechnik aufschlug, sondern dass er 1590/91 in einer kleinen Tischuhr erstmals mechanisch über eine doppelepizyklische Konstruktion einen elliptischen Bahnverlauf generierte und ebenso 1593/94 in seinem kleinen Himmelsglobus: eine neue mögliche Lösung für Keplers Suche nach dem Verlauf der Planetenbahnen?[2] (Seite 236).*

* Der Wissenschaftshistoriker John H. Leopold sagt 1984 in seinem Standardwerk *Sterne – Astronomen – Geräte* auf den Seiten 51/52 über Jost Bürgis frühzeitige Konstruktion eines Mechanismus zur Generierung einer Ellipse: «Hier musste also nicht ein exzentrischer Kreis, sondern eine Ellipse erzeugt werden; dass die von Bürgis [spezieller epizyklischer Anordnung] beschriebene Kurve eine Ellipse ist, hat Bürgi vermutlich zuerst empirisch entdeckt: doch ist kaum anzunehmen, dass ein so versierter Mathematiker nicht versucht hätte, die Kurve auch zu berechnen. Tatsächlich war schon Copernicus bekannt, dass sich aus zwei kreisförmigen Bewegungen eine Ellipse erzeugen lässt.» Wir wissen dazu heute, vor allem dank dem Bürgi-Biografen, Uhrencreateur und Wissenschaftshistoriker Ludwig Oechslin, dass es mittlerweile eine lange Vorgeschichte gibt, die bis Antikythera und Hellas zurückreicht.

Rudolphus der ander Römische Keiser
Erwöhlt Anno Christi 1576 den 27 october Regiert
34 Jar 2 mo. 10 tag
10

7/ Kaiser Rudolf II., im selben Jahr 1552 geboren wie Jost Bürgi und 1576 zum Kaiser gekrönt, ist ein aussergewöhnlicher Förderer der Künste und der Astronomie. Er beruft Tycho Brahe, Johannes Kepler und Jost Bürgi nach Prag und schafft mit diesem Dreigestirn die Voraussetzungen zur keplerschen Revolution.

Jost Bürgi ist Kammeruhrmacher dreier hessischer Landgrafen und dreier deutsch-römischer Kaiser. Landgraf Wilhelm IV. von Hessen-Kassel, der kreativste und anspruchsvollste Landesherr auf dem Gebiet der Astronomie, und Kaiser Rudolf II., der mächtige Herrscher des Heiligen Römischen Reiches Deutscher Nation, berufen Jost Bürgi persönlich als ihren Kammeruhrmacher. Ab 1579 übt Jost Bürgi dieses Amt am Fürstenhof in Kassel aus und führt es weiter, als Wilhelm IV. «der Weise» 1592 stirbt und ihn sein Sohn Moritz in gleicher Funktion weiterbeschäftigt. 1604 verpflichtet Kaiser Rudolf II. (reg. 1576–1612) Jost Bürgi als kaiserlichen Hofuhrmacher zu sich auf den Hradschin in Prag. Als dann 1612 Kaiser Matthias (reg. 1612–1619) zum Kaiser gekrönt wird, übernimmt er auch Jost Bürgi – ebenso wie Kaiser Ferdinand II. (reg. 1619–1637) nach dem Ableben Matthias' 1619. Als Kaiser Ferdinand 1620 die kaiserliche Residenz wieder von Prag nach Wien verlegt, bleibt Bürgi sein Hofuhrmeister, doch der mittlerweile 68-jährige Bürgi hält Prag die Treue und bleibt in seiner Werkstatt auf dem Hradschin. In Hessen-Kassel sind die Zeiten nicht weniger hektisch und ebenso von einer stillschweigenden Weiterführung des ruhenden Anstellungsvertrages zwischen Jost Bürgi und den als Landgrafen nachrückenden Kindern bzw. den Enkelkindern Wilhelms IV. – Moritz (reg. 1592–1627) und Wilhelm V. (1627–1637) – geprägt. So ist Jost Bürgi von 1610 bis ins Jahr 1631 – in dem er ganz nach Kassel zurückkehrt – auch längere Zeitabschnitte in Kassel tätig, wo er noch immer sein bereits 1591 erworbenes Haus besitzt und nur einen Monat vor der Feier seines 80. Geburtstages in einem damals biblischen Alter stirbt.

Wo hat sich Jost Bürgi all diese Kenntnisse auf so hohem Niveau und in dieser handwerklichen Perfektion angeeignet? Nachdem es über seine Schul-, Lehr- und Weiterbildungszeiten keinerlei schriftliche Zeugnisse gibt, greifen wir die rudimentären Hinweise früherer Bürgi-Biografen auf, prüfen ihre Vermutungen aus unserer heutigen Perspektive und verwerfen oder vertiefen sie unter Umständen mit neuen Erkenntnissen zur Bildung konziserer Hypothesen – dies wohlweislich im Bewusstsein, sich dadurch in die Strömungen der Spekulation zu begeben und dabei kurzfristig die Fixpunkte historischer Seriosität und empirischer Nachprüfbarkeit zu verlassen. Da uns jedoch über seine ersten 25 Jahre weder von ihm noch über ihn bis kurz vor Redaktionsschluss kein einziges Dokument vorliegt, können wir uns nur auf Umwegen, einschliesslich unvermeidlicher Sackgassen, der historischen Realität annähern. So etwa, wie Johannes Kepler bei der mühsamen Suche nach dem Bahnverlauf des Planeten Mars erst nach 40 langwierigen Versuchen von der Kreisform und Exzentrität zum Oval und endlich glücklich zur Ellipse gelangte.

Doch auch in der Bewertung seiner Kasseler astronomischen Beobachtungen sowie seiner geometrisch-algebraischen und numerischen Mathematikinnovationen verdient es Jost Bürgi, nicht länger ignoriert zu werden. Zunehmend spürbaren Tendenzen, Jost Bürgi die Logarithmen-Kompetenz in der Gestaltung seiner Progresstabulen abzusprechen, ist mit Nüchternheit und wissenschaftlichem Anstand zu begegnen: Jörg Waldvogel vom Seminar für Angewandte Mathematik der ETH Zürich präsentiert dazu in einem ausgezeichneten Artikel *Jost Bürgi and the Discovery of the Logarithms* die heutige Position wissenschaftlicher Erkenntnis. Neue Aspekte über Bürgis Umfeld ergeben sich durch die Forschungen Dieter Launerts über Nicolas Reimers «Ursus» Bär, den wohl besten Freund Jost Bürgis, und dessen Auseinandersetzungen mit Tycho Brahe. Die neueren Kasseler Erkenntnisse verdanken wir vor allem Jürgen Hamels und Karsten Gaulkes Forschungsberichten sowie den empirischen Untersuchungen Eckehard Rothenbergs und Johann Wünschs. Die Vermessenheit hingegen, vor der Bildung und Analyse spekulativer Konstellationen nicht zurückzuschrecken sowie daraus Hypothesen abzuleiten ist einzig dem Autor dieses Buches anzulasten.

Neue Hypothesen zur Bürgi-Forschung. Zur besseren Differenzierung und Visualisierung zwischen gesicherten Fakten und unseren hypothetischen Annahmen verwenden wir im Normalfall den Namen Jost Bürgi. Seine abgekürzte und in Anführungszeichen gesetzte Schreibweise «Jost B.» verwenden wir immer dann, wenn wir eine Situation beschreiben, die noch weiter zu hinterfragen ist. Auch wenn eine solche Situationsbeschreibung mit heutigem Kenntnisstand die grösste Annäherung an die Wirklichkeit darstellen dürfte, ist diese (noch) nicht bewiesen oder falsifiziert und bedarf deshalb weiterer kritischer Beurteilung und empirischer Forschung sowie des Dialogs.

Zum Auftakt drei Zeitzeugen: Wilhelm IV., Reimers und Kepler

Jost Bürgi ist der Taktgeber der Frühen Neuzeit in vielen Gebieten. Er entwickelte als Uhrmacher die welterste Sekundenuhr und schuf damit die Sekunde als wissenschaftliche Zeitmasseinheit; als Mathematiker die Logarithmen und algebraische Methoden; als Instrumentenkonstrukteur Proportionalzirkel und Triangulationsgerät; als Astronom einen völlig neuartigen Sextanten und kunstvollste mechanische Himmelsgloben. Darüber hinaus war der kaiserliche Kammeruhrmacher Bürgi zusammen mit Kepler, Brahe und Galilei einer der führenden Himmelsbeobachter seiner Zeit – davon acht Jahre am Kaiserhof in Prag gemeinsam mit Johannes Kepler. Jost Bürgi unterstützte diesen mit seinen Rechenmethoden, Himmelsbeobachtungen, Sekundenuhren und Sextanten – und dies weitaus umfassender als bis anhin bekannt. Jost Bürgi repräsentiert gleichzeitig die Spitzenpositionen seines Berufes als fürstlicher Kammeruhrmacher in Kassel von 1579 bis 1604 sowie als kaiserlicher Hofuhrmacher in Prag von 1604 bis 1630 jeweils ein Vierteljahrhundert lang.

Schon die berühmtesten zeitgenössischen Mathematiker und Astronomen sowie Fürsten und selbst der Kaiser des Heiligen Römischen Reiches

Deutscher Nation hatten die aussergewöhnlichen Talente und das Genie dieses Jost Bürgi erkannt.

So schreibt der Landgraf Wilhelm IV. von Hessen-Kassel, der selbst astronomisch tätig ist, 1586 an Tycho Brahe über die weltweit erste Sekundenuhr: «durch Wissen und Können unseres Uhrmachers Meister Just Burgii, mit einem Vorstellungsvermögen wie ein zweiter Archimedes».[3]

Der kaiserliche Hofmathematiker Nicolas «Raimarus Ursus» Reimers Bär beschreibt in einem Brief an Kepler im Juni 1597 Bürgi als seinen «Astronomie-Lehrer, der in sich die Eigenschaften von Euklid und Archimedes vereint»[4].

Und Johannes Kepler berichtet 1606 in seiner Schrift *De stella tertii honoris in Cygno*, dass Jost Bürgi trotz Unkenntnis der Sprachen «in der mathematischen Wissenschaft und Forschung leicht viele ihrer Professoren übertrifft. In der Tat hat er sich ihre Praxis in einem solchen Ausmass angeeignet, dass ihn eine folgende Generation auf seinem Gebiet als keine geringere Koryphäe achten wird als Dürer in der Malerei, dessen Ruhm, wie ein Baum, unmerklich weiter wächst.»[5]

Wer war also dieser Jost Bürgi, dass ihn seine berühmten Zeitgenossen mit Euklid, Archimedes und Dürer gleichsetzten? Wer war dieser Mann, der es sich leisten konnte, dem mächtigen und für seine Strategie und Taktik bewunderten sowie für seine Unberechenbarkeit und Grausamkeit gefürchteten Feldherrn Albrecht von Wallenstein den Wunsch nach einem Horoskop abzuschlagen, und dies wie folgt: «Alle euere vorgeblichen Themata sind Absurditäten, welche nur für Esel und Dummköpfe gut sind.»[6] Und er sei wohl keiner.

IOBST BVRGI ROM: KAY: MAYtt: ETC. RVDOLFFI VND MATTHIA IM 13. IAR CAMER VND FVRST: LANDG: HESS: IM 40. IARE BESTELTER VHRMACHER, ALTERS IN DEM 67. DES 1619. IAHRS DEN 28. TAG FEBRVARY:
Diß buch zeiget künstlich aen
wie begriffen werden kan
Mathematischer instrument
Dryangels gehaimnus bhent.
DVRCH WISZENHAIT DISER KVNST
ERLANGT ICH GROSZER HERRN GVNST
Cum Priuilegio
Sac. Caes. May.tis

Kapitel 1
Jost Bürgi aus Lichtensteig im Toggenburg

8/ **Frontispiz des 1648 veröffentlichten Berichtes von Benjamin Bramer über Bürgis Triangularinstrument mit dem einzigen Porträt von Jost Bürgi.**

Erste Spuren und Dokumente

Um ein erstes Bild von Jost Bürgi zu erhalten, müssen wir zunächst einen Blick nach Prag werfen. Am 28. Februar 1619 porträtiert hier der kaiserliche Kupferstecher Ägidius Sadeler auf dem Hradschin mit schnellem und sicher geführtem Federstrich den bärtigen kaiserlichen Kammeruhrmacher Bürgi. Die Federskizze ist das persönliche Geschenk des niederländischen Künstlers für seinen Freund Jost, der an diesem Tag seinen 67. Geburtstag feiert. Auch wenn Jost Bürgi in dieser Porträtskizze ironisch zu lächeln scheint, sind die Zeiten gerade alles andere als lustig. Es herrscht Krieg in Böhmen!

> **Zeuge beim zweiten Prager Fenstersturz.** Am 23. Mai 1618 ist eine böhmische Standesdelegation unter Führung des Grafen Heinrich Matthias von Thurn auf die Kaiserburg des Heiligen Römischen Reiches gezogen und hat die beiden kaiserlichen Statthalter Wilhelm von Slawata und Jaroslaw von Martinitz gepackt und kurzerhand durch das Fenster in den Hradschin-Schlossgraben geworfen – und einen Sekretär gleich hinterher.[1] Jost Bürgi bekommt das alles aus nächster Nähe mit, denn seine Uhrmacherwerkstatt liegt nicht mehr als 100 Meter vom Ort des folgenschweren Ereignisses entfernt, mit dem der Dreissigjährige Krieg beginnt. Schon im Juni 1619 steht das aristokratische böhmische Standesheer vor Wien und im Kampf gegen die Habsburger (Seite 255).

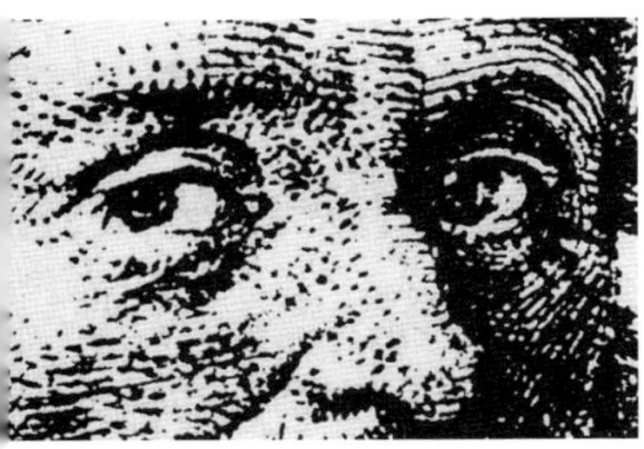

9/ **Klarer Blick für das Wesentliche – so kennt und porträtiert der kaiserliche Kupferstecher Ägidius Sadeler 1619 den Hofuhrmacher und Freund Jost Bürgi an seinem 67. Geburtstag.**

Bevor Sadeler seine Porträtskizze Jost Bürgi aushändigt, benötigt er sie noch als Vorlage für einen verkleinerten Kupferstich in eine bereits vor einem Vierteljahrhundert von Antonius Eisenhoit vorbereitete Druckplatte im Format 13,4 x 16 Zentimeter. Dort sticht er die Porträtskizze stark verkleinert in die blanke Medaillonfläche und versieht das ebenfalls noch blanke ovale Schriftband mit folgender Aufschrift: «Jobst Burgi, Kaiserlicher Kammeruhrmacher Rudolfs und Matthias' im 15. Anstellungsjahr sowie Fürstlicher Kammeruhrmacher der Landgrafen von Hessen im 40. Anstellungsjahr. Im Alter 67 des Jahres 1619 am 28. Tag im Februar.» Dieser Kupferstich repräsentiert gewissermassen eine Geburtsurkunde mit Passbild. Nur von ihm wissen wir heute, dass Jost Bürgi am 28. Februar 1552 auf die Welt ge-

10/ **Die Thurmühle unterhalb Lichtensteigs wird Mitte des 15. Jahrhunderts von Bürgis Vorfahren betrieben.**

kommen ist. «Ich Jost Bürgi von Lichtensteig in der Schweiz» hatte er in seiner Stellenzusage an Landgraf Wilhelm IV. zu Hessen-Kassel 1579 geschrieben, dem ältesten mit seiner persönlichen Unterschrift versehenen Dokument Jost Bürgis (Seite 81). In den Ratsbüchern und Steuerverzeichnissen von Lichtensteig taucht sein Name erstmals 1596 auf. Und da ist dieser «Uhrenmacher in frömbden Landen» bereits 44-jährig. Aber wer sind diese Bürgis überhaupt, und wo in der Schweiz liegt Lichtensteig?

Zur Familie Bürgi

Lichtensteig ist ein kleines, lebendiges Marktstädtchen im Hochtal des Toggenburgs und liegt etwa 30 Kilometer südwestlich der Stadt St. Gallen mit ihrem bedeutenden Kloster, dessen Fürstabt das Toggenburg (Oberamt und Unteramt) jahrhundertelang unterstellt ist. Vor dem Untertor in einem schmalen Haus der insgesamt 80 eng aneinandergeschmiegten Gebäude Lichtensteigs kommt Jost Bürgi am 28. Februar 1552 zur Welt.[2] Das Städtchen, im 12. Jahrhundert in 640 Meter ü. M. auf einem Felssporn über dem jungen Fluss der Thur von den Grafen von Toggenburg gegründet, zählt rund 400 Einwohnerinnen und Einwohner. Es liegt genau in der Mitte des Toggenburger Ober- und Unteramtes und wird deshalb im 15. Jahrhundert Verwaltungssitz des St. Galler fürstäbtlichen Landvogtes.[3] Jost Bürgi ist der Sohn des Lienz Bürgi (etwa 1532–1577), der in der Werkstatt seines kleinen Häuschens vor dem Untertor seinem Beruf als Schlosser nachgeht. Schon Josts Grossvater Lienhard Bürgi (1480–1547) hatte dieses Handwerk ausgeübt, und zwar bis er 1530 zum Landweibel gewählt wurde.

> **Woher kommen die Bürgis und ihr Name?** Jost Bürgis Vorfahren betrieben ab Mitte des 15. Jahrhunderts die am Fusse des Städtchens liegende Lichtensteiger Thurmühle und werden Müller genannt. Weil der junge Müller-Sohn Burkhard heisst und im helvetischen Diminutiv sowie in der alemannischen Koseform kurz Burgki oder Bürgi gerufen wird, übernimmt er um 1505 diese Bezeichnung (Rufname, Übername, Spitzname) als seinen Familiennamen. Noch 1579 unterschreibt Jost Bürgi einen Vertrag mit «Burgk».

Da in Lichtensteig Kirchenbücher erst ab 1628 geführt werden, gibt es dort keinerlei Aufzeichnungen darüber, wann Jost Bürgi geboren wurde, ob er noch Geschwister hatte, wie die Mutter hiess und wie alt sie geworden ist. Gemäss der Steuerbewertung 1596 (Steuerrodel) gehört das Haus jedenfalls Jost Bürgi «dem uhrnmacher», der wegen seiner Auslandsabwesenheit seinen Cousin Konrad Bürgi als Verwalter eingesetzt hat. Das Haus bewohnt zu dieser Zeit Hieronymus «Ronnj» Murer mit seiner Frau, die am Haus gewisse Rechte beansprucht. Höchstwahrscheinlich hatte Jost mindestens eine Schwester, «Ronnj» Murers Frau.[4]

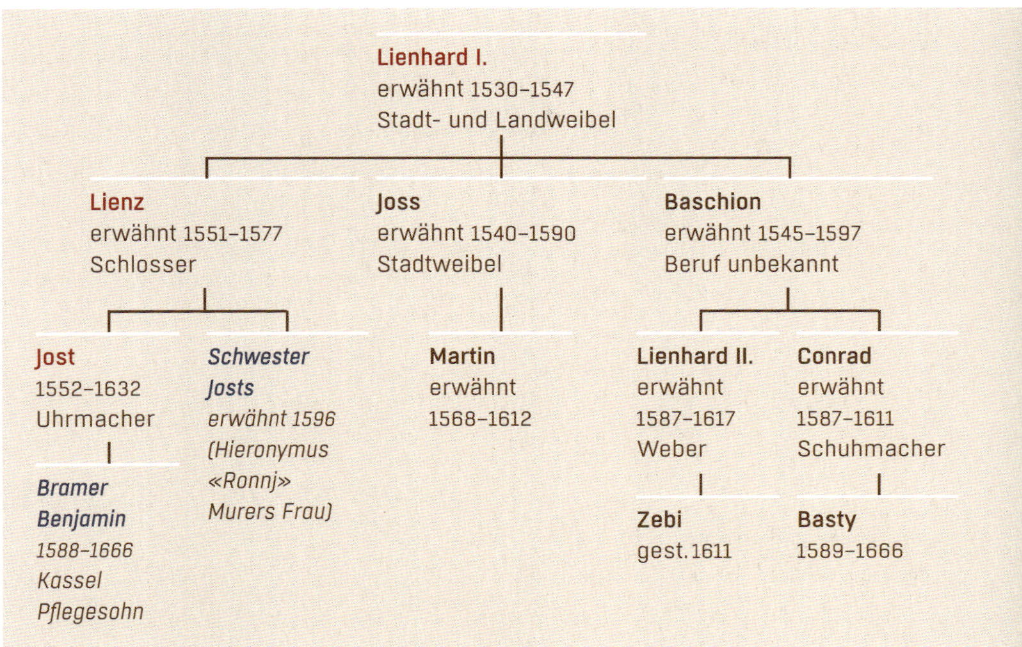

11/ **Die Linie der reformierten Familie Bürgi im 16. Jahrhundert.**

12/ **Um 1900 steht Bürgis schmales Haus vor dem Untertor noch (gelber Pfeil).**

Gegen den Willen des Fürstabtes immer wieder zum Weibel gewählt. Jost Bürgis Grossvater Lienhard hatte sich frühzeitig von der kumulierten fürstäbtischen katholischen Glaubens- und Zivilherrschaft distanziert und sich Zwinglis reformierter Kirche zugewandt. Der im Obertoggenburger Wildhaus als Sohn des Dorfammanns geborene Zürcher Reformator Ulrich Zwingli (1483–1531) ist ein Zeitgenosse Lienhard Bürgis, der selbst «keinen München von St. Gallen mehr zu einem Herren haben» will.[5] 1530 hatten die Toggenburger Lienhard Bürgi erstmals zu ihrem Landweibel gewählt. Sechs Jahre später erfolgte seine ebenfalls glanzvolle Wahl zum Stadtweibel von Lichtensteig – trotz der Intervention und des deutlichen Wunsches des St. Galler Fürstabtes, das direkt dem Schultheissen unterstellte Verwaltungsamt doch besser mit einem Katholiken zu besetzen. Während acht Jahrzehnten bestätigen die selbstbewussten Stimmbürger der Lichtensteiger Landsgemeinden mit Jost Bürgis Grossvater Lienhard, Onkel Joss und Cousin Martin jedoch immer wieder einen der reformierten Familie Bürgi als die Amtsperson ihres Vertrauens.[6] Dabei ist der St. Galler Fürstabt eine der mächtigsten und reichsten Persönlichkeiten zwischen dem Bodensee und dem Brienzersee, verfügt er bevölkerungsmässig doch über das viertgrösste Gebiet der gesamten Deutschschweiz.

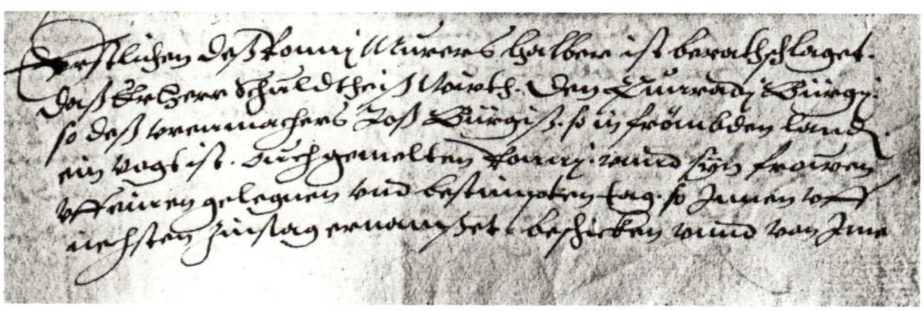

13/ **Erste amtliche Erwähnung Jost Bürgis im Ratsbuch seines Heimatortes 1596 als 44-Jähriger: «… des Urenmachers Joss Bürgiss, so in frömden Landen ein vogt ist …».**

14/ Panoramakartenblick von Lichtensteig (links) über Wattwil ins obere Toggenburg. Im Hintergrund: Säntismassiv und Churfirsten. Gemalt von Albert Bosshard um 1900.

15/ In der Hauptgasse Lichtensteigs ist der napoleonische Einfluss spürbar – nicht nur in Sachen Mode, sondern auch in Sachen neue republikanische Freiheiten. Ein durchreisender Künstler malte dieses Aquarell um 1805.

Das Toggenburg – umgeben vom St. Galler Fürstenland, Appenzellerland, Zürcher Oberland und vom Tal des Alpenrhein sowie umkränzt von den Churfirsten über dem Walensee. Das Hochtal des Toggenburgs ist eine grossartige Erholungslandschaft am Fusse des Alpsteinmassivs, durch die sich das 70 Kilometer lange blau-grüne Band der jungen Thur zieht. Sie setzt sich aus den beiden sich um den Säntis (2502 m ü. M.) sammelnden und bei Wildhaus vereinenden Quellflüssen der Wildhauser und der Säntis-Thur zusammen und fliesst, die Wasser von zahlreichen Seitenbächen sowie des ihr bei Lütisburg von Brunnadern her zufliessenden Necker aufnehmend, bis hinunter in die Thurauen bei Uzwil, wo sie das Toggenburg verlässt. Geprägt von Milch- und Viehwirtschaft in einer voralpinen Landschaft zwischen 2306 Meter ü. M. (Churfirsten) und 484 Meter ü. M. (Thurau bei Uzwil), zählt das flächenmässig 489 Quadratkilometer grosse Toggenburg mit den Hauptorten Wattwil und Wildhaus heute 46 000 Einwohnerinnen und Einwohner, im historisch grösseren Gesamtgebiet über 70 000 Einwohner. Das sind rund dreimal so viele Toggenburgerinnen und Toggenburger als zu Jost Bürgis Zeiten. Dabei pflegt das südlich gelegene Obertoggenburg mit seiner grossartigen Landschaft der Churfirsten vor allem die traditionellen Gebiete der Vieh- und Alpwirtschaft sowie des Tourismus, während sich das nordwestlich nach der schweizerischen Wirtschaftshauptachse St. Gallen–Wil–Winterthur–Zürich orientierende Untertoggenburg durch zunehmende Industrialisierung auszeichnet. Mit Ausnahme der Kantonsstrasse von Uzwil–Wil–Wattwil–Wildhaus entlang der Thur (und der Tunnelstrecke der Südostbahn) verbinden ausschliesslich Passstrassen das Toggenburg mit dem Appenzellerland und St. Gallen (Wasserfluhpass 843 m ü. M.), mit dem Zürichsee und dem Linthgebiet (Rickenpass 805 m ü. M.) sowie mit dem St. Galler Rheintal, mit dem Fürstentum Liechtenstein und mit Vorarlberg/Österreich (Wildhauspass 1090 m ü. M.).

16/ **Das Toggenburg (rot/dunkelgrün) und das Rheintal (olivgrün) sind 330 Jahre lang Landvogteien der Fürstabtei St. Gallen mit ihrem Fürstenland (gelb). Die Fürstabtei St. Gallen und die Stadt St. Gallen (hellgrün) sind 1760 die «ersten zwei zugewandten Orte der Eidgenossenschaft».**

Ein Bürgi-Familienzweig bleibt katholisch. Als sich in den Jahren 1528–1530 ein Grossteil der Toggenburger Bevölkerung dem reformierten Glauben Zwinglis zuwendet, bleiben Lienhard Bürgis männliche Verwandte (Onkel und Brüder) mit ihren Familien ihrem katholischen Fürstabt treu. Während sich die meisten alteingesessenen Familien einheitlich für jeweils eine der beiden Religionen entscheiden, gibt es von da an in Lichtensteig Bürgi-Familienzweige beider Konfessionen. Die der katholischen Bürgi-Linie entstammenden Schultheissen Peter Bürgi und Sohn Franz sind Jost Bürgis Grossonkel und Grossvetter zweiten Grades. Sie sind mit Unterstützung durch den Landvogt zwischen 1560 und 1576 aufeinanderfolgend in den Ämtern des Gerichtes, des Stadtrates und des Schultheissen[7] und gehen ihrer Arbeit im Alten Rathaus in der Hintergasse nach, direkt neben dem Haus des Goldschmieds Widiz-Forrer (Seite 52). Zur gleichen Zeit amtet Josts Onkel Jos Bürgi – dargestellt 1568 auf einer prächtigen Wappenscheibe – aus dem reformierten Familienzweig als Stadt- und Landweibel der Grafschaft Toggenburg.[8]

«Jost B.» und die Schule. Über die Schulzeit von «Jost B.» zwischen 1558 und 1564 weiss man nur, dass die Lehrerstelle des Städtchens Lichtensteig wegen konfessioneller Wirren lange verwaist ist und dass es im Jahre 1560 ein auswärtiger Lehrer namens Christen Schmalholz gewesen sein muss, der dem achtjährigen Jost das Einmaleins und das Alphabet beibrachte.[9] Dass sich Jost Bürgi im Schreiben zeitlebens schwertut, könnte darauf zurückzuführen sein, dass er dies in der Schule kaum gelernt hat. In den monatelangen schulfreien Phasen und jeweils nach dem Unterricht hilft «Jost B.» höchstwahrscheinlich bereits seinem Vater Lienz in der Schlosserei. Und hier wird mehr gehämmert, gerechnet und geschraubt als geschrieben.

Nicht verwechseln: Liechtenstein und Lichtensteig. Immer wieder werden Liechtenstein und Lichtensteig verwechselt: das staatlich autonome Fürstentum Liechtenstein (36 000 Einwohner) im Tal des Alpenrheins und die Schweizer Gemeinde Lichtensteig (2000 Einwohner) westlich davon im Tal der Thur (Toggenburg). Gut 40 Kilometer voneinander entfernt, liegen beide am Fusse des Alpsteinmassivs mit dem Säntis (2502 m ü. M.) im Zentrum. Während das toggenburgische Städtchen Lichtensteig schon seit dem 12. Jahrhundert so heisst, wird das Fürstentum Liechtenstein erst zu Beginn des 18. Jahrhundert gebildet. 1719 formiert Fürst Johann Adam Andreas von Liechtenstein nach dem Erwerb der Grafschaft Vaduz durch den Zukauf der Herrschaft Schellenberg am rechten Ufer des Alpenrheins das Reichsfürstentum Liechtenstein. Er ist der jüngste Spross eines Adelsgeschlechtes, das bereits seit dem 13. Jahrhundert auf seiner südlich von Wien liegenden gleichnamigen Stammburg nachweisbar ist. Als einziger Kleinstaat kann das Fürstentum Liechtenstein auch nach dem Wiener Kongress 1815 seine Selbstständigkeit bewahren.

Die Grundlagen des Erfolges derer von Liechtenstein sind die Loyalität ihres Fürsten Karl zu den Habsburger Kaisern sowie die Unterstützung durch dessen Bruder Fürst Maximilian von Liechtenstein auf verschiedenen Kriegsschauplätzen vor und im Dreissigjährigen Krieg, wo ein Liechtensteiner und ein Lichtensteiger auf der Prager Kaiserburg jeweils eine wichtige Rolle in Politik und Wissenschaft spielten (Seite 95). Nach der Niederlage der Aufständischen 1620 in der Schlacht am Weissen Berg zählt die Familie der Liechtensteins zu den grössten Profiteuren der Ländereien, die von Böhmen und Protestanten aufzugeben waren.

Während das Adelsgeschlecht der Habsburger seine Aktivitäten aus der Schweiz nach Osten verlagert und von dort aus zur mächtigsten Familie Europas aufsteigt, ziehen die Edlen der Burg Liechtenstein vom Süden Wiens nach Westen und etablieren hier im Tal des Alpenrheins zwischen Habsburger Reich und Eidgenossenschaft ihr eigenes Fürstentum. Und so kommen sich nicht nur zwischen 1603 und 1627 in Prag ein Liechtensteiner und ein Lichtensteiger näher, sondern ab 1719 das Fürstentum Liechtenstein dem Städtchen Lichtensteig.

568
Jos
Bürgy
der grafschafft

Bürgis Heimat im konfessionellen Zeitalter

Kopernikus' Revolution der Gestirne am Himmel geht auf Erden eine Reformation des Glaubens der Christenmenschen voraus und begleitet sie im konfessionellen Zeitalter. Im Heiligen Römischen Reich Deutscher Nation ist Martin Luther (1483–1546) mit seinen 1517 angeblich an die Türe der Wittenberger Schlosskirche angeschlagenen 95 Thesen der führende Kopf. In der Schweiz ist der Toggenburger Ulrich «Huldrych» Zwingli (1483–1531) die ab 1519 in Zürich erfolgreich reformierende Kraft. Ihm folgt 1534 in Genf der aus Frankreich zugewanderte Jean Calvin (1509–1564). Nach der Zürcher Übereinkunft über die Abendmahlfrage zwischen Zwingli-Nachfolger Heinrich Bullinger (1504–1575) und Jean Calvin im *Consensus Tigurinus* 1549 gewinnt dieses Schweizer Reformationswerk internationale Ausstrahlung und findet weit vor der lutheranischen Religion Zustimmung in den Niederlanden, Grossbritannien und Nordamerika, aber schon vorher in deutschen Reichsstädten wie Augsburg, Memmingen und Lindau sowie in Strassburg. Es ist die Zeit, in der Jost Bürgi 1552 geboren wird.

17/ **Wappenscheibe von Jost Bürgis Grossonkel Jos Bürgi, Stadt- und Landweibel der Grafschaft Toggenburg, aus dem Jahre 1568. Herstellung wahrscheinlich durch den Zürcher Glasmaler Niklaus Bluntschli.**

18/ **Martin Luther (1483–1546).**

Leibeigene des Kirchenfürsten und gleichzeitigen Regimentsherrn. Für treue Anhänger der Reformation und Pioniere der astronomischen Revolution wie Jost Bürgi und Johannes Kepler wird das Leben von Konfessionskonflikten bestimmt. Dabei spielt mit Ulrich Zwingli einer der grossen Söhne aus Bürgis Toggenburger Heimat eine zentrale Rolle in der Reformbewegung. Die Grafschaft Toggenburg, 1436 in Erbfolge von Graf Friedrich VII. von Toggenburg an die Freiherren von Raron-Räzüns gefallen, wird 1468 von der Abtei St. Gallen für 14 500 Gulden billigst abgekauft. Der zum Abt aufgestiegene Bäckersohn Ulrich Rösch (1463–1491) aus Wangen im Allgäu erwirbt gleichzeitig den Fürstentitel und formiert einen st.-gallischen Territorialstaat. Nun wird auch das Toggenburger Untertanengebiet vom Fürstabt mittels Landvögten absolutistisch geführt. Seine unzufriedenen Bewohner stört besonders die gleichzeitig kirchliche und weltliche Herrschaftsmacht ihres Fürstabtes: «In ihrem Abt [erblicken] sie nicht nur einen Kirchenfürsten, sondern zugleich ihren Regimentsherrn.»[10] Von der evangelischen* Religion der reformierten Kirche und ihrer protestantischen Haltung versprechen sich die mehrheitlich leibeigenen Toggenburger grössere Freiheiten und ihre freien Bürger eine Senkung der Feudallasten.

* Evangelisch bezeichnen sich heute alle Reformierten (Schweiz) und Protestanten (Deutschland), weil sie an die Evangelien der Verkündigung und das Wort Gottes glauben und nicht mehr an die Macht und Interpretation der katholischen Kirche, ihrer Päpste, Bischöfe und Fürstäbte wie in St. Gallen. Ihre verschiedenen evangelischen Gruppierungen («reformierte» Zwinglianer und Calvinisten, «protestantische» Lutheraner) stehen nicht nur zur katholischen Kirche und der kaiserlichen Macht in Opposition, sondern sie grenzen sich im 16. Jahrhundert auch untereinander missgünstig und geradezu «unchristlich» ab. Die Bezeichnung Hugenotten für reformierte Gläubige Calvins, aber später auch Zwinglis, ist durch eine französische Verballhornung des Wortes Eidgenossen entstanden.

Reformator Zwingli in Lichtensteig und im hessischen Marburg. Als Leutpriester am Zürcher Grossmünster reformiert Ulrich Zwingli mit Zustimmung des Stadtrates von 1519 bis 1523 die Limmatstadt. Zwingli-Freund Johann «Vadian» von Watt gelingt 1529 auch in der Stadt St. Gallen die Konvertierung. Sie ist allerdings mit einer unmässigen Kunstwerkevernichtung von Klosterwerten in einem Bildersturm verknüpft sowie mit höchst prekären räumlichen Abgrenzungssituationen des Fürstabten-Stiftsgebietes innerhalb der Stadt und dieser wiederum innerhalb der St. Galler fürstäbtischen Gebiete. Nun setzen sich auch im Toggenburg Persönlichkeiten für einen Wechsel zur neuen Konfession ein.[11] Die kräftigste Stimme der Reformation ertönt von Ulrich Zwingli, dem Sohn ihres Talammannes. Jost Bürgis Grossvater Lienhard (1480–1547) hat diesen Zwingli persönlich in Lichtensteig erlebt, wo auch Zwinglis Neffen Jakob und Hans Grob als Schulmeister tätig sind. 1529 muss Zwingli ins mehrere Tagesreisen entfernte Marburg. Eingeladen hatte ihn der Landgraf von Hessen, Philipp «der Grossmütige», der Vater von Jost Bürgis späterem Dienstherrn Landgraf Wilhelm IV. von Hessen-Kassel. Es ist das gleiche Jahr, in dem Wien von den Türken belagert wird.

19/ **Ulrich «Huldrych» Zwingli (1483–1531).**

Fünf Wiedertäufer in Lichtensteig ertränkt. Die reformierten Glaubensgemeinschaften und Gebiete erweisen sich im Umgang mit Andersgläubigen und Andersdenkenden generell nicht humaner als die Exponenten und Inquisitoren der katholischen Kirche. So schildert Chronist Johannes Stumpf die beim Besuch Zwinglis 1531 in Lichtensteig befohlene Ermordung der Wiedertäufer erschreckend nüchtern: «1531 endlich, vor Mariae Verkündigung, erschien Zwingli selbst im Städtchen, um eine Synode abzuhalten und ‹hat daselbst ettlich prädicanten, so das Evangelium zu verkünden nit geschickt warend, ussgemusteret. Es wurdend auch 5 widertouffer, wib und man, ertrenkt ... nienert me als zue Liechtenstaig›.»[12] Die zuerst mit Zwingli verbündeten Wiedertäufer und andere sektiererische Glaubensgemeinschaften – wie die Schwenckfeldianer – erleben den Zorn sowohl der Alt- als auch der Neugläubigen, doch sind die fünf Hinrichtungen einer der grössten Mordskandale der Zwinglianer dieser Art in der Schweiz. 1531 verliert Zwingli im Zweiten Kappelerkrieg das Leben, und die katholischen Orte siegen so deutlich, dass die aufgrund der im zweiten Kappeler Landfrieden von 1531 vereinbarten Massnahmen gegen eine weitere Ausbreitung der Reformation in der Schweiz während 180 Jahren wirken.

Der Index der Inquisition. Mit einer Auflistung verbotener Schriften, die seit der Erfindung des Buchdruckes um 1450 immer zahlreicher werden, lähmt das Heilige Officium der Kirche ab 1559 nicht nur die freie Meinungsäusserung und die gesellschaftliche und wirtschaftliche Entwicklung. Es bringt damit auch unbequeme Autoren, Verleger und Leser auf den Scheiterhaufen. Kopernikus hat lange Zeit Glück, aber ab 1616 wird sein *De Revolutionibus* zusammen mit Keplers und Galileis Werken verboten. Galileo Galilei wird 1633 zu lebenslangem Arrest verbannt.

«Ketzer» werden zum Tod auf dem Scheiterhaufen verurteilt. Bereits ab 1295 erweisen sich die Sanktionen der Kirche gegenüber Andersdenkenden als grausam, wenn sie diese der glaubensspaltenden Häresie, der aufwiegelnden Ketzerei oder der bösartigen Hexerei sowie des Paktes mit dem Teufel bezichtigt. Zum Tode durch lebendiges Verbrennen auf dem Scheiterhaufen verurteilt wird, meist in Verbindung mit anderen Verstössen:

a) wer behauptet, die Erde sei südlich des Äquators bewohnbar (wie Cecco d'Ascoli 1327 in Florenz);[13]
b) wer die Dreifaltigkeit Gottes nicht einsieht (wie Michael Servetus 1553 im calvinistischen Genf);[14]
c) wer einen unendlichen Fixsternhimmel propagiert und zusätzlich pantheistische Vorstellungen[15] vertritt (wie Giordano Bruno 1600 in Rom);[16]
d) wer Schriften über das kopernikanische Weltbild besitzt (wie der aus Glarus stammende Altstetter Pfarrer Zingg [1599–1676] in Zürich, von wo er sich der Exekution des Urteils durch Flucht entziehen kann).[17]

Verzweiflung und Verleumdung bis zur Hexenverbrennung. Um das Böse zu bekämpfen und «um sich aus ihrer bedrückenden Ohnmacht zu befreien, konstruieren die Menschen des Mittelalters beliebige Zusammenhänge zwischen Unglück und Schuld und sehen überall den Teufel und die mit ihnen im Bund stehenden Hexen am Werk», stellt Georg Schmidt fest.[18] Durch die «Hexenbulle» legitimiert Papst Innozenz VIII. 1484 die Hexenverfolgung und entfacht sie zusätzlich. Um 1615 richtet sich der Hexenwahn auch gegen Katharina, die Mutter von Jost Bürgis späterem Kollegen Johannes Kepler, deren Pflegemutter selbst schon auf dem Scheiterhaufen verbrannt worden war. Während sechs Jahren – davon in der Endphase 14 Monate ohne Unterbruch – verteidigt sie der in Linz wohnende Johannes Kepler im heimatlichen Leonberg im längsten Hexenprozess Deutschlands – und ist, nicht zuletzt dank seiner Position als kaiserlicher Mathematiker, erfolgreich.[19] Noch im späten 18. Jahrhundert werden auch in der Eidgenossenschaft aus Bosheit und Neid Zeitgenossen der Ketzerei oder der Hexerei bezichtigt und verurteilt.

20/ Hexenverbrennung: In den Übergangsjahren vom 16. ins 17. Jahrhundert häufen sich die Hexenprozesse auch in der Schweiz.

Der Augsburger Friede von 1555. 24 Jahre nach der Vereinbarung des Zweiten Kappeler Landfriedens in der Schweiz beendet auch im Heiligen Römischen Reich Deutscher Nation der Augsburger Religionsfriede von 1555 vorerst die vehementen kriegerischen Auseinandersetzungen zwischen Alt- und Neugläubigen, Arm und Reich, Bauern und Städtern (allerdings bestimmt hier der jeweilige Landesfürst, welchen Glaubens man zu sein hat, und nicht die Bürger der jeweiligen Gemeinde selbst). Von nun an konsolidieren die Katholiken 1563 mit dem Abschluss des Konzils von Trient und die Calvinisten mit der Ausformulierung des Heidelberger Katechismus ihre theologischen, rituellen und kanonischen Positionen sowie die Lutheraner ihre Konkordienformel und ihren Konkordien-Katechismus.[20] Diese Augsburger Friedensvereinbarung von 1555 unterbindet generell im Reichsgebiet jahrzehntelang grössere konfessionell initiierte Konflikte und wird sogar wieder von einem Bevölkerungswachstum begleitet. Unterwegs in Deutschland, erleichtert diese Vereinbarung auch Jost Bürgi die Walz.

Die gregorianische Kalenderreform. Zahlreiche Irritationen erschweren das Leben Bürgis und seiner Zeitgenossen. Dazu zählen die – seit der von Papst Gregor XIII. verordneten Kalenderreform von 1582 – über ein Jahrhundert lang unterschiedlichen Kalender, Datumsangaben und Feiertagstermine in den katholischen und evangelischen Gebieten. Die Mehrheit der protestantischen Kirchen lehnten die Kalenderreform des Papstes ab, obwohl sich seit der Einführung des julianischen Kalenders durch Julius Caesar («Kaiser») der Kalender-Frühlingsanfang um zehn Tage gegenüber dem astronomischen Frühlingsanfang der Tagundnachtgleiche verschoben hatte. Mit dem gregorianischen Kalender werden nicht nur die seit Beginn der julianischen Zählung zehn vorgelaufenen Tage korrigiert (dem Donnerstag, 4. Oktober 1582 «alten Stils» folgte direkt Freitag, der 15. Oktober 1582 «neuen Stils»), sondern mit der neuen Schaltjahrregelung wurde auch ein harmonischer Verlauf für die kommenden 3000 Jahre sichergestellt.

Jeder dritte junge Schweizer in ausländischem Heeresdienst. Der knappe fruchtbare Boden des Toggenburgs zwingt seine Bewohner vielfach zur Ab- und Auswanderung. Das Geschäft des In-den-Krieg-Ziehens wird bereits im 14. Jahrhundert erkannt und gepflegt. Die Grafen von Toggenburg – wie auch Gemeindebehörden im benachbarten Glarnerland – bieten Kontingente junger leibeigener Burschen oder verschuldeter freier Bürger für Kriegsdienste in ganz Europa an. «So steht im 16. Jahrhundert rund ein Drittel der mehr als 16-jährigen Eidgenossen einmal in fremden Diensten» (das sind etwa 200 000 Söldner), schreibt Patrick Wild in einer beeindruckenden Chronik seiner Familie, die ursprünglich aus dem toggenburgischen Wildhaus stammt (Seite 122).[21] Was ein solches Söldnerleben mit sich bringt, hält auch der sich plötzlich unfreiwillig dort wiederfindende Toggenburger Ulrich Bräker (1735–1798) in seinen Aufzeichnungen *Lebensgeschichte und Natürliche Ebentheuer des Armen Mannes im Tockenburg* (1788) fest.

Während der kleinen Eiszeit und der schwarzen Pest

Jost Bürgi und seine Zeitgenossen durchleben entbehrungsreiche Jahre. Nicht nur die Konfessionsstreitigkeiten, unterschiedliche Kirchenordnungen und verschiedene Kalender beeinträchtigen das Zusammenleben, sondern auch Klimaänderungen, Armut, Nahrungsknappheit und Epidemien mit oft tödlichem Verlauf.

Jost Bürgi auf der Walz. Während Jost Bürgis Jugendjahren nimmt die kleine Mittelalter-Eiszeit die Nordhalbkugel abrupt in ihren frostigen Griff – um sie erst drei Jahrhunderte später wieder loszulassen. Damit beginnt in Mitteleuropa ein zum Leben – und besonders zum Reisen – klimatisch sehr unkomfortabler Zeitabschnitt. Gleich zweimal frieren alleine in der zweiten Hälfte des 16. Jahrhunderts der Zürichsee und der Bodensee zu – im Winter 1572/73 ist die Eisschicht so dick, dass man den Lac de Constance sogar mit beladenem Fuhrwerk überqueren kann. Am 8./18. Januar 1595 schickt ein gewisser Johannes Kepler aus dem innerösterreichischen Graz seinem ehemaligen Mathematikprofessor Mästlin Neujahrsgrüsse nach Tübingen und erwähnt nebenbei: «Es herrscht eine ungeheuere Kälte in unserer Region. Manchen geht, wie als sicher erzählt wird, wenn sie zu Hause angelangt sind, beim Schneuzen die Nase weg.»[22]

Den Hungertod vor Augen. Die Sommer sind regnerisch und kalt, sodass die Feldfrüchte im Boden verfaulen und die Ähren des Dinkel-, Hafer- und Roggengetreides von den Halmen brechen. Fleisch und Butter sind vom Tisch des gemeinen Mannes fast verschwunden, und selbst Brot, Grütze und Gemüse müssen durch minderwertige Produkte bis hin zu gekochtem Gras ersetzt werden: Aufgrund der geringen Ernteerträge und letzten Hungerkrisen häufen sich in den 1560er- und in den 1590er-Jahren in verschiedenen Teilen Europas die ökonomischen Einbrüche.[23] «Im späten Frühjahr 1615 erfrieren Bäume und Weinstöcke; im trockenen Sommer versiegen Bäche»[24] – und Mühlen stehen still wegen Wassermangels. «Auch morgen noch genügend Nahrung zu finden, wurde zur grössten Sorge vieler Menschen.»[25]

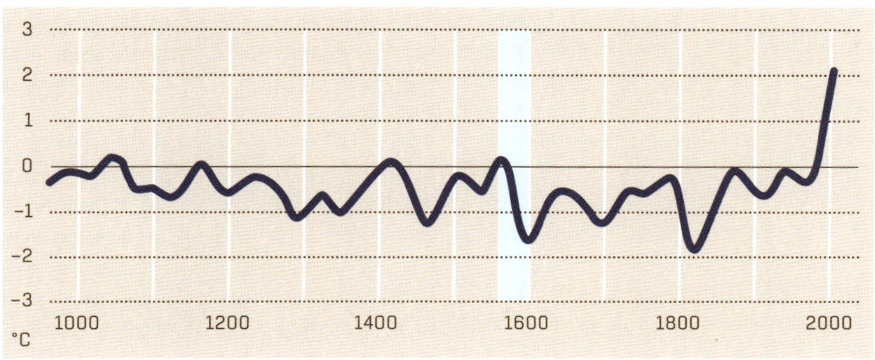

21/ **Kälteeinbruch ab Mitte des 16. Jahrhunderts gegenüber dem langjährigen Temperaturmittel.**

22/ **Jäger im Schnee (1565) von Pieter Breughel d. Ä.**

Verheerende Pestepidemien. Die um das Jahr 1347 aus Asien über italienische Hafenstädte neu eingeschleppte Beulen- und Lungenpest tobte in ganz Europa und forderte bei der noch nicht immunisierten Bevölkerung 25 Millionen Todesopfer. So erzwingen nicht nur die kargen Lebensumstände ihren Tribut, sondern neben dem dritten apokalyptischen Reiter aus der Offenbarung des Johannes – dem Hunger – auch der vierte Reiter, die Krankheit.[26] Zahlreiche Zeitgenossen Bürgis sterben in diesen Jahrzehnten nicht nur vorzeitig an den Folgen von Mangel- und Fehlernährung, sondern am Schwarzen Tod, nämlich der Beulen- und Lungenpest – im St. Gallischen sind 1564, 1594, 1611 und 1629 ausgesprochene Pestjahre. Auch in Hessen und später in Prag wird Jost Bürgi immer wieder mit der schwarzen Pest konfrontiert. In Felsberg bei Kassel stirbt am 10. Juli 1591 sein Schwiegervater, der Pfarrer David Bramer daran und hinterlässt den dreijährigen Vollwaisen Benjamin, den Bürgi zu sich nimmt.[27]

Pestopfer gibt es in St. Gallen, im Toggenburg und im Thurgau. «Die Pest von 1610/11 traf auch das Gebiet des heutigen Kantons St. Gallen in ihrer ganzen Brutalität», schreibt Ida Sandl und fährt mit einem Zitat des Thurgauer Pfarrers und Historikers Johann Adam Pupikofer fort: «Die Stadt St. Gallen zum Beispiel verlor rund ein Drittel ihrer Einwohner. Im Toggenburg wütete die Seuche so heftig, dass man vielerorts die Friedhöfe erweitern musste. Doch den Thurgau traf sie im Jahr 1611 so heftig wie nie zuvor. In nur acht Monaten rafft der Schwarze Tod mehr als 33 000 Menschen dahin, die Hälfte der Einwohner. Danach waren diese Dörfer wie ausgestorben. Von den 340 Einwohnern Matzingens überlebten nur 30.»[28]

23/ **Pest und Pocken (im Bild). Miniatur aus der 1411 im Auftrag des Grafen Friedrich VII. von Toggenburg in Lichtensteig hergestellten Weltchronik** *(Toggenburger Bibel).*

Die Medizin auf der Suche nach neuen Heilkräften. Wie alle anderen Wissenschaften ist auch die Medizin im Umbruch. So wie in der Astronomie das Teleskop, führt in der Medizin das Mikroskop zu neuen Erkenntnissen – zum Beispiel dass es Bakterien sind, die Leiden wie die Pest und die Antoniuskrankheit verursachen. Andreas Vesalius (1514–1564)[29] begründet die neue Pathologie und Anatomie mit seinem Hauptwerk *De humani corporis fabrica* 1543 im gleichen Jahr wie Kopernikus *De revolutionibus orbium coelestium* die neue Astronomie. Mit der Renaissance griechischer hippokratischer Prinzipien und römischen galenischen Wissens geht eine Bereicherung durch naturwissenschaftlich geprägte arabische Mediziner wie Avicienna und Rhazes sowie deren ins Latein übersetzten Werke einher. Einen starken Einfluss üben nach wie vor die Überlieferungen der Äbtissin Hildegard von Bingen (1098–1179) mit der symbolischen Signaturenlehre sowie zu Kräutern, Mineralien und Edelmetallen aus, geprägt von einem entsprechenden Naturverständnis und von Religiosität. Am einflussreichsten ist in traditionellen Kreisen aber noch immer die Astrologie. Durch sie lenken die antiken Götter mit den Kräften der Sterne die Wirksamkeit der Medizin.[30] Dazu gehört auch die Arbeit des Nürnberger Stadtarztes Joachim Camerarius d. J. (1534–1598) mit seinem *Neuw Kreutterbuch*.

Der bedeutendste Pharmazeut, Nutzer alchemistischer Trends und Heilkundige ist der aus Egg bei Einsiedeln stammende und in Ferrara zum Doktor der Medizin promovierte Theophrastus Bombast «Paracelsus» von Hohenheim (1493–1541). Der von der klassischen Ärzteschaft gemiedene, aber vor allem an nordeuropäischen Fürstenhöfen akzeptierte Paracelsus steht mit seiner auch von Tycho Brahe geschätzten Heilkunst der Iatrochemie[31] an der Schwelle von Mystik, Okkultismus, Astrologie und Alchemie sowie im Wettstreit mit der neuzeitlichen Pharmazie und klassischen

lest an dem dritten tag des brachmons der ge wint di schwint
sucht oder di gelsucht wer da lest an dem vierden kalendas
des heumonetz der stirbt oder wirt lebersuchtich wer da lest
an dem dritten idus des heumons der wirt döret oder ge
wint di durre gegicht Wer da lest an dem neunden kalendas
des augsten der stirbt zu hant oder am virte tag dar nach
Wer da lest an dem tag des kalendas septembris der stirbt
In eine Jar oder wirt ostmiech oder gegicht In eine stinckende
schweiß wer da lest an dem dritt nonas octobris der stirbt od'
gewinnet den krampf Wer da lest an dem xiii kalendas
novembris der stirbt oder wirt risent

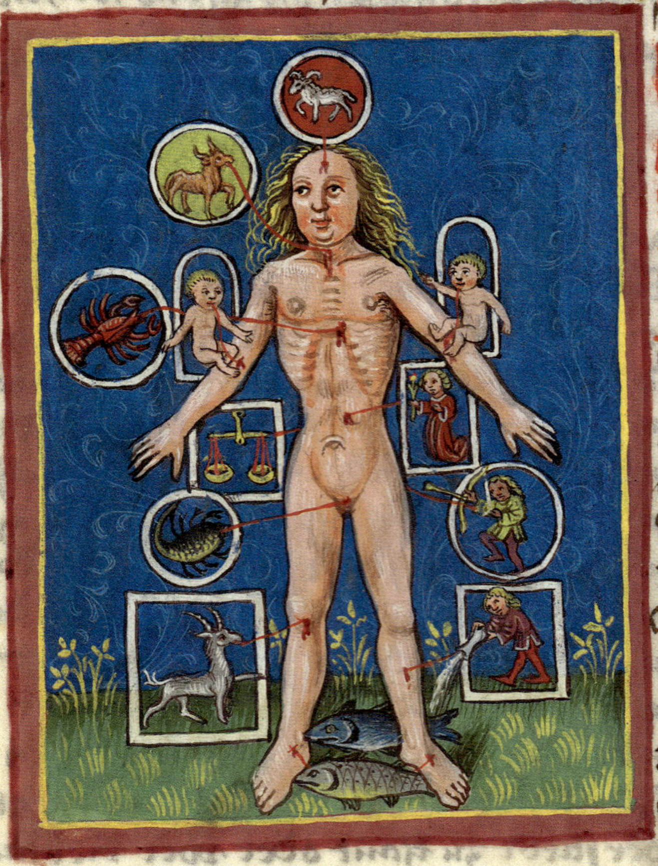

hi nach stet geschriben
In welchem zaichen es be
sunder gut lassen ist vnd
In welchem nit gut lassen
sey ist das zu welchem
glid man nit lassen solle
das dem das zaichen
bedeutet stet hye

Wenn du lassen wilt
zu der adern so soltu
merkken das da sind vir
zaichen di da gut sind zu
lassen der wider di wag
der schutz vnd der wasserma
Auch sind vir gemayn zaich
en Di sind weder gut noch
pös der krebs di Junckfrau
der stainpock vn der visch
Auch sind vir zaiche di do
pös sind das ist der ochs
der scorpio der zwiling vnd
der leb In den zaichen es ze
mal nit gut ist Auch hut dich

<24/ «Wenn du lassen willst zu der Ader ...» heisst es neben dem Tierkreiszeichenmann im iatro-medizinischen Nürnberger Gesundheitsbuch des medizinisch bewanderten Patriziers Schürstab aus dem Jahre 1472. Den zwölf Tierkreiszeichen sind zwölf Körperteile zugeordnet und die Gesundheit – sowie der Charakter eines Menschen – wird astrologisch von den Gestirnen beeinflusst.

25/ Theophrast «Paracelsus» von Hohenheim (1493–1541).

Medizin. Er wird nicht nur vom Astronomen Tycho Brahe bewundert – der sich selbst mit Quecksilbertinkturen medikamentiert –, sondern auch vom Feldkircher Mathematiker, Astronomen und Mediziner Georg Joachim «Rheticus» Iserin von Lauchen (1514–1574), der ihn übersetzt und unterstützt.

Einflüsse der geheimnisvollen Astrologie

Astronomie und Astrologie sind für himmelskundige Zeitgenossen die beiden Seiten ein und derselben Medaille, der Logos der Astrologie von Beginn an integraler Bestandteil der sehr konkret zählenden und benennenden Astronomie. Weitaus stärker, als wir uns heute vorstellen können, bestimmt zu Bürgis Zeiten deshalb die Astrologie das Leben der Menschen, und wahrscheinlich ist sie auch die wichtigste Triebfeder und der mächtigste Geldgeber zur astronomischen Beobachtung des Himmels und zu seiner Kartierung. Für viele Zeitgenossen Jost Bürgis hängen Kälte-, Pest- und Hungerperioden mit Gestirnskonstellationen zusammen. Sie haben es mit höheren Mächten der Astrologie zu tun, welche die Sterne mehr oder weniger negativ oder positiv geneigt stimmen.

Boten und himmlische Augen Gottes. Die Mehrheit der Bevölkerung glaubt an die astrologische Vorsehung und an die Wirkungen von Gestirnskonstellationen. Der Prager Medicus Josef Hasner berichtet: «Jedem Stern, jedem Sternbilde schrieb man einen besonderen Einfluss auf das Geschick der Menschen zu, jeder neue am Himmel erscheinende Komet, jede Konstellation der Planeten sollte mit besonderen Kräften auf die Erde wirken. [...] Die Sterne, Boten des Himmels, sahen mit ihren glitzernden Augen, der eine kalt, der andere warm, der eine liebend, der andere kriegerisch, Reichthum oder Krankheit, Noth und Elend kündend auf die Menschen herab und schienen so recht die sichtbaren Vermittler zwischen diesen und ihrem Gotte zu sein.»[32]

Genauere Horoskope, Astronomieprognosen und Aderlasstermine. Auch astrologisch tätige Astronomen, Astrologen und Wahrsager warten auf bessere Daten über die Gestirne und von den Gestirnen. Ein Hauptgebiet astrologischer Tätigkeit ist die Erstellung individueller «Nativitäts»-Horoskope. Zu Bürgis Zeiten prägt der Glaube an die Astrologie das Leben der Menschen

26/ **Komet von 1577 über Nürnberg. Jost Bürgi sieht ihn so in Nürnberg, Johannes Kepler als Knabe mit seiner Mutter von einer Anhöhe seiner Geburtsstadt, Tycho Brahe auf Hven und Landgraf Wilhelm IV. in Kassel.**

und ist als Teil des Quadriviums Lehrstoff an den Universitäten. Für genaue Horoskope brauchen astrologisch tätige Spezialisten genaue Ephemeriden, also Gestirnstafeln. Die Astrologen sind überzeugt, dass sie für jede einzelne Person ein individuell gültiges Nativitäts-Horoskop mit höherer Treffsicherheit erstellen können, wenn ihnen von den Astronomen genauere Angaben über die jeweilige Sternkonstellation an verschiedenen Orten und zu jedem Zeitpunkt geliefert werden. Wenn man schon nicht weiss, was die Zukunft für den Menschen bereithält, so weiss man wenigstens, welchen Einfluss die Sterne ausüben. Selbst der Wittenberger Reformprofessor Philipp «Melanchthon» Schwarzerdt (1497–1560) betrachtet den Lauf der Gestirne als wichtigen Ausdruck Gottes und widmet sich Geburtshoroskopen. Sowohl für Kaiser Rudolf II. als auch für den Absolventen der Nürnberger Universität Altdorf, Feldherr Albrecht von «Wallenstein» Waldstein, muss Kepler immer wieder Horoskope erstellen. So hatte Kepler für Wallenstein 1608 ein Horoskop verfertigt, das mit seinen positiven Charakterisierungen und Schwächen zur Persönlichkeit Wallensteins gut passte – man könnte auch sagen, dem sich Wallenstein im Sinne einer sich selbst erfüllenden Prophezeiung gut anpasste. Bürgi lehnt solche Horoskopanfragen konsequent ab,[33] obwohl Zeitgenossen damit einen Teil ihres Lebensunterhaltes verdienen und der Astrologie Berechtigung und Ansehen zugestehen.

Angst vor Kometen, Supernovae und Weltuntergang. Am Himmel plötzlich auftauchende rätselhafte Schweifsterne (Kometen) und neu erscheinende hell leuchtende Fixsterne (Supernovae) passen nicht ins geordnete Weltbild jener Zeit, sondern werden als unerklärliche, rätselhafte und bedrohliche Zeichen und Botschaften der Götter betrachtet. Sie versetzen viele Menschen mit Ankündigungen bis hin zum drohenden Weltuntergang in Panik und stellen sie vor kaum lösbare Fragen. Wegen ihres sporadischen Erscheinens ausserhalb jeglicher erkennbarer Regeln und entgegen den normalen harmonischen Abläufen beschäftigen sich Astronomen seit alters her damit besonders intensiv. Hart trifft es einen der Vordenker auf dem Gebiet der Logarithmen: Michael Stifel (1486–1567) kündigt auf den 19. Oktober 1533 den Weltuntergang an – aber weil er ausbleibt, verliert Stifel seine Pfarrerstelle![34] «Auf Betreiben Martin Luthers wurde Stifel in Schutzhaft genommen, erhielt aber bald darauf wieder Predigerstellen», schliesst die Berichterstattung versöhnlich.[35] Vergessen werden darf dabei aber nicht, dass in Jost Bürgis ersten Lebensjahrzehnten gleich zwei von blossem Auge erkennbare selbstzerstörerische Supernovae aufleuchteten, die eine 1572 von Brahe dokumentiert, die andere 1604 von Kepler – in unserer Galaxie seither keine mehr.[36]

27/ **Michel «Nostradamus» de Nostredame (1503–1566).**

LES VRAYES CENTVRIES
et
PROPHETIES
de Maistre
MICHEL NOSTRADAMVS

La mort du Roy d'Angleterre, et Lincendie de Londre.

28/ **Prophetie-Titelseite 1669 mit zwei von Nostradamus angeblich vorhergesagten angsteinflössenden Ereignissen: die Hinrichtung König Charles I. von England 1649 (oben) und der verheerende Brand Londons (1669).**

Was Nostradamus prophezeit. Der erfolgreichste Prophet des 16. Jahrhunderts, dessen Prophezeiungen angeblich noch heute bei Zeitgenossen Weltuntergangsszenarien evozieren, ist Nostradamus. Er ist kein typischer Astrologe, sondern er vermengt historische Ereignisse und Texte mit Astrologie. Ab 1554 gibt der Pariser Apotheker, Arzt und Sternfreund Michel «Nostradamus» de Nostredame (1503–1566) aufgrund der Berechnung von Himmelskörperkonstellationen sowie unter Berücksichtigung historischer Ereignisse in seinen Jahrbüchern Prophezeiungen für das jeweilige Kalenderjahr ab und veröffentlicht 1555 für seine vier Centurien *Les Propheties de M. Michel Nostradamus*. Die allgemein recht unpräzisen Angaben seiner in vierzeiliger Gedichtform formulierten Weissagungen zu Geschichtsereignissen, Erfindungen und Katastrophen erlauben nach dem Eintritt von Ereignissen mit entsprechender Interpretationskunst vielfach ihre retrospektive Anpassung und Zuordnung. Ziemlich falsch liegt er dabei nicht nur mit seinen Horoskopen – wie jenem für Kronprinz Rudolf von Habsburg von 1565 –, sondern ebenfalls bei genauer Analyse von ihm zugeschriebenen angeblich zutreffenden Voraussagen. Dabei ist diejenige vom Turniertod Henrys II. in der Nachwelt propagandistisch besonders hilfreich, obwohl sie erst sechs Jahrzehnte nach dem Unfall «entdeckt» und ihm trotz zahlreicher Unstimmigkeiten positiv angerechnet wird. Denn schon zu jener Zeit gilt: Je unsicherer die Zeiten, desto stärker ist das Interesse für alle einfachen Varianten der Berechenbarkeit und Sicherheit.

Die grandiose humanistische Renaissance

Nach gut zwei Jahrhunderten Völkerwanderungen nordosteuropäischer Stämme quer durch Europa, dem Ende des römischen Weltreiches (396 n. Chr.), einem langen dunklen Mittelalter sowie nach einem frommen und von christlicher Mystik und verheerenden Kreuzzügen geprägten Hochmittelalter erlebt Europa Mitte des 15. Jahrhunderts eine Wiedergeburt griechisch-hellenistischer Kultur. Jetzt rückt nicht nur das Individuum ins Zentrum der Weltanschauung, sondern auch die Kunst der Zentralperspektive. Mit ihr und neuen in Nahost entwickelten Mathematikmethoden bringt Albrecht Dürer (1471–1528) die Renaissance nach Norden über die Alpen. Gefeiert werden universell gebildete Humanisten wie ein Erasmus von Rotterdam, aber auch der machtbewusste «Principe» – der Fürst als Individualist, wie ihn sich Machiavelli in seinen Stadtstaaten-Fürstentümern wie Florenz wünscht. Abgelehnt werden Aristoteles und scholastische Lehren sowie die Naturphilosophie. Prunkvolle Fürstenhöfe, wohlhabende Klöster und prächtige freie Reichsstädte prägen die Voralpenlandschaft auf dem Weg von Lichtensteig über St. Gallen, Lindau, Isny, Kempten, Landsberg am Lech bis Augsburg und weiter über Regensburg, Nürnberg, Eger und Karlsbad bis in die Kaiserstadt Prag. Diesen 600 Kilometer langen Weg muss jeder eidgenössische Würdenträger und Wanderbursche einschlagen, um ins damalige Zentrum abendländischer Macht zu gelangen. Was für Jost Bürgi und seine Zeitgenossen das Reisen gefährlich und mühsam machen könnte, verblasst angesichts der Schönheit und der wohlgeformten Proportionen der Renaissancebauten sowie des die edlen und hehren Gefühle des Menschen ansprechenden Lebensstil und der Tugenden des Humanismus. Jost Bürgi und seine Zeitgenossen sind beeindruckt von den Berichten über Entdeckungsreisen zu neuen Kontinenten und Eldorados der Erde, von Fortschritten bei den Erkenntnissen über Mond, Sonne und Gestirne sowie bei den Erfindungen ganz neuer Objekte mit bis anhin unbekannten Möglichkeiten. Zu den Innovationen zählen:

a) das Schiesspulver (angeblich durch den Mönch Bertold Schwarz, aber wahrscheinlich schon lange Zeit vorher in China entdeckt) mit massivem Einfluss auf die Kriegsführung sowie die «Kolonialisierung», einschliesslich der Dezimierung, Unterjochung und Misshandlung indigener Völker;
b) die Einzel-Metalllettern und die Druckpresse (um 1450 durch Gutenberg) als Voraussetzung für eine bis anhin nicht bekannte Verbreitungsgeschwindigkeit klassischen und neuen Wissens in Büchern, Zeitungen und Flugblättern;
c) die Taschen-, Dosen- und Beuteluhren (1501 im deutschsprachigen Raum durch Peter Henlein) zu einer besseren mobilen Aktivitätskoordination;
d) das Gewehr-Radschloss (1517 durch Johann Kuhfuss) zur schnelleren Kriegsführung;

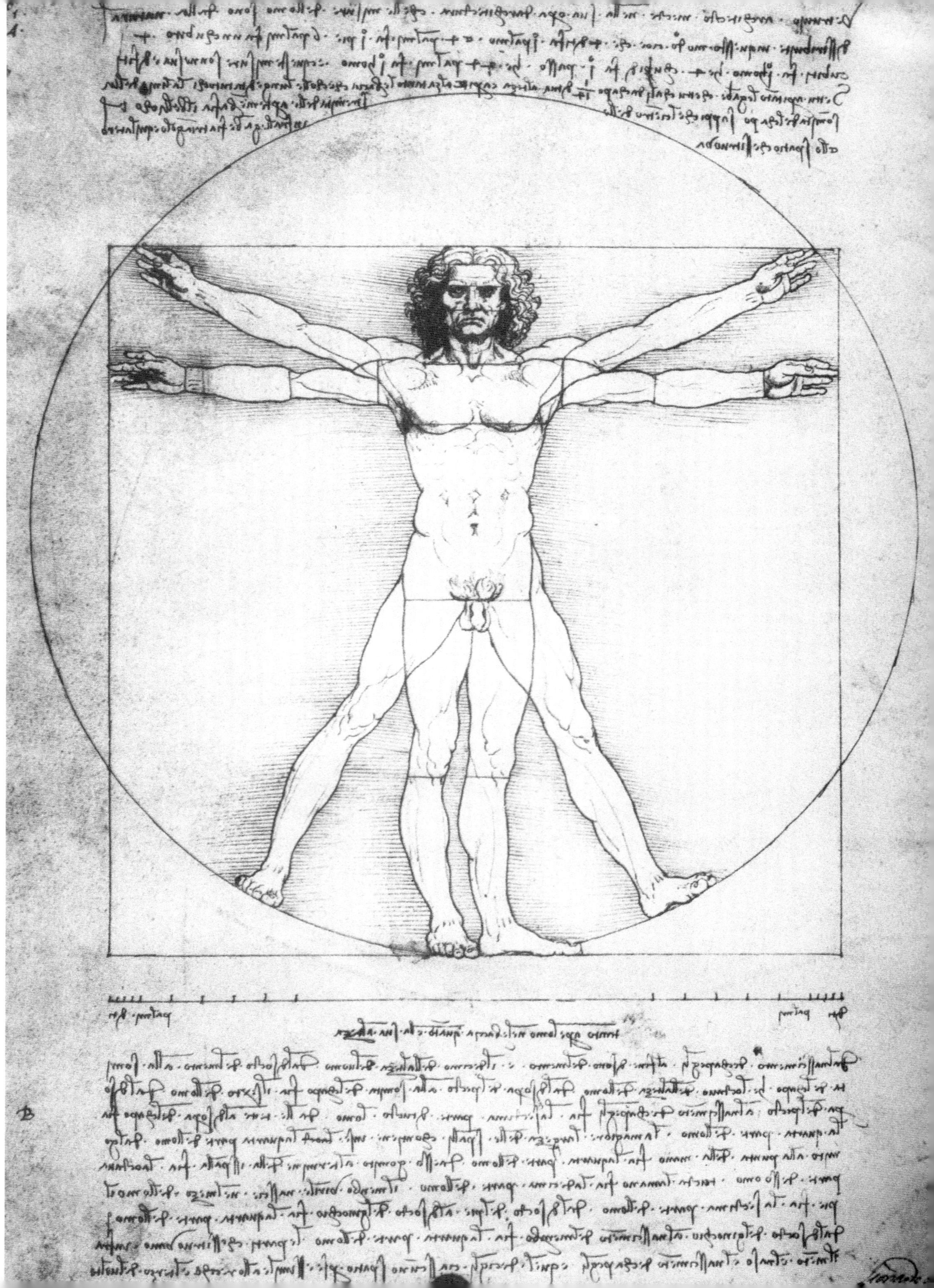

e) die cardanische Magnetkompass-Ringgehänge-Befestigung (1545, irrtümlich nach Gerolamo Cardano benannt) für eine genauere Navigation auf hoher See, wie der Magnetkompass überhaupt.

Nach Christopher Columbus' (1451–1506) Entdeckung des amerikanischen Kontinents 1492 folgen Vasco da Gama (1460–1524) und seine Fahrt nach Indien entlang der afrikanischen Westküste und um das Kap der Guten Hoffnung, Ferdinand Magellan (1480–1521) und seine Suche Amerikas via Osten durch die heute nach ihm benannte Wasserstrasse sowie die Entdeckung des südamerikanischen Kontinents durch Amerigo Vespucci (etwa 1451–1512). Schon 1507 zeichnet Martin Waldseemüller (etwa 1470–1520) die Neue Welt und gibt ihr Amerigos Namen.[37] Damit geht eine Reihe von Erfindungen in der Kartografie und Navigation einher. «Man könnte meinen», sagt Johannes Kepler, «die Welt habe tausend Jahre geschlafen und sei erst seit 1450 aufgewacht. Es kommt mir vor, wie wenn die Welt jetzt erst leben oder vielmehr rasen würde.»[38] Das Christentum werde in fremde Länder getragen. Eine neue Theologie, eine neue Rechtswissenschaft, eine neue Medizin, eine neue Astronomie seien entstanden.

29/ **Den Renaissancemenschen als das Mass aller Dinge zeichnet 1492 Leonardo da Vinci (1452–1519) in Anlehnung an die Proportionenlehre des Architekten und Ingenieurs Vitruvius (1. Jh. v. Chr.).**

Shakespeare, Kepler und Michelangelos Perspektiven. Nicht nur Alchemie und Arkana-Geheimwissenschaften stehen in Hochblüte, sondern unter den sogenannt freien Künsten *(Artes liberales)* überraschenderweise auch die Arithmetik und die Astronomie. Als William Shakespeare (1564–1616) 1596 seinen *Sommernachtstraum* schreibt, korrigiert in Graz Johannes Kepler gerade die letzten Probeabzüge seines *Weltgeheimnisses*. Und als Jost Bürgi 1599 in Kassel seine *Arithmetica Bürgii* abschliesst, verfasst der grosse englische Dramatiker aus Stratford-upon-Avon in London sein Drama *Julius Cäsar*. Längst begeistern in Italien die grossen Werke Leonardo da Vincis, Tizians und Michelangelos die über die Alpen anreisenden Menschen des Nordens, ebenso wie der gewaltige unter Michelangelo Buonarroti (1475–1564) errichtete Kuppelbau des Petersdoms. Zu den faszinierendsten Bildern gehören jene eines Malers aus dem von der spanischen Habsburgerlinie besetzten Teil der Niederlande: Peter Paul Rubens (1577–1640). Dieser Guldin-Jahrgänger inszeniert nach einem Besuch Italiens und der Besichtigung von Bildern Tizians imposante Tableaus grosser Wildheit, Farbigkeit und bereits barocker Lebensfreude. Die um die Kunstkammer Rudolfs II. in Prag angelegten Gemäldesammlungen von mehreren Tausend Tableaus und Kupferstichen vereinen viele Werke, insbesondere von Albrecht Dürer, Tizian und Pieter Breughel sowie von anderen Künstlern, besonders aus der niederländischen Schule.

Der Durchbruch der Frühen Neuzeit. Die sich im späten Mittelalter entwickelnde Renaissance und die auf das Zeitalter der (geografischen) Entdeckungen folgende Frühe Neuzeit sind als Folgen vielseitiger und anhaltender Auseinandersetzungen zu sehen: zwischen Scholastik und Empirismus,

30/ **Renaissancearchitektur diesseits der Alpen: Zu Bürgis Zeiten der Walz im Fränkischen wird in der Freien Reichsstadt Rothenburg ob der Tauber das gotische Rathaus (links) um den neuen Renaissancebau (1572–1580) erweitert. Die bereits frühbarocken Arkaden mit der Altane werden ein Jahrhundert später angebaut.**

Nominalisten und Universalisten, Astrologie und Astronomie, Alchemie und Pharmakologie, geozentrischem und heliozentrischem Weltbild, Kattegat und Karibik, Katholizismus und Calvinismus, Geisterbeschwörung und Geldvermehrung, Glaube und Experimentbeweis, Kollektiv und Individuum. Damit verändert sich das seit der Antike weitgehend etablierte und von der hochmittelalterlichen Scholastik und Kirche gepflegte Weltbild grundlegend, zu dem auch alle nur denkbaren Mischformen gehören.

Innovator der Technik und der Mathematik

In Jost Bürgis erhalten gebliebenen Uhren, Instrumenten und Himmelsgloben sowie von seinen wiederentdeckten Mathematikinnovationen lässt sich ablesen, dass er auf der Seite der progressiven Neuerer steht. Er ist kein historisch und humanistisch universell gebildetes Renaissancegenie, sondern ein Genie der Mathematik und der Technik, ein Innovator und kein Konservator. Wie bei verschiedenen Meistern, die zu den weitum bewunderten Koryphäen ihres Faches aufgestiegen sind – beispielsweise Erasmus Habermel (†1606) im Instrumentenbau oder Antonius Eisenhoit (etwa 1554–1603) in der Goldschmiedekunst und im Kupferstich –, gibt es auch bei Jost Bürgi keinerlei Aufzeichnungen und Eintragungen über seine berufliche Aus- und Weiterbildung, mit Ausnahme eines Hinweises des 46-Jährigen in einem Nebensatz, dass er die Uhrmacherkunst erlernt habe.[39]

Erstmals aktenkundig wird Jost Bürgi am 25. Juli 1579, als er am Fürstenhof Wilhelms IV. in Hessen-Kassel den Anstellungsvertrag bestätigt. Zwischen dem zwölfjährigen Schulbuben Jost und dem 27½-jährigen Kammeruhrmacher Bürgi liegen Welten. Damit er überhaupt in die Lage kommt, das Vertrauen des hochgebildeten hessischen Landgrafen Wilhelm IV. – ein Onkel des Kaisers des Heiligen Römischen Reiches Deutscher Nation – zu gewinnen, muss der Schweizer Uhrmacher schon zu dieser Zeit über erstklassige berufliche Fähigkeiten, Leistungsausweise und Referenzen verfügt haben. Er könnte sie in den letzten Jahren seiner Wanderschaft beim Augsburger «Universal-Instrumenten-Wercksmeister» Christoph Schissler, der damaligen Topadresse für Deutschlands höchste Feinwerkkunst, erworben haben, dessen Sohn später in Prag bei Bürgi arbeiten wird. Er dürfte weiter im Umfeld und bei den Nachfolgern des Nürnberger Mathematikers und Globuskonstrukteurs Christian Heiden (1526–1576)[40] gearbeitet haben, der damals in Anlehnung an Baldewein in Kassel die technisch ausgereiftesten Himmelsgloben schuf. Als Wilhelm IV. auf der Suche nach einem neuen Uhrmacher ist, schreibt er dies Joachim II. Camerarius dem Jüngeren (1534–1598) nach Nürnberg. Wahrscheinlich ist es dieser Stadtarzt und Botaniker[41], der im Juni 1579 «Jost B.» darauf aufmerksam macht, dass Wilhelm IV. einen an der Astronomie interessierten Hofuhrmacher sucht. Nur wenige Wochen später begegnen wir Jost Bürgi bereits in Kassel.

Doch bis es für Jost Bürgi so weit ist, vergehen noch eineinhalb Jahrzehnte. Jetzt geht es für den zwölfjährigen Jost im Städtchen Lichtensteig zunächst einmal darum, einen Beruf zu erlernen und sich darin zu bewähren.

Kapitel 2
Spekulationen über Bürgis Wanderjahre

31/ **In den Wanderjahren gelingt Jost Bürgi der berufliche Aufstieg. Beim Blick durch die neue Treppenturmschnecke der Wendeltreppe des Rothenburger Rathauses sieht man wie schon damals noch heute Rudolfs 1577 in Stein gemeisseltes neues kaiserliches Reichsadlerwappen.**

Hier beginnt ein neues Kapitel im Leben des «Jost B.» Der Wechsel von der Schule in einen Beruf signalisiert den Eintritt in eine neue Welt: die des Handwerks, der Technik und der Kunst. Auf der Suche nach Originalquellen zu Jost Bürgi werden wir oft nicht fündig. Kann man wirklich nicht nachweisen, wann Jost Bürgi genau geboren wurde und wie die Mutter heisst, die ihn zur Welt brachte, und wie seine Schwester? «Geburtsaufzeichnungen erfolgen in Lichtensteig erst seit 1628, weil man erst ab dann Kirchenbücher führt», klärt mich Lichtensteigs alt Stadtpräsident und ehrenamtlicher Stadtarchivar Robert Forrer auf. Vielleicht sieht es in der Frankenmetropole Nürnberg besser aus, die durch ihr Zunftwesen und Hans Sachs ein Begriff ist: Kann man den Namen Jost Bürgi in einem der Zunftbücher Nürnbergs finden, wo ihn die Walz hingeführt haben dürfte, fragen wir im Stadtarchiv Dr. Beyerstedt. «Quellen zum mutmasslichen Aufenthalt Bürgis in Nürnberg können wir leider nicht nachweisen, da die einschlägigen Handwerksbücher der Zirkelschmiede und der Schlosser (zu denen früher auch die Uhrmacher gehörten) frühestens 1590 (Meisterbuch der Schlosser), sonst erst im 17. Jahrhundert beginnen», lautet seine Antwort. Deutlicher nachweisbar müsste der junge Schweizer in Strassburg sein, wo ihn schon vor eineinhalb Jahrhunderten der Bürgi-Biograf Rudolf Wolf vermutete. Die presbyterianische Kirchenverwaltung der Cathédrale de Strasbourg empfiehlt Professor Denis Roegel als Gesprächspartner, bekannter Experte der Strassburger Liebfrauenkirche-Münsteruhr, aber auch Innovator und Realisator des Locomat-Loria-Projektes mathematischer Tafeln. Seine Antwort auf unsere Frage, ob denn Jost Bürgi in Strassburg gearbeitet haben könnte, beginnt französisch charmant, endet aber guillotinescharf: «Es gibt eine Möglichkeit, aber keine Wahrscheinlichkeit!»[1] Und der Berliner Philosophieprofessor Günther Oestmann – selbst auch Uhrmachermeister –, von mir angefragt, ob er bei seinen Untersuchungen zu Strassburgs astronomischer Uhr dem Namen Bürgi begegnet sei, schreibt: «Ich habe vor langen Jahren meine Doktorarbeit über die astronomische Uhr des Strassburger Münsters geschrieben und stellte seinerzeit eingehende Quellenrecherchen an. Die angebliche Verbindung Bürgis zu Strassburg hat ein ziemlich zähes Leben, seit Rudolf Wolf in seiner *Geschichte der Astronomie* (1877) diese Vermutung m. W. zuerst ausgesprochen hat – es ist aber eben nur eine Vermutung ohne jegliche Quellenbasis. Natürlich wäre eine landsmannschaftliche

Verbindung denkbar, da Dasypodius ja ebenfalls aus der Schweiz stammte und Ephorus der Schaffhauser Studenten war. Fakt ist jedoch, dass über die frühen Jahre Bürgis vor seiner Berufung an den Kasseler Hof im Jahre 1579 nicht das Geringste bekannt ist. Die Quellenlage ist ähnlich wie bei Erasmus Habermel: Plötzlich taucht *ex nihilio* ein hervorragender, hoch qualifizierter Instrumentenmacher auf, und man fragt nach seinem Herkommen und Werdegang. Im Fall Habermels setzt die Qualität seiner Instrumente eine sehr gute Ausbildung als Kupfer- und Silberschmied, Giesser, Stecher und Vergolder voraus. So hat man eine Goldschmiedelehre und – natürlich – Nürnberg als Aufenthaltsort angenommen, aber das ist eben Spekulation, solange sich kein Beleg beibringen lässt.»[2]

Genauso ist es: Niemand weiss, wie sich Jost Bürgi aus- und weiterbildete. Anscheinend wie aus dem Nichts – *ex nihilio* – taucht er 1579 als mittlerweile 27½-Jähriger auf dem Residenzschloss des Landgrafen Wilhelm IV. von Hessen-Kassel auf und wird mit aussergewöhnlich hohem Salär sofort eingestellt. Jost Bürgi hat sich in diesen vielen Jahren anscheinend angeeignet, was ein Kammeruhrmacher eines in der Astronomie tätigen Fürsten wissen und können muss. Diese handwerklichen Anforderungen und Qualifikationen sind durch jeden Bewerber für die Stelle zu erfüllen und daher Resultat der kulturellen und gesellschaftlichen Entwicklung. Somit kommt niemand wirklich aus dem Nichts. Auf diesen Strecken verlassen wir also den Pfad der historischen Gewissheit und folgen wie ein Profiler demjenigen der kulturellen Wahrscheinlichkeit und sozialwirtschaftlichen Notwendigkeit. Dort, wo kein dokumentarischer Nachweis vorhanden, sondern weiterhin zu suchen ist, schreiben wir «Jost B.» anstatt Jost Bürgi und lancieren mehrere Hypothesen. Die erste beantwortet die Frage: Hat Jost Bürgi eine Berufsausbildung in Lichtensteig absolviert?

Vom Schlosser- zum Silberschmied- und zum Uhrmacherlehrling

Sofern es einem Schüler nach dem Abschluss der vier- bis sechsjährigen Volksschule nicht vergönnt ist, in ein Gymnasium überzutreten (wie Johannes Kepler) oder sich bei einer Universität einzuschreiben (wie Tycho Brahe), erlernt er Mitte des 15. Jahrhunderts als Zwölfjähriger möglichst ein Handwerk (wie Jost Bürgi). Dem Lehrherrn hat man dafür eine Ausbildungsgebühr zu entrichten.[3]

Langwieriger Ausbildungsweg bis zum Handwerksmeister. Während der Lehrzeit, die je nach Beruf und Vorbildung drei bis sechs Jahre dauern kann, wohnt der Lehrling manchmal unter dem Dach der Meisterfamilie – immer mit dem Spruch «Lehrjahre sind keine Herrenjahre» im Kopf. Nach bestandener Gesellenprüfung schliesst sich eine mindestens fünfjährige Gesellenzeit an, von welcher der Handwerksbursche gemäss Zunftordnungen als rechtschaffener Geselle unverheiratet und schuldenfrei mindestens drei

Jahre und einen Tag auf der Walz in der Fremde zu verbringen hat. Dann erst darf er wieder an den heimatlichen Herd zurückkehren, eventuell eine Meisterprüfung ablegen, und vielleicht selbstständig tätig werden. Geregelt werden all diese Punkte durch die handwerkliche Berufsvereinigung der Zunft. Besonders in grösseren Städten entwickeln die Zünfte neben den adeligen Patrizierfamilien einen immer grösseren Machtanspruch mit teilweise rigiden Verhaltensregeln und Erstarrungstendenzen.

Handwerker- und gewerbefreundliches Lichtensteig. In kleinen Orten wie Lichtensteig ist der Einfluss der Zünfte gering. Ohne eigenes Zunftwesen[4] und ohne strenge Formalisierung orientiert man sich in der Stadt Lichtensteig an den Handwerksordnungen der nächstgrössten Nachbarstädte.[5] Da man sehr daran interessiert ist, von Amtes wegen das Handwerk und seine Traditionen florieren zu lassen, fördert man es so gut wie möglich durch Anreize. So hilft man Handwerkerlehrlingen bei der dem Meister zu entrichtenden Ausbildungsgebühr von 20 Gulden aus. Gesellen, die ihr Wissen in der Fremde erweitern sollen, gibt man auf die Walz regelmässig einen Reisekostenzuschuss von mehreren Gulden mit. In Mangelberufen wirbt man Fachleute an und erleichtert ihnen die Einbürgerung. Andererseits reduziert man aber den Zuzug von Handwerkern in überlaufenen Berufen und setzt Stümper, Fälscher und Pfuscher vor die Stadtmauer. Wenn ein Handwerksgeselle wie Jost Bürgi schon von Lichtensteig aus auf die Walz geht, um sich in anderen Betrieben und in fernen Landen neue Erkenntnisse anzueignen, sollte sie mindestens vier Jahre dauern.[6]

Zuerst Schlosser-, dann Silberschmied-, dann Uhrmacherlehrling? Dass Jost Bürgi eine Uhrmacherausbildung absolviert hat, schreibt er um 1598 als Mittvierziger selbst in seinem von Johannes Kepler 1603 redigierten Einleitungstext seiner *Arithmetica Bürgii*: «… durch meine Handtierung und er-

32/ **Silberschmiede bei der Arbeit: Handwerkskunst vom Schmied zum Uhrmacher.**

lehrnte Uhrmacherkunst».[7] Es ist bis heute nicht bekannt, wann und wo er diese Kunst erlernt hat. Wahrscheinlich ist er den Weg vom Schlosser und Goldschmied zum Uhrmacher gegangen und hat dabei seine «Handtierung» erworben. Höchstwahrscheinlich absolviert der von der Tätigkeit seines Vaters mit den Arbeiten einer kleinen Schlosserei vertraute und handwerklich begabte junge «Jost B.» eine Lehre im Schlosser- oder Schmiedehandwerk oder/und in einem daraus hervorgegangenen Beruf und anschliessend eine zweite Ausbildung zum Uhrmacher. Die einzige Aussage zu diesem ganz frühen Lebensabschnitt Jost Bürgis scheint von seinem Schwager Benjamin Bramer (1588–1652) zu stammen, wonach Jost Bürgi «zunächst Silberschmied gewesen sei».*

33/ **David Widiz' und Verena Forrers Haus (links) am ehemaligen Garnmarkt in der Lichtensteiger Hintergasse 23 («Altes Schäfli»); rechts daneben das «Alte Rathaus».**

Lichtensteigs erster Goldschmied David Widiz aus Augsburg. Die Aussage Bramers zur anfänglichen Tätigkeit von «Jost B.» als Silberschmied führt uns direkt in das Ortsarchiv Lichtensteig (OAL) mit seinen Ratsbüchern (Rb). Gibt es zu Jost Bürgis Zeit überhaupt einen Handwerker dieses Berufes in Lichtensteig, der ihm Einblicke und vielleicht sogar eine Ausbildung in diesem Metier bieten kann? Nachdem «Jost B.» die Grundschule abgeschlossen und bei seinem Vater vielleicht gerade eine Ausbildung zum Schlosser begonnen hat, zieht um 1567/68 erstmals ein Goldschmied in Bürgis Heimatstädtchen. Dieser in bajuwarisch-schwäbischem Dialekt sprechende Kunsthandwerker begründet in Lichtensteig eine Gold- und Silberschmiedetradition, die sich jahrhundertelang fortsetzen wird. Goldschmied David Widiz (auch Waidiz, Weidiz und Wiediz geschrieben) kommt gemäss den Ratsbüchern (Rb 1–2) Lichtensteigs aus Augsburg.[8] Gesichert ist weiterhin, dass sich ein gebürtiger Augsburger Goldschmied namens David Widiz (etwa 1535–1597/98) mit der Lichtensteiger Witwe Verena Forrer verlobt und auch seit spätestens 1569 dauerhaft als Hintersasse (Niedergelassener ohne Bürgerrecht und mit alljährlicher Bewilligungspflicht) in Lichtensteig wohnt. 1571 heiratet Widiz: Durch seine Gattin Verena – eine verwitwete Forrer und geborene Ruggensperger – wird er der Schwager von Heinrich Forrer, dem St. Galler Konventualen und Statthalter in Rorschach, St. Gallen und zu Wil sowie Pfarrer weiterer Gemeinden bis weit in den Thurgau. Zunächst abgelehnt, wird er ein gutes Jahrzehnt später als Bürger Lichtensteigs aufgenommen. Noch heute erhalten ist an Verenas und Davids Wohnhaus («Altes Schäfli») in der Hintergasse 23 das von ihnen 1595 eingebaute wunderschöne Sandstein-Renaissanceportal. Dieses gemäss dem

34/ **Scheitel des Eingangsportals des Hauses Hintergasse 23 mit den Wappen der Familien Widiz und Forrer sowie den Initialen des Ehepaars.**

* Dora Fanny Rittmeyer schreibt «Silberschmied» in Fussnote 2 auf Seite 1 ihrer Studie über die Goldschmiede in Lichtensteig. Sie verweist dabei auf Benjamin Bramer, allerdings leider ohne weitere Quellenangabe, sondern ergänzt um den Kommentar: «wo er [Bürgi] gelernt hat, ist nicht bekannt (Mitteil. v. Dr. Leo Weisz). In Lichtensteig ist darüber nichts zu finden», was der Autor dieser Zeilen nach Besuchen im Ortsarchiv Lichtensteig und nach Sichtung der Ratsbücher des 16. Jahrhunderts sowie mithilfe des Karteikastens Armin Müllers und der Unterstützung durch den alt Stadtpräsidenten und weitläufig mit Widiz Verwandten Robert Forrer bestätigen kann. Allerdings ist diese Silberschmied-Lösung naheliegend und plausibler als viele andere Vermutungen. Der 1567/68 aus Augsburg bzw. über Wemding nach Lichtensteig gekommene Gold- und Silberschmied Christoph «David» Widiz wäre demzufolge also Jost Bürgis Lehrmeister gewesen.

ehemaligen und unübertrefflichen Stadtchronisten Armin Müller «vielleicht schönste Portal eines Lichtensteiger Hauses»[9] trägt in den beiden vertieften Gewänden mit Kapitellen links eine männliche und rechts eine weibliche Reliefmaske über einem typischen Renaissance-Steinhauermotiv (Eierstab und laufender Hund). Über den beiden Wappen im Portalscheitel stehen die Initialen DW (für David Widiz) und VF (für Verena Forrer) sowie die Jahrzahl 1595.

Meister Widiz als Lehrmeister von «Jost B.»? Obwohl vom Goldschmied David Widiz geschaffene Objekte die Jahrhunderte nicht überdauert haben, erhält der junge lernfreudige und technisch begabte «Jost B.» höchstwahrscheinlich schon bei ihm erste Einblicke in eine Welt der feinen Edelmetallbearbeitung und absolviert dort eine Art Berufslehre. Gut vorstellen kann man sich die Situation, in welcher der Augsburger Widiz dem jungen «Jost B.» viel vom mondänen und reichen Augsburg erzählt, ihm die Augen für die grossen Wunderwerke der Uhrmacher und Instrumentenbauer öffnet und ihm später vielleicht sogar eine Kontaktadresse vermittelt.

David Widiz bringt ideale Voraussetzungen als Ausbildner und Förderer mit: Er ist mit seiner Augsburger Goldschmiedequalifikation einerseits ein Könner seines Berufes und der Einzige seines Faches in Lichtensteig sowie andererseits der Schwager des einflussreichen St. Galler Konventualen Heinrich Forrer sowie des Kanzlers im Hof Wil Melchior Tschudi – beide immer wieder mit interessanten Aufträgen für sakrale Gold- und Silberschmiedearbeiten und mit besten Kontakten zu vermögenden Familien. Dass David Widiz seinen Beruf kompetent ausfüllt, kommt auch darin zum Ausdruck, dass das Lichtensteiger Ratsbuch 2 und die Steuerrodel den Namen «Widiz» mit «Goldschmied» gleichsetzen und dass nach David Widiz' Tod 1597/98 seine Witwe Verena nur noch als «die Goldschmiedin» bezeichnet wird. Doch vielleicht hat «Jost B.» seinen Beruf auch ausserhalb von Lichtensteig erlernt.

«Jost B.» in Schaffhausen bei den Gebrüdern Habrecht? Zu den über die Grenzen hinaus tätigen Fachleuten gehören die Uhrmacher der Familie Habrecht in Schaffhausen am Rhein, etwa 80 Kilometer von Lichtensteig entfernt. Die Erfolge von Vater Joachim und der Söhne Isaak Habrecht (1544–1620) und Josias Habrecht (1552–1575) in diesem neuen Geschäft sind bemerkenswert. Zum Produktionsprogramm gehören neben Armillarsphären auch Himmels-, Erd- und Mondgloben. Mit dem Auftrag zur Fertigung der astronomischen Uhr in Strassburg wird die elsässische Metropole zum Zentrum eines wichtigen Zweiges der Habrechts. Es ist gut vorstellbar, dass «Jost B.» bereits vor 1570 bei den Habrechts in Schaffhausen seine Uhrmacherlehre beginnt und später auf einer der Auslandsbaustellen dabei ist.

International beachtete Schauuhrenspezialisten. Wie war die Mitte des 16. Jahrhunderts international tätige Uhrmacherdynastie Habrecht entstanden? Der Vater Joachim Habrecht kommt als Uhrmacher vom thurgauischen Hochrheinstädtchen Diessenhofen in den nur wenige Kilometer flussabwärts gelegenen Hauptort Schaffhausen, dessen Burgfestung Munot nach Plänen von Albrecht Dürer errichtet wird.

Joachim Habrecht hat sich schon 1519 in Bern einen Namen gemacht, als es ihm gelingt, die alte Schauuhr im Zytgloggeturm zu erneuern.[10] Ein Vierteljahrhundert später versucht er, etwas Ähnliches zu realisieren, indem er diesmal in Solothurns Zeitglockenturm eine von Meister Liechti wegen zu grosser Schwierigkeiten aufgegebene Schauuhr mit drei beweglichen Figuren, Viertelstundenzifferblatt sowie Mondkugel plötzlich doch noch zum Laufen bringt. 1561 bekommt er von der Stadt Schaffhausen einen grosszügigen Vertrag zur Realisierung einer öffentlichen Uhr auf dem Fronwagturm, die 1564 ebenfalls plötzlich zu ticken beginnt.

Joachim Habrecht – Vater von 13 Kindern – gilt als der Stammvater der gleichnamigen Uhrmacherdynastie mit Isaak als deren bedeutendsten Spross. Die Realisierung der zweiten Version der astronomischen Uhr im Strassburger Münster ist ihr anspruchvollster Auftrag, bei dem sie eng mit dem Mathematiker Conrad Dasypodius zusammenarbeiten, ein enger Freund Wilhelms IV. von Hessen-Kassel. Sofort nach der Einweihung 1574 wird Sohn Isaak zum Münsteruhrmeister Strassburgs ernannt, er realisiert 1577 im «Schuegg» des Donaueschinger Schlosses die Kunstuhr, baut 1579 auch die Rathaus-Schauuhren in Heilbronn am Neckar und 1580 in Ulm an der Donau, 1583 die Schauuhr des früheren Altdorfer Universitätsgebäudes Nürnberg sowie kunstvolle Standuhren, die ihren Weg ins Ausland finden, so eine 1618 nach Kopenhagen ins dänische Schloss Rosenborg und eine andere nach England, die heute im Britischen Museum London steht.

Während Isaak Habrecht und fünf weitere Generationen im Amt des Strassburger Münsteruhrmachers bleiben, bilden einige seiner Brüder und deren Enkel bekannte und beliebte Uhrmacherfamilien in Regensburg, Kaiserswert und Zürich.

Auf der Walz in den attraktiven Handwerkerhochburgen

Während der Wanderjahre sucht sich ein junger Mann als rechtschaffener Geselle eine Stelle in einem möglichst renommierten Meisterbetrieb in einer der damaligen Handwerkerhochburgen. Wiederum wissen wir nicht, was Jost Bürgi in dieser Phase seiner beruflichen Entwicklung getan hat, aber wir entdecken und verfolgen alle Indizien, die auf eine gewisse Wahrscheinlichkeit hindeuten.

35/ **Astronomische Uhr und Engelspfeiler im Strassburger Liebfrauenmünster. Lange Jahre wird vermutet, «Jost B.» habe an der zweiten Version dieser 18 Meter hohen Schauuhr mitgearbeitet.**

Die Hochburgen Augsburg und Nürnberg. Die stärksten Anziehungskräfte gehen wohl von den beiden Hochburgen des Handwerks Augsburg und Nürnberg aus, aber für Uhrmacher und Goldschmiede sind auch Cremona und Strassburg interessant. Nicht zu übersehen sind ebenfalls die naheliegenden grösseren Städte mit bekannten Uhrmacherbetrieben wie beispielsweise Schaffhausen mit den Gebrüdern Habrecht oder Zürich, Basel, Bern, Luzern und Innsbruck. Die meisterhafte Ausführung der von Jost Bürgi gefertigten Uhren und Instrumente deutet darauf hin, dass er nach einer Berufsausbildung zum Silberschmied und als Uhrmacher seine handwerklichen Fähigkeiten bei den damals ersten Adressen der Uhrenmacher und Instrumentenbauer perfektioniert haben muss.

Sprachbarrieren in Cremona. Wegen seiner Zahnradfinesse wird von Kennern der Uhrmachergeschichte als möglicher Arbeitsort von «Jost B.» immer wieder das norditalienische Cremona genannt.[11] Hier baut der Ingenieurkreis um Gianello «Juanelo» Torriano (1500–1585) für Auftraggeber wie Kaiser Karl V. und für die reiche Fürstendynastie der Florentiner Medici die damals kunstvollsten Uhren.[12] In diesem wichtigen Kulturzentrum des Herzogtums Mailand fertigen Fachleute nicht nur die feinstimmigsten Streichinstrumente, sondern ebenso die feingliedrigsten Zeitmessinstrumente und Zahnradgetriebe. Bei Jost Bürgis Schwierigkeiten mit der Sprache und vor allem mit Fremdsprachen ist es jedoch kaum vorstellbar, dass er im italienischsprachigen Gebiet gearbeitet hat.

Strassburg fraglich. Bleibt Strassburg, die elsässische Metropole, in der gerade die zweite Version der astronomischen Münsteruhr gebaut wird und wo vor 150 Jahren der Schweizer Bürgi-Biograf Rudolph Wolf die Meinung vertrat, Jost Bürgi habe an diesem Werk mitgearbeitet. Bis Mitte November 2012 folgten wir ebenfalls diesem Pfad, halten das aber heute mit drei Koryphäen der Uhrenforschung und Wissenschaftsgeschichte am Strassburger Münster für wenig wahrscheinlich. Nachdem bereits Professor Denis Roegel, Nancy, nach Lektüre eines Manuskriptentwurfes im Oktober 2012 darum gebeten hat, die von Rudolf Wolf ohne jeden Beweis konstruierte Legende nicht weiterzuführen, vertritt dieselbe Meinung der Berliner Wissenschaftsprofessor Günter Oestmann, der über diese Uhr eine ausgezeichnete Doktorarbeit geschrieben hat. Als Dritter kommt auch der Leiter des Internationalen Uhrenmuseums Professor Ludwig Oechslin – selbst wichtiger Bürgi-Biograf – im Herbst 2012 zum Schluss, «dass Bürgi wohl nicht über Strassburg nach Kassel gelangt ist». Dies aufgrund seiner neuen Studie über «Die Monumentaluhr als Quelle der Inspiration», in der Oechslin die Epizykel-Konstruktionen von Conrad Dasypodius und Jost Bürgi analysiert und erkennt, dass Bürgis Denkstil kaum etwas mit demjenigen seines mutmasslichen Mathematikprofessors gemeinsam hat: «In keinem seiner [Bürgis] Werke ist nur ansatzweise ein differo-epizyklisches Getriebe eingebaut, wie es Dasypodius für seinen Globus und sein Astrolab entwickelt hat.»[13]

Wie kommt der junge Jost Bürgi doch noch zu einer Uhrmacherausbildung und wie wird es ihm möglich, in Deutschland Fuss zu fassen?

Eine Uhrmacherlehre in Schaffhausen bei den Gebrüdern Habrecht wäre ein ideales Sprungbrett. Aber vielleicht hat «Jost B.» das Uhrmacherhandwerk auch bei einem Meister in Wil, St. Gallen oder Zürich erlernt – wobei das wiederum ein Habrecht wäre, der zu dieser Zeit von Schaffhausen nach Zürich geht und dort gleich die Verantwortung für die Uhren übernimmt.

Nicht vollkommen auszuschliessen wäre auch eine Uhrmacherzusatzlehre in Augsburg. Wenn «Jost B.» nach seiner Lehre als Silberschmied bei Widiz in Lichtensteig direkt nach Deutschland auf die Walz gehen will, findet er mit der Empfehlung der Augsburger Meister David Widiz und Joachim Forster am ehesten einen Zweitausbildungsplatz als Uhrmacher in der mit Italien eng verbundenen deutschen Stadt Augsburg, die der Tradition eleganter und schlanker Zahnradtechnik am besten entspricht.

Weiterbildung im mondänen Augsburg

Das bayerisch-schwäbische Augsburg verfügt zur Handwerksburschenzeit des «Jost B.» über einen wirtschaftlich glänzenden Ruf und erstklassige internationale Verbindungen. Die noch immer reichen Silberminen-, Bergbau-, Handels- und Bankiersfamilien der Fugger und der Welser prägen die Stadt ebenso wie ihre Kunsthandwerker, darunter bekannte Uhrmacher, Zirkel- und Goldschmiede. 1567/68 begründet der Augsburger Goldschmied David Widiz das Gold- und Silberschmiedehandwerk in Lichtensteig. Dort macht er wahrscheinlich «Jost B.» mit seinem Beruf vertraut und erzählt ihm von Augsburg und seinem Onkel Joachim Forster als möglichen Meisterbetrieb, wenn «Jost B.» einmal selbst nach Augsburg kommen sollte und einen Zweitausbildungsplatz zum Uhrmacher oder bei einem Instrumentenbauer einen Arbeitsplatz suchen würde.

Die Stadt der Künste. Mit seinen nahezu 40 000 Einwohnern zählt Augsburg nicht nur zu den drei grössten Städten Deutschlands, sondern ist auch, zusammen mit Nürnberg, im Heiligen Römischen Reich Deutscher Nation die wichtigste Stadt der Künste. Der Historiker, Astrologe, Mediziner und Rheticus-Mentor Achilles Pirminus Gasser (1505–1577) beschreibt in Sebastian Münsters *Cosmographia* – neben der Bibel das meistgelesene Buch seiner Zeit – Augsburg 1545 als paradiesisch schön.[14] Auch für den französischen Philosophen und Essayisten Michel de Montaigne (1533–1592) ist Augsburg die schönste Stadt Deutschlands[15], – und alles spricht dafür, dass sie sein Zeitgenosse «Jost B.» auf der Walz ebenso erlebt hat.

36/ **Augsburg um 1490. Holzschnitt aus der *Schedelschen Weltchronik*.**

Bekannte Goldschmiede, Uhrmacher und Instrumentenbauer. Alleine im Goldschmiede-Handwerk verdienen zu Bürgis Zeit in dieser Freien Reichsstadt gut 200 Meister und ihre insgesamt gut 1000 Beschäftigten in hartem Wettbewerb ihren Lebensunterhalt.* Die Nähe von Augsburgs Goldschmieden zum Münchner Hof und zur italienischen Kultur, seine grossen Reichstage und die sowohl von Katholiken wie von Protestanten getragenen doppelkonfessionellen Institutionen erweisen sich als so dynamisch, dass die Augsburger anstatt der einst führenden Nürnberger immer mehr Aufträge übernehmen.[16] Grössere Projekte für Fürsten- und Kaiserhöfe sowie reiche Patrizierfamilien werden vom Juwelieragenten Philipp Hainhofer entwickelt und durch Beizug verschiedener Spezialisten realisiert.

In der Uhrenfertigung prägen der Uhrmacher-Goldschmied Hans Schlotheim (1547–1625) sowie die Familien Marquart, Buschmann, Reinhold und Roll dieses zuerst der Grosszunft der Schmiede zugeordnete und ab 1500 eigene Handwerk der Kleinuhrmacher gleich über mehrere Generationen hinweg mit Spitzenleistungen im Bau von uhrwerkgetriebenen Automaten wie Spieluhren und Himmelsgloben. Diese Uhrmacher – alleine zwischen dem 15. und 17. Jahrhundert sind 204 Meister nachgewiesen – wiederum stehen mit ihren Fähigkeiten in scharfem Wettbewerb zu den «Kompassmachern». So bezeichnet man damals die Hersteller von Sonnenuhren und Magnetkompassen, deren prominentester Augsburger Repräsentant Christoph Schissler (1531–1608) ist. Der in der Metallbearbeitung geprüfte Rüstungsschmied und Gürtlermeister nennt sich «geometrischer und astronomischer Werckmeister» und hat sich vor allem auf die Konstruktion und Fertigung von Zirkeln, Geschützaufsätzen, geometrischen

* Die Anzahl der Augsburger Goldschmiedebetriebe vervierfacht sich im 16. Jahrhundert, sodass nicht mehr genügend kostendeckende Aufträge vorhanden sind, um die Betriebe auszulasten. In der Folge darf ein Goldschmiedemeister höchstens nur noch drei Gesellen und einen Lehrling beschäftigen (vgl. Roeck, S. 48 f.).

Quadraten, Quadranten, Astrolabien, Armillarsphären und grosser zerlegbarer Kupfergloben spezialisiert.[17] Markus Fugger bestellte bei Schissler für Spanien einen Kupferglobus von 1,5 Meter Durchmesser und verschickte ihn in acht Teile zerlegt zusammen mit einer ebenso grossen Armillarsphäre. In Christoph Schisslers Werkstätte könnte sich auch ein Gehilfe namens «Jost B.» auf vielseitige Weise nützlich gemacht und weitergebildet haben. Vielleicht hat er hier den Schissler-Sohn Hans Christoph II. kennengelernt, der selbst Uhrmacher ist und 1610 bei Bürgi in Prag arbeiten wird.

Brahes riesige Augsburger Instrumente. Der grosse Rechenglobus: In Augsburg beauftragt der dänische Aristokrat und Astronom Tycho Brahe (1542–1601) mit Unterstützung durch seinen Augsburger Gastgeber Lorenz Thenn (etwa 1523–1599)[18] Fachleute mit dem Bau eines grossen Rechenglobus *Globus Magnus Orichalcicus* von sechs tychonischen Fuss Durchmesser (1,46 m). Er soll aus einem speziell gefertigten Holzkern mit Pergamentabschluss bestehen. Darüber wird kunstvoll ein Messingblech aufgebracht, auf dessen glatter Oberfläche sich anhand der neuen Beobachtungsdaten die Positionen der Fixsterne eingravieren lassen.[19] Diese Holzglobenkonstruktion dürfte nicht von Kompassmacher Schissler stammen, sondern von einem der damals für ihre Kabinettmöbel berühmten Augsburger Möbelschreiner, deren Berufszweig hier Kistler genannt wird.*

Der Maximal-Quadrant von über 5,4 Meter Radius: Schon 1569 beginnt Tycho Brahe für den Augsburger Bürgermeister Paul Hainzel (1527–1581) in dessen Gartengut in Göggingen einen riesigen Eichenholz-Quadranten mit über 5,4 Meter Radius zu errichten, um damit Sternpositionen zu bestimmen. Dieser *Quadrans Maximus* wurde in nur einem Monat von Handwerkern verschiedener Berufsrichtungen (Instrumentenmacher, Gold-, Kupfer- und Eisenschmiede sowie Zimmerleute und Schreiner) errichtet. Die riesige Messingskala auf dem Bogen ist alle 10 Bogensekunden mit einem Messstrich versehen. Paul Hainzel beobachtet damit das Himmelsgestirn und sendet Brahe seine Resultate bis zu seinem Tod im Jahre 1581.

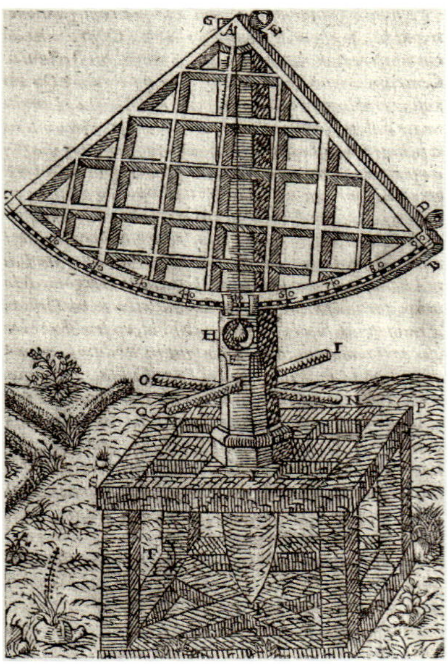

37/ **Diesen mächtigen Quadranten von über 5,4 Meter Radius lässt Tycho Brahe 1570 im Garten des Augsburger Bürgermeisters Paul Hainzel errichten; bald darauf zerstört ihn ein Gewittersturm.**

Der Erd- und Himmelsglobus für St. Gallen. Noch ein Jahrzehnt länger korrespondiert Tycho über Kometen sowie über Sonnen- und Mondfinsternisse mit dem Augsburger Humanisten Hieronimus Wolf (1516–1590), Bibliothekar der Fugger-Bankendynastie[20] und ehemaliger Student der Wittenberger Reform-Universität – wie Brahe selbst oder der aus Lindau stammende Arzt und Stadtchronist Pirmin Gasser sowie die hochrangigen Lokalkoryphäen Gebrüder Hainzel. Kontakt hat Tycho Brahe in Augsburg ebenfalls zum gleichaltrigen Philipp Eduard Fugger (1546–1618). Wie schon sein Vater Georg interessiert sich auch Philipp Fugger für die Naturwissenschaften, die

* 1990 war Victor Thoren zum Schluss gekommen, dass Schissler diesen Globus hergestellt habe, doch widersprächen verschiedene Dokumente und andere Brahe-Biografen dieser Beurteilung, ist Kompassmacher Schissler doch bis heute nur für die Herstellung reiner Metallgloben bekannt. Zu den Globenherstellern Augsburgs gehört auch der Kompassmacher Tobias Klieber (1545-1619) aus der gleichnamigen Uhrenmacherfamilie.

38/ **St. Galler Erd- und Himmelsglobus in der Stiftsbibliothek St. Gallen (Replik des im Landesmuseum Zürich ausgestellten Originals).**

Astronomie und die Astrologie. Deshalb erweitert er sein Haus um einen Turmanbau für die Durchführung astronomischer Beobachtungen und gibt einen Erd- und Himmelsglobus in Auftrag.[21] Es könnte sich dabei um den aus Holz gefertigten einzigartigen Erd- und Himmelsglobus handeln, der heute im Schweizer Nationalmuseum in Zürich zu besichtigen ist, und zwar in nächster Nähe zu Jost Bürgis kleinem, goldbeschichteten Himmelsglobus, der genau ein Vierteljahrhundert später angefertigt wurde.

Zur Geschichte des Erd- und Himmelsglobus in der Fürstabtei St. Gallen. Wahrscheinlich schon Anfang der siebziger Jahre des 16. Jahrhunderts hatte ein Team von Geografen, Astronomen und Kunsthandwerkern einen aussergewöhnlichen Erd- und Himmelsglobus vollendet, der mit seinem Haltegestell («Globuswiege») insgesamt 2,33 Meter hoch ist. An welchem Ort das geschah, ist nicht bekannt, doch kommen dafür eigentlich nur die beiden damaligen Zentren des Globenbaus nördlich der Alpen infrage: Nürnberg und Augsburg, das in diesem Gebiet in den letzten Jahrzehnten die Vormachtstellung übernommen hat. Ebenfalls ist bekannt, dass um diese Zeit Philipp Fugger einen derartigen Auftrag erteilt hat.

Auf der 1,21 Meter Durchmesser grossen Globuskugel sind erstmals nicht alleine die Positionen der Sterne abgebildet oder nur das Antlitz der Erde, sondern vor allem in der südlichen Hemisphäre beide Ansichten gemeinsam zusammen mit über 7000 geografischen Ortsnamen und Bezeichnungen.

E V R O P
Scotia
Anglia
Germania
Gallia
Hispania
Italia
Mare
Sardinia
Corsica
Minorica
Maiorica
Mallorca
Iuiça
Formentera
Sinister
pes Andromada
Bassia
Telensi
Barbaria
Abberdon
Elgin
Dunkeldam
Edinburg
Glasgou
Guthorn
Berwije
Lancaster
Jork
Lampreston
Notingam
Lincoln
Elis
Walsingam
Werchester
Oxford
London
Bristow
Canterberi
Bangar
Landof
S Dauid
Wintou
Excester
Man
Vlamborg
Winterton
Ostenesse
Colchester
Douer
Wiche
Stert
Lindes prom
Bouenberge
Ripen
Heilichlant
Arhus
Colding
Slesswik
Londen
Falsterbode
Bornholm
Lubek
Hamburg
Albis flu
Sund
Stetin
Berlin
Bremen
Lunenborg
Wilsenach
Brunswig
Emden
Groningen
Campen
Arnhem
Münster
Paderborn
Halberstat
Erdfurt
Meissen
Leiptzich
Wesel
Duysborg
Cöln
Francfort
Amsterdam
Dort
Antwerpe
Gendt
Laye
Cales
Tornay
Lauen
Galie
Nanten
Trier
Mentz
Speir
Metz
Heidelberg
Wurtzburg
Bamberg
Nürnberg
Regenspurg
Passau
Pilsen
Pray
Bora
Budwis
Olmutz
Vienna
Pruck
Freising
Saltzburg
Villach
Draues flu
Strasborg
Rhenus flu
Vlm
Danubius flu
Augspurg
Memmingen
Verdun
Stolp
Dantzik
Camin
Cosun
Landek
Drefen
Posna
Franckfurt
Crossen
Glogau
Prestau
Nissa
Teschen
Vladislaw
Guezna
Varzow
Warta
Neidenburg
Ploczko
Arras
Amiens
Noyon
Roan
Senlis
Lisieux
Seine flu
Can
Constaces
S Malo
Brest
Renes
Lemans
Nantes
Chartres
Orleans
Paris
Rens
Sens
Chalon
Troye
Langres
Houteun
Dijon
Loere flu
Poictiers
Rochelle
Bourges
Molins
Chalon
Bisanson
Xainctes
Angolesine
Limoges
Clermont
Lyon
Geneue
Grenoble
Cahors
Bordeaux
Garunna flu
Ambrun
Auinion
Castrers
Montpellier
Marseille
Caussen
Tolon
Baione
Tholouse
Narbona
Costnitz
Lucern
Chur
Inspruck
Bern
Losan
Aosta
Milan
Brixia
Trent
Verona
Venetie
Aquile
Trieste
Cilia
Verzelli
Parma
Ferrara
Rauenna
Pesaro
Ancona
Turin
Perusia
Pisa
Florentia
Genua
Specia
Niza
Nabio
Ayazo
Folata
Asolo
Asinaria
Aquilastro
Vristagni
Callari
Serpetara
Rossa
Heist
C Massisaco
Bilbao
C de las Peñas
Ouiedo
S Ander
Pamplona
Caragoça
Osca
Pyrenei montes
Leon
Burgos
Por
Bragança
Frexo
Valladulid
Salamanca
Medina celi
Ebro flu
Lerida
Tarragona
Girona
Blanes
Barçalona
Teruel
Tortosa
Alcala
Lacierua
Valentia
Toledo
Placentia
Tajo flu
Real
Chinchilla
Gandia
Medellina
Linares
Cordoua
Badajos
Alicante
Murcia
Granada
Sibilia
Malaca
Almeria
Salobrena
Septa
Melilla
C de folcos
Arzila
Cafur
Sala
Manfora
Elmedina
Ezaggen
Fezza
Basra
Mechnase
Teza
Fez
Anafe
Helel
Oran
Taues
Mostagan
Cerzeli
Algeri
Tadelis
Bugia
Stefe
Tremesen
Onem
Albari
Dubdu
Alme dina
in Bichest
Medua
Calamati
Gerseluin
Tezerin
Segelmese
Feghig
Tegorarin
Deusen
Matara
Pescara
Borgi
Nachaus
Lambesa
Tunis
Nichlisoia
Tucca
Musti
Colla
Stora
Bona
Goletta
Benzerti

Die Darstellung der Erdoberfläche folgt weitgehend der neuen Weltkarte von Gerard «Mercator» Kremer und dominiert die Nordhalbkugel sowie die bereits damals bekannten Kontinente Südamerika und Afrika. Sternenhimmel mit den bekannten Fixsternen und Sternbildern überdecken die damals noch unbekannte südasiatische Hemisphäre unterhalb Neuguineas: Australien und Ozeanien sowie die Antarktis sind damals noch unbekannte Gebiete[22] – trotz der Weltumsegelung Ferdinand Magellans in den Jahren 1519–1521.

Für die astronomischen Fragen gilt in Augsburg der aus St. Gallen stammende Kleriker und Gelehrte Ambrosius Gmünder (etwa 1500–1565) als gebildeter Fachmann und Astronomiepionier. Er wohnt im Haus des Stadtpflegers, Welser-Schwiegersohnes und Gelehrten Christoph Peutinger (1511–1576), einem der beiden höchsten Repräsentanten der Stadt Augsburg. Als Ambrosius Gmünder 1565 stirbt, hinterlässt er Peutinger eine der damals umfassendsten Bibliotheken astronomischer Werke.[23] Daraus dürfte der unbekannte Globusmalkünstler die Informationen über die Sternbilder und Sterne der südlichen Hemisphäre entnommen haben.

<39 / **Globusbemalung im Mercator-Stil mit 7000 Ortsbezeichnungen (Replik). Jost Bürgis Beruf führt ihn im Norden bis nach Kassel und im Osten bis nach Prag. St. Gallen und Zürich fehlen auf dem Globus.**

Der einzigartige Erd- und Himmelsglobus dürfte seinen Weg von Augsburg nach Konstanz über den aus Hohenems stammenden Konstanzer Bischof und späteren Kardinal Mark Sitticus (reg. 1560–1589) oder über seinen mit einer Augsburger Welser-Bankierstochter verheirateten Bischofsnachfolger Andreas von Österreich (1589–1600) zum St. Galler Fürstabt Bernhard II. Müller gefunden haben, der ihn 1595 in Konstanz erwirbt.[24] Im Schenkel der Globuswiege ist deshalb das Wappen von Abt Bernhard II. aus dieser Zeit angebracht. Damit kehrt auch ein Teil der astronomischen Kenntnisse des Ambrosius Gmünder aus Augsburg in seine Heimatstadt St. Gallen zurück, aus dessen astronomischer Bibliothek höchstwahrscheinlich die Daten für die Gestaltung des südlichen Sternenhimmels gewonnen wurden. Dass dieser Erd- und Himmelsglobus ursprünglich nicht für St. Gallen hergestellt wurde, geht aus der Globusbeschriftung hervor: St. Gallen fehlt auf der Karte ebenso wie Zürich.

40 / **Die Gefahren auf hoher See: fehlende Orientierung und Meeresungeheuer. Zur Verbesserung der Navigation gründet König Charles II. 1675 das Observatorium von Greenwich.**

Dieses von nun an als St. Galler Erd- und Himmelsglobus bezeichnete Kunstwerk wird eineinhalb Jahrhunderte nach seiner Fertigstellung neben wertvollen Handschriften zum bedeutendsten Objekt eines Kulturgüterraubes, der 1712 während des Toggenburger Krieges – auch Zweiter Villmerger Krieg genannt – im St. Galler Kloster durch Zürcher Truppen stattfand. Nahezu drei Jahrhunderte lang bemühen sich die Fürstäbte und der Kanton St. Gallen, die «Kriegsbeute» vom Kanton Zürich zurückzuerhalten. Doch erst 2006 kann der Konflikt beigelegt werden, und zwar aufgrund einer auf Kosten Zürichs für St. Gallen herzustellenden Replik. Der sich im Besitz der Stiftung Zentralbibliothek Zürich befindende Originalglobus verbleibt an seinem bisherigen Standort im Landesmuseum Zürich. Die originalgetreue Nachbildung des Globus in frischeren Farben und mit funktionierender Mechanik kann man seit 2010 in der Stiftsbibliothek des als Unesco-Weltkulturerbe ausgezeichneten Klosterbezirkes von St. Gallen bestaunen.

Zahlreiche Kontakte Jost Bürgis nach Augsburg. Ausser zum Goldschmied David Widiz, den er bereits in Lichtensteig kennengelernt und von dem er vielleicht den Beruf des Silberschmieds erlernt hat, steht Jost Bürgi zeitlebens in Kontakt zu verschiedenen Augsburger Persönlichkeiten und Fachleuten. So besucht Jost Bürgi 1592 auf dem Weg von Prag nach München auch Augsburg und montiert hier in der Hochburg des Glockenbaus die noch fehlenden Glocken der Musikuhr für den Bayernherzog Wilhelm V. Jost Bürgi pflegt zu weiteren Kollegen einen regen Kontakt:

Goldschmied Joachim Forster: Der in Bern zum Goldschmied ausgebildete Onkel des Lichtensteiger Goldschmieds David Widiz bietet «Jost B.» entweder in seinem eigenen Goldschmiedegeschäft eine Arbeitsstelle oder er hilft «Jost B.», bei einem Augsburger Uhrmacher oder Instrumentenbauer einen Aus- bzw. Weiterbildungsplatz zu finden.

41/ **Ein Spielzeug aus Augsburg in Rudolfs Kunstkammer: Dieser Tischautomat mit Diana auf dem Kentauren fährt bei der vorgewählten Uhrzeit von Uhrwerken getrieben automatisch los: Diana dreht ihren Kopf, einer der Hunde ebenso, der andere fletscht das Maul, der Kentaur rollt mit den Augen und schliesslich schiesst er einen Pfeil ab: wen er trifft, der muss einen Trinkspruch ausbringen. Hergestellt von Goldschmied Hans Jacob I. Bachmann 1598–1600 in Augsburg aus Silber, teilweise vergoldet.**

Hans Bucher in Kassel: Auch auf seinem späteren Berufsweg arbeitet Jost Bürgi immer wieder direkt oder indirekt mit Augsburger Fachleuten, und speziell mit Uhrmacherkollegen, zusammen. So tritt er 1579 in Kassel die Nachfolge des fürstlichen Kammeruhrmachers Hans Bucher (etwa 1520–1576) an, der die Augsburger Uhrmacherkunst von seiner Heimatstadt nach Nordhessen gebracht hat.[25]

Hans Christoph Schissler in Prag: Der Augsburger Hans Christoph II. Schissler, Sohn des Geometrischen und Astronomischen Werckmeisters Christoph I. Schissler, arbeitet 1610 als Hofuhrmacher bei Jost Bürgi in Prag, in das er bereits 1591 gezogen war.[26] Vorher hatte er Uhrmacher gelernt und in der Werkstätte seines Vaters gearbeitet sowie ihn von 1598 bis 1603 bei der Vermessung Augsburgs unterstützt. Wenn «Jost B.» dort gelernt hat, hat er seine Uhrmacherausbildung bei Schissler in Augsburg genau in dieser Zeit der Hochblüte erhalten und ist seither mit dem etwa gleichaltrigen Sohn Christoph II. Schissler befreundet. Schon 1582 stellt Bürgi in Kassel selbst Reduktionszirkel her (Seite 112). Offen bleibt, ob er das dort gelernt hat.

Uhrmacher Johann «Hanns» Buschmann in Prag: Zu Zeiten des Fenstersturzes in Prag ist einer von Jost Bürgis Gehilfen der Uhrmacher Johann I. «Hanns» Buschmann (1600–1662). Dieser berühmt gewordene Spross einer sich bis nach London (Bushman) traditionsreich entfaltenden Augsburger Uhrmacherdynastie sächsischen Ursprungs hat bis 1620 einige Gesellenjahre bei Jost Bürgi in Prag verbracht und erinnert sich daran mit Stolz, vor allem an die Herstellung von Bürgis Uhren mit Zwischenaufzug und Kreuzschlaghemmung. Er ist einer der wenigen damaligen Uhrmacher, dem es gelingt, Jahresuhren zu bauen.

Auch Johann Buschmanns Vater Caspar ist Uhrmacher, von dem wird er die Schmiedegerechtigkeit erben, und auch Johannes Sohn David wird Uhrmacher werden. Nach frühzeitiger Meisterprüfung baut Buschmann in Augsburg unter anderem vielfach bewunderte Monstranzuhren für den Herzog August von Braunschweig.[27] Für den Braunschweiger Herzog hatte Jost Bürgi bereits 1594 eine Armillarsphäre herzustellen, die dieser dem Kaiser Rudolf II. schenkte (heute in Stockholm).

Im Wettstreit mit den berühmten Augsburger Globusherstellern. Überall im Heiligen Römischen Reich Deutscher Nation werden neben den Himmelsgloben von Eberhard Baldewein in Kassel diejenigen von Christian Heiden aus Nürnberg bewundert, später auch die in Augsburg 1584–1589 kunstvoll von Georg Roll und Johann Reinhold gestalteten Modelle.[28] Sie stehen mit ihrer Schönheit zu Jost Bürgis eigenen Globen mit eisenhoitschen Himmelsgravuren in ästhetischem Wettbewerb, erreichen dessen wissenschaftlich-technische Perfektion und astronomische Präzision aber bei Weitem nicht. Das gilt auch für den wunderbar gestalteten Pegasus-Globus von Gerhard Emmoser.

42/ **Himmelsglobusuhr auf dem Pegasus von Gerhard Emmoser (†1584), ehemaliger kaiserlicher Hof- und Kammeruhrmacher.**

Augsburger und Kasseler Technik in Emmosers Pegasus-Globus. In Prag rückt Jost Bürgi 1604 auf den Posten des Kaiserlichen Hofuhrmachers nach, den vor ihm seit 1587 Christoph Markgraf (Erfinder der Kugellaufuhren) und von 1566 bis 1584 Gerhard Emmoser innegehabt haben. Der begabte Wiener Kunsthandwerker Emmoser hatte im Auftrag Kaiser Ferdinands I. ab 1563 in Augsburg seine Uhrmacherperfektionierung erhalten. Bürgis Vorgänger in Kassel, der aus Augsburg stammende Kammeruhrmacher Hans Bucher, versorgte Emmoser 1575 bei einem Besuch am Kaiserhof mit Informationen über den Kasseler Globusbau,[29] bevor dieser in der kaiserlichen Uhrenwerkstatt seinen wunderbaren Himmelsglobus auf dem Pegasus anfertigte, den ersten automatisierten ausserhalb der Kasseler Werkstätten.[30] Zum Ende des Dreissigjährigen Krieges wurde die Rudolfinische Prager Schatzkammer mit 3000 Objekten von schwedischen Truppen unter dem deutsch-schwedischen Feldherrn von Königsmarck geplündert, darunter auch der Pegasus-Globus und Bürgis Armillarsphäre, und diese nach Schweden verbracht. Als die schwedische Königin Christina Jahrzehnte später zum Katholizismus konvertiert, nimmt sie aus Stockholm bei ihrer Pilgerreise zum Papst nach Rom die wichtigsten Stücke der geraubten Sammlung mit. Dazu gehört auch der teilweise vergoldete Emmoser-Pegasus-Globus. Er gelangt anschliessend in privaten Besitz nach Paris und 1917 als Schenkung von J. Pierpont Morgan ins Metropolitan Museum of Art in New York.

Bürgis Proportionalzirkel-Skala für Artillerie-Berechnung. 1613 übernimmt der Augsburger Zirkelschmied Georg Zorn (1564–1632) Skalen von Bürgis Proportionalzirkel und ergänzt sie mit davon ausstrahlenden Linien: In dieser Kombination erfüllt die Resultatablesung für sein Artillerieinstrument die Funktionen eines einfachen Analogrechners.[31]

Standortwettbewerb zwischen Augsburg und Nürnberg. In der ersten Hälfte des 17. Jahrhunderts verlagern sich bestimmte Kompetenzen von Nürnberg, der bisher wichtigsten Stadt der deutschen kunsthandwerklichen Produktion, nach Augsburg. Das gilt sowohl für den Globusbau als auch für das Goldschmiedehandwerk insgesamt, für das es in Nürnberg wohl eine Goldschmiedeordnung gab, aber keine eigene Zunft, und in dem mehr «Massenware» gefertigt wurde als im künstlerisch offeneren und zu diesem Zweck dynamischeren Augsburg.[32] Andererseits nimmt mit der verstärkten Nutzung der Seewege um Afrika und nach Amerika die Bedeutung der an der Handelsachse Venedig–Asien orientierten Fuggers und Welsers ständig ab. Aufgrund einer Pestwelle (1628) und einer letztlich erfolglosen Kriegsbelagerung (1634) Augsburgs werden von den gut 45 000 Einwohnern,[33] die vor der Pest in Augsburg leben, nach der Kriegsbelagerung noch gerade 16 422 Personen gezählt. Auch wir verlassen Augsburg und folgen dem mutmasslichen Lebensweg von «Jost B.» weiter nach Nürnberg.

Nürnberg – die führende Handwerker- und Mathematikerhochburg

Für einen Handwerksburschen wie Jost Bürgi ist die Freie Reichsstadt Nürnberg gleich aus mehreren Gründen attraktiv. Die fränkische Metropole ist nicht nur die führende Handwerkshochburg, sondern gleich nach Köln bevölkerungsmässig die zweitgrösste Stadt des Heiligen Römischen Reiches Deutscher Nation und bietet zahlreiche Arbeitsplätze und Weiterbildungsmöglichkeiten. Behauptet wird diese herausragende Position Nürnbergs durch hochdifferenzierte Fertigungs- und weitreichende Handelsstrukturen («Nürnberger Tand geht durch alle Land.»). Besonders weit entwickelt ist die Herstellung wissenschaftlicher Instrumente, denn hochspezialisierte Handwerker arbeiten hier eng mit hochkarätigen Mathematikern und Astronomen zusammen.

Bedeutende Mathematiker, Astronomen und Drucker. Schon lange, bevor in Nürnberg auf Anregung Melanchthons Deutschlands ältestes Gymnasium gegründet, 1578 in eine Akademie umgewandelt und 1622 im nahen Altdorf zur Universität erhoben wird,[34] beschäftigen sich Sternkundige wie der Nürnberger Stadtrat Johann Schindel und der spätere Pfarrer Reinhard Gensfelder 1430 nach ihrem Studium an der ältesten deutschsprachigen Hochschule, der Karls-Universität in Prag, mit der Zeitmessung. Bald einmal geben Nürnberger Fachleute sowohl im Sonnenuhren- als auch im

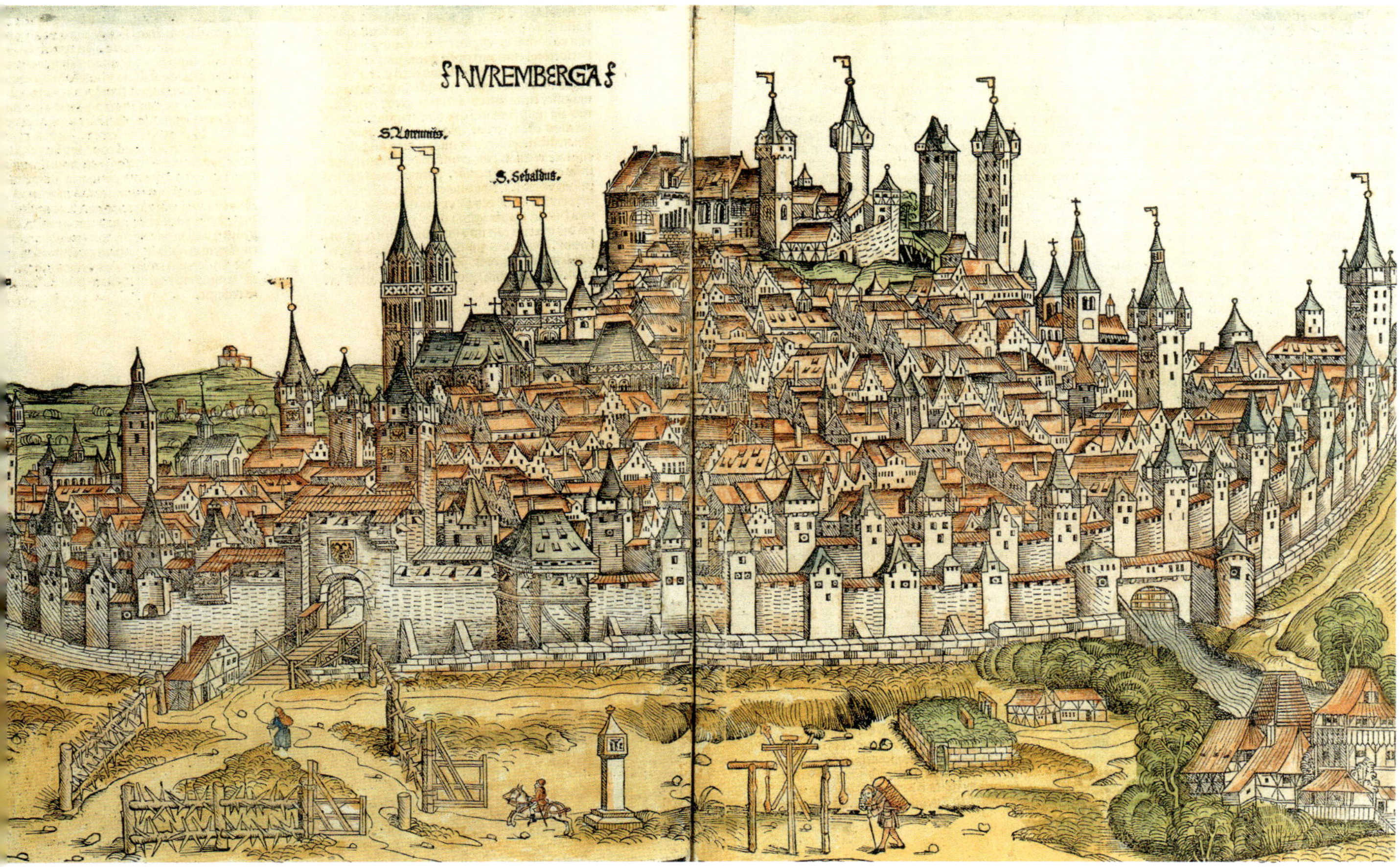

43/ **Die Freie Reichsstadt Nürnberg ist die zweitgrösste Metropole Deutschlands. Stadtansicht aus der *Weltchronik* von Hartmann Schedel, die in Nürnberg konzipiert, gestaltet und 1493 gedruckt wird.**

Kleinuhrensektor den Takt an. Von den in Nürnberg wirkenden Mathematikern und Astronomen sind Namen wie Regiomontanus, Walther, Werner, Schöner und Rheticus landesweit bekannt. Sie bilden mit Kopernikus den Urkern der Wegbereiter des neuen Weltbildes.[35]

Signifikant ist auch, wie Nürnburg rasch eine Spitzenposition im Verlags- und Druckereigewerbe einnimmt. «Bereits um 1470 eröffnete Anton Koberger seine Offizin, die mit 24 Buchpressen ausgestattet war»[36], schreibt die aus Nürnberg stammende Wissenschaftshistorikerin Gudrun Wolfschmidt in *Astronomie in Nürnberg*. 100 Angestellte hätten hier 1493 nicht nur die *Schedel'sche Weltchronik* – unter anderem mit 29 doppelseitigen Stadtansichten (siehe daraus Augsburg und Nürnberg in diesem Buch) – publiziert, sondern in anderen Druckereien Regiomontanus' Werke und Tycho Brahes Bücher (bei Livinus Hulsius). Herausragend in ganz Europa war der Nürnberger Drucker Johannes Petreius, der unter seinen 750 Publikationen die bedeutendsten wissenschaftlichen Werke seiner Zeit veröffentlichte: 1543 publizierte er Nicolaus Kopernikus' *De Revolutionibus*, 1544 Michael Stifels *Arithmetica Integra* (der Bürgi viel verdankt) und 1545 Gerolamo Cardanos *Artis Magna* (mit den ersten Formeln 3. und 4. Grades). Dabei hatte er sich der Dienste von Rheticus versichert, der sowohl nach Mailand zu Cardano reiste und mehrere Monate blieb, bis das Manuskript druckfertig war, als auch zu Kopernikus nach Frauenburg, um mit ihm in zwei Jahren das Manuskript abzuschliessen.

44/ **Regiomontanus vermisst den Himmel mit seinem selbst gebauten Jakobsstab.**

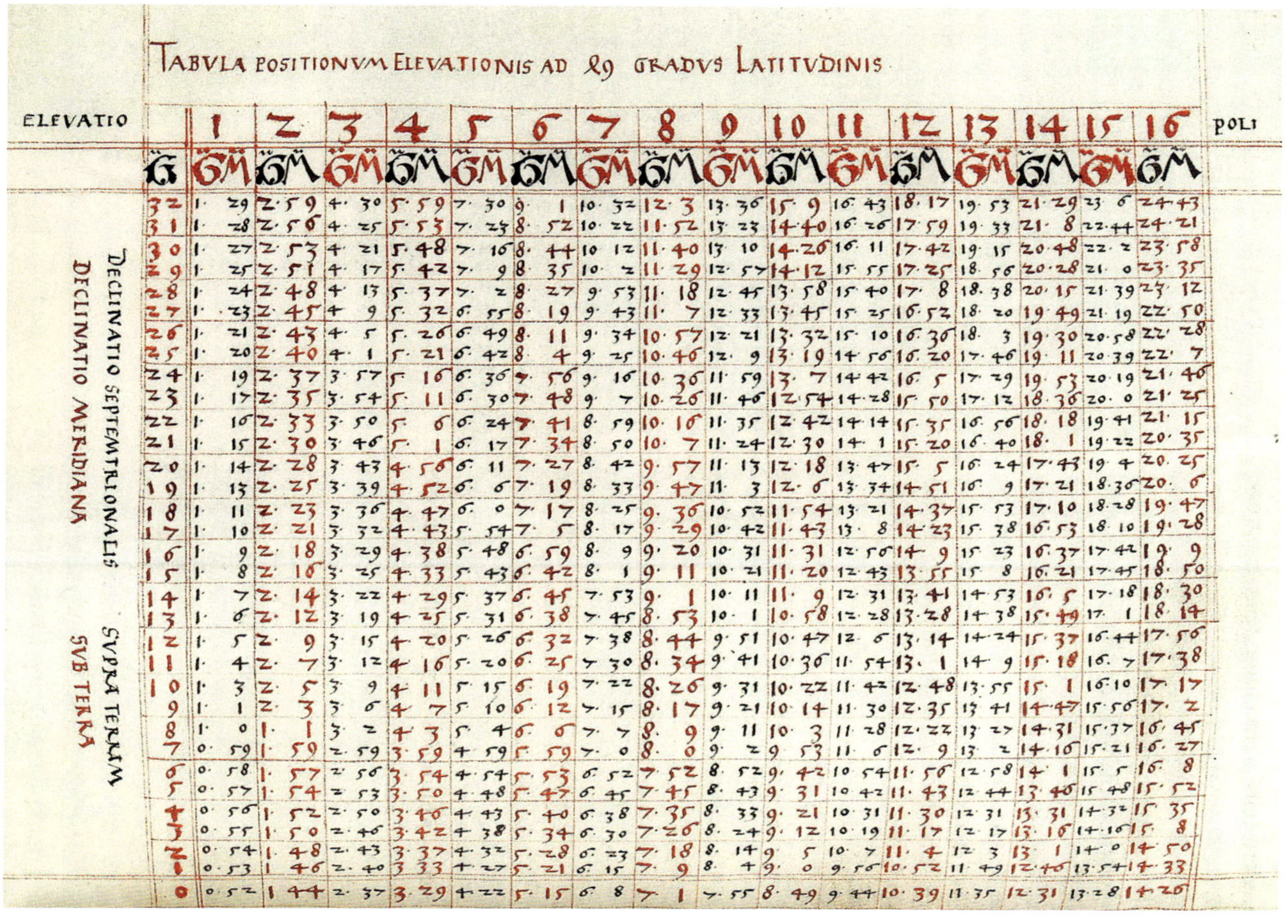

45/ **Johannes Regiomontanus erstellt die genauesten Sinustafeln, seine *Tabulae directionum et profectionum.* Sowohl Christoph Kolumbus als auch Nikolaus Kopernikus triangulieren und navigieren damit.**

Johannes Regiomontanus, Bernhard Walther und Johannes Werner. Bereits ab 1471 erforschen Johannes «Regiomontanus» Müller (1436–1476) aus dem fränkischen Königsberg und sein Schüler, Förderer und Nachfolger Bernhard Walther (1430–1504) aus Ravensburg den Nürnberger Tages- und Nachthimmel. Regiomontanus hat dazu die Sternwarte an der Rosengasse eingerichtet, während Walther nach Vermessungen aus dem Dacherker des Hauptmarkthauses 11 später seine Instrumente an einem um eine Beobachtungsplattform erweiterten Fenster im Dachgiebel des heutigen Dürer-Hauses aufstellt, der heute noch erhaltenen ältesten europäischen Sternwarte. Tycho Brahe bezeichnet Johannes Regiomontanus als den herausragenden Deutschen dieses Gebietes des 15. Jahrhunderts und als «die Lichtgestalt der Universität Wien», an der Regiomontanus nach Studien in Leipzig und bei Georg Peuerbach (1423–1461) eineinhalb Jahrzehnte tätig ist.[37] In Nürnberg richtet Regiomontanus nicht nur eine Sternbeobachtungsstation ein, sondern hier baut er auch Instrumente (Astrolabien und Jakobsstäbe) und nimmt damit und mit Armillarsphären systematische Planetenbeobachtungen vor – ein astronomisches Arbeitsprogramm, das sein Nachfolger Walther drei weitere Jahrzehnte lang fortführen wird, und nach ihm Georg Hartmann. Regiomontanus, Walther und Werner sind Zeitgenossen eines jungen Nürnbergers namens Sebald Keppler, der später im württembergischen Weil sesshaft wird: Johannes Keplers Urgrossvater.

46/ Regiomontanus übersetzt auch: Seine *Epytoma* sind die erste originalgetreue Latein-Teilübersetzung von Ptolemäus' *Megiste Syntaxis (Almagest)* direkt aus dem Griechischen. Auf der Titelseite unter einer Armillarsphäre: studierend Ptolemäus, dozierend Regiomontanus.

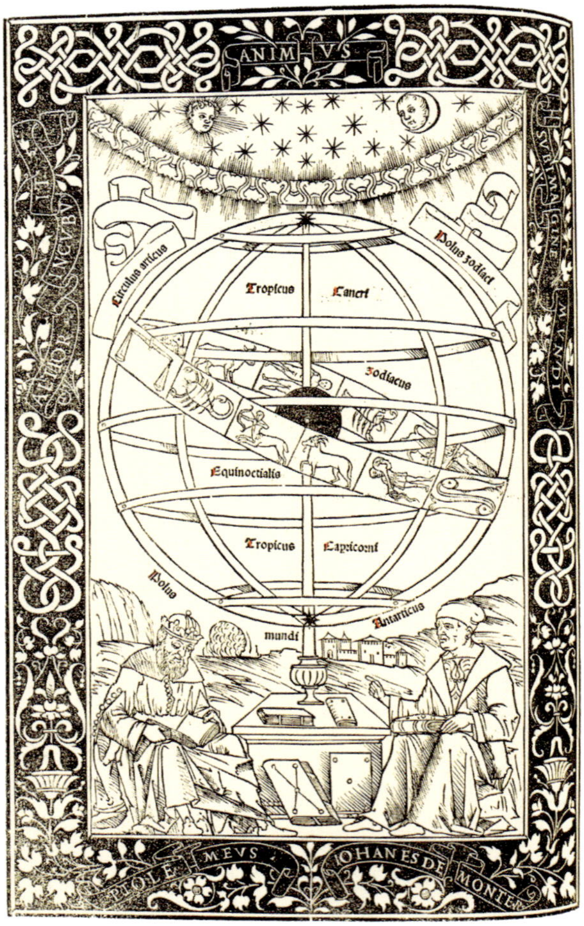

47/ Albrecht Dürers *Hieronymus im Gehäuse:* ideales Konstrukt der von Dürer in Italien wissenschaftlich erarbeiteten Perspektive. So kann man sich auch den mathematische Lösungen suchenden Jost Bürgi vorstellen.

Johannes Schöner. Der etwas jüngere Nürnberger Mathematiker und Verleger Johannes Schöner (1477–1547) kann aus Regiomontanus', Werners und Walthers Nachlässen einige ihrer nicht veröffentlichten Manuskripte publizieren, die der Patrizier Walther zeitlebens unter Verschluss gehalten hat. Als besonders aufschlussreich unter Schöners Veröffentlichungen erweist sich ein Bericht Bernhard Walthers über seine Merkurbeobachtung von 1484 unter Zuhilfenahme einer damals noch ungenauen Räderuhr für die Bestimmung der Distanz des Planeten von der Sonne.[38] Ein Jahrhundert nach Walthers Merkurbeobachtung wird Uhrmacher Bürgi in Kassel die erste Uhr bauen, die Meridiandurchgangszeitmessungen ermöglicht.

Johannes Werner. Bereits zu Beginn des 16. Jahrhunderts (1513) hat der Stadtpfarrer Johannes Werner (1468–1528) in Nürnberg das Manuskript für seine sechs Bücher über sphärische Dreiecke verfasst, das jedoch nicht mehr zu seinen Lebzeiten veröffentlicht wird. Im dritten Buch entwickelt er eine für die Prosthaphärese (griechisch für «Addieren-Subtrahieren») geeignete Formel. Die damit möglich werdende zeitsparende Rechentechnik für die sphärische Trigonometrie astronomischer Messdaten hat er selbst anscheinend aber noch nicht verwendet.[39]

48>/ Selbstbildnis des 29-jährigen Albrecht Dürer (1471–1528) im Pelzrock.

1500
AD
Albertus Durerus Noricus
ipsum me proprijs sic effin.
gebam coloribus ætatis.
anno XXVIII.

Albrecht Dürer. Als bekanntester Sohn der Stadt ist der Maler und Mathematiker Albrecht Dürer (1471–1528) mit seinen Kupferstichen, Porträtgemälden und perspektivischen Darstellungen weitum berühmt. Er hat in Italien die übersetzten Werke von griechisch-arabischen Wissenschaftlern kennengelernt. Vor allem kennt er auch Masaccios beispielhafte Umsetzung der von Lorenzo Ghiberti (1378–1455) und Paolo Uccello (1397–1475) theoretisch entwickelten sowie von ihnen und anderen Malern der Toskana realisierten perspektivistischen Konstruktionsprinzipien. Zu diesen Künstlern zählen ebenfalls Leon Battista Alberti (1404–1472), Piero della Francesca und Leonardo da Vinci sowie der Architekt Filippo Brunelleschi (1377–1446).[40] Dürer erweitert als erster deutschsprachiger Autor und Künstler jenseits der Alpen deren Erkenntnisse und schafft 1515 unter anderem die ersten gedruckten Sternkarten des Nord- und Südhimmels. Er übersetzt seine Perspektivenkenntnisse in Lehrbücher und Bilder und bringt sie auf unübertroffenem Niveau zur Blüte. Johannes Kepler ist überzeugt, dass Jost Bürgi einmal ebenso berühmt werde wie dieser Albrecht Dürer.

49/ **Georg Joachim Rheticus' trigonometrische Tabellen des *Canon doctrinae triangulorum* von 1551 sind erstmals mit sechs trigonometrischen Funktionen ausgestattet.**

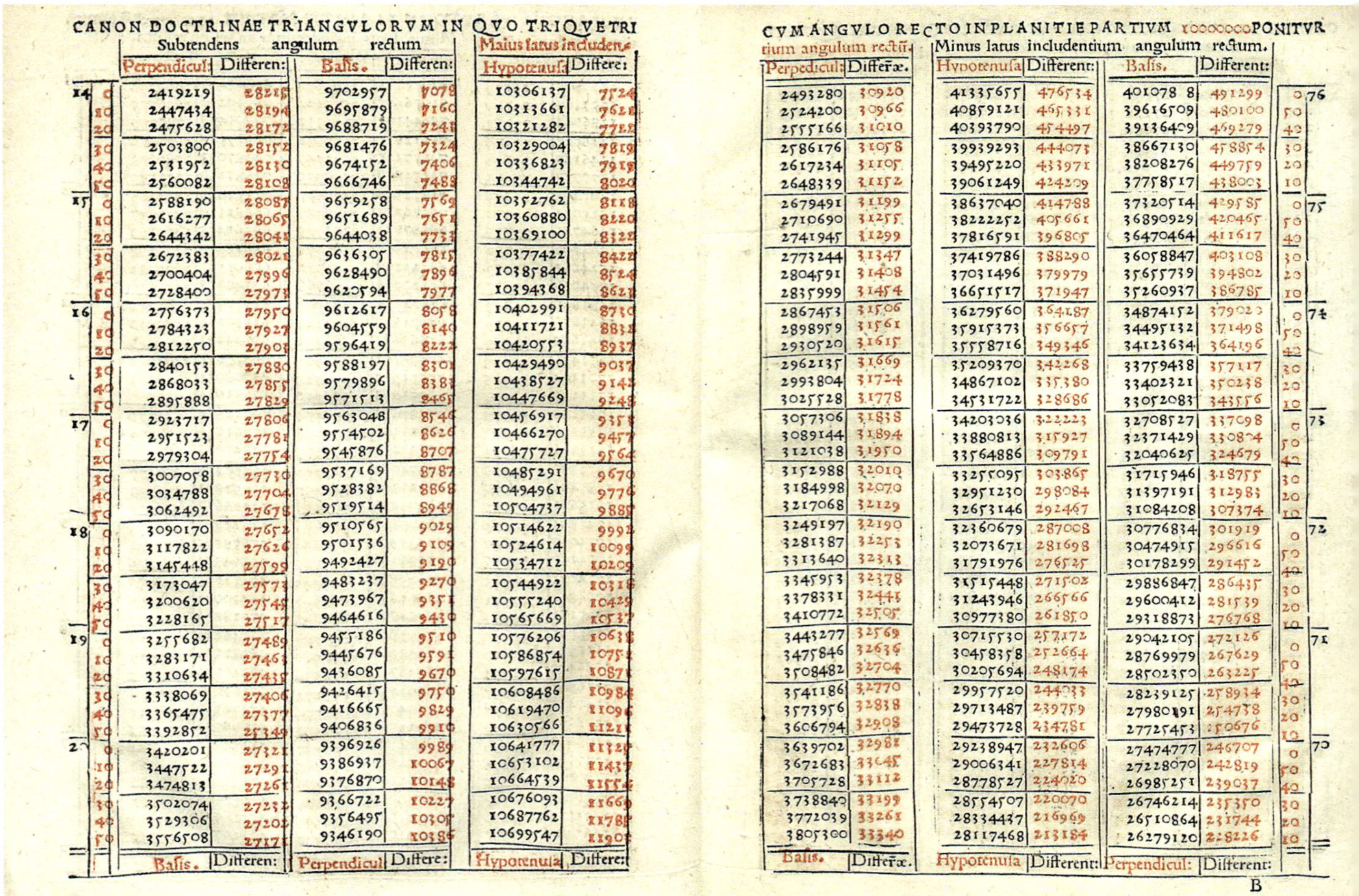

Rheticus und Kopernikus. Um seine Studien beim Mathematiker, Astronomen und Verleger Johannes Schöner fortzusetzen, kommt der in Feldkirch aufgewachsene und in Zürich am Gymnasium ausgebildete Wittenberger Mathematikprofessor Georg Joachim «Rheticus» Iserin von Lauchen (1514–1574) 1538 nach Nürnberg. Von hier reist er nach Mailand zu Gerolamo Cardano und übernimmt sein Werk über Gleichungen höheren Grades. Anschliessend zieht er für zwei Jahre ins Ermland, um als Nikolaus Kopernikus' einziger Schüler den Frauenburger Domherrn bei der Publikationsvorbereitung seines Hauptwerkes *De revolutionibus orbium coelestium* (1543) zu unterstützen und dessen Druck in Nürnberg zu organisieren. Schon 1540 schreibt Rheticus aus Frauenburg (Frombork) an Johannes Schöner einen langen Brief, der die Prinzipien von Kopernikus' Weltbild offenlegt und seine Überlegungen sowie die dafür und dagegen sprechenden Punkte erläutert. Dieser «Brief»-Text erscheint 1540 in Danzig unter dem Titel *Narratio prima de libris revolutionum Copernici* sowie bereits 1541 aufgrund des überwältigenden Erfolges in Basel ein zweites Mal.

> **Begegnung mit dem Zürcher Illustrator Jost Amman.** Berühmter als Jost Bürgi ist zu dieser Zeit in Nürnberg allerdings ein anderer Schweizer: Jost Amman (1539–1591), Maler, Radierer und Holzschnitt-Künstler, der 1577 das Bürgerrecht der Stadt Nürnberg erhält. Seit 1561 hat sich dieser in Zürich geborene Illustrator und Formschneider mit grossen Werken in der fränkischen Metropole einen Namen gemacht, so mit Holzschnitten zum *Kriegsbuch* von Leonhard Fronsperger und zum *Ständebuch* von Hans Sachs (1494–1576), der *Beschreibung aller Stände (Berufe)*.

50/ Uhrmacher im *Buch der Stände und Handwerker* von 1568 des Hans Sachs (Verse) und Jost Amman (Holzschnitte). Siehe auch «Der Astronomus» (Seite 128).

Die ersten Taschen-Dosenuhren eines Peter Henlein. Schon zu Lebzeiten Albrecht Dürers bauen Fachleute vom Schlosser- und Schmiedehandwerk wie Petrus «Henlein» Hele (etwa 1479–1542), die sich für die Uhrenfertigung interessieren, in der fränkischen Metropole ab etwa 1501 in Anlehnung an burgundische Modelle die ersten dosenförmigen Sack- bzw. Taschenuhren des deutschsprachigen Raums, ausgestattet mit Federantrieb und einem Federbremse-Hemmmechanismus. Sie werden an einem Band oder in einem Beutel getragen und haben ihre Bezeichnung «Nürnberger Eierlein» nicht etwa aus einer Eiform, sondern aus der Verballhornung des Wortes Ührlein zu Eierlein oder des Wortes Hora (Stunde) zu Hörlein und Eierlein. Diese zylinderförmigen Dosenuhren haben einen durch einen Deckel geschützten Stundenzeiger sowie 40 Stunden Laufzeit. Eine Bisamapfel-Sackuhr kann mit Riechstoffen wie Moschus und Kampfer gefüllt werden, um mit deren Duft die angeblich krankmachende Luft («Miasmen») der Schwarzen Blattern und der Pest zu vertreiben. Vor allem dank Peter Henleins robusten und kleinen Taschenuhren entwickelt sich rasch eine neue immer bedeutendere Nürnberger Handwerksbranche mit immer höheren Ansprüchen an Präzisionsfertigung, wie sie ebenfalls für den Bau wissenschaftlicher Instrumente benötigt wird.

51/ **Schon vor 1510 fertigt Peter «Henlein» Hele solche dosenförmige Taschenuhren und begründet damit den guten Ruf der Nürnberger Uhrmacher.**

52/ **Der erste Erdglobus («Erdapfel») seit der Antike: realisiert vom Nürnberger Kosmografen Martin Behaim (1492/94) mit einem Durchmesser von rund 50 Zentimeter. Amerika fehlt noch – Christoph Kolumbus ist gerade erst angekommen.**

Von Behaims «Erdapfel» über Christian Heidens Erd- und Himmelsgloben (1560) bis zu Praetorius' und Epischofers Instrumenten aus Nürnberg. Im Gebiet der Atlanten- und Globenfertigung gilt Nürnberg als international führendes Zentrum. 1492/94 stellt Martin Behaim (1459–1507) in Nürnberg auf einer Kugel nicht wie bis anhin den Sternenhimmel dar, sondern erstmals seit der Antike wieder die Erdoberfläche («Nürnberger Erdapfel») mit einem in der Länge verhältnismässig viel zu grossen Eurasien sowie mit Längen- und Breitennetz gemäss Ptolemäus.[41] Und bereits 1517 präsentiert ebenfalls in Nürnberg noch vor dem holländischen Zeitgenossen Gerhard «Mercator» Kremer (1512–1594) als weltweit Erster Johannes Schöner (1477–1547) einen gedruckten Himmelsglobus. Ein Sohn des Kartografen und Instrumentenbauers Gerhard «Mercator» Kremer, der mit seiner Werkstätte aus den katholischen Spanischen Niederlanden nach Duisburg umgezogen ist, arbeitet hier an der Erstellung berühmter Kartenwerke, deren winkeltreue Kartenprojektion den Bedürfnissen der Seefahrer besser entspricht.[42] Der Uhrmacher Peter Henlein ist es wiederum, der hier schon 1529 den ersten bekannten mechanisch angetriebenen Globus baut, und zwar für eine bereits von Johannes «Regiomontanus» Müller (1436–1476) aus Königsberg in Franken begonnene Planetenuhr. Georg Hartmann, Entdecker der Inklination des Erdmagnetfeldes und Nachlassverwalter der Manuskripte von Johannes Werner, integriert in dieser Handwerkerhochburg die Astrolabiengestaltungselemente von Regiomontanus mit neuen Elementen des Tübinger Mathematikers Johannes Stöffler (1452–1531).[43] Anschliessend entwickelt 1560 der Mathematiklehrer und Instrumentenkonstrukteur Christian Heiden (1526–1576) in Nürnberg auch den ersten freistehenden kleinen Himmelsglobus mit einem von innen heraus angetriebenen, umlaufenden Sonnensymbol.[44] Später bilden während fast eines Jahrzehnts der Wittenberger und anschliessend Altdorfer Mathematikprofessor Johannes «Praetorius» Richter (1537–1616) sowie der von Augsburg nach Nürnberg zugewanderte Goldschmied Hans Epischofer (1530–1585) ein gut funktionierendes Team aus Wissenschaft und Kunsthandwerk zur Herstellung von Himmelsgloben und astronomisch-wissenschaftlichen Instrumenten in Nürnberg.

Hoch spezialisierte Metallverarbeitungsberufe. Die starke Marktposition und das hohe Auftragsvolumen der Nürnberger Handwerksbetriebe ermöglicht eine feine Differenzierung und Qualifizierung. So produzieren im metallverarbeitenden Gewerbe Nürnbergs Fachleute in über 70 hoch spezialisierten Handwerkszweigen Werkzeuge wie Sägen, Feilen, Reibahlen oder Stichel. Uhrmacher wie Hans Gruber (1530–1597) stellen in der Freien Reichsstadt Nürnberg ausser Uhren in Zusammenarbeit mit Zirkelschmieden und Goldschmieden sowie in Verbindung mit Wissenschaftlern auch astronomische Modelle und Instrumente her: Armillarsphären, Astrolabien, Planetarien und Himmelsgloben. Bereits in der zweiten Hälfte des 15. Jahrhunderts entsteht hier das Gewerbe der Kompassmacher, also der Hersteller von Reisesonnenuhren,[45] mit einem starken Bezug zur Astronomie, Mathematik und Zeitrechnung.

Vielfältige Verbindungen zum Landgrafen von Kassel. Reichstage bringen erlauchte Fürsten und gekrönte Häupter in die fränkische Metropole und schaffen Kontakte besonders zu reformierten Kräften, zu denen der hessische Landgraf Wilhelm IV. («Ptolemäus aus Kassel») zählt. Bei ihm hält sich 1558/59 Andreas Schöner, der Sohn des Johannes Schöner, als mathemati-

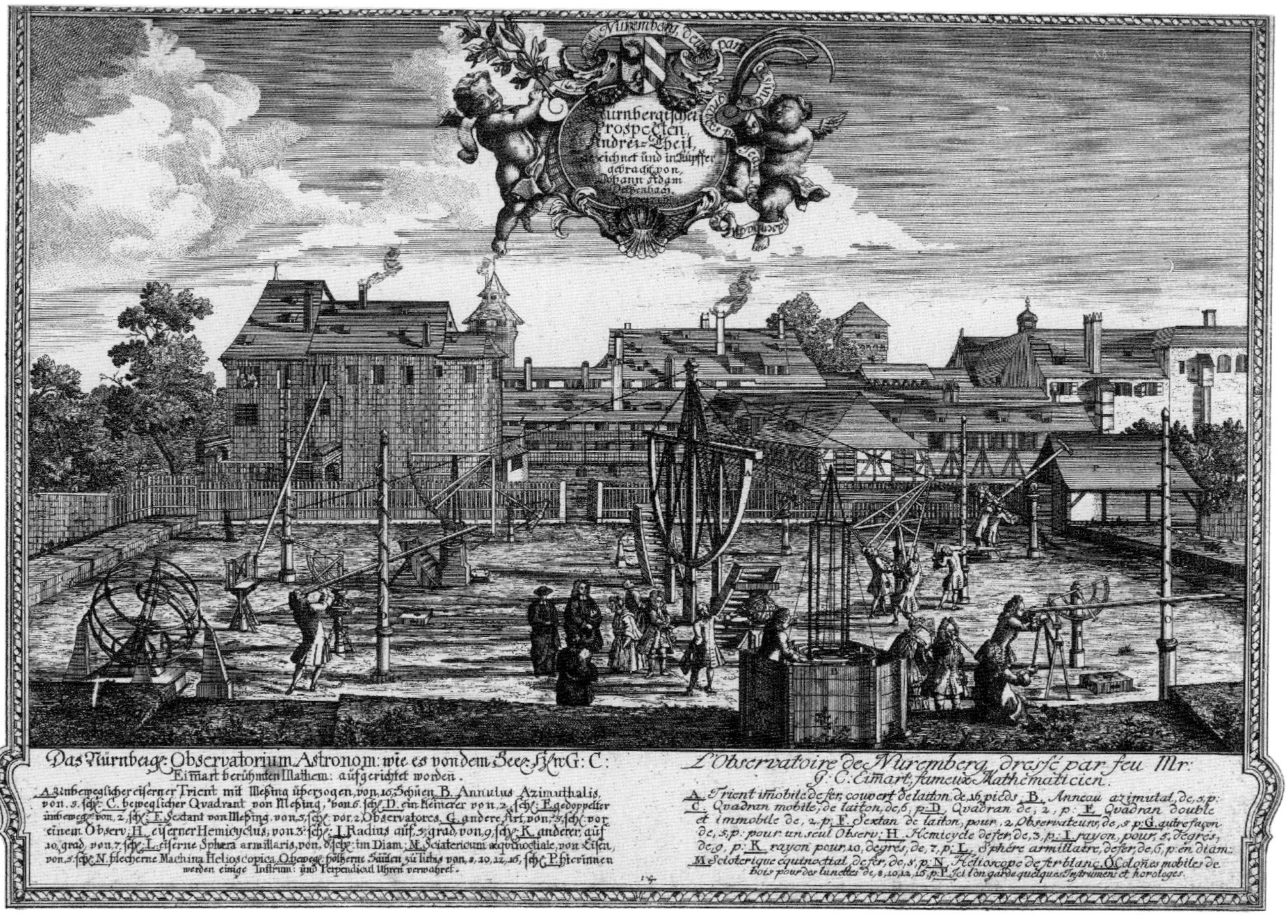

53/ **Georg Christoph Eimmart (1638–1705) setzt durch Einrichtung einer Sternwarte auf der Vestnertorbastei die jahrhundertelange Tradition astronomischer Forschung in Nürnberg fort.**

scher und astronomischer Berater auf. Wilhelm IV. selbst ist ein guter Kunde des Nürnberger Goldschmiedes Wolff Meyer, der die Füsse aller Kasseler Himmelsgloben gestaltet.[46] Alhard von Drach, der bedeutende Bürgi-Biograf, weiss zu berichten: «Wolff Mayer war ein Goldschmied und Händler, mit welchem der Landgraf seit 1567 fortwährend in Verbindung stand und der ihm eine Menge Silberwaren geliefert hatte [...] David Leib war auch ein Goldschmied, von welchem Wilhelm IV. nachweislich Vieles gekauft hat.»[47] Eng befreundet mit dem hessischen Fürsten ist auch der Stadtmedicus Camerarius d. J., der sowohl den Nürnberger Mathematiker Christian Heiden gut kennt als auch den dänischen Astronomen Tycho Brahe, der 1575 nach der Regensburger Königskrönung Rudolfs II. in der Stadt an der Pegnitz weilt.

Vermutungen über Bürgis Wege. Einer der innovativsten Konstrukteure von Globusuhren, neben dem Marburg-Kasseler Eberhard Baldewein (1525–1593) und dem Augsburg-Wiener Gerhard Emmoser (†1584), ist Mitte des 16. Jahrhunderts der Nürnberger Christian Heiden (1526–1576). Heiden wird am 2. Mai 1526 in Nürnberg geboren und studiert zuerst in Leipzig sowie ab 1543 als Schüler Melanchthons in Wittenberg. 1556 wird er zum Rektor und 1564 zum Mathematikprofessor des Nürnberger Gymnasiums ernannt. Gemäss John Leopold stellt er bereits ab 1552 auch astronomische Instrumente her, die Mond- und Sonnenbewegungen genau reproduzieren und sogar bei Kaiser Maximilian II. (1527–1576) Beachtung finden, vor allem Heidens Globus mit epizyklischem Getriebe und Kurbelscheibenantrieb für die Mondbewegung.[48] Heiden stirbt im Februar 1576, ohne noch eine Einladung Kaiser Maximilians II. nach Wien wahrgenommen und mit ihm neue Projekte besprochen zu haben. Ausser Kaiser Maximilian II. – der wie Christian Heiden ebenfalls 1576 stirbt – war im Verlaufe der Zeit bereits auch dessen Sohn Rudolf II. Auftraggeber bei Heiden geworden, ebenso wie schon Jahre vorher der Hochmeister des Deutschen Ordens Maximilian I., dem Heiden 1570 einen baugleichen, bis heute erhaltenen Erd- und Himmelsglobus geliefert hat. Heidens Globen sind technische Spitzenleistungen, die Jost Bürgi für seine Himmelsgloben übernehmen und weiterentwickeln wird und die er zusammen mit eigenen Innovationen in höchster Perfektion vereint.

Der Wissenschaftshistoriker und Uhrenspezialist John Leopold schreibt: «Wenn man den 1570er-Globus von Heiden mit den Werken von Jost Bürgi vergleicht, so findet man mehrere zum Teil unerwartete Parallelen. Erstens ist da die hervorragende Qualität der Arbeit, nicht nur in der äusseren Gestaltung, sondern besonders im Uhrwerk und bei den Rädern mit ihren sorgfältigen und zum Teil äusserst feinen Verzahnungen. Noch wichtiger als die Qualität ist die vielfache Verwendung von ungebräuchlichen epizyklischen Übertragungen: Hier zeigt Heiden eine fast spielerische Geschicklichkeit des Rechnens und ein grundsätzliches Verständnis für derartige Getriebe, die man sonst nur noch später bei Bürgi wiederfindet. Und schliesslich ist da noch die Darstellung des kopernikanischen Mondmodells:

54/ **Kombinierter Erd- und Himmelsglobus von Christian Heiden. So oder ähnlich dürfte auch der verschollene Globus ausgesehen haben, den Jost Bürgi 1576 nach Heidens Tod fertigstellt.**

ausser Heiden hat unseres Wissens nur noch Jost Bürgi Geräte nach dem Mondmodell gemacht.»[49] Und er fährt fort: «Allerdings muss man vorsichtig sein, Heiden als den unmittelbaren Lehrmeister Bürgis zu betrachten. Denn es ist doch sehr die Frage, ob Heiden ein Uhrmacher war: er hatte keine Ausbildung dazu. Er ist daher wohl eher ein Mann wie Baldewein gewesen, eine Art horologischer Ingenieur, dem eine Werkstatt zur Verfügung stand. [...] Dass Jost Bürgi zu der Werkstatt, in welcher die Uhren Christian Heidens hergestellt wurden, Verbindungen gehabt hat, scheint jedoch ausser Zweifel. Und so bildet der Heiden-Globus 1570 sicher das Allerbeste, was sich von der frühen Nürnberger Uhrmacherei erhalten hat, einen klaren Hinweis auf die künstlerische Umgebung, in welcher Jost Bürgi die Kunst gelernt hat.»[50] Die Konstrukteure und Hersteller solcher Automaten – wie Heiden, Emmoser und Bürgi – werden sowohl von Kaiser Maximilian II. als auch von seinem Sohn Kaiser Rudolf II. als so wichtig und interessant beurteilt, dass man sie persönlich kontaktiert.

Auf der Suche nach einem Uhrmacher. Als Landgraf Wilhelm IV. von Hessen-Kassel im Juni 1579 dem Arzt und Botaniker Joachim I. Camerarius d. J. (1534–1598) nach Nürnberg schreibt, dass er für seinen verstorbenen Hofuhrmacher Hans Bucher einen Nachfolger suche, präsentiert sich schon im Folgemonat bei Wilhelm IV. in Kassel ein gewisser Jost Bürgi.[51] Wahrscheinlich eilt «Jost B.» auf Camerarius' Hinweis nach Kassel, um sich um diese Stelle zu bewerben. Wahrscheinlich ist es auch nicht das erste Treffen seiner Majestät Wilhelm mit dem Uhrmacher «Jost B.», man kennt sich vielleicht schon von Bürgis Mitarbeit an einer Habrecht-Schauuhr. Wie wir jedoch sicher wissen, ist Jost Bürgi bei diesem Vorstellungsgespräch in Kassel erfolgreich und nimmt Landgraf Wilhelms IV. Stellenangebot an. Eine andere Persönlichkeit, die sowohl mit Wilhelm IV. als auch mit den Nürnberger Astronomen und Instrumentenbauern bestens bekannt ist, ist Andreas Schöner, ehemaliger Mathematiker am Kasseler Hof.

Im Juli 1592 erneut in Nürnberg. Auf seiner ersten grossen Reise von Kassel nach Prag zu Kaiser Rudolf II. und anschliessend von Prag nach München zum Wittelsbacher Herzog Wilhelm V. von Bayern im Juli 1592 macht Jost Bürgi Halt in Nürnberg. Hier besorgt er Glöckchen für die Musikuhr, die er Herzog Wilhelm V. von Bayern in München zu überbringen hat. Obwohl er keine geeigneten findet, kauft er auf Vorrat 200 Stück in verschiedenen Ausführungen.[52] Dabei weiss er höchstwahrscheinlich von seiner früheren Gesellenzeit her noch genau, wo er sie kaufen kann. An Landgraf Wilhelm IV. schreibt er am 25. Juli 1592 aus der Dürer-Stadt, «dass er für ihn einen Brief vom Kaiser im Gepäck habe»[53]. Diesen Brief übergibt er in Nürnberg einem direkt nach Kassel reisenden Kurier. Selber reist er von Nürnberg über Augsburg nach München zum Herzog von Bayern und von dort zurück nach Kassel. Von hier aus wären es nochmals 300 Kilometer nach Lichtensteig, doch es gibt keinerlei Hinweise, dass Bürgi diese Gelegenheit wahrgenommen hätte.

Leider ist trotz all dieser Bezugspunkte der Name Jost Bürgi gemäss dem Stadtarchiv in Nürnberg nirgends zu finden. Auch Gudrun Wolfschmidt, die 2010 ein beeindruckendes Werk *Astronomie in Nürnberg* vorgelegt hat, erwähnt darin Jost Bürgi nicht, meint aber später, «es gibt in Nürnberg wirklich noch viel zu erforschen».[54]

An einer anderen Quelle werden wir fündig. Dass Jost Bürgi 1576 in Nürnberg gearbeitet haben muss, entdecken wir im November 2012 in Prag im Inventarverzeichnis der Kunstkammer Kaiser Rudolfs II. von 1607 bis 1611. Wir lesen hier mit erstaunten Augen auf Jahrbuchseite 111 über die Inventar-Nummer 2163/397 (von Originalhandschrift-Folioseite 340) folgende Beschreibung: «Ein globusuhr, ist aussen die erdkugel und inwendig die himelskugel, zaigt der sonnen und des monds lauff, alles von silber, zu fussen sein 2 figur knockendt und ein trach dabey; von Christian Heiden angefangen, von Jobst Bürgi aussgemacht, der schlissel darbey.»[55]

Gemäss dieser Beschreibung handelt es sich dabei um eine ähnliche Erd- und Himmelsglobusuhr wie diejenige von 1570, jedoch ist der hier beschriebene Globus von 1576/77 heute verschollen. Demnach hat Jost Bürgi den letzten Heiden-Globus vollendet, nachdem der Meister 1576 verstorben ist. Jost Bürgi muss daher zu dieser Zeit in Nürnberg entweder direkt Mitarbeiter in Heidens Werkstätte oder beim Uhrmacherpartner bzw. Subunternehmer Heidens angestellt gewesen sein, oder er wird 1576 dafür eingestellt bzw. damit im Rahmen eines Werkvertrags beauftragt. Noch können wir nicht sicher ausschliessen, dass Jost Bürgi diesen Heiden-Globus erst 30 Jahre später auf dem Hradschin fertiggestellt hat, doch ist diese Variante sehr unwahrscheinlich. Sie käme vor allem dann in Betracht, wenn sich Konservator Fröschl bei der Inventur verschrieben hätte: wenn also anstatt der Schlüssel der Schissler dabei gewesen wäre – anstatt eines Uhrenschlüssels der Uhrmacher Schissler. Der Uhrmacher Schissler war in Augsburg, Wien und bei Bürgi in Prag, aber unseres Wissens kaum in Nürnberg.

Publiziert wird diese Inventarliste erstmals 1976 von Rotraud Bauer und Herbert Haupt unter dem Titel *Die Kunstkammer Kaiser Rudolfs II. in Prag. Ein Inventar aus den Jahren 1607–1611*. Die Veröffentlichung beruht auf der handgeschriebenen Liste, die Regierungsdirektor Gustav Wilhelm 1945 in der Privatbibliothek des Regierenden Fürsten Franz Joseph II. von Liechtenstein zufällig gefunden hat und die 335 Jahre zuvor im Auftrag des Hradschin-Obersthofmeisters und Reichsfürsten Karl von Liechtenstein erstellt worden war.

Wieder schliesst sich ein Kreis. Auf Schloss Vaduz im Fürstentum Liechtenstein wird 350 Jahre nach Niederschrift des von Karl von Liechtenstein initiierten Inventurverzeichnisses der Nachweis dafür entdeckt, dass Jost Bürgi vor seinem Eintritt als fürstlicher Kammeruhrmacher in Hessen-Kassel bei oder mit Christian Heiden in Nürnberg arbeitete. Die Fundstelle dieses Verzeichnisses (wahrscheinlich ein Zweitexemplar, das Original ist nie aufgetaucht) liegt nicht mehr als 40 Kilometer von Jost Bürgis Geburtsort Lichtensteig entfernt.

Kapitel 3

Bürgis Meisterwerke der Zeitmessung

55/ **Jost Bürgis in Prag gefertigte sogenannte Wiener Kristalluhr verfügt ausser einer Sekundenanzeige und einem Mondzifferblatt über eine Kreuzschlaghemmung sowie einen Miniaturglobus** **(Seite 95).**

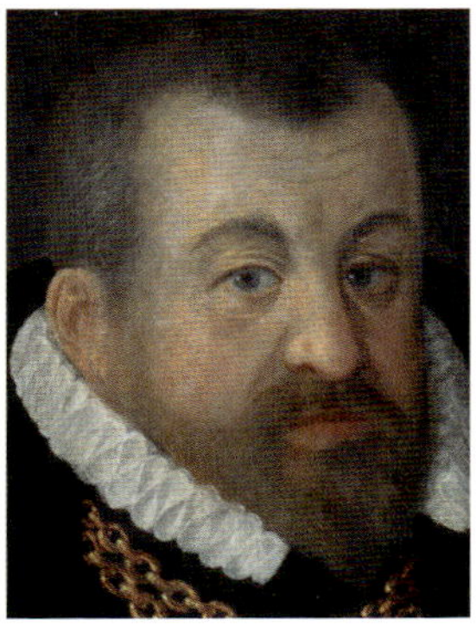

56/ **Landgraf Wilhelm IV. von Hessen-Kassel als 45-Jähriger.**

Uhrmacher am Fürstenhof zu Kassel

Als am 25. Juli 1579 erstmals urkundlich dokumentiert wird, dass es ihn gibt, ist Jost Bürgi bereits 27½ Jahre alt. Er erhält gerade sein Stellenangebot als fürstlicher Kammeruhrmacher am Hofe des Landgrafen von Hessen-Kassel. Wilhelm IV. unterbreitet diesem Joist Burgck – der als Just Bürgi unterschreibt – ein fürstliches Angebot.

Anstellung beim Landgrafen. Wilhelm IV. hat für den «lieben getreuen Joist Burgk» folgenden hier abgebildeten «Bestallungsbrief» vorbereitet. Wie sein Vorgänger Eberhard Baldewein (1525–1593) als Konstrukteur (bis 1578 für Kassel) und dessen ehemaliger Augsburger Uhrmacherkollege Hans Bucher soll Jost Bürgi ausser für die Uhren für die Aufgaben eingesetzt werden, zu denen ihn seine Handwerkskunst befähigt: für den Bau und die Wartung der astronomischen Instrumente und für astronomische Beobachtungen.

Fürstliches Honorar. Jost Bürgi erhält einen Sold von 30 Gulden ausbezahlt sowie freie Kost, Hofkleidung und Unterkunft, einschliesslich Holz und Kohlen für die Heizung von Wohnung und Werkstatt. Neu von ihm gebaute Uhrwerke und Instrumente werden zusätzlich vergütet.[1] Wenn man weiss, dass Handwerker mit ähnlichen Tätigkeiten am Kaiserhof in Prag ein Drittel dieses Salärs erhalten, wird deutlich, dass Wilhelm IV. seinen neuen Mitarbeiter bereits besser gekannt haben muss und dass er weiss, dass es sich bei Bürgi um einen aussergewöhnlichen Uhrmacher handelt, der auch in anderen Disziplinen Kompetenzen hat.[2]

Bürgis spezielles Uhrmacher- und Astronomenwappen. Noch am Tag der Ausstellung der Anstellungsurkunde antwortet Jost Bürgi mit seinem Verpflichtungsschreiben («Treueverpflichtung»), dem sogenannten «Reversbrief», auch schon mit seiner Zusage. In seinem Mittelteil wiederholt er wortwörtlich den Text des Stellenangebotes. Jost Bürgi unterschreibt sein Verpflichtungsschreiben eigenhändig und bezeugt es mit einem in Papier geprägtem «Obladen»-Siegel mit seinem Wappen. Sein Selbstbewusstsein und die Ambitionen des mittlerweile 27-Jährigen werden in diesem Siegel deutlich. Er hat in seinem Wappen dem Bürgi-Familiensymbol der Eule –

Wir Wilhelm vonn gottes gnaden Landtgrave zue Hessenn
Grave zu Catzenelnbogen, Dietz, Ziegenhain und Nidda etc.
thun kunth unnd bekennen hirann, das wir unsern
lieben getreuen Joist Burgk vonn Lichtensteig
aus Schweitz, zu unserm Urmacher unnd diener
uff unnd angenommen haben, unnd ihm dasselbig
hiemitt unnd in crafft diss brieffs, dergestalt,
unnd also, das ehr unsere Urmacherey unnd dienere,
unsere Urwergke klein unnd gross alle sampttlich
in gangk erhaltenn, anrichtenn, unnd keins wegs
in abgangk kommen lassenn, unnd was daran
gebrichtt oder zubessernn ist, uff seinen costenn
jederzeit wieder machen, das daran durchaus kein
mangell seie, unnd sonsten in sachenn darzu wir
ihnenn seiner kunst nach, zugebrauchen wissen,
sich jederzeit willfärig unverdrossenn, unnd
vleissig befindenn lassen, unnd sunst, holtt gehorsam unnd gewertig sein, unnd alles das jhenig thun,
so ein getreuer Urmacher unnd diener seinem herren
schuldig unnd pflichtig ist, Inmassenn
ehr unns solchs gelobtt, unnd geschworen, unnd
dessenn seinen reversbrieff ubergebenn hatt,
Dargegenn unnd vonn solchs seins diensts wegen
sollen unnd wollen wir ihme jedes jars so
lang diese unser bestallung wehret, handt-
reichen unnd geben lassenn, dreissig guldenn

<57/ **Drei Seiten des Anstellungsvertragswerkes Jost Bürgis in Kassel. Links: Vorderseite des von Wilhelm IV. an Jost Bürgi gerichteten Bestallungsbriefes (Stellenangebot). Siehe Abschrift in Fussnote.***

58>/ **Rückseite des Bestallungsbriefes mit Landgraf Wilhelms Unterschrift.**

59>>/ **Letzte Seite des Reversbriefes von Jost Bürgi vom 25. Juli 1579 mit Jost Bürgis Unterschrift und Obladenwappen. Siehe Abschrift in Fussnote.****

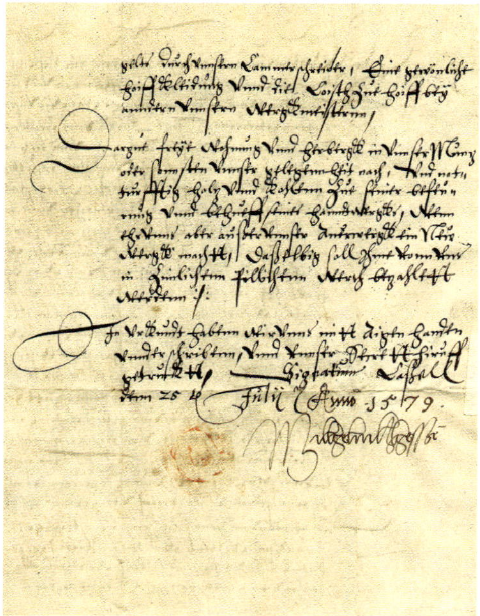

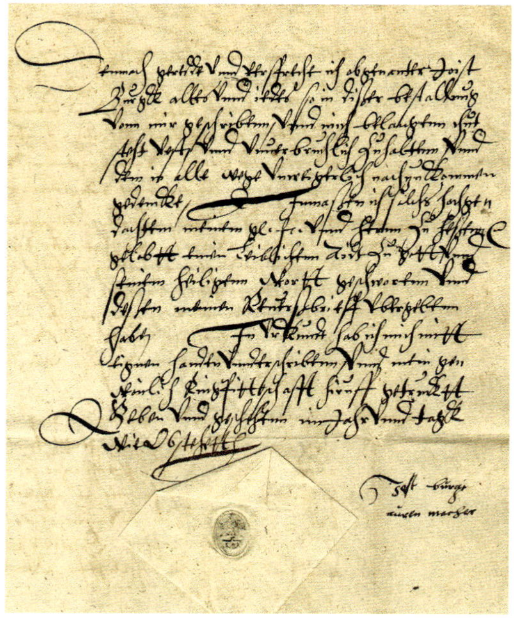

Symbol der Weisheit – seine Initialen JB hinzugefügt, zusätzlich ein halbes Zahnrad als Zeichen seiner Uhrmachertechnik und weiter zwei Sternsymbole als Hinweis auf seine astronomische Orientierung.[3] Der Vertrag bleibt über drei Landgrafengenerationen in Kraft. Sohn Moritz übernimmt ihn von Wilhelm 1592 nach dessen Tod – lediglich das Wohnrecht entfällt, da Bürgi seit 1591 selbst Hausbesitzer ist – und von diesem später wiederum der Sohn bzw. Enkel Landgraf Wilhelm V.

60/ **Wappen Jost Bürgis auf dem versiegelten Reversbrief und dem geprägten Obladensiegel (grafisch restauriert 1885 von Alhard von Drach).**

* Text der Anstellungsurkunde (Bestallungsbrief): *Wir Wilhelm von gotts gnaden landgrave zu Hessenn, grave zue Caczenelnpogen etc., thun kunth und bekennen hirann, das wir unsren lieben getreuen Joist Burgk von Liechtensteig aus Schweicz zu unserm auermacher und diehner auf- und angenommen haben, und thun dasselbig hiermitt und in craft dis brifs, derogestalt und also, das ehr unser auermacher und diener unser auerwerk klein und gross allesamt in gang erhalten, anrichten und keinswegs in abgang kommen lassen und was daran zerbricht oder zu bessern ist, uff seinen coisten jederzeith wider machen, das darann durchaus kein mangel seie, und sonsten in sachen, darzue wir ihne seiner kunst nach zu gebrauchen wissen, sich jederzeith wilfährig, unverdrossen und vleissig befinden lassen, unser treu, hold, gehorsam und gewertig sein und alles dasjenige thun, so ein treuer auermacher und diener seinem hern schuldig und pflichtig ist, in massen er uns solches gelobt und geschworen und dessen seinen reversbrief ubergeben hatt. Darentgegen und von solches seine diensts wegen sollen und wollen wir ihne jedes jars, so lange disse unsere Bestallung wehret, handreichen und geben lassen dreissig gulden gelts durch unseren cammerschreiber, eine gewöhnliche Hoifkleidung und die coist zue hoif bei andern unsern werkmeistern, darzue freie wohnung und herberg in unser munz oder sonsten unser gelegenheit nach und noitthurftig holz und kohlen zue seiner befeuerung und behuf seines handwerkS. Wenn ehr uns aber ausser unser auerwerrk ein neues werk macht, dasselbe soll ihme von uns in zimlichen pillichen werth bezahlet werden. In urkunth haben wir uns mit aigen handen underschriben und unser secrett hiruff getruckt.*
Signatum Cassel den 25ten julii anno etc. 1579.
Wilhelm landgrave zu Hessen.

** Text des Reversbriefes: *Ich Joist Burgk von Lichtennsteig aus Schweicz thue kunth hirann offentlich bekennende, das mich der durchleuchtig hochgeborne furst und her, her Wilhelm landgrave zu Hessenn, grave zu Catzenelnnpogen etc., zue seiner furstlich gnaden auermacher und diehner bestelt, uff-, und angenommen hatt lauth seiner furstlich gnaden mir deswegen zugestelten bestallungsbrief, der von worten zue worten lautend wie hernach volgt:* (Es folgt der gleiche Text wie im Bestallungsbrief, und anschliessend fährt Bürgi im abgebildeten Faksimilie wie folgt fort:) *Demnach geredde und verspreche ich obgenanter Joist Burgk, alles unnd iedes, so in disser bestallung von mir geschribenn und mich belangenn thut, steht, vest unnd unverbruchlich zu halthenn und dem in alle wege unweigerlich nachzukommen gedenke. Inmassen ich solchs hochgedachtem meinem g[n.] f.[ursten] unnd herrnn zu Hessen etc. gelobtt, einen leiblichen aid zu gott und seinem heiligen Wort geschworen und dessen meinen Reversbrieff ubergeben habe. In urkundt hab ich mich mitt eignen handen underschribenn unnd mein gewönlich Ringpittschafftt hiruff getruckt. Geben unnd geschehenn im jahr und tagk, wie Obstehett.*
Jost burgi
auren macher

61/ **Marburger Religionsgespräch von 1529 zwischen Martin Luther und Ulrich Zwingli auf Einladung des hessischen Landgrafen Philipp der Grossmütige.**

Beziehungen zu den Reformatoren Luther und Zwingli. Landgraf Wilhelm ist Lutheraner, Uhrmacher Bürgi ist Zwinglianer-Calvinist – aber beide Persönlichkeiten sind toleranter als die Reformatoren selbst und als viele ihrer Zeit- und Glaubensgenossen. Sowohl die Vorfahren von Wilhelm IV. als auch jene von Jost Bürgi kennen ihren Reformator und Begründer einer eigenen Kirche persönlich. Um die Position der Reformierten gegenüber Rom vereint zu stärken, hat Wilhelms Vater Philipp I. «der Grossmütige» (1504–1567) als erster reformierter Landesfürst bereits 1529 ein vermittelndes Gespräch zwischen seinem Freund Martin Luther (1483–1546) und dem wie Bürgi aus dem Toggenburg stammenden Zürcher Reformator Ulrich Zwingli (1483–1531) veranlasst. Dieses erste Marburger Religionsgespräch endet im Streit.[4]

Bürgis handwerkliche Vielseitigkeit. Jost Bürgi erhält neben seinem Lohn für die Anfertigung neuer Dinge eine Sondervergütung. Dass es bei diesen Anfertigungen nicht nur um Uhren ging – eine erste Sekundenuhr ist auf der abgebildeten Kostenzusammenstellung auch erwähnt –, zeigt ein Kassenbeleg vom 27. August 1586.[5]

Folged, was ich meinem gnedigen fursten und herrn, seiner furstlichen gnaden, gemachet habe auf die Aldaunen:

	Thaler	Albus
Ein uhr mit gewicht, welchs die stunden, minuten und secunden zeigt; dafür	25	–
Die keten zum sextanten und den bogen verfertiget	3	16
Zwen bogen im meridian gemachet, einer einn halben circkel, der ander einn viertheil eines circkels	3	–
Einen bogen gemachet, damitt mann die latitudineem und longidutinem auf dem globo misset,	1	16
Einn bogencirckel und den bogen, darauf die theilung der graden	2	12
Einen kleinen circkel gemacht	–	4
Von der leuchten und dem Futter, darinn die gewicht		
an den quadranten hengen, ausgelegt	–	22
Mher zwei buntlein seiten, zu den perpendiculen und zu dem sextanten zu corrigiren gebraucht	–	3
Summa facit	36	9

Eine weitere Abrechnung liegt vom Frühjahr 1592[6] vor, aus der ebenfalls die Vielseitigkeit von Jost Bürgis Tätigkeit hervorgeht. Er rechnet für 158 Taler ab über seine Reise nach Prag zu Kaiser Rudolf II. via Nürnberg und Augsburg nach München, wo er im Auftrag von Wilhelm IV. beim Wittelsbacher Herzog Wilhelm V. von Bayern vorbeigeht und ihm die Musikuhr als Geschenk überbringt.

Bürgi notiert:

1 Werk für die Kutsche [Kutschenuhr]
1 Gesangwerk mit Glocken
1 Messwerk (reisseuhr) für den Herzog von Bayern [wahrscheinlich mit Wegmesser]
1 Proportionalzirkel
2 Waagen
1 Triangel
und anderes (z. B. Kaliberstab)

Bürgis Sekunden-Observatoriumsuhren (ab 1584/85)

Landgraf Wilhelm IV. wird von seinem neuen Schweizer Hofuhrmacher nicht enttäuscht. Als erste Objekte revidiert und baut Jost Bürgi mit hohem Einfallsreichtum und Können kleine Schmuck-, Reise- und Musikuhren sowie astronomische Uhren und Instrumente. 1582 berichtet Wilhelm IV. dem Kurfürsten von der Pfalz Friedrich IV. in einem Brief über seinen Uhrmacher Jost Bürgi, dass «unser Itziger aurmacher, so ein sinnreicher kopf ist, als ehr uns die tag unsers lebens vorkommen (...)».[7] Jost Bürgi ist ein aussergewöhnlich erfindungsreicher Kopf. Der Wissenschaftshistoriker Adam Mosley ist der Auffassung, «dass Uhrenkonstrukteure, und ganz speziell Bürgi, ihre eigenen Beiträge und Leistungen für die zeitgenössischen Debatten über die wahren und möglichen Weltsysteme leisteten».[8] Jost Bürgi hat mit seinen meist zwei Gehilfen bis als über 70-Jähriger zahlreiche Uhren gebaut. Vier davon gelten aufgrund ihrer Qualität und Originalität in der Geschichte der Technik, der Zeitmessung und der Astronomie als hell leuchtende Orientierungspunkte: die erste sekundengenaue Observatoriumsuhr (Kassel 1585), die Äquations-Tischuhr (Kassel 1591), die Planetenuhr (Prag 1605), und die Bergkristalluhr (Prag 1622/27). Jede dieser Uhren ist mit einer zur damaligen Zeit unübertroffen hohen Ganggenauigkeit und Laufdauer ausgestattet. Zusätzlich ermöglichen die drei letztgenannten Modelle eine mechanische Simulation und praxisgerechte Darstellung neuer astronomischer Erkenntnisse.

62/ **Observatoriumsuhr Dresden mit Kreuzschlaghemmung, automatisiertem Gewichtsaufzug und Sägezahnrad entsprechend der Observatoriums-Sekundenuhr von 1585. Von Jost Bürgi in Prag 1625 gefertigt.**

Der Welt erstes «Minuten- und Sekundenührlein». Jost Bürgis erste epochale Leistung in Kassel ist 1584/85 der Bau der weltersten Experimentier- und Observatoriumsuhr mit Sekundengenauigkeit für astronomische und andere wissenschaftliche Zwecke. Erstmals astronomisch mit der Sekunde gemessen hatte mit einer solchen Uhr Christoph Rothmann bereits am 24. Januar 1585 in Kassel.[9] Am 14. April 1586 berichtet Landgraf Wilhelm IV. in einem Brief an Tycho Brahe stolz von seinem neuen «Minuten- und Sekundenührlein», das innerhalb von 24 Stunden höchstens eine Minute variiere.[10] Das bedeutet eine beträchtliche Genauigkeitssteigerung gegenüber bisherigen Uhren, weisen damals doch selbst die besten Zeitmessgeräte eine tägliche Abweichung von einer Viertelstunde auf. Eines der grössten Probleme ist die gleichmässige Dosierung und möglichst sparsame Regulierung der Antriebskraft für einen konstanten Gang.

Bürgis geballte Innovationskraft. Bürgi gelingt diese gleichmässige, diskrete und lang anhaltende Kraftdosierung in seinen Observatoriumsuhren durch die Erfindung von gleich mehreren revolutionären Systemelementen mit jeweils verschiedenen Ausführungsvarianten, die er kombiniert.

1. Zwischenaufzug (Remontoir d'égalité) mit drei Monaten Laufzeit:
   - federbetrieben mit stündlichem Zwischenaufzug und Fliehkraftregler;
   - gewichtsbetrieben durch ein während 24 Stunden gleichmässig fallendes Gewicht.
2. Kreuzschlaghemmung «Doppelte Waag» zur Messung im Sekundentakt:
   - mit visueller Sekundenanzeige (Sekundenzeiger);
   - mit auditiver Sekundenzählung (Periodendauer-Klackton der Kreuzschlaghemmung).[11]
3. Sägezahnrad
4. Fliehkraftregler

Des Weiteren hat Bürgi in einem eisernen Uhrenwerkskörper mit höchster Handwerkskunst ein äusserst schlankes, besonders genau laufendes Gehwerk mit extrem grossen eisernen Zahnrädern entwickelt sowie diese mit hoher Sorgfalt zugeschnitten, poliert, ausgewuchtet und montiert.

Fachleute ordnen den Stil dieser schlanken, grossrädrigen Zahnradtechnik norditalienischen Konstruktions- und Fertigungstechniken zu, die sich Jost Bürgi während der Walz im dafür bekannten Cremona angeeignet haben könnte, allenfalls auch in Rom, Mailand oder Florenz, wie Mackensen es als wahrscheinlich erachtet[12] – oder in der stark mit Italien verbundenen Stadt Augsburg bei dort tätigen italienischen oder in Italien tätig gewesenen Uhrmachern, wie dies der Verfasser dieser Zeilen vermutet.

«Kleinste Note in einem mässig langsamen Lied». Wie man sich ein Zeitintervall von einer Sekunde vorzustellen hat, weiss im Jahre 1586 ausserhalb der Sternwarte von Kassel noch niemand. Der Kasseler Hofastronom Christoph Rothmann beschreibt die gefühlte Dauer dieser neuen Zeiteinheit

63/ **In der Kreuzschlaghemmung («Doppelte Waag») Jost Bürgis schwingen zwei mit ihren Massen über Zahnräder verbundene lange Kreuzschlaghebel in Gegenphase nahezu isochron und harmonisch zueinander.**

deshalb notgedrungen in Worten: «Die Dauer einer Sekunde ist nicht so sehr kurz, sondern kommt der Dauer der kleinsten Note in einem mässig langsamen Lied gleich. Die Unruhe wird nicht auf gewöhnliche, sondern auf ganz besonders neu erfundene Weise so getrieben, dass jede ihrer Bewegungen einer einzelnen Sekunde entspricht.» [13]

Die Sekunde als massgebende Einheit für Zeit und Raum. Die Zeiteinheit der Sekunde ist heute die am genauesten definierte und für die Erfassung unseres Weltgeschehens wohl wichtigste physikalische Einheit. Sie entwickelte sich seit Jost Bürgi mit leisem Ticken und später mit immer genaueren Oszillatoren weltweit zum heutigen Zeit- und Streckenmessstandard. Von einer hochpräzisen Zeitmessung hängen heute ebenfalls die moderne Streckenmessung mit dem Laserstrahl ab und die genaue Positionsbestimmung mit Satellitensystemen – und damit auch die GPS-Navigation unserer Fahrzeuge, Schiffe und Flugzeuge.

Weltweit die erste Sekundenuhr? Tycho Brahe bezeichnete ab dem 16. April 1581 seine Zeitangaben mit Sekunden, obwohl er mit seinen vier Uhren höchstens auf vier Sekunden genau messen konnte. Ebenso will bereits vor 1587 der Uhrmacher Hans Kurzrocke dem Dresdener Hof eine Gewichtsuhr mit Angabe der Sekunden geliefert haben.[14] Bei neueren Berechnungen der Periodendauer einer in Kassel heute noch vorhandenen und Bürgi allein zugeschriebenen Kreuzschlaguhr («Wunderuhr») ergeben sich bei

64/ Bürgis Kalenderuhr Kassel von 1582 ist die Uhr des 16. Jahrhunderts mit der längsten Laufzeitdauer eines Drei-Monate-Langzeitlaufwerkes. Ihr Kalenderring trägt die zwölf Monatsnamen und die 365 Namenstage.

einer Kontrolle 2,08 Sekunden, bei einem Probelauf sogar 2,5–2,8 Sekunden, sodass sie die Observatoriumsuhr-Kriterien nicht mehr erfüllt.[15] Auch was die 24-Stunden-Abweichung von einer Minute betrifft, so ist eine solche Genauigkeit heute in den noch vorhandenen Beobachtungsjournalen nicht mehr nachweisbar; selbst wenn es mehrere Minuten gewesen sei sollten, ist dies eine zu der Zeit unübertroffene Leistung, die erst mit der Nutzung des Pendels durch Huygens neun Jahrzehnte später übertroffen wird.

Schon vor Bürgi kennt man verschiedene Uhren mit Sekundenzeigern – dies allerdings durchwegs in Verbindung mit Uhrwerken, die keine Sekundengenauigkeit ermöglichen: die Orpheus-Uhr in Stuttgart, einige Turmuhren im südwestdeutschen Raum,[16] die Takiyyüddin-Uhr (1525–1585) damals auf der Sternwarte des Galataturms in Istanbul sowie die Dibbley-Uhr des englischen Kundschafters John Dee. Doch keines dieser Beispiele wird heute noch durch vorzeigbare Objekte, sekundentaugliche Technologie-Oszillatoren und Antriebe, darüber vorliegende Einsatzberichte oder daraus abgeleitete Weiterentwicklungen gestützt. Das gilt ebenso für die mit einer 6-Sekunden-Zeitanzeige (nicht 1-Sekunden-Anzeige) ausgestattete Dibbley-Uhr John Dees. Nachdem John Dee, der Gesprächspartner Kaiser Rudolfs II., Freund Brahes und Korrespondenzpartner Rothmanns, in Böhmen vergeblich versucht hatte, alchemistisch Gold herzustellen, kehrte er 1586 nach England zurück, um die Versuche – allerdings ebenso erfolglos – für König Jacob I. fortzuführen. Seine Spionageberichte nach London für Königin Elisabeth I. hatte John Dee mit dem Code 007 unterzeichnet: Ian Flemings James Bond lässt grüssen!

Seiner Zeit ein ganzes Jahrhundert voraus. Nach Bürgi wird man ein ganzes Jahrhundert warten müssen, bis die feinmechanische Technik erneut einen so hohen Präzisionsstandard erreicht wie 1585 in seiner Uhrmacherwerkstatt.* Es ist Jost Bürgi, der mit seiner Observatoriumsuhr erstmals eine Uhr als wissenschaftliches Präzisionsinstrument herstellt und nutzt – und dies bereits sieben Jahrzehnte vor Christian Huygens' (1629–1695) Erfindung des Uhrenpendels und der Pendeluhr. Mit deren Konstruktion wird irrtümlich noch vielfach der Beginn des Sekundenzeitalters assoziiert, obwohl es in Wirklichkeit bereits 1585 mit Jost Bürgis Observatoriumsuhr in Kassel beginnt.

Die sekundengenaue Observatoriumsuhr von Jost Bürgi ist eine der wichtigsten Erfindungen der Frühen Neuzeit. Verschiedene dieser in Bürgis Kasseler und Prager Jahren gebaute Uhren sind heute im Astronomisch-Physikalischen Kabinett der Museumslandschaft Hessen Kassel ausgestellt. Zwei von Bürgi später hergestellte, auch ästhetisch repräsentative Observatoriumsuhren sind im Mathematisch-Physikalischen Salon in Dresden zu sehen.

* Landgraf Wilhelm IV. ist sich der Bedeutung von Bürgis Schöpfung anscheinend bewusst, denn er lässt in die Rückseite der Observatoriumsuhr eingravieren: «*Omnia pervertit saeculi mutabilis ordo*» («Die veränderliche Ordnung des Jahrhunderts wendet alles um»).

Die hohe Genauigkeit von Bürgis Observatoriumsuhren ist kein Selbstzweck, sondern sie eröffnet in der Astronomie ganz neue Möglichkeiten. Nun kann man dank des Sekundentaktes und der Sekundengenauigkeit erstmals die Differenzen der Durchgangszeiten von Sternen in der gleichen Meridianebene genau bestimmen. Mit der Ortsbestimmung von Sternen ausserhalb des Meridians begründet das Kasseler Team Wilhelm, Rothmann und Bürgi das moderne raumzeitliche Vermessungsverfahren im Horizontsystem[17] (Schema Seite 131).

Harmonisierung von Erd- und Himmelsdaten. Zusätzlich zu ihrer jährlichen Reise auf einer leicht elliptischen Bahn um die Sonne in 365,24219052 Tagen (365 Tage, 5 Stunden, 48 Minuten, 45,261 Sekunden pro tropisches Jahr) dreht sich die Erde um sich selbst. Bei grob gerechnet durchschnittlich 23 Stunden und 56 Minuten für eine Drehung um die eigene, zur Bahnebene leicht geneigten Erdachse entspricht eine einzige Zeitsekunde 15 geografischen Länge-Bogensekunden, also dem 86 400sten Teil des Äquatorumfanges von 40 050 Kilometer und damit einer Strecke oder einem Längenkreisbzw. Meridian-Positionsunterschied von 465 Metern pro Zeitsekunde. Bei 31 Metern pro Meridian-Bogensekunde bzw. 111 Kilometern pro Längengrad beträgt die Drehgeschwindigkeit rund 1690 Stundenkilometer.

Von Tycho Brahe zuerst abgelehnt, dann gesucht. Der dänische Astronom Tycho Brahe erfasst den jeweiligen Beobachtungszeitpunkt auf die Minute genau. Aber er kritisiert diese neue Kasseler Vermessungsmethode im Horizontsystem zunächst heftig und verwirft sie als unbrauchbar(!).[18] Doch selbst Tycho Brahe setzt später Bürgis sekundengenaue Observatoriumsuhren ein und sucht 1592 nach mehrjährigen eigenen misslungenen Versuchen, Zeitmessgeräte zu entwickeln, die Unterstützung durch Landgraf Wilhelm IV. bei der Suche eines Uhrmachers, der die neuartigen Methoden der Uhr- und Automatenkonstruktion wie Jost Bürgi beherrscht.

Der neue Standard für die neue Astronomie. Weil nur die Observatoriumsuhren von Bürgi eine gleichmässig hohe Sekundengenauigkeit aufweisen, sind sie es auch, welche die Qualität der Kenntnisse über die Umlaufbahnen von Mars und Erde zu dieser Zeit entscheidend beeinflussen.[19] Sowohl Rothmann und Bürgi in Kassel als auch Tycho Brahe auf Hven und Johannes Kepler in Prag setzen sie ein, und Kepler erkennt nur dank eines hohen Präzisionsniveaus die Ellipsenform.[20] Als der erste Royal Astronomer John Flamsteed (1646–1719) ein Jahrhundert später das Kasseler Verfahren von Bürgi/Rothmann auf der Sternwarte von Greenwich mit einer Huygens-Pendeluhr wieder aufgreift, wird diese erstmals mit Bürgis Observatoriumsuhr praktizierte Methode der Vermessung im Horizontsystem weltweit bekannt und für Generationen von Astronomen zum Standard der Positionsbestimmung von Himmelskörpern.

Bürgis Äquations-Tischuhr mit elliptischem Bahnverlauf (1591)

Zu Jost Bürgis einzigartigen Zeitmessinstrumenten zählt seine in Kassel gebaute Mond- und Sonnenanomalien-Tischuhr aus dem Jahre 1591.[21] Dieser auch Äquations-Stutzuhr genannte, nur 15 x 15 x 11 Zentimeter grosse astronomische Zeitautomat mit aufklappbarem Deckel zeigt auf seinem äusseren, einem Astrolabium mit drehbarem Netz gleichenden Hauptzifferblatt nicht nur die wahre Sonnenzeit, die Stellung der Hauptsternbilder über dem Horizont, die Stellung der Sonne und des Mondes im Tierkreis sowie die Phase des Mondes und den Kalender an, sondern auf ihrem inneren Zifferblatt auch die wahren und mittleren Bewegungen von Sonne und Mond inklusive der dabei entstehenden Finsternisse.[22]

Damit diese Uhr all diese Funktionen erfüllen kann, ist sie innen ein wahres Wunderwerk der Technik. Sie verfügt über Zahnräder und Getriebe, welche die ungleichförmigen «Geschwindigkeiten» von Mond und Sonne

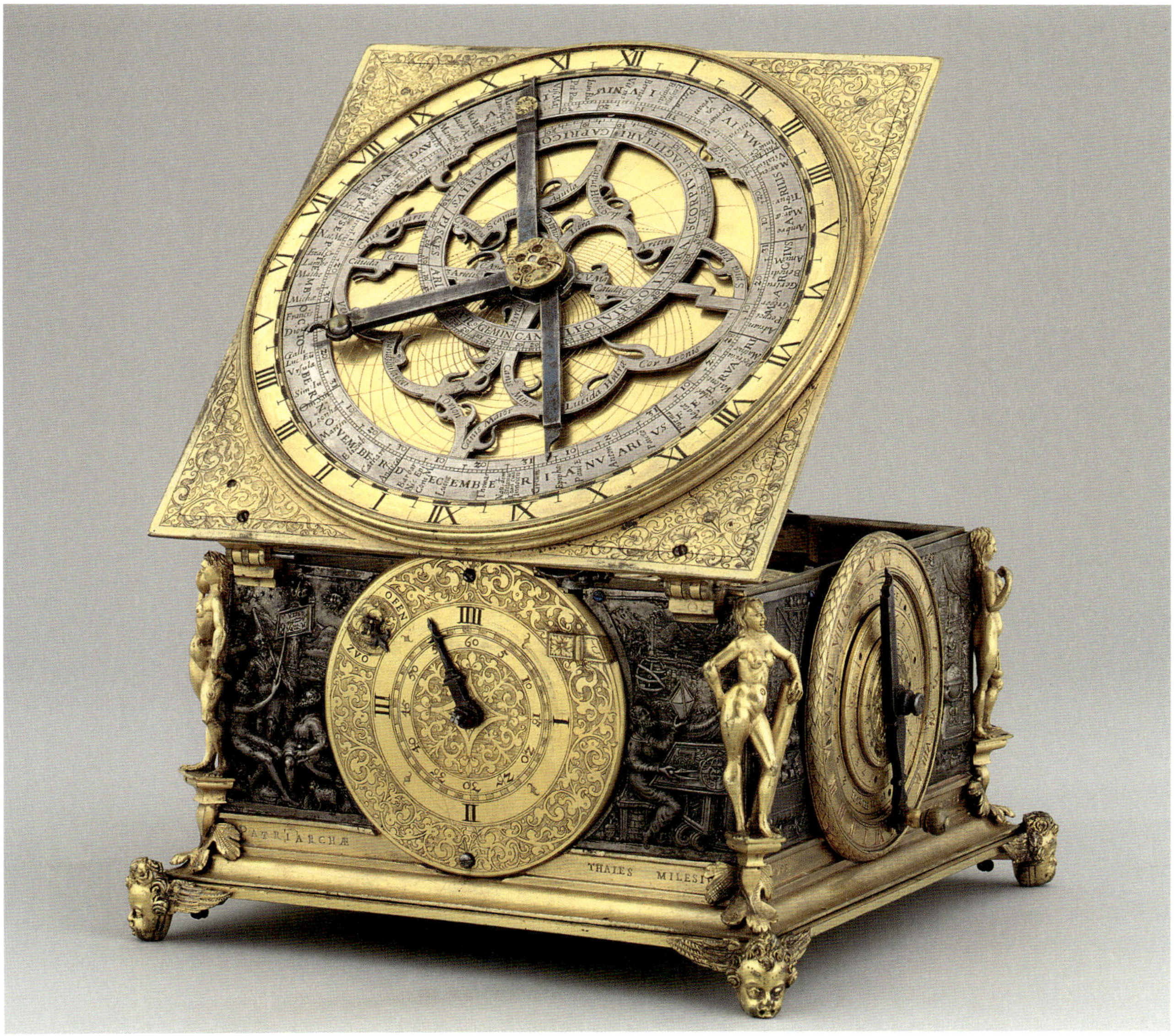

65/ **Äquations-Tischuhr mit neigbarem Deckel zur komfortablen gleichzeitigen Ablesung mehrerer Anzeigen und Funktionen. Dank Bürgis Zahnradkupplung erfolgt die Kraftübertragung bei jeder Deckelneigung zuverlässig.**

nachbilden, und ist mit der ersten drehbaren Zahnradkupplung ausgestattet. Dank des innovativen Einsatzes epizyklischer und differo-epizyklischer Getriebe mit der mechanischen Nachbildung der kopernikanischen Doppelepizyklentheorie[23] erzeugt das doppelepizyklische System dieser Uhr zum Ausgleich der Bahnexzentrizität keinen exzentrischen Kreis mehr wie bisher. Es beschreibt die Form einer Ellipse.[24] Die Möglichkeit der Generierung einer Ellipse aus zwei kreisförmigen Bewegungen ist bereits Kopernikus bekannt, doch ist von ihm dazu kein Beweis überliefert und auch kein Hinweis, die zahlreichen Hilfskreise in seinem Modell durch eine Ellipse zu ersetzen.[25]

Seit 1591 in Kassel, ist diese von Goldschmied Hans Jacob Emck kunstvoll ausgeschmückte Uhr heute ein Prunkstück im Astronomisch-Physikalischen Kabinett der Museumslandschaft Hessen Kassel, ein Meisterstück der Uhrmacherkunst des 16. Jahrhunderts und ein Zeugnis von Jost Bürgis innovativem Genius.

66/ **Mond- und Sonnenpositionen auf einen Blick. Auf der Deckelinnenseite der Äquationsuhr kann man simultan die wahren und die mittleren Bewegungen des Mondes und der Sonne (Erde) sowie aller Verfinsterungen ablesen.**

67/ **Erste plastische Darstellung des Nikolaus Kopernikus mit seinem heliozentrischen Weltmodell, realisiert von Goldschmied Hans Jacob Emck in einer silbernen Seitenwand der Bürgi-Äquationsuhr.**

Erste plastische Darstellung des Kopernikus. Goldene Grazien schützen die vier Ecken dieses Wunderwerkes innovativer Technik. Sie repräsentieren die vier Kardinaltugenden Gerechtigkeit *(Justitia)*, Weisheit *(Sapientia)*, Tapferkeit *(Fortitudio)* und Mässigung *(Temperantia)*.[26] Geradezu ketzerisch ist eine der vier Seitenwände gestaltet: Unter acht Astronomiepionieren – darunter Euklid, Archimedes, Hipparch und Ptolemäus – zeigt sie Nikolaus Kopernikus mit seinem heliozentrischen Weltmodell. Goldschmied Hans Jacob Emck hat diese Kleinplastik in Silber gegossen und feinpoliert. Es ist die erste plastische Darstellung des Frauenburger Astronomen mit seinem Weltmodell. Gleichzeitig ist sie ein Hinweis darauf, dass die durch die Uhr simulierten «Sonnen»-Bewegungen in den Augen des unbestechlichen Empirikers und überzeugten Kopernikaners Jost Bürgi in Wirklichkeit die Bewegungen der Erde sind.

Bürgis Wiener Planetenuhr (um 1605)

Die unsignierte, aber zweifelsfrei Jost Bürgi zugeschriebene sogenannte Wiener Planetenuhr zählt zu den aussergewöhnlichsten Uhren der Renaissance. Sie repräsentiert die erste vom Kaiserlichen Hofuhrmacher Bürgi an seiner neuen Wirkungsstätte Prag fertiggestellte Uhr, und sie ist gleichzeitig die erste astronomische Uhr, bei der die damals – neben der Erde – fünf bekannten Planeten (Merkur, Mars, Venus, Jupiter, Saturn) um die Sonne kreisen. Entworfen vielleicht bereits in Kassel, wird sie 1604/05 in Bürgis Werkstatt auf der Prager Königsburg, dem Hradschin, gefertigt. Die beiden Seitenwände der aus vergoldetem Messing hergestellten 393 Millimeter hohen Uhr sind halbrund ausgebildet und mit zwei von Jan Vermeyen (1559–1606) gestalteten Silberstatuetten des Apollo und des Merkur geschmückt. Auf der Vorderseite der Uhr lassen sich auf einen Blick zehn verschiedene astronomische Funktionen ablesen, auf der Rückseite zusätzlich sechs kalendarische Daten. Dazu verfügt die Wiener Planetenuhr über insgesamt fünf Anzeigefelder, vier auf der Vorderseite und eines auf der Uhrenrückseite. Auf der Vorderseite zeigt das obere Anzeigefeld das Planetensystem gemäss der rothmannschen Demonstrationsanordnung mit der Sonne im Zentrum und der Erde im Stillstand bei einer sich einmal jährlich um sich selbst mit den zwölf Tierkreiszeichen drehenden Sternscheibe. Hier lassen sich die jeweiligen Positionen der heliozentrisch angeordneten Planeten ablesen. Das unter dem Planetarium liegende grosse Mondkreisfeld ist mit den Ringen des Jahreskalenders und der geozentrischen Anzeige der Stellungen von Sonne, Mond und «Drachen» ausgestattet – demjenigen Ort also, an dem sich Mond- und Erdbahn kreuzen und Mond- oder Sonnenfinsternisse entstehen. Von den beiden seitlich zwischen diesen grossen Zifferblättern liegenden kleinen Anzeigefeldern gibt das linke Feld die jeweilige Stunde an, während das rechte nur aus ästhetischen Symmetriegründen angebracht erscheint. Es dient der manuellen Nachführung der Anfangsbuchstaben des kirchlichen Namens des jeweiligen Sonntags, der mittels eines kalendarisch sich alle 28 Jahre wiederholenden Zyklus mechanisch generiert wird und auf der Uhrrückseite automatisch erscheint.[27] Auch konstruktionstechnisch ist diese Planetenuhr ein Novum, repräsentiert sie doch das erste uhrwerkgetriebene Planetarium überhaupt und verfügt zudem über einen automatisierten Remontoir-Wiederaufzug mit dreistündiger Wiederholfrequenz und sieben Tagen Laufzeit.[28] An ihrer Oberseite wird die mit feinen Arabesken verzierte Uhr von einem Türmchen gekrönt, unter dem sich ein Bergkristall-Zylinder mit einer eingebauten goldenen Kugel befindet, die mit dem Windflügel der Getriebehemmung verbunden ist. An der Drehung dieser Kugel erkennt man, dass die Uhr läuft.

68/ **Jost Bürgis Planetenuhr, gefertigt 1604/05 direkt in Bürgis Werkstatt auf dem Hradschin neben dem Veitsdom in der Vikarska 34.**

Die Rückseite der Wiener Planetenuhr zeigt auf ihrem grossen fünften Anzeigefeld ein klassisches Kalenderzifferblatt für die kalendarischen Zyklen. Ihre Ringe und Zeiger bestimmen Jahr, Woche, Sonntagsname, Ostertag, Guldenzahl und Sonnenzirkel. Dabei werden sämtliche Zeiger und Planeten vom Stundenzeiger angetrieben – eine gewaltige Leistung des Uhrmachergenies Bürgi, da alle völlig verschiedene Umlaufzeiten haben und durch Übersetzungszahnräder auf die richtige Geschwindigkeit gebracht werden müssen.

Die Wiener Planetenuhr ist das letzte von fünf Planetarien, die Bürgi gefertigt hat. Die beiden ersten baute er 1586/87 für Reimers und Rothmann/Wilhelm IV. als Funktionsmodelle (Seite 119), die beiden anderen 1591/92 in Form der silbernen Globusuhr, von denen er eine Kaiser Rudolf II. persönlich überbringt. All diese Uhren sind, mit Ausnahme der Wiener Planetenuhr, heute verschollen.

Bürgis Prager Uhrmachergehilfen. Im Jahr des Baus der Planetenuhr wird Bürgi von seinem Lehrling Benjamin Bramer (1588–1652) und von seinem Gehilfen Heinrich Stolle (etwa 1570–1626) unterstützt, der bei ihm bleibt, bis er sich 1616 selbstständig macht.[29]

Heinrich Stolle wird 1610 das erste Prager Fernrohr nach dem galileischen Prinzip bauen – wahrscheinlich in Bürgis Werkstatt. Benjamin Bramer kehrt 1609 anlässlich des Todes von Bürgis erster Ehefrau (die gleichzeitig Benjamins Pflegemutter und Schwester bzw. Halbschwester ist) nach fünf Jahren Mitarbeit in Prag nach Hessen zurück und übernimmt die Stelle als Festungsbaumeister beim Landgrafen von Hessen-Marburg. Auf ihn folgt am 1. September 1609 Martin Schmidt.[30] Ab 1610 ist der Augsburger Uhrmacher Christoph II. Schissler als Hofuhrmacher in Bürgis Werkstatt tätig.[31] Er kommt zusammen mit Johannes Kepler neben Stolle, Schmidt und Bürgi im Oktober auch für den Bau des ersten keplerschen Fernrohrs infrage, wobei sich Bürgi aus familiären Gründen in diesen Jahren über längere Zeit in Kassel aufhält. Der fünfte namentlich bekannte Gehilfe Bürgis am Kaiserhof in Prag ist zwischen 1618 bis 1620 etwa Hannes Buschmann, ebenfalls aus einer bekannten Augsburger Uhrmacherfamilie.

Kurz vor der keplerschen Revolution. Seit der Wiedereröffnung der neugestalteten «Kunstkammer Wien» im Frühjahr 2013 ist Bürgis Planetenuhr eines der wissenschaftsgeschichtlichen *Scientifica*-Prunkstücke der Zeit Kaiser Rudolfs II. und der neuen Astronomie, die dieser förderte. Bürgis originelle Planetenuhr wird 1604/05 auf dem Hradschin in Prag im gleichen Zeitraum gebaut, in dem Johannes Kepler in Prag noch immer die richtige Form der Marsbahn sucht. Mit der Planetenuhr veranschaulicht Bürgi sowohl die astronomische als auch die menschliche Perspektive des kopernikanischen Weltmodells nach dem Prinzip der rothmannschen Demonstrationslösung. In dieser sind bei stillgehaltener Erde und Sonne die Mond- und Planetenpositionen ablesbar, ohne dass Jost Bürgi zum Ausgleich der

Anomalien von Mond und Sonne epizyklische Komponenten einsetzt, sondern diese mit unregelmässigen Zahnkränzen anpasst. Die Herstellung dieser Planetenuhr erfolgt in Bürgis Werkstätte an der Vikarska-Gasse auf der Prager Königsburg.[32] Bürgis Freund Johannes Kepler ist hier ebenso persönlich öfters zu Besuch wie Kaiser Rudolf II. Der Kaiser platziert die Arbeitsplätze des Kunsthandwerkers und die Giesserei des Bildhauers Adriaen de Vries sowie seine eigene «Alchemisten»-Giesserei im selben Haus und in nächster Nähe seiner Amts- und Privatgemächer. Er will ihnen und den Uhrmachern, Juwelieren und Goldschmieden über die Schulter schauen und sich hie und da auch selbst handwerklich an einem der Arbeitsplätze betätigen.

69/ **Die Rückseite der sogenannten Wiener Planetenuhr Jost Bürgis mit dem grossen Kalenderzifferblatt und den feinen Goldschmiedearbeiten eines Jan Vermeyen.**

Bürgis Meisterstück der Uhrmacherkunst: die Wiener Bergkristalluhr von 1622/27

70/ **Jost Bürgis Bergkristalluhr (Rückseite). Vorderansicht (Seite 78).**

Als Meisterstück seiner Uhrmacherkunst betrachtet Jost Bürgi selbst seine Bergkristalluhr mit kleinstem transparentem Himmelsglobus. Dieses astronomisch-mechanische Wunderwerk aus den Jahren 1622/27 verfügt über getrennte Stunden-, Minuten- und Sekundenanzeigen, Armillarsphäre, Mondblatt, Kreuzschlaghemmung, automatisierten Remontoir-Wiederaufzug und Bergkristall-Sternenglobus. Wenngleich sich Jost Bürgi in Prag auch das Schneiden von Glas beigebracht hat,[33] dürfte das Bergkristallgehäuse mit seinem aussergewöhnlich perfekten Facettenschliff vom Spezialisten Ottavio Miseroni stammen (Seite 252).[34]

Wegen des aufgesetzten miniaturisierten Globus wird dieses Zeitmess- und Astronomieinstrument vielfach auch als Bürgis kleinster Himmelsglobus bezeichnet (Seite 160).[35] Wie es Jost Bürgi gelungen ist, all diese Funktionen in hoher Ganggenauigkeit auf so kleinem Raum zu vereinen, bleibt ein Rätsel bis 1952, als man die Bergkristalluhr öffnet und nach 330 Jahren ihre erstaunlichen Komponenten und Abläufe entdeckt. Nicht nur Bürgi selbst bezeichnet diese Uhr als sein Meisterstück, sondern auch andere Fachleute taxieren die Kristalluhr als eine der schönsten und technisch vollkommensten Renaissanceuhren überhaupt. Sie ist, zusammen mit Bürgis Planetenuhr in der «Kunstkammer» des Kunsthistorischen Museums Wien zu sehen und eines ihrer wissenschaftlich-künstlerischen Prunkstücke.

Ein Geschenk Karl von Liechtensteins an Kaiser Ferdinand II. Jost Bürgi baut dieses astronomisch-mechanische Wunderwerk der Wiener Bergkristalluhr im Auftrag von Karl von Liechtenstein, Kaiserlicher Statthalter von Böhmen von 1620 bis 1627. Der in Basel und Genf ausgebildete und 1608 ernannte Reichsfürst schenkt die Bergkristalluhr Kaiser Ferdinand II. aus Dankbarkeit für die Überreichung des Goldenen Vlieses. Jost Bürgi konstruiert die astronomische Uhr in Prag nach den gegenreformatorischen Justizmassakern am Altstädter Ring im Auftrag desjenigen Statthalters des Kaisers, der sich – leider erfolglos – anscheinend am intensivsten für mildere Urteile zugunsten der 27 böhmischen und protestantischen Verurteilten des Aufstandes eingesetzt hat. Liechtensteins Familie zählt andererseits, wie auch diejenige der Thuns und der Wallensteins, zu den grössten Profiteuren der infolge der Niederlage bei der Schlacht am Weissen Berge von Böhmen und Protestanten konfiszierten Ländereien. Als authentisches technologisch hochstehendes Objekt dieser bewegten Zeiten zu Beginn des Dreissigjährigen Krieges reflektiert die Bergkristalluhr den wichtigen Aspekt der *Scientifica* sowohl in Bezug auf den hohen Stand der Uhren- und Zeitmesstechnik als auch der Astronomie und Miniaturisierung von Bauteilen. Jost Bürgis Bergkristalluhr ist eines der einfach aussehenden Objekte mit jedoch umso grösserer technischer Raffinesse.

ratione salua manente, nemo em̄ conuenientiore allegabit
q̄ ut magnitudine orbium multitudo tp̄is metiatur, ordo sphae-
rarum sequitur in hunc modū: a summo capientes initium.
prima et Suprema omniū est stellarum
si xarum sphaera seipsam

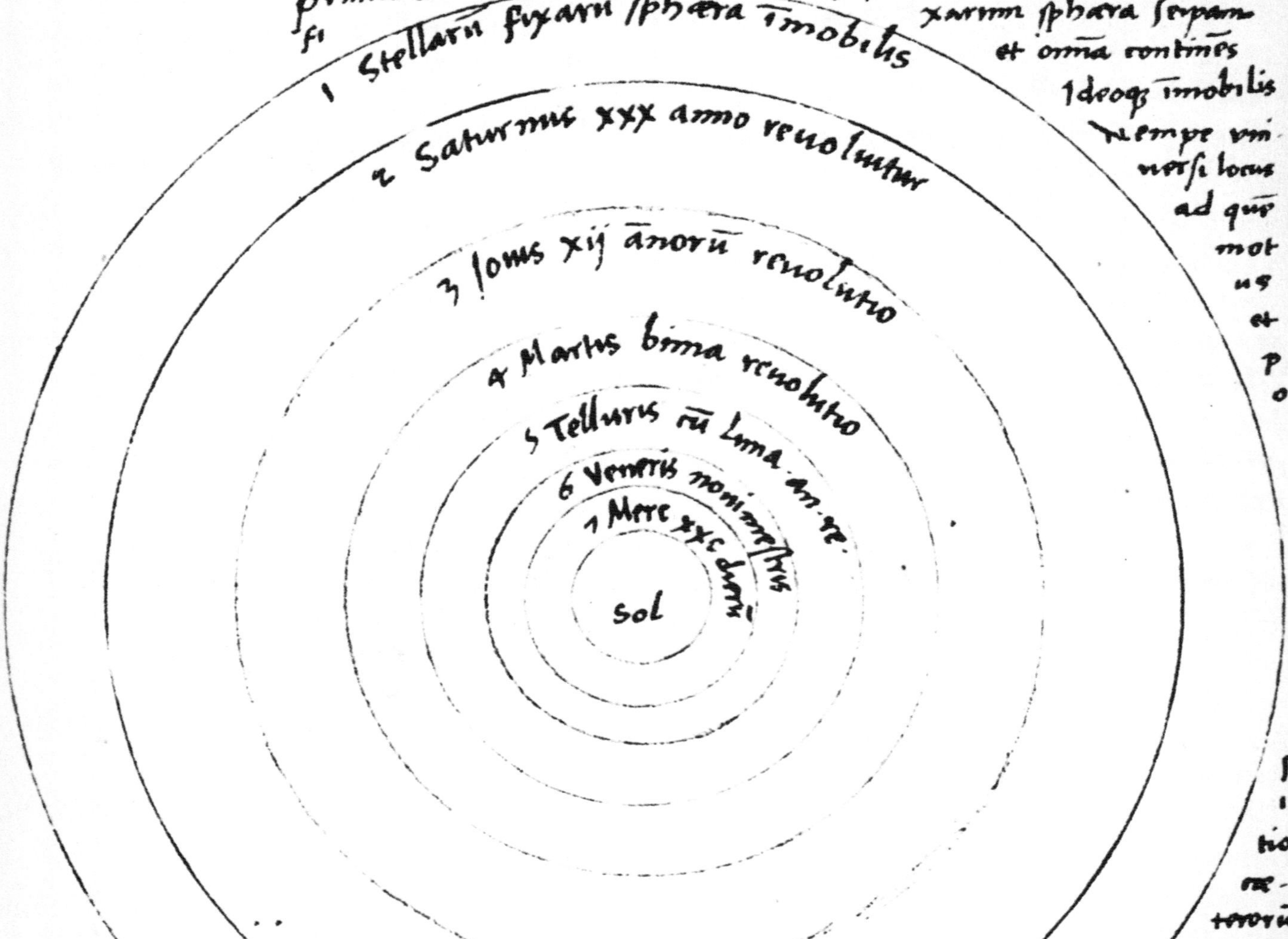

et omnia continens
ideoq̄ imobilis
Nempe uni-
uersi locus
ad quē
mot
us
et
p
o
si
tio
ce-
terorū
omniū
syderum
conferatur.
Nam quod
aliquo modo illā
etiā mutari existimat
aliqui: nos aliā, cur ita appareat
in deductione motus terrestris assignabimus causam. Sequit
errantium primus Saturnus: qui XXX anno suū complet circu
itū. post hunc Jupiter duodecennali reuolutione mobilis. Deinde
Mars ~~uel~~ qui biennio circuit. Quartū in ordine ānua reuolu-
tio locum optinet: in quo terra cum orbe Lunari tamq̄ epiciclio
contineri diximus. Quinto loco Venus nono mense reducitur

Astronomische Orientierung vor Bürgi und Kepler

72/ **Nikolaus Kopernikus (1473–1543) hatte in Italien Theologie und Astronomie studiert, bevor er in seiner polnischen Heimat Frombork (Frauenburg) zum Domherrn berufen wird.**

Astronomiegeschichte ist Menschheitsgeschichte. Schon immer versuchten Erdenbürger die Einflüsse der Gestirne zu erkennen und zu deuten. Die Inhalte und die Methoden reichen von der religiösen Bewunderung und Verehrung bis hin zur nüchternen Erfassung ihrer Dimensionen und Dynamik. Mit Bürgis sekundengenauen Observatoriumsuhren einerseits, aber auch mit neu gestalteten Sextanten und Quadranten andererseits erfolgt eine noch feinmaschigere Verknüpfung von Zeit und Raum. Vielfältig sind die Erkenntnisse, die man damit gewinnt. Neben Antworten auf die Fragen nach dem Mittelpunkt der Welt – ist es die Erde oder die Sonne? – versprechen sich besonders die Seefahrer und ihre militärischen und kommerziellen Auftraggeber sowie die Astrologen und Naturforscher eine bessere Orientierung.

Bessere Navigationskarten für Seefahrer. Im Zeitalter der Entdeckung neuer Erdteile und des zunehmenden Handels über die Weltmeere hängen Sicherheit und Reisezeit entscheidend von der genauen Orientierungsmöglichkeit am Sternenhimmel ab. Ein Kapitän von Heinrich dem Seefahrer (1394–1460), der seine portugiesischen Schiffe nach dem Muster mittelalterlicher Kreuzzüge entsendet,[36] fasst die damalige Situation in einem Satz sarkastisch zusammen: «Bei allem gebotenem Respekt vor dem berühmten Ptolemäus, traf doch in allen Gegenden genau das Gegenteil dessen zu, was er gesagt hatte.»[37] Heinrichs Mannschaften sind entlang der Nord- und Westküste

73/ **Kriegsschiff (mit Salutfeuer), Handelsschiffe und Fischereiboote: Sie alle benötigen genaue Seekarten und Positionsdaten der Gestirne.**

<71/ **Originalseite des Manuskriptes von Nikolaus Kopernikus *De revolutionibus orbium coelestium* von 1542, heute in Krakow (Krakau) aufbewahrt. Mit seinen Sekundenuhren leitet Jost Bürgi auch in der Astronomie ein neues Zeitalter ein und wendet sich in Kassel diesem Gebiet zu.**

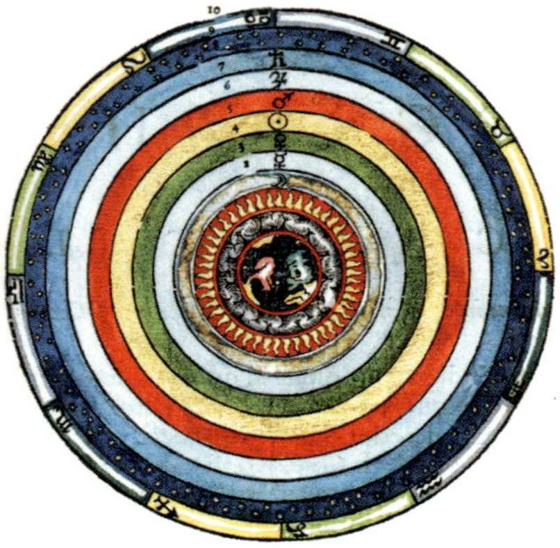

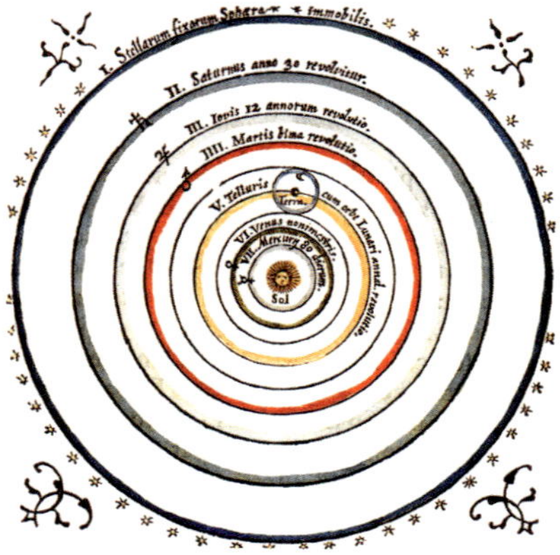

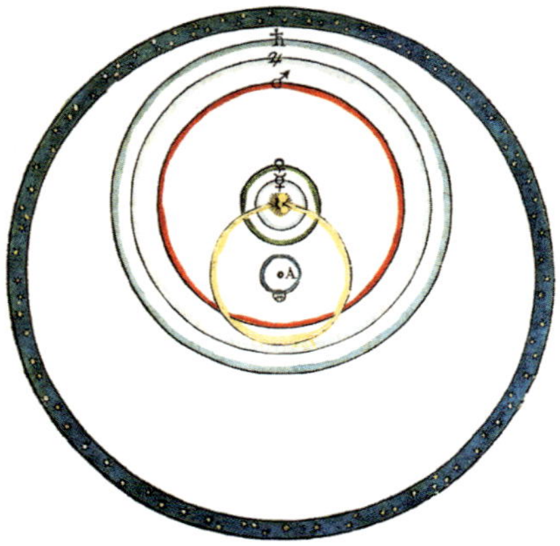

74/ **Geozentrisches Weltmodell. Das ptolemäische Weltbild ist nahezu zwei Jahrtausende bestimmend: eine ruhende Erde.**

75/ **Heliozentrisches Weltmodell. Nikolaus Kopernikus lässt 1543 die Himmelskörper um die Sonne kreisen. Die Erde ist nicht länger Mittelpunkt der Welt.**

76/ **Hybrides geo-heliozentrisches Weltmodell von Tycho Brahe. Um die Erde kreisen Mond und Sonne und um diese die anderen Planeten.**

Afrikas auf der Suche nach «Seelen, Sarazenen, Sklaven und Gold»[38]. Angaben für die Bestimmung der geografischen Breite beschafft sich der Kapitän mithilfe der Mittagshöhe der Sonne und nördlich des Äquators nachts mit dem Polarstern durch Messung mit dem Jakobsstab. Dabei ergaben sich durch die Schwankung des Schiffes Messfehler von einem Winkelgrad relativ schnell – also Fehler von 100 Kilometern! Unvergleichlich schwieriger ist die Bestimmung der Längenposition des Schiffes. Sie erfolgt über Mondfinsternistabellen, deren Genauigkeit zu wünschen übrig lässt, ebenso wie die Zuverlässigkeit der damaligen Uhren, um die Zeitdifferenzen zu bestimmen.

Von der Tontafel in den Almagest. Noch vor der Gestaltung der Himmelsscheibe von Nebra ritzen babylonische Priester-Astronomen Keile in Tontafeln und registrieren damit Himmelskörperpositionen und -konstellationen. Von diesen in Jahrtausenden gesammelten Daten ist es nur ein kleiner Schritt zum Standardwerk der Astronomie des Abendlandes, dem *Almagest*. Es beruht zu einem Grossteil auf solchen Sterndaten babylonischen Ursprungs, die der griechisch-hellenische Astronom Hipparch von Nicäa (190–120 v. Chr.) gesammelt und mit eigenen Messdaten ergänzt hat. Zweieinhalb Jahrhunderte später dienen dessen Daten dem späthellenischen Claudius Ptolemäus (100–180 n. Chr.) in Alexandria erneut als Basis für den mit eigenen Beobachtungen ergänzten Sternkatalog in seinem *Almagest.*

Jahrtausendelang massgebend. Claudius Ptolemäus integriert das geozentrische Weltmodell und das Sternverzeichnis von Hipparch in sein Standardwerk *Megiste Syntaxis (Grösste Zusammenstellung),* das eineinhalb Jahrtausende lang massgeblich ist und in der arabischen Übersetzung *Al Magest* («Das grosse Buch») heisst. Konform mit dem Weltbild eines Aristoteles (384–324 v. Chr.) und basierend auf den *Elementen* von Euklid (360–280 v. Chr.) entsteht daraus – in Kombination mit Hipparchos Exzenter-Jahresausgleich, mit Apollonius von Perges Epizykel-/Exzenter-/Deferenten-Methode und mit Ptolemäus' eigener Äquanten-Modellierung – ein mathematisch voll erschlossenes Theoriegebäude mit Resultaten, die den Phänomenen der alltäglichen Lebenswirklichkeit recht nahekommen. So wird er weltweit zum Klassiker, dessen Übersetzungen und Abschriften ab dem 11. Jahrhundert zunehmen – und dessen Verbreitung nach Erfindung des Buchdrucks erheblich ist, obwohl der *Almagest* ein Universitätsstudium der Mathematik erfordert.

Der verblüffende Antikythera-Kalendermechanismus. Etwa ein Jahrhundert vor unserer Zeitrechnung dürfte das bronzene Wunderwerk einer Räderuhr in Korinth gebaut worden sein, die unter anderem ein Zahnrad mit 223 Zähnen charakterisiert, aber auch bereits ein doppelepizyklisches Getriebe.[39] Dieser «Mechanismus von Antikythera» ist dynamisches Kalendarium, Mondkalender und Finsterniskalender, der den hohen Stand der astronomischen Wissenschaften und der Metallbautechnik zur Blütezeit des Hellenismus widerspiegelt. Als ein erratischer Block in der Kulturlandschaft wird er 1900 zufällig aus dem Meer bei Antikythera gehoben.

77/ **Die Himmelsscheibe von Nebra aus der Zeit um 1600 v. Chr. zeigt zwischen der Sonne und der Mondsichel mit sieben Punkten die Pleiaden. Sie sind ein wichtiger Orientierungspunkt für Erntevoraussagen.**

Stelle formarum septemtrionalium

Tabula stellarum fixarum

Forme et stelle	Longitudo Sig.	G.	M.	Latitudo G.	M.	Magnitudo
~~Stelle urse minoris~~						
Illa que est super extremitatem caude	2	0	10	66	0	3
Illa que est post istam super caudam	2	2	30	70	0	4
Illa que est post eam in origine caude	2	16	0	74	0	4
Meridiana a latere antecedenti lateris quadranguli	2	29	40	75	40	4
Septentrionalis ab hoc latere	3	3	40	77	40	4
Meridiana 2 que sunt in latere sequenti	3	17	10	72	50	2
Septentrionalis ab hoc loco	3	26		74	50	2

Hee ergo sunt 7 stelle quarum in magnitudine secunda sunt 2, tertia 1, quarta 4

Forme et stelle	Sig.	G.	M.	G.	M.	Magnitudo
Illa que est inter eas et non est in forma						
Meridiana que est super rectitudinem 2 stellarum que sunt in latere sequenti	3	13	0	71	10	4
~~Stelle urse maioris~~						
Illa que est super extremitatem nasi	25	25	20	39	50	4
Antecedens 2 que sunt in 2 oculis	2	25	50	43	0	5
Sequens eam	2	26	20	43	0	5
Illa que est super extremitatem auris antecedentis	2	0	10	50	30	5
Antecedens 2 que sunt in collo	3	2	30	43	50	4
Sequens eam	3	9	30	44	20	4
Declivior earum que sunt in pectore ad antecedens	3	11	0	44	0	4
Declivior earum ad meridiem	3	16	0	44	0	4
Illa que est super genu sinistrum	3	5	40	35	0	3
Stella australis 2 stellarum que sunt in extremitate pedis precedentis	3	6	30	29	20	3
Meridiana earum	3	5	20	29	30	3
Illa que est super genu dextrum	3	5	40	36	0	4
Illa que est sub genu dextro	3	17	50	33	3	4
Illa que est super dorsum earum que sunt in quadrilatero	3	22	40	49	0	2
Illa que est super ilia eius	3	3	10	44	30	2
Illa que est super originem caude	3	3	10	11	0	3
Sequens eam et ea que est super coxam posteriorem sinistram	3	4	0	46	30	2
Antecedens 2 que sunt in pede sinistro posteriori	3	4	4	29	30	3
Sequens hanc	3		10	28	15	3
Illa que est in iunctura genu sinistri	4	40		35	15	4
Antecedens 2 que sunt in fronte	2	26	[illegible]	47	10	5
Sequens eam	2	27	40	47	0	5

Forme et stelle	Longitudo Sig.	G.	M.	Latitudo G.	M.	Magnitudo
Septentrionalis 2 que sunt in pede dextro posteriori	4	9	50	25	50	3
Declivior earum ad meridiem	4	10	20	25	0	3
Prima trium que sunt super caudam iuxta alios	4	12	10	13	30	2
Media earum	4	19	0	15	40	2
Tertia et est ea que est super extremitatem caude	4	22	50	18	0	3

Ille ergo sunt 27 stelle quarum in magnitudine secunda sunt 6, et in tertia 8, et in quarta 8, et in quinta 4

Forme et stelle	Sig.	G.	M.	G.	M.	Magnitudo
~~Ille que sunt sub ea et non sunt in forma~~						
Stella elongata a dorso versus meridiem	4	27	50	39	45	3
Antecedens hanc et est occidentior ea	4	20	10	41	20	5
Antecedentes vero ... capiti leonis ad meridiem: declivior 2 que sunt in ... que est inter pedes	3	15	0	17	35	4
Illa que est declivior ad antecedentes ab hac	3	13	20	19	10	4
Sequens reliquarum 3 stellarum occultarum	4	16	10	20	0	occulta
Antecedens hanc	3	12	10	22	45	occulta
Illa que prius antecedit hanc versus geminos	3	18	10	20	20	occulta
Que est inter 2 pedes ... antecedentis	4	0	0	22	15	occulta

et in tertia 2 et in quarta 1 et occulte 4. Ille ergo sunt 8 stelle que non sunt in forma quarum in magnitudine tertia 1

Forme et stelle	Sig.	G.	M.	G.	M.	Magnitudo
~~Stelle Draconis~~						
Que est super linguam	6	26	40	76	30	4
Que est in ore	7	11	50	78	30	4
Que est super duos oculos	7	13	10	75	40	3
Que est super genam	7	27	20	75	20	4
Que est super caput	7	29	40	75	30	3
... in flexione prima: septentrionalis 3 que sunt super rectam	8	[illegible]	40	82	20	4
Meridionalis earum	9	2	20	78	15	4
Media earum	8	28	40	80	20	4
... in flexione secunda: sequens istam a parte orientis ...	9	19	30	81	10	4
Meridiana lateris antecedentis	11	8	0	81	40	4
Septentrionalis lateris antecedentis	11	20	30	83	0	4
Septentrionalis lateris sequentis	0	7	40	78	50	4
Meridiana lateris sequentis	11	22	52	77	50	4
... que est post illam: meridiana trianguli que est in flexu	0	10	40	80	30	4
Antecedens reliquarum 2 trianguli	0	21	40	81	40	5
Sequens eam ... trianguli ...	0	26	10	80	15	5
Stella antecedens stellarum que sunt in ...	2	13	20	83	30	4

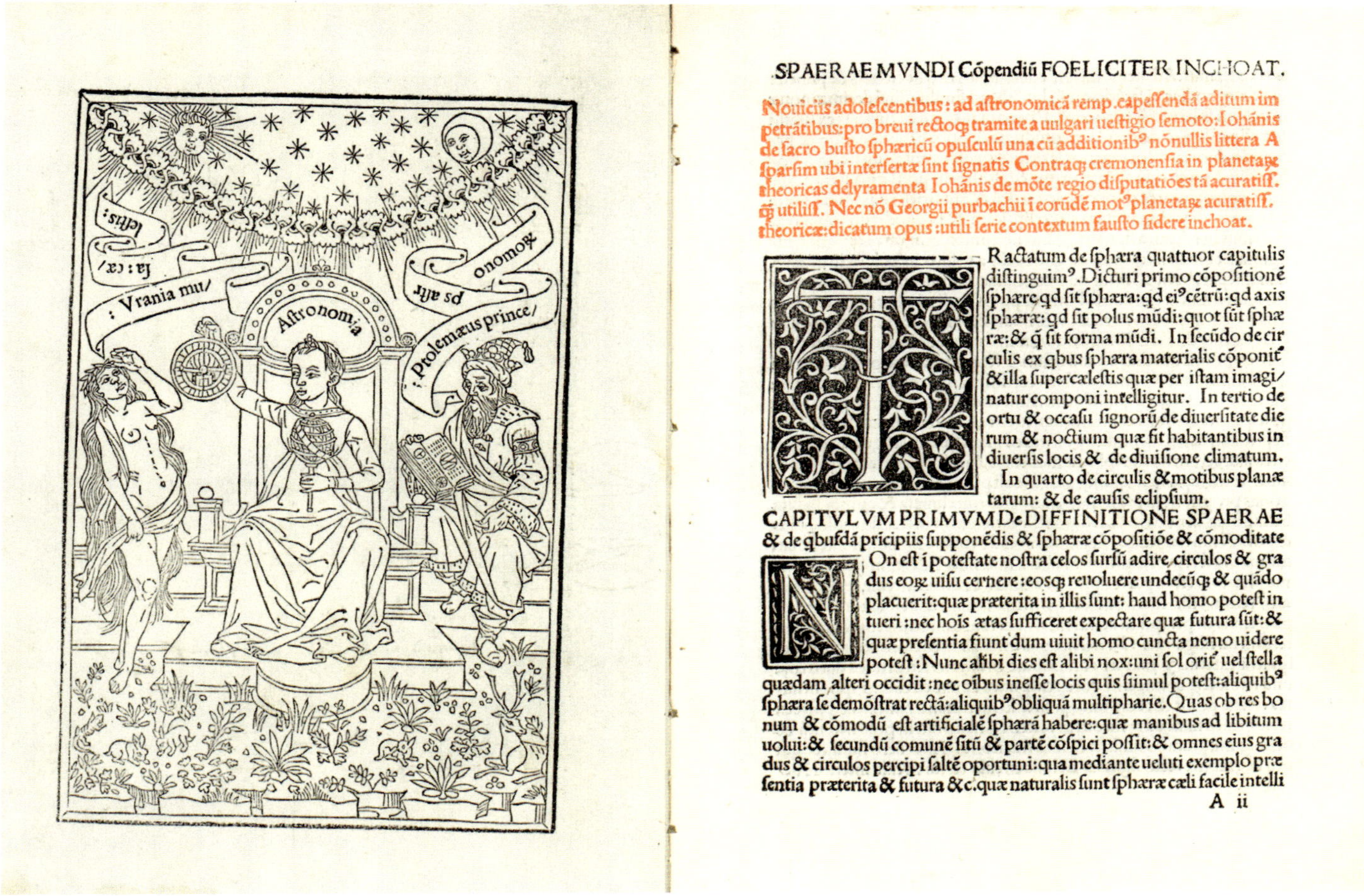

SPAERAE MVNDI Cõpendiũ FOELICITER INCHOAT.

Nouiciis adoleſcentibus: ad aſtronomicã remp. capeſſendã aditum impetrãtibus: pro breui rectoq; tramite a uulgari ueſtigio ſemoto: Iohãnis de ſacro buſto ſphæricũ opuſculũ una cũ additionib⁹ nõnullis littera A ſparſim ubi interſertæ ſint ſignatis Contraq; cremonenſia in planetaꝝ theoricas delyramenta Iohãnis de mõte regio diſputatiões tã acuratiſſ. q; utiliſſ. Nec nõ Georgii purbachii i eorũdẽ mot⁹ planetaꝝ acuratiſſ. theoricæ: dicatum opus: utili ſerie contextum fauſto ſidere inchoat.

Ractatum de ſphæra quattuor capitulis diſtinguim⁹. Dicturi primo cõpoſitionẽ ſphæræ qd ſit ſphæra: qd ei⁹ cẽtrũ: qd axis ſphæræ: qd ſit polus mũdi: quot ſũt ſphæræ: & q̃ ſit forma mũdi. In ſecũdo de circulis ex qbus ſphæra materialis cõponit' & illa ſupercæleſtis quæ per iſtam imaginatur componi intelligitur. In tertio de ortu & occaſu ſignorũ de diuerſitate dierum & noctium quæ fit habitantibus in diuerſis locis & de diuiſione climatum. In quarto de circulis & motibus planætarum: & de cauſis eclipſium.

CAPITVLVM PRIMVM De DIFFINITIONE SPAERAE & de qbuſdã pricipiis ſupponẽdis & ſphæræ cõpoſitiõe & cõmoditate

On eſt i poteſtate noſtra celos ſurſũ adire circulos & gradus eoꝝ uiſu cernere: eosq; reuoluere undecũq; & quãdo placuerit: quæ præterita in illis ſunt: haud homo poteſt intueri: nec hõis ætas ſufficeret expectare quæ futura ſũt: & quæ preſentia fiunt dum uiuit homo cuncta nemo uidere poteſt: Nunc alibi dies eſt alibi nox: uni ſol orit' uel ſtella quædam alteri occidit: nec oĩbus ineſſe locis quis ſimul poteſt: aliquib⁹ ſphæra ſe demõſtrat rectã: aliquib⁹ obliquã multipharie. Quas ob res bonum & cõmodũ eſt artificialẽ ſphærã habere: quæ manibus ad libitum uolui: & ſecundũ comunẽ ſitũ & partẽ cõſpici poſſit: & omnes eius gradus & circulos percipi ſaltẽ oportuni: qua mediante ueluti exemplo præſentia præterita & futura &c. quæ naturalis ſunt ſphæræ cæli facile intelli

A ii

79/ **Johannes de Sacroboscos *Sphaera mundi* mit Abhandlungen von Regiomontanus und Peuerbach, erschienen 1488 in Venedig.**

Ptolemaios' *Apotelesimatica (Tetrabiblos).* Derselbe Klaudius Ptolemaios (lateinisch: Claudius Ptolemäus) verfasst in seiner griechischen Muttersprache ebenfalls eine grosse *Geographia* und neben einem Standardwerk zur Optik auch noch das vierbändige Astrologie-Standardwerk *Apotelesimatica* (genannt *Tetrabiblos).* Darin schildert der Alexandrier erstmals systematisch die Himmelskörper in ihren Konstellationen einschliesslich des Tierkreises und der Jahreszeiten sowie ihre Einflüsse auf den Menschen und dessen Schicksal. Denn so wie sich gemäss Ptolemäus die Himmelskräfte über die Gestirne zu verschiedenen Jahreszeiten bis hin zum Wachstum der Keimlinge in der Erde bemerkbar machen, so beeinflussen sie auch das Schicksal des Menschen. Ptolemäus' *Tetrabiblos* erläutert vor allem die Deutungen der Astrologie auf die einzelne Person.[40]

<78/ **Sternkatalog aus dem Astronomiebuch *Almagest* von Claudius Ptolemäus (nach 80–160 n. Chr.). Integration von Hipparchos' zweieinhalb Jahrhunderte alten Daten und Modellen sowie eigenen Beobachtungen und Theorien. Handschriftliche Kopie aus dem 14. Jahrhundert.**

Der Orient bewahrt und ergänzt. Einmal abgesehen von den beeindruckenden jungsteinzeitlichen Himmelskunde-Monumenten wie in Goseck (Sonnenobservatorium), von der Himmelsscheibe in Nebra, von König Alfons' X. Observationen in Spanien im 13. Jahrhundert sowie den beachtenswerten Nürnberger Himmelsbeobachtungen durch Regiomontanus, Walther und Schöner im 15./16. Jahrhundert, ist im Abendland originäre Sternenforschung seit Hipparch und Ptolemäus höchstens sporadisch und vereinzelt zu finden. Erkannt haben dieses Manko orientalische Astronomie-Fürsten:

Sie sind es, welche die ersten neuen Sternwarten in wirklich astronomischen Dimensionen errichten und den Himmel neu vermessen. So gründet der Mongolenfürst Hulagû 1259 in Maragha (bei Täbris) eine neue Sternwarte, und der Enkel Dschingis Khans, Ulugh Beg, baut bei Samarkand 1428 einen riesigen, bis heute erhaltenen Sextanten. Die westliche Welt nimmt den *Almagest* zuerst wieder aus arabischen Lateinübersetzungen zur Kenntnis, nachdem sie von Völkerwanderung, Rom-Zusammenbruch, Kreuzzügen und frühem Mittelalter kulturell weitgehend paralysiert ist. Auflagenstärkstes Astronomielehrbuch ist nicht der in seinen Mathematikbeispielen anforderungsreiche *Almagest*, sondern das wesentlich einfachere Astronomielehrbuch *Libellus de Sphaera* (1230 n. Chr.) von John «Sacrobosco» of Holywood (1195–1265). Dieser Tractatus des den *Almagest* und arabische Quellen aufgreifenden Engländers wird überall in Europa in etwa 240 Auflagen gedruckt, wobei in Deutschland in einer der letzten Ausgaben der Luther-Mentor Philipp Melanchthon das Vorwort verfasst. Ab 1496 vereinfacht Regiomontanus mit seinem Werk *Epytoma in almagestum Ptolemei,* der originalgetreuen Neuübersetzung des *Megiste Syntaxis* aus dem Griechischen, das Studium des *Almagest,* der zum lateinsprachigen Standardwerk wird, mit dem auch Kopernikus arbeitet.

Kopernikus' Schritt zur mathematischen Vereinfachung. Unbefriedigend neben den weitgehend überholten Positionsangaben der Fixsterne im *Almagest* ist für die astronomisch Tätigen Ptolemäus' höchst komplizierte Berechnungsmethode der Dimensionen und Funktionen der Himmelskörper des ptolemäisch-geozentrischen Weltmodells mit Epizyklen, Deferenten und

80/ **Mauerquadrant bei Samarkand von Ulugh Beg, Enkel des berühmt-berüchtigten Dschingis Khan und Astronom mit eigenem im 15. Jahrhundert veröffentlichten Sternverzeichnis.**

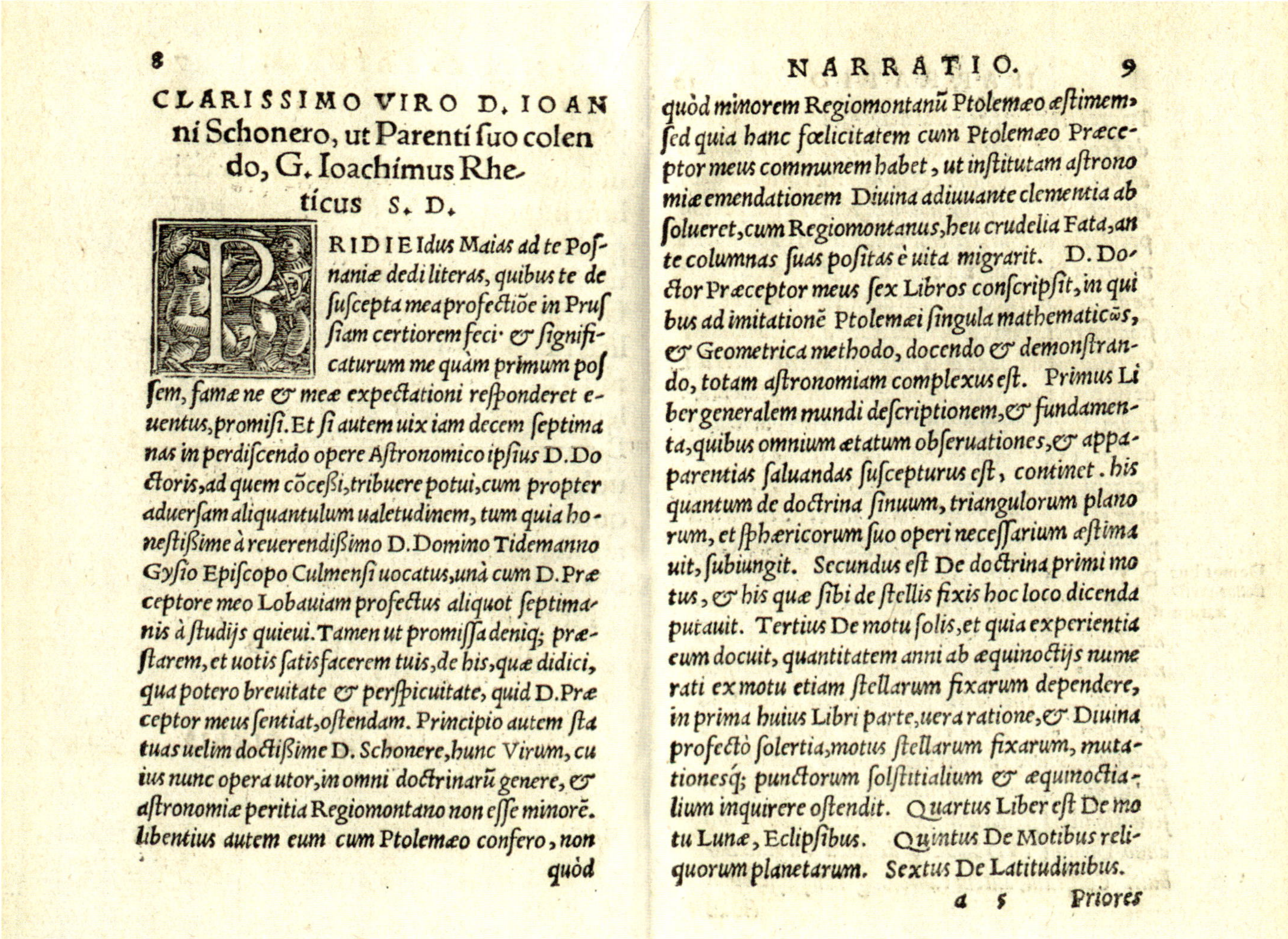

8

CLARISSIMO VIRO D. IOAN
ni Schonero, ut Parenti ſuo colen
do, G. Ioachimus Rhe-
ticus S. D.

PRIDIE Idus Maias ad te Poſ-
naniæ dedi literas, quibus te de
ſuſcepta mea profectiõe in Pruſ
ſiam certiorem feci: & ſignifi-
caturum me quàm primum poſ
ſem, famæ ne & meæ expectationi reſponderet e-
uentus, promiſi. Et ſi autem uix iam decem ſeptima
nas in perdiſcendo opere Aſtronomico ipſius D. Do
ctoris, ad quem cõceſſi, tribuere potui, cum propter
aduerſam aliquantulum ualetudinem, tum quia ho-
neſtiſſime à reuerendiſſimo D. Domino Tidemanno
Gyſio Epiſcopo Culmenſi uocatus, unà cum D. Præ
ceptore meo Lobauiam profectus aliquot ſeptima-
nis à ſtudijs quieui. Tamen ut promiſſa deniq; præ-
ſtarem, et uotis ſatisfacerem tuis, de his, quæ didici,
qua potero breuitate & perſpicuitate, quid D. Præ
ceptor meus ſentiat, oſtendam. Principio autem ſta
tuas uelim doctiſſime D. Schonere, hunc Virum, cu
ius nunc opera utor, in omni doctrinarũ genere, &
aſtronomiæ peritia Regiomontano non eſſe minorẽ.
libentius autem eum cum Ptolemæo confero, non
quòd

NARRATIO. 9

quòd minorem Regiomontanũ Ptolemæo æſtimem,
ſed quia hanc fœlicitatem cum Ptolemæo Præceptor meus communem habet, ut inſtitutam aſtrono
miæ emendationem Diuina adiuuante clementia ab
ſolueret, cum Regiomontanus, heu crudelia Fata, an
te columnas ſuas poſitas è uita migrarit. D. Do-
ctor Præceptor meus ſex Libros conſcripſit, in qui
bus ad imitationẽ Ptolemæi ſingula mathematicõs,
& Geometrica methodo, docendo & demonſtran-
do, totam aſtronomiam complexus eſt. Primus Li
ber generalem mundi deſcriptionem, & fundamen-
ta, quibus omnium ætatum obſeruationes, & appa-
parentias ſaluandas ſuſcepturus eſt, continet. his
quantum de doctrina ſinuum, triangulorum plano
rum, et ſphæricorum ſuo operi neceſſarium æſtima
uit, ſubiungit. Secundus eſt De doctrina primi mo
tus, & his quæ ſibi de ſtellis fixis hoc loco dicenda
putauit. Tertius De motu ſolis, et quia experientia
eum docuit, quantitatem anni ab æquinoctijs nume
rati ex motu etiam ſtellarum fixarum dependere,
in prima huius Libri parte, uera ratione, & Diuina
profectò ſolertia, motus ſtellarum fixarum, muta-
tionesq; punctorum ſolſtitialium & æquinoctia-
lium inquirere oſtendit. Quartus Liber eſt De mo
tu Lunæ, Eclipſibus. Quintus De Motibus reli-
quorum planetarum. Sextus De Latitudinibus.
a 5 Priores

81/ **Mit der *Narratio Prima* verfasst Rheticus bereits 1540 in Frauenburg eine Übersicht über das neue Weltmodell in Briefform und druckt sie. Schon ein Jahr später erscheint sie auch in Basel im Sammelband *De libris revolutionum*.**

Äquanten. Ein solcher die Modelllösung Ptolemäus' anzweifelnder Astronom ist der Ermländer Theologe und Frauenburger Domherr Nikolaus Kopernikus. Zur Vereinfachung prüft Kopernikus eine rechnerische Umstellung des im Zentrum des Weltmodells stehenden Himmelskörpers Erde (geozentrisch) gegen denjenigen der Sonne (heliozentrisch), wie das bereits die Pythagoreer und Aristarch von Samos 2000 Jahre zuvor praktiziert haben. Und siehe da: Einige rechnerischen Erleichterungen tun sich auf. Georg Joachim Rheticus aus dem vorarlbergischen Feldkirch hilft dem Frauenburger Domherrn, seine Gedanken, Konzepte und Berechnungen in einem Buch zu publizieren, dessen Hauptteil seit 1530 vollendet ist und das 1543 unter dem Titel *De revolutionibus orbium coelestium* («Von den Umläufen der Himmelskörper») in Nürnberg erscheint und zunächst kaum beachtet wird. Doch Jost Bürgi und Johannes Kepler sind davon überzeugt und sammeln mit ihren spezifischen Fähigkeiten, Methoden und Instrumenten einzigartige Zeugnisse, die von der kopernikanischen Wende zur keplerschen Revolution führen.

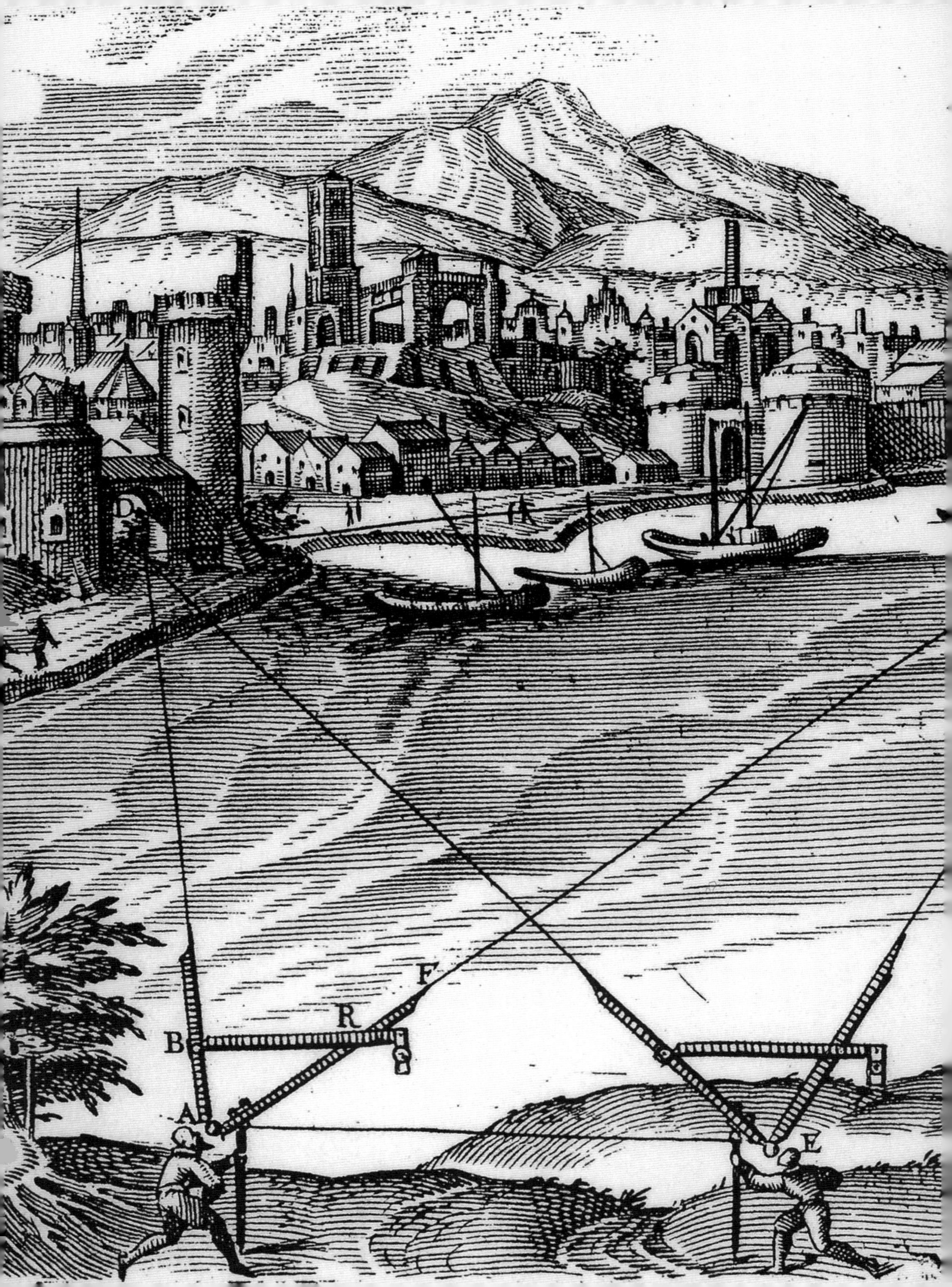
D
F
R
B
A
E

Kapitel 4
Der geniale Instrumentenkonstrukteur Bürgi

82/ **Einsatz des Triangulationsgerätes von Jost Bürgi in einem Kupferstich von Antonius Eisenhoit (Seiten 120–121, 202).**

Für die optimale Erledigung der Hauptaufgaben der Kasseler Sternwarte – die genaue Positionsbestimmung der Himmelskörper – hat Jost Bürgi im vorhandenen Instrumentarium auch Reparaturen und Justierungen vorzunehmen sowie Astrolabien, Planetarien, Himmelsgloben, Sextanten und Quadranten anzufertigen. Bereits drei Monate nach Arbeitsantritt schreibt Wilhelm IV. nach der Himmelsbeobachtung mit einem Bürgi-Instrument neben das Resultat «exactissimo instrumento».[1] Als Instrumenten-Feinmechaniker kann Jost Bürgi gleichzeitig seine vielfältigen kreativen Ideen und handwerklichen Fähigkeiten auch für die Konstruktion und den Bau von Instrumenten zur Landes-, Bau- und Artillerievermessung, zur Kartierung, zur Berechnung und zum Modellbau voll zur Entfaltung bringen. Einen kleinen Einblick in die Vielfalt der Tätigkeiten und der bearbeiteten Objekte ermöglichen die von Bürgi am 27. August 1586 und im Juni 1592 ausgestellten Rechnungen (Seite 83).

Astrolabien von Jost Bürgi

Ein *Astrolabium Planispherum* ist eine stereografische Projektion der Himmelssphäre vom Pol auf die Äquatorebene. Dieses zweidimensionale Modell des dreidimensionalen Globus und seines Sternenhimmels stellt eine Kombination aus drehbarer Sternkarte, Visierinstrument zur Winkelmessung und Rechenschieber dar.[2] Seit Jahrtausenden dienen Astrolabien («Sterngreifer») Astronomen, Landvermessern, Seefahrern und Astrologen als universelle Instrumente. Sie bestimmen damit Stern- und Standorte, Kalendertage und Uhrzeit sowie Berghöhen und Himmelskörperpositionen auf 10 Winkelminuten genau.* Als «Quibla» hilft es zudem nach der Veröffentlichung des Koran Muslimen in aller Welt, die Gebetszeiten und Himmelsrichtungen zu bestimmen sowie die richtige Gebetsorientierung Richtung Mekka einzunehmen. Schon Hipparch und Ptolemäus erfassen mit ihren Astrolabien die Daten für ihre Sternverzeichnisse, die im *Almagest* länger als ein Jahr-

* Die schönste Geschichte zum Verständnis der Funktions- und Verlaufslinien eines Astrolabiums stammt aus dem Vorderen Orient. Demnach führt Ptolemäus in Ägypten auf dem Rücken eines Esels eine Globusuhr mit sich. Doch die Globusuhr fällt so unglücklich zu Boden, dass der Esel mit einem kräftigen Schritt darauftritt und die Globusuhr zu einer Scheibe zusammenpresst: zu einem Astrolabium.

tausend in der gesamten Astronomie massgebend sind. Erst in der Frühen Neuzeit werden Astrolabien und Jakobsstab bei der Messung von Sternpositionen von anderen Instrumenten mit höherer Genauigkeit verdrängt: in der Astronomie vom Quadranten und Sextanten sowie anschliessend vom astronomischen Fernrohr, in der Seefahrt später vom Spiegel-Sextanten.

Das Wittich-Astrolabium von Bürgi. Ein bis heute erhaltenes unkonventionelles Astrolabium hat Jost Bürgi 1584 auf speziellen Wunsch Wilhelms IV. gefertigt, und zwar nach den Intentionen und Plänen des gerade auf der Altansternwarte in Kassel weilenden Breslauer Mathematikers Paul Wittich. In der Mater der Vorderseite überlagern sich die Gravuren der Kasseler Ortshöhenscheibe von 51°15' Polhöhe mit einer Sternkarte aus 18 Sternbildern und der Rete-Scheibe, deren Spitzen auf die wichtigsten Fixsterne zeigen. Darüber ist ein drehbarer Horizont angelegt mit einem dazu senkrecht befestigten Meridian-Lineal. Auf der Rückseite des Astrolabiums sind der Horizont und die Stundenlinien abgebildet. Die Ekliptik ist mit den Tierkreiszeichen beschriftet und der Schnittpunkt von Ekliptik und Horizontlinie mit der damaligen Polhöhe von Kassel markiert.[3]

Dieses Kasseler Astrolabium hat bei 205 Millimeter Durchmesser und 18 Millimeter Stärke eine relativ seltene sechseckige Grundform und ist mehrheitlich aus Kupfer gefertigt. Visiert wird durch Schlitzvisiere in der oberen Kante des Sechsecks. Der Höhenwinkel wird unter der lotrecht pendelnden Zeigerspitze mit der auf dem Rand angebrachten Skala bestimmt.[4]

83/ **Vorderseite des unkonventionellen Kasseler Astrolabiums von Jost Bürgi, gefertigt 1584 nach Angaben von Paul Wittich.**

Das Astrolabium auf der Stockholmer Armillarsphärenuhr. Jost Bürgi ergänzt 1587 eine astronomische Tischuhr mit bestehendem Astrolabium-Zifferblatt um eine Armillarsphäre, die er fertigt und die Antonius Eisenhoit schmückt. Das horizontal liegende Zifferblatt der Uhr von 440 Millimeter Durchmesser bildet gleichzeitig eine Astrolabium-Sternscheibe und ist mit der Stunden- und Kalendertagskala versehen. Auch in der Reihenfolge unterscheidet sich das astrolabische Zifferblatt von den üblichen Mustern.[5] So liegen zuunterst eine Scheibe mit Sternkarte und Kalenderring, darüber ein fixierter Indikator für Sonne und Kalender, ein «Rete»-Spinnennetz mit den Koordinaten der astrologischen «Häuser», ein 24-Stunden-Zeiger und ein Mondzeiger.

84/ **Mit Peter Apians *Astronomium Caesareum* bringt sich Prinz Wilhelm die Astronomie bei und notiert darin seine ersten Sternpositionen. Kepler lehnt das Werk als zu mechanistisch ab.**

Karton-Astrolabium als «Rechenvermeidungsinstrument». Schon Peter «Apian» Bennewitz' (1492–1552) *Astronomium Caesareum*, das auch Wilhelm IV. sein eigen nennt, ist ausser mit kombinierbaren Scheiben auch noch mit Fäden versehen. «Wenn man weiss, wo ein Planet im Moment steht», sagt Karsten Gaulke, «kann man ohne zu rechnen, einfach mit Hilfe dieser gegeneinander verdrehbaren Kartonscheiben und Fäden astronomische Werte der Planetenbahnen bestimmen: so beispielsweise die momentane Längsposition der Planeten im Tierkreis sowie seine Entfernung zum sonnenfernsten Punkt seiner Bahn, oder auch, ob er sich gerade langsamer oder schneller als seine Durchschnittsgeschwindigkeit bewegt. Im Grunde handelt es sich um ein sehr ansprechend gestaltetes Rechenvermeidungsinstrument.»[6] Prinz Wilhelm von Hessen-Kassel erlernt mit diesem Astrolabium die klassische geozentrische Theorie der Planetenbewegung. Für Johannes Kepler stellt Apians Astrolabium eine seelenlose Modellbildung dar. In der *Astronomia Nova* scheibt er dazu: «Wer gibt mir nun eine Tränenquelle, dass ich den kläglichen Fleiss des Philipp Apian beweine, der im Vertrauen auf Ptolemäus so viele gute Stunden aufwandte [um] darzustellen was doch nur Menschen geschaffen haben und was die Natur in keiner Weise als ihr eigenes Bild gehen lässt.»[7]

Das Bürgi-Astrolabium auf der Äquationsuhr. Sechs Jahre nach dem Wittich-Astrolabium baut Jost Bürgi 1590/91 sein technisches Wunderwerk der Mondanomalien-Äquationsuhr (Seite 89). Das Hauptzifferblatt auf dem schwenkbaren Deckel ist wie ein Astrolabium mit einem «Spinnennetz» versehen, dessen Bewegungen in der Äquatorebene dargestellt werden. Dieses Zifferblatt besteht aus einem feststehenden Zifferring mit einer bei Renaissanceuhren typischen Teilung von zweimal 24 Stunden. Die mit Aussparungen versehene silberne Rete dreht sich über beidseitig gravierte Scheiben (für 48°; 52° 20' für Polhöhe Kassel; 54°; und 56°) mit einem festliegenden Koordinatensystem und markiert die wichtigsten Fixsterne mit ihren Spitzen. Hier kann man auch die jeweilige Höhe dieser Sterne über dem Horizont und ebenfalls deren Azimut-Winkeldifferenz zu Nord ablesen.

Ein neuartiger Sextant

Sextant und Quadrant repräsentieren zu Jost Bürgis Zeiten die modernsten Instrumententypen zur Himmelsvermessung und verdrängen Jakobsstab, Armillarsphäre und Astrolabium weitgehend. Mit dem Sextanten (60° Sechstelkreis) misst man vor allem Differenzen zwischen zwei Sternen zur Bestimmung relativer Positionen von Sternen und anderen Himmelskörpern. Die Erfindung eines Sechstelkreis-Vermessungsinstrumentes (Sextant) wird Tycho Brahe um 1570 zugeschrieben, wo er auf Reisen einen zusammenklappbaren halben Holzsextanten mitführt.[8] Der auf Hven verwendete Brahe-Sextant ist hingegen nicht transportabel und kann nur von zwei Mann gleichzeitig bedient werden. Bürgis Sextant ist vollkommen an-

85/ **Von Jost Bürgi hergestellter Sextant (etwa 1593), heute im Nationalen Technischen Museum Prag.**

ders: Er ist kleiner, genauer, mobil und transportabel sowie einfach zu bedienen. Die Einsparung eines zweiten Beobachters reduziert nicht nur den Aufwand, sondern eliminiert auch die konfliktträchtigen parallelen Justier- und Koordinationsaufgaben am Brahe-Sextanten.[9]

Metallsextant mit Visierstab im Zentrum. Bereits 1582 entwickelt Jost Bürgi einen neuartigen Sextanten aus Metall, bei dem der Visierstab (Alhidade) im Zentrum gelagert ist.[10] Das äussere Ende des Visierstabes wird mit einem Triebrädchen entlang des Zahnritzels des Messkreisbogens (Limbus) geführt, auf dessen Skala die Ablesung der jeweiligen Winkelposition erfolgt. Dazu hat sich Bürgi eine originelle Konstruktion einfallen lassen, nämlich ein feingängiges Zahnradkettenelement. Der Sextant kann zum Transport und zur Aufstellung auf einem Tisch oder auf einer Mauer vom langen Fussstück getrennt werden.

Himmelsvermessung im Ein-Mann-Prinzip. Bürgis Sextant ist mobil und kann in alle Lagen gedreht und in allen Lagen benutzt werden. Im Gegensatz zu Brahes grossem und schwerem Nussbaumholz-Sextanten mit zwei direkt am Messkreisbogen erforderlichen Beobachtern gestattet es Bürgis wesentlich kleinerer und mobiler Metall-Sextant, die Himmelsobjekte mit nur einem Beobachter mit mindestens gleich hoher Genauigkeit zu erfassen. Mit diesem Instrument erzielen Rothmann und Bürgi aufgrund ständig verbesserter Visiereinrichtungen nach heutigen Kriterien Positionierungs-Genauigkeiten von durchschnittlich 0,6 Bogenminuten* gegenüber mindestens 2,0 Bogenminuten zuvor.

Transversalteilung für genauere Ablesung. Dank der Informationen des 1584 von Hven nach Kassel gekommenen Paul Wittich (1546–1586) übernimmt man auch in Kassel die transversale Schrägteilung der Messskala. Wie man heute weiss, hatte bereits Levi ben Gerson um 1320 eine solche Ablesung praktiziert, und später Brahe nach Hommel-Vorbild[11]. Auf Anregung Rothmanns führt Bürgi die Ableseeinheit als Schlitzvisier aus. Schon bald darauf kann Wilhelm IV. an Brahe schreiben: «Nach den Instruktionen Paul Wittichs haben wir unsere mathematischen Instrumente stark verbessert.»[12] Dazu zählen auch Hinweise Christoph Rothmanns, die Absehvisiere feiner zu gestalten und eine Verbesserung der Feinsteuerung des Visierstabes anzustreben. Bereits am 20. Oktober 1585 kann Wilhelm deshalb dem Wandsbeker Heinrich Rantzau (1526–1598) stolz vermelden: «Da wir zuvor kaum 2 Minuten scharff, wir jetzo ½ ja ¼ einer Minute observieren können.»[13] Und Mathematiker Christoph Rothmann stellt am 13./23. November 1585 gegenüber Wilhelm fest, er könne «auff 1/3 einer minut allezeit observiren»[14].

* Bei 125 Einzelbeobachtungen in 45 Beobachtungsgruppen liegt gemäss Hamel bei 70 Prozent die Abweichung zwischen 0–0.5 Bogenminuten, bei 30 Prozent darüber. Das ergibt einen gesamthaften Durchschnittswert von 0,6 Bogenminuten Abweichung (Hamel [2002], S. 70).

86/ **Zahnrad-Ketten-Trieb im Visierlineal (Alhidade) des Bürgi-Sextanten von Kremsmünster. Greift leichtgängig mit hoher Präzision in die Zahnritzelstange des Messkreisbogens.**

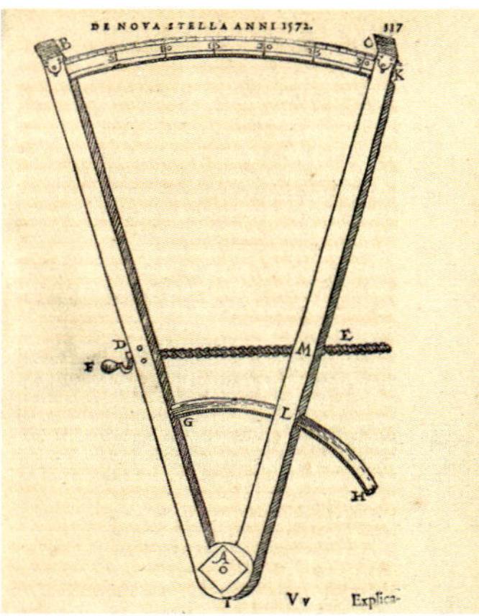

87/ **Brahes erster halber Sextant aus Holz, mit dem er durch Europa reist. Entwickelt aus einem Zirkel.**

88/ **Für die Positionsbestimmung mit dem auf einer Halbkugel dreh- und neigbar gelagerten Brahe-Sextanten sind zwei gut aufeinander eingespielte Beobachter erforderlich.**

Realisiert wird diese verbesserte Skalenteilung und Ablesemöglichkeit des Messbogens durch Jost Bürgi. Die Ablesung von Bogenminuten-Bruchteilen ist zur damaligen Zeit etwas völlig Neues und nur mit den in Kassel und auf Uraniborg verwendeten Quadranten und Sextanten möglich.[15] Zum Vergleich: Für die Tabellen des *Almagestum* hat die kleinste markierte Ableseeinheit der Hipparch-Astrolabien 10 Bogenminuten betragen.

89/ **Bürgi-Sextant auf Tischstativ zum bequemen gleichzeitigen Messen und Notieren.**

Original-Bürgi-Sextant schon 1593 am Prager Kaiserhof. Bereits 1593 wird ein Bürgi-Sextant nach Prag auf den Hradschin geliefert. Bestellt haben ihn für den Kaiserhof der kaiserliche Leibarzt und Astronom Thaddäus «Hagecius» Hajek (1525–1600) und der Reichs-Vizekanzler Jacob «Curtius» Kurtz von Senftenau (1554–1594). Und als Brahe 1599 von Rudolf II. zum kaiserlichen Hofastronomen ernannt wird, lässt er sich in Kassel von Bürgi für Schloss Benatek und Prag einen Sextanten fertigen.[16] Einen anderen Sextanten von Bürgi, den er schon auf Uraniborg genutzt hat, bringt er wahrscheinlich mit.[17] Und als die Brahe-Erben Kepler die Nutzung der Brahe-Daten und Instrumente verbieten, stellt Baron Hoffmann Kepler je einen Sextanten und Quadranten zur Verfügung, wobei der Sextant eine von Erasmus Habermel nachgebaute Kopie oder einen leicht modifizierten Bürgi-Original-Sextanten darstellt.[18]

90/ **Transversalteilung auf dem Messing-Messkreisbogen des Prager Bürgi-Sextanten von 1593. Sehr präzise Führung des Visierlineals mit Visierschlitzen.**

Ab 1600 in Prag Standardinstrument. Bürgis Typ des metallenen Sextanten ist mittlerweile zum Standardinstrument geworden, das verschiedene Instrumentenbauer – berechtigt oder unberechtigt, gut oder schlecht – nachbauen. So zählt der kaiserliche Instrumentenmechaniker Erasmus Habermel (†1606) zu den erstklassigen Handwerkern, ebenso der Bürgi-Gehilfe Stolle, der von 1604 bis 1616 bei Bürgi angestellt ist. Entsprechend verwirrend sind auch die Bezeichnungen dieser Sextanten: Sie werden beispielsweise als Habermel-Sextanten bezeichnet, obwohl sie Bürgi-Sextanten sind, die von Habermel in gleicher Konzeption oder im Detail leicht verändert nachgebaut worden sind. Die wenigen heute noch vorhandenen Geräte werden auch als tychonische Sextanten oder Kepler-Sextanten bezeichnet, weil Tycho Brahe oder Johannes Kepler damit gearbeitet haben. Bürgis Sextanten-Konstruktion hat sich durchgesetzt, wird aber vielfach unter anderem Namen bekannt.

Bürgi-Sextanten in Prag, Kremsmünster und Kassel. Heute sind international insgesamt vier Sextanten gemäss dem Bürgi-Konstruktionsprinzip ausgestellt: zwei in Prag im Technischen Nationalmuseum (Narodni Technické Muzeum), einer auf der Sternwarte Kremsmünster (Oberösterreich)[19] und einer im Astronomisch-Physikalischen Kabinett der Museumslandschaft Kassel. Der älteste von Bürgi selbst gebaute Originalsextant steht im Prager Technischen Nationalmuseum; hier fehlen nur das Stahlkettchen und ein Zahnrad zur Führung des Visierlineals. Es dürfte sich dabei um den bereits 1593 von Kassel nach Prag gelieferten Bürgi-Sextanten handeln.

91/ **Bürgi-Sextant, eventuell von Erasmus Habermel um 1600 in Prag nachgebaut oder leicht modifiziert. Ab 1601 im Besitz von Johannes Kepler, heute im Astronomischen Kabinett des Museums der Sternwarte Kremsmünster.**

Ein Kettenführungsmechanismus ist hingegen am Sextanten in Kremsmünster erhalten, der eventuell vor 1600 dem Prager Bürgi-Sextanten genau nachgebaut worden ist, höchstwahrscheinlich von Erasmus Habermel im Auftrag von Baron Johann Friedrich Hoffmann. Das erklärt auch, warum dieses Instrument seit 1698 im Besitz des Klosters Kremsmünster ist: Als Kepler 1612 von Prag nach Linz zieht, nimmt er diesen Sextanten mit. Von dort gelangt er später über den Linzer Büchsenmacher Madl in den Besitz der bekannten Sternwarte. 1895 werden die Haltekonstruktion des Bogens und der Fuss verstärkt. Beim zweiten in Prags Nationalem Technischen Museum ausgestellten Sextanten dürfte es sich um einen von Habermel modifizierten Bürgi-Originalsextanten oder einen von ihm mit besonders repräsentativem Stativ nachgebauten handeln.

Der in Kassels Museumslandschaft ausgestellte Bürgi-Sextant ist eine im letzten Jahrhundert gefertigte originalgetreue Kopie des Kremsmünsterner Bürgi-Sextanten.[20] Der ursprüngliche Kasseler Bürgi-Sextant wurde 1636 von Wilhelms Enkel Landgraf Hermann von Hessen-Rotenburg (1607–1658) für seinen Stammsitz in Rotenburg an der Fulda («Rotenburger Quart») entlehnt und ist seit der Geräteinventur 1644 verschollen.[21]

Kepler bestimmt mit einem Bürgi-Sextanten die Marsbahnellipse. Um Form, Grösse, Geschwindigkeit und Abstände der Marsbahn zu berechnen, muss Kepler die Beobachtungsserien von Tycho Brahe durch eigene Messungen verschiedentlich noch selbst ergänzen. So observiert Kepler am 10. März 1604 den Mars zur Bestimmung seiner Bahnexzentrizität.[22] Als Johannes Kepler am 18. Dezember 1604[23] Bahnpositionen des Mars einer Ellipse zuordnet, hat er soeben seine Arbeiten mit der technischen Optik (Kegelschnitte) abgeschlossen. In Prag, Kassel und auf Hven werden für solche Aufgaben nicht nur Bürgis Sextanten verwendet, sondern auch seine Quadranten und astronomischen Observatoriumsuhren. Die elliptische Abweichung von lediglich 8 Bogenminuten von der Kreisform kann nur mit Instrumenten dieser Präzision erkannt werden.

Kombinierte Messung mit Bürgi-Quadrant, Sextant und Observatoriumsuhr. Kassels Hofmathematiker Christoph Rothmann schildert bereits am 5. Dezember 1585 in einem Brief dem Landgrafen Wilhelm IV. den Messablauf folgendermassen: «Derwegen ich die observation per Quadranten … dieselbige Nacht instituiren wollen. Unter dass, ehe die nachfolgenden auch auff den meridianum rücken, kann ich diese per Sextanten anknüpfen.»[24] Das heisst, dass Rothmann nach der Positionsbestimmung eines Sterns des Fundamentalsystems mit dem Quadranten nicht wartet, bis der nächste Meridian «erscheint», sondern dass er in der Zwischenzeit den Sextanten zur Hand nimmt und damit den Winkelabstand des anvisierten Sterns zu anderen Sternen – wenn möglich des Fundamentalsystems – bestimmt.

92/ **Mit diesem Bürgi-Quadrant, hier kombiniert mit einem Horizontalkreis, werden nach dem Vorbild des Wilhelms-Quadranten gleichzeitig der Höhen- und der Horizontalwinkel und damit das Azimut bestimmt.**

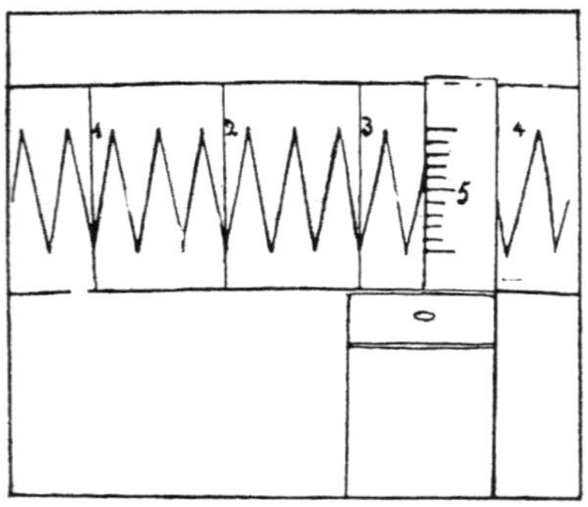

93/ **Transversalteilung von Christoph Rothmann und Jost Bürgi. Seit 1585 orientieren sich die Messskalen der Kasseler Instrumente an diesem verfeinerten Konzept. Es gestattet die Ablesung auf das Drittel einer Bogenminute genau.**

Bürgis Azimutalquadrant

Ein Quadrant wird vorzugsweise zur Meridianhöhenbestimmung der Himmelsobjekte eingesetzt. Zum Azimutalquadranten – dem Universalinstrument der Astronomen der Frühen Neuzeit – wird er, wenn er gleichzeitig so gelagert ist, dass man auch den Horizontalwinkel als Azimutwert erfassen kann. So wird er zur Sternhöhenmessung ausserhalb des Meridians benötigt, wozu alle unabhängigen absoluten Messungen von Himmelskörpern zu zählen sind, wie beispielsweise die Sterne des Fundamentalsystems[25], die Rothmann und Bürgi im ersten Quartal 1585 mit dem Bürgi-Azimutalquadrant und der Observatoriumsuhr zusammen einmessen. Der Azimutalquadrant orientiert sich am Wilhelms-Quadranten, dessen bereits bei arabischen Astronomen bekanntes Konstruktionsprinzip des *Quadranten horizontalem* ebenfalls Tycho Brahe für seine drei Hven-Quadranten übernimmt und mit dem ihn der Landgraf 1575 auf der Altanensternwarte versuchshalber arbeiten lässt.[26] Brahe und Wittich übernehmen die Ben-Levi-Gerson-Homelius-Transversalteilung, die wiederum Rothmann und Bürgi inspiriert, noch feinere Ablesemöglichkeiten mit horizontalen und vertikalen Schlitzen zu schaffen. Dazu Karsten Gaulke: «Der genaue Schnittpunkt von Alhidade und Transversallinie lieferte die Höhe des Sterns auf den sechzigstel Bruchteil eines Grades, also auf eine Winkelminute genau. In den Zeiten vor der Transversalteilung liessen die Skalen nur eine Ablesegenauigkeit von ungefähr fünf Winkelminuten zu.»[27] Dass Jost Bürgi neben seinen Sextanten auch Quadranten hergestellt hat, ist schriftlich mehrfach belegt.* Beim Bau seiner Quadranten nutzt Bürgi alle Erkenntnisse seiner Sextantenbauweise (Stahl/Messing, Transversalskala, Transporttauglichkeit, Witterungs- und Langzeitstabilität); dies alles in Kontrast zu den riesigen Mauer- und Holzquadranten eines Tycho Brahe auf Hven und in Augsburg. Im Mai 1604 überreicht Jost Bürgi einen von ihm gefertigten Quadranten Kaiser Rudolf II. als Geschenk seines Landgrafen Moritz. Leider ist kein einziger Bürgi-Quadrant erhalten geblieben, aber eine sehr detaillierte Illustration von Antonius Eisenhoit.

Bürgis neuer universeller Proportional-Reduktionszirkel

Bereits um 1582 entwickelt Jost Bürgi einen universellen Proportional-Reduktionszirkel – einen Doppelzirkel mit verschiebbarem Scheitelpunktknopf. Bei diesem Stechzirkelinstrument lässt sich mittels des Scheitelpunktknopfes der Lagerpunkt entlang seiner Schenkel so verschieben, dass sich auf beiden Seiten gleichschenklige Dreiecke mit zueinander genau

* So schreibt Wilhelm gemäss Gaulke/Korey (S. 58): «Haben uns deshalben uff die Art *Quadrantem Horizontalem,* und einem Sextanten, ad observandas distantias Stellarum inter se, lassen zurichten, jedes von gutem Messing und bicubital.»

94/ **Der einzige erhaltene Proportionalzirkel Jost Bürgis befindet sich im Astronomisch-Physikalischen Kabinett der Museumslandschaft Hessen Kassel.**

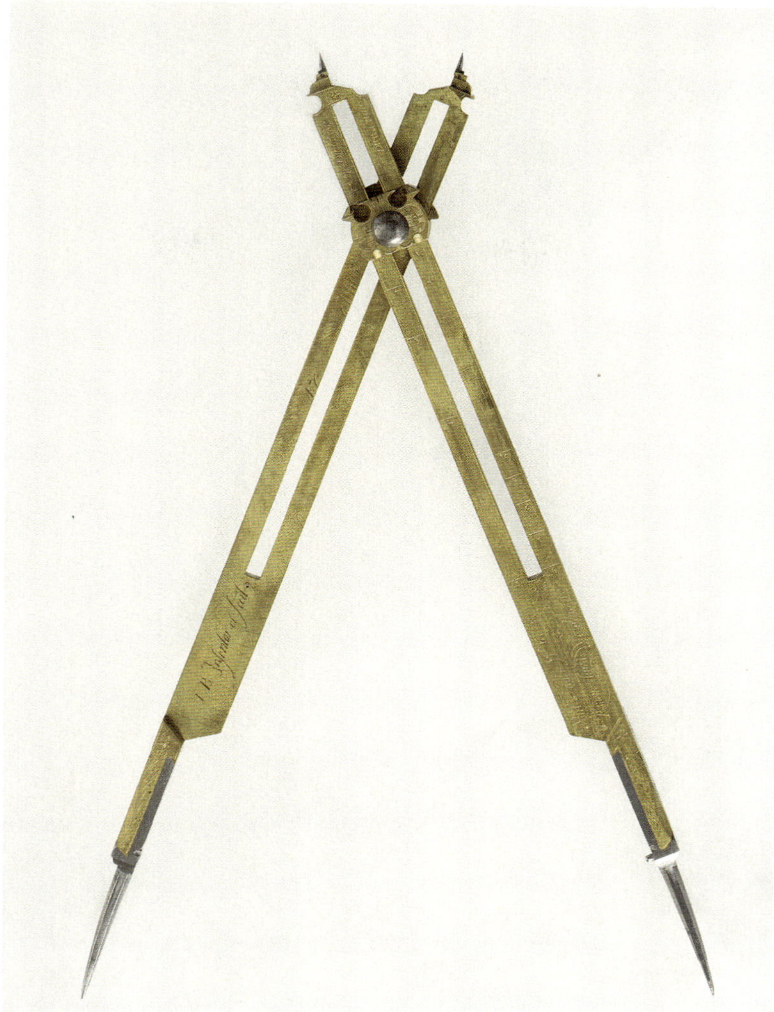

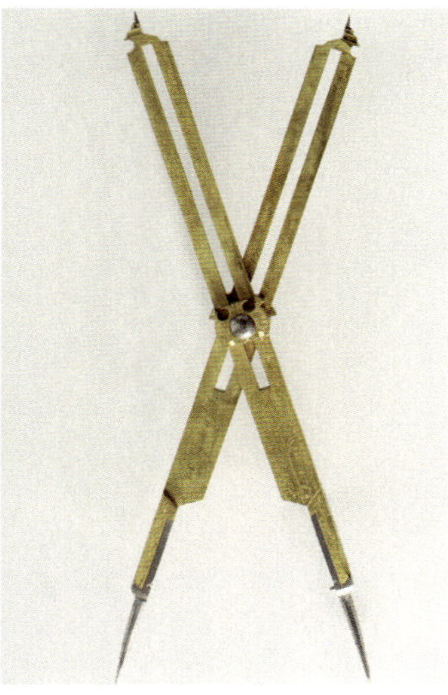

95/ **Bei verschobenem Scheitelpunktknopf entsteht sofort eine andere Proportion.**

definierbaren Proportionen bilden. Die beiden Spitzen am Ende des einen Schenkelpaares dienen zum Abgreifen des Ausgangsmasses, die des gegenüberliegenden Schenkelpaares zum Auftragen der resultierenden gesuchten Strecke bzw. zum «Abschlagen» der Konstruktionsgrösse. Dank verschiedener Skalenmarkierungen entlang der Schenkel lassen sich die Ausgangswerte mehrerer Einsatzgebiete im gewünschten Verhältnis übertragen, umzeichnen und umrechnen. Zu den Standardfunktionen gehören die Teilung, die Vergrösserung oder Verkleinerung von Strecken in einem bestimmten Verhältnis sowie die Teilung eines Kreisumfanges in gleich grosse Abschnitte. Auch nach den Proportionen des Goldenen Schnittes lassen sich mit diesem Zirkel Strecken schnell und genau teilen und ebenso ein flächengleiches Quadrat aus einer Kreisfläche erzeugen («Quadratur des Kreises») oder aus einer Dreieckfläche – und umgekehrt. Gemäss einer weiteren Markierung lässt sich eine Kugel in jeden der fünf platonischen Körper so gegeneinander umwandeln, dass der Rauminhalt gleich bleibt.

Diese von Bürgi weiterentwickelte Version eines Reduktionszirkels wird erstmals 1603/04 in Levin Hulsius' Buch über die Mechanik *(Dritter Traktat der mechanischen Instrumente)* als Bürgis Erfindung beschrieben.

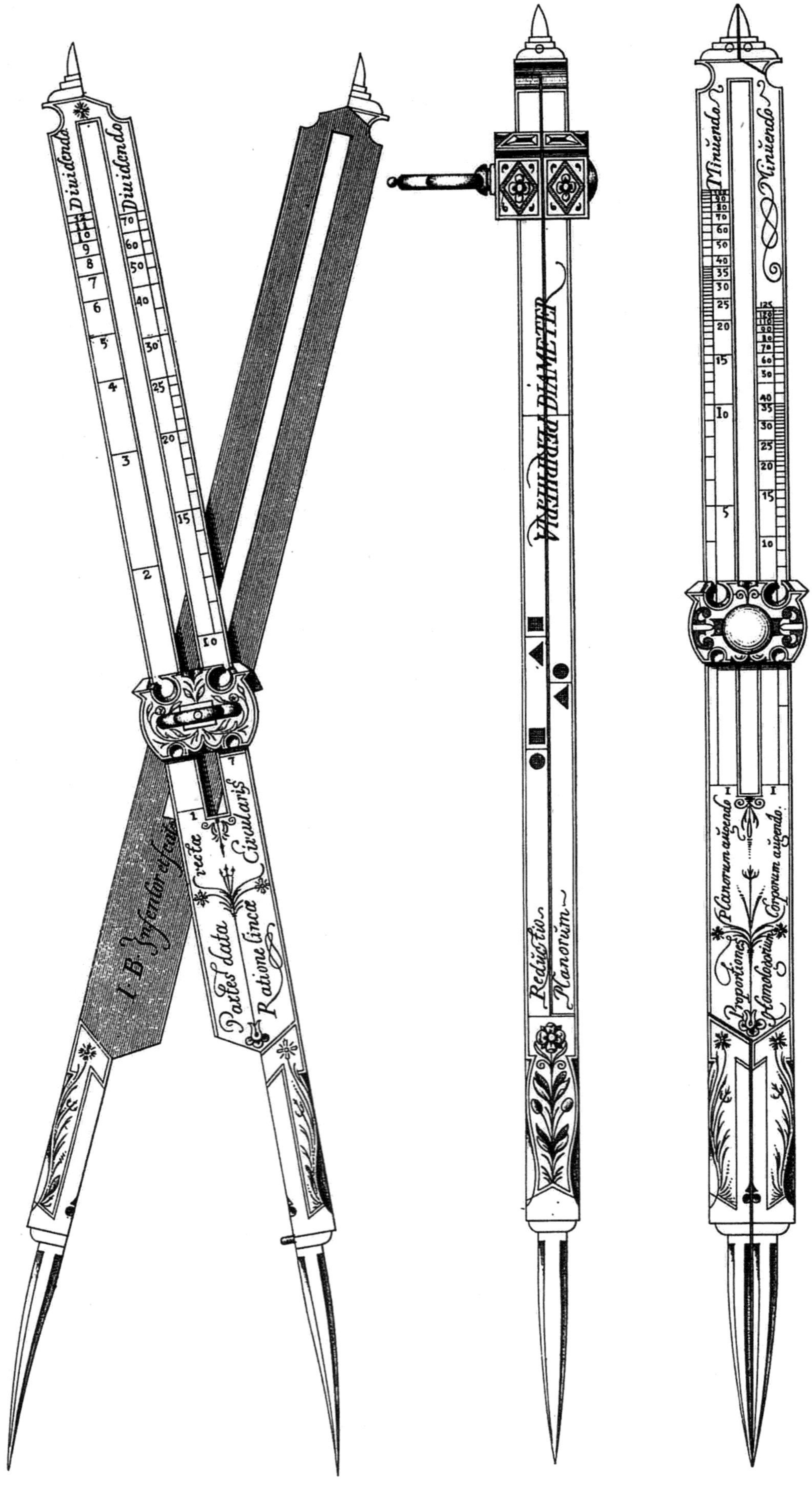
Diuidendo
Diuidendo
Minuendo
Minuendo
Reductio
Planorum
Planorum augendo
Corporum augendo

Dabei ärgert sich der in Nürnberg und zuletzt in Frankfurt als Autor und Verleger tätige flandrische Niederländer über die zahlreichen unautorisierten Nachahmer von Bürgis Erfindung. Heute ist gerade einmal noch ein authentisches Exemplar von Bürgi in Kassel erhalten. Ein zweites, im Technischen Nationalmuseum in Prag ausgestelltes Exemplar wird dort noch mit «Bürgi type» präsentiert[28], könnte aber ein Bürgi-Original sein oder aber eines von einem seiner Gehilfen. Bürgi hätte in seiner näheren Umgebung keinem Hersteller den Nachbau erlaubt.

<96/ **Proportionalzirkel-Skalen auf den Zirkelschenkeln für Finanzierungsrechnungen, flächengleiche Grundformentransversionen und Volumenumrechnungen sowie allgemeine Umrechnungen.**

Bereits ein gutes Jahrzehnt vor der Publikation in Hulsius' Werk hatte Jost Bürgi einen solchen Proportionalzirkel Kaiser Rudolf II. überreicht.* Über die vielseitigen Einsatzmöglichkeiten gibt die von Benjamin Bramer fertiggestellte Bedienungsanleitung schon durch ihren langen Titel Auskunft: «Beschreibung und Unterricht des Jobst Burgi Proportionalzirkels, dadurch mit sonderlichen Vorteil eine jegliche rechte oder Zirckel-Linie, alle Fläche, Land-Charten, Augenscheinen, Vestungen, Gebäude, eine Kugel mit den fünf regularibus, auch alle irregularia corpora etc. bequem können zertheilet, zerschniten, verwandelt, vergrössert und verjüngert werden».[29] In Deutschland zählen der Augsburger «Werckmeister» Christian Schissler d. Ä. (1531–1608) und der Nürnberger Goldschmied Wenzel Jamnitzer (etwa 1507–1581) zu den frühen Herstellern von Reduktionszirkeln. Besonders zu Schissler hat Bürgi beste Kontakte, arbeitet später doch auch sein Sohn Hans Christoph II. bei ihm in Prag.

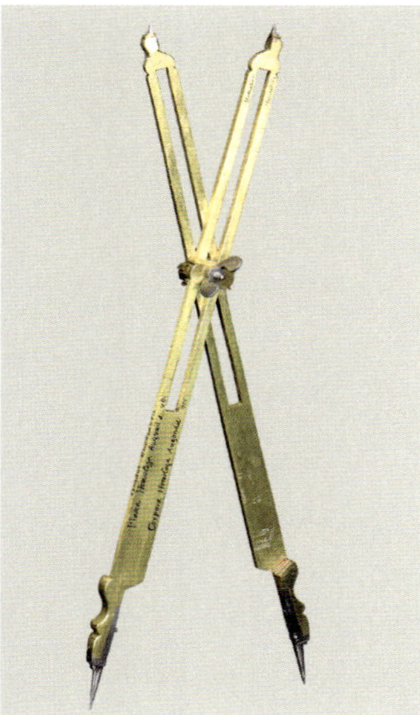

97/ **Proportionalzirkel im Bürgi-Stil im Nationalen Technischen Museum Prag. Wahrscheinlich in Prag im Bürgi-Umfeld durch Bürgi-Gehilfen (Bramer, Stolle oder Schissler d. J.) oder durch Instrumentenmacher Habermel gefertigt.**

Die auf den Zirkelschenkeln angebrachten Skalen kann man auch als direkte Vorläufer des daraus entwickelten Rechenschiebers betrachten. Noch direkter in diese Richtung lenkt Bramers Proportionallineal, auf dem verschiedene Skalen eingraviert sind, deren Werte sich mit seinem Proportionalzirkel markieren und ablesen lassen.

Lizenzfertigung in Zürich und Skalenkopie in Augsburg. In Zürich haben Philipp Eberhard und Leonhard Zubler ebenfalls bereits Jahre früher begonnen, einen solchen universellen Reduktions-Proportionalzirkel mit der Erwähnung von Bürgis Namen in Lizenz zu fertigen. Der Zürcher Goldschmied und Instrumentenbauer Leonhard Zubler schreibt 1607 über seine Proportionalzirkel-Lizenzfertigung: «[...] der kunstlich proportional Circkel, wie denselben der kunstreiche Herr Jost Bürgi auss dem Schweitzerlandt löblicher freyer Eidtgenossenschafft gebürtig, jetzund wonhafft zu Cassel in Hessen, erfunden und ich solche auch machen thun.» [30]
Wie eng die Fachwelt der international bedeutenden Handwerkszentren schon damals untereinander vernetzt ist, beweist ein Artillerievermessungsinstrument des Augsburger Zirkelschmieds Georg Zorn d. J. aus dem Jahre 1613.[31] Georg Zorn baut dieses «Büchseninstrument» nach einer Vorlage des

* «Ein Zirkele, der auch sehr kunstreich und wohl zu gebrauchen ist, zusammen mit der Planetenglobusuhr in Prag am 4. Juli 1592 von Jost Bürgi in einer Audienz an Kaiser Rudolf II. übergeben.» Dieser Satz ist dem Begleitschreiben entnommen, das sich im Handschriften-Archiv Marburg, HSA 4a31–2 d.d. 21. Mai 1592, befindet.

Zürchers Philipp Eberhard und versieht es gleichzeitig mit ausstrahlenden Linien von Skalen, die Zorn von Jost Bürgis Proportionalzirkel aus Kassel übernommen hat. Damit erfüllt dieses Büchseninstrument gleichzeitig die einfachen Funktionen eines praktischen Analogrechengerätes.

98/ **Galileo Galilei (1564–1642): Zirkel- und Fernrohrbauer, Mathematik- und Physikprofessor sowie Mond- und Venusbeobachter.**

99/ **Zirkelkatalog Galileo Galileis mit eigenhändiger Illustration seines Zirkelverkaufsprogramms.**

Galileo Galileis Proportionalzirkelideen. Unabhängig von Jost Bürgi hat auch Galileo Galilei (1564–1642) die Idee für den Bau von Zirkeln. 1597 hat er mit seinem «Geometrischen und militärischen Zirkel» (*Compasso geometrice e militare*) eine Entwicklung übernommen, die ursprünglich auf seinen Gönner Marchese Guidobaldo del Monte zurückzuführen ist – und diese anscheinend wiederum auf die 1560 originär geschaffenen Proportionalzirkelmodelle von Fabrizio Mordente aus dem norditalienischen Urbino sowie auf den italienischen Mathematiker Federico Commandino (1509–1575). Später findet man in Pompejis Ruinen eine ähnliche Konstruktion wie die galileische, allerdings mit fixem Verhältnis 1:2.[32] Galilei lässt seinen *Compasso* durch den bei ihm angestellten und mit seiner Familie bei ihm wohnenden Mechaniker Antonio Mazzoleni in Hunderten von Exemplaren als Recheninstrument fertigen – je nach Anwendungsgebiet mit unterschiedlicher Skaleneinteilung – und gibt als Bedienungsanleitung ein sehr erfolgreiches Handbuch heraus, das mehrfach nachgedruckt werden muss. Mit diesen Einnahmen kann er, der zu dieser Zeit Mathematikprofessor an der Universität Padua ist, einen Grossteil seines Lebensunterhaltes bestreiten.[33]

Bezüge zu Leonardo da Vincis Arbeit. Das Leistungsspektrum des von Jost Bürgi schon viele Jahre vor Galileo Galilei entwickelten Reduktions-Proportionalzirkels ist breiter als dasjenige von Galileos *Compasso*. Wie wir heute wissen, ähnelt Bürgis Instrument in einem wesentlichen Detail einer älteren, in den geheimen *Codex Atlanticus*-Unterlagen Leonardo da Vincis (1452–1519) erst viel später entdeckten Handskizze: Alle vier Schenkelenden sind bei anscheinend beweglichem Scharnier als spitze Nadeln ausgebildet.[34] Während bei Galileis *Compasso* die beiden ähnlichen Dreiecke den Winkel an der Spitze gemeinschaftlich bilden, stossen bei Bürgis Zirkel die beiden Dreiecke mit ihren Scheitelwinkeln aneinander. Die Schenkel des einen Dreiecks sind bei Bürgi also die Fortsetzungen der Schenkel des anderen Dreiecks, während sie beim *Compasso* Galileis einen Teil des Dreiecks bilden. Dank Bürgis spezieller Konstruktion und Platzierung der Nadeln lassen sich mit dem universellen bürgischen Reduktionszirkel Ausgangs- oder Reduktionswerte auf Skalen auch wirklich proportional übertragen und abgreifen. Könner im Umgang mit solchen Zirkeln erzielen damit Punktübertragungs- und Messgenauigkeiten von einem Zehntel Millimeter und darunter.

Bürgis Kaliberstab für Offiziere

Nicht alles, was Bürgi herzustellen oder wiederherzustellen hat, stellt eine technische Herausforderung dar – auch wenn er selber sie als solche betrachtet. Dazu gehört beispielsweise die Fertigung sogenannter Musikührlein, für deren Glocken er in Nürnberg die einschlägigen Hersteller und Händler abklappert und auf der Frankfurter Messe Spezialisten aus Frankreich aufsucht. Dazu gehören weiter Kaliberstäbe für die Ermittlung der bestmöglichen Dosierung der Schwarzpulvermenge. Erhalten ist von Jost Bürgi in Kassel aus diesem Tätigkeitsbereich ein vergoldeter Messing-Kaliberstab von 0,661 Meter Länge und quadratischem Querschnitt mit Skalen und Berechnungsformeln an den vier Seiten sowie mit der aus vier Buchstaben bestehenden Signatur von Wilhelm Landgraf zu Hessen: «W. L. Z. H. Jost Byrgi faciebat in Cassilia», und dem Herstellerhinweis: «Von Jost Bürgi in Kassel hergestellt». Die gravierten Skalen und Formeln dienen zur artilleristischen Berechnung der Geschossgewichte und Volumen je nach ihrem Material, sei es Blei, Eisen oder Stein, sowie der anschliessenden Bestimmung der erforderlichen Pulvermenge.[35] Offiziere tragen solche Kaliberstäbe in einem Etui am Gürtel oder in der Schwertscheide. Die Skalen eines solchen Kaliberstabes können auch in Verbindung mit dem Proportionalzirkel genutzt werden und repräsentieren eine Vorstufe sowohl des Rechenschiebers als auch von Zorns Artillerieinstrument-Skala.

100/ **Kaliberstab von Jost Bürgi. Gefertigt zwischen 1580–1590 aus vergoldetem Messing mit quadratischem Querschnitt von 9 Millimeter Kantenlänge und 661 Millimeter Stablänge. Einziges Exemplar in Kassel.**

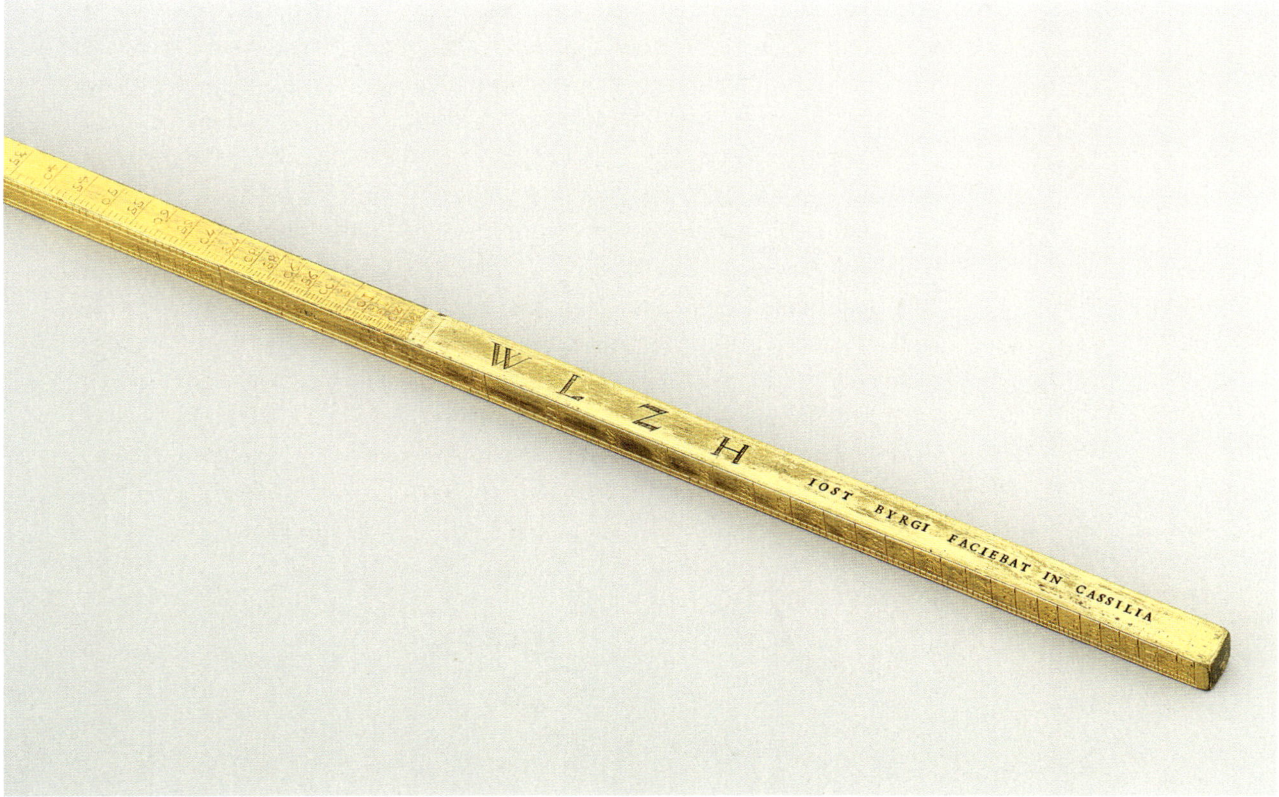

Das Funktionsmodell einer Zahnradpumpe für Kepler

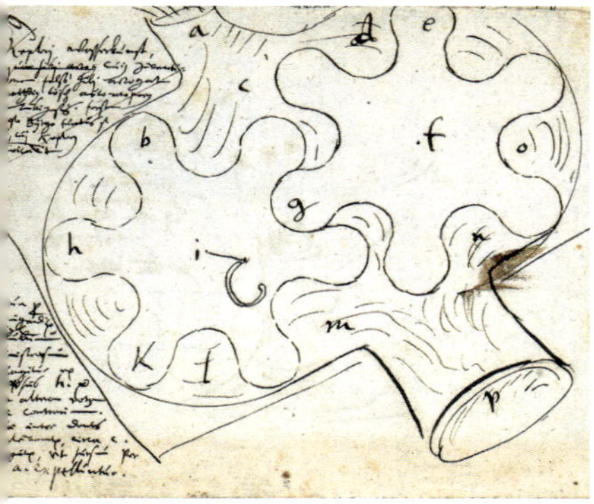

101/ **Keplers Zahnradpumpen-Prinzip in einer Skizze von Keplers Landsmann und Freund Wilhelm Schickard (1592–1635) nach einer Besprechung mit Kepler.**

Ein aussergewöhnliches Objekt realisiert Jost Bürgi 1604/05 in Prag für Johannes Kepler: das Funktionsmodell einer Zahnradpumpe mit Hohlkehlen. Schon kurz nachdem Kepler in die steirische und innerösterreichische Hauptstadt Graz gekommen ist, in der die Montanindustrie mit ihren Erzbergwerken einen gewichtigen Wirtschaftsfaktor darstellt, werden ihm als Vermesser die zahlreichen Wasserprobleme in den Bergwerksstollen und Schächten bewusst. Noch im gleichen Jahr 1594 hat er für das Herauspumpen von Wasser die originelle Idee einer Zahnradpumpe ohne Ventile, die nach dem Prinzip einer Verdränge-Rotationskolbenpumpe das Wasser ansaugt und als Kapselpumpe mit höherem Druck weiterbefördert.

Vor Bürgi jahrelang nur Fehlversuche. In Graz findet sich jahrelang niemand, der diese Konstruktionsidee Johannes Keplers von einem «Wasserkünstlein» *(Artem meam aquaeductoriam)* mechanisch umsetzen kann,[36] und selbst eine Ende 1602 mit den Brüdern Miller vertraglich vereinbarte Herstellung führt zu deren Kapitulation. Erich Zinner schreibt: «Im Herbst 1603 konnte Kepler seinem Freunde Herwart mitteilen, dass Bürgi das Gerät in Metall ausführen wolle.»[37] Aus einem Brief Ludwig von Diedrichsteins an Kepler vom 10. Juli 1604 geht hervor, dass Bürgi damit beschäftigt war, und aus einem Brief vom 17. Februar 1605, dass die Wasserkunst fertiggestellt sei.[38]

102/ **Flüssigkeitstransport mittels Zahnrädern nach dem keplerschen Prinzip.**

Jost Bürgi erleichtert mit dem funktionsfähigen Modell der Behörde die Patenterteilung und ermöglicht eine Praxiserprobung. Dabei wird das Wasser durch die Zahnräder angesaugt und beschleunigt und mit höherem Druck versehen weitergeleitet: Alleine mit dem Funktionsmodell schaffen es Bürgi und Kepler, das Wasser drei Mann hoch emporzutreiben.[39] Als Kepler schon verstorben ist, will im Jahre 1632 auch der 35-jährige Feldmarschall Gottfried Heinrich Graf zu Pappenheim eine solche Pumpe erfunden haben. Die Fertigung dieses gemäss Johannes Kepler «lustigen Kunstbrünnleins»[40] ist eine materielle Gegenleistung Bürgis für die durch Kepler bereits vor Juli 1603 vertraulich vorgenommene Redaktion seines Manuskriptes der *Arithmetica Bürgii (Coss-Algebra)*[41], die nirgends namentlich erwähnt wird.[42] Zahnradpumpen nach diesem keplerschen Prinzip sind auch heute noch im Einsatz, und zwar als ventillose, nahezu wartungsfreie Ölpumpen in Automotoren.

Bürgis Perspektiv-Zeichengerät

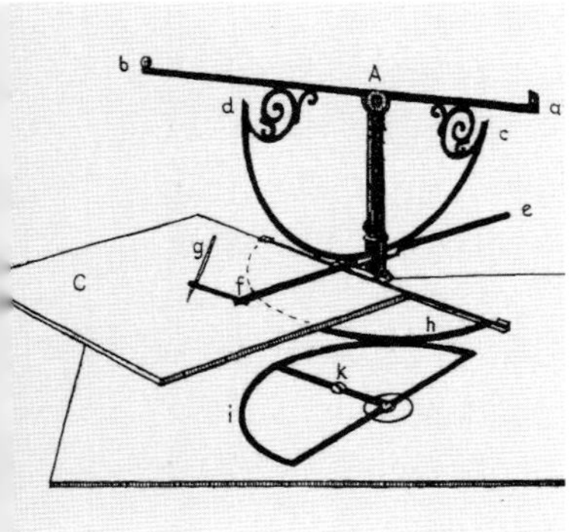

103/ **Originelles Perspektivgerät zum Abzeichnen räumlicher Objekte.**

Als drittes neuartiges Instrument entwickelt Jost Bürgi ein Gerät für das perspektivische Zeichnen und mechanisiert damit die Konstruktion perspektivischer Ansichten. Darüber hätte selbst ein Albrecht Dürer gestaunt. Es gestattet die Anfertigung verzerrungsfreier perspektivischer Zeichnungen von Objekten innerhalb eines Bildwinkelbereichs von ± 30 Grad.[43] Dabei werden die Winkelbewegungen eines Visierstabes in Form von Strichen auf die Zeichenebene übertragen. Dieser halbmeterlange kipp- und drehbare Visierstab ist mit dem 33,5 Zentimeter Durchmesser grossen vertikalen Halbkreis fest fixiert sowie mit den beiden horizontalen Halbkreisen über eine Mechanik und über Drähte verbunden. Ein solches 1604 in feuervergoldetem Messing gefertigtes Perspektiv-Zeichengerät befindet sich heute noch im Hessischen Landesmuseum in Kassel, und ein zweites, allerdings nicht aufgestelltes in Wiens Kulturhistorischem Museum. Beim Wiener Exemplar scheint es sich um dasjenige Gerät zu handeln, das Jost Bürgi für Kaiser Rudolf II. gefertigt und ihm im Mai 1604 zusammen mit dem Bürgi-Quadranten ebenfalls als Geschenk seines Kasseler Fürsten mitgebracht hat. Verbunden damit hat Landgraf Moritz die Bitte, dass beide Geräte in die kaiserliche Kunstkammer aufgenommen werden sollten.[44]

Bürgis Planetarien-Modelle

Seinen handwerklich weniger geschickten Freunden aus dem Gebiet der Mathematik hilft Bürgi in seiner Uhrmacherwerkstatt immer wieder als Modellbauer.

Für Nikolaus «Ursus» Reimers Bär fertigt Jost Bürgi schon 1586 in Kassel ein hybrides geo-heliozentrisches Planetarium nach dessen Vorstellungen,[45] nachdem er am Beispiel von Kopernikus sowie unter Einbezug seiner Beobachtungsergebnisse für Reimers zunächst die Laufzeit, den Umfang und die Abstände der Planetenbahnen berechnet hat – am genauesten für den Mars.* Reimers beschreibt dieses Planetarienmodell in seinem *Fundamentum Astronomicum* (1588) wie folgt: «Wir zeigten es dem Höchst Illustren Prinz von Hessen, dessen bester Handwerker Jost Bürgi aus der Schweiz die präsentierten Hypothesen aus Messing baute. Es sollte jedermann möglich sein, sich ein solches Astrarium – wie sie es nennen – mit seinen Charakteristiken anfertigen zu lassen. Es zeigt nicht nur den durchschnittlichen oder aktuellen Wert der Planetenbewegungen genügend genau wie gewisse Instrumente und Uhren, sondern ebenfalls die wahren und offensichtlichen Bewegungen aller Himmelskörper; dies in der Tat weitaus präziser als all die Hunderte und Tausende Zahlen aller berechneten Tabellen. Dafür wurden

* Leopold stellt fest, «dass Ursus' System im Grunde eine Umänderung von Copernicus' System war. Ursus hatte offensichtlich nur beschränkte Kenntnisse von den Grössen der Planetenbahnen und ihren Umlaufzeiten. Diese wurden von Bürgi nach Copernicus berechnet.» (Leopold [1986], S.188).

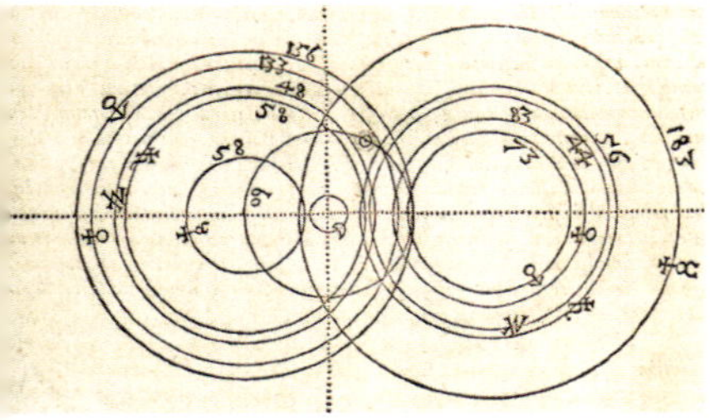

104/ **Konstruktionszeichnung des reimerschen Planetenmodells, das Bürgi zum Bau des Planetariums berechnet und gefertigt hat.**

sie aus falschen und erfundenen Hypothesen erstellt und zusammengefügt und sie sind deshalb auch entsprechend ziemlich falsch, und so zu beweisen.»[46] Allerdings hat sich bei Reimers' Modell herausgestellt, dass die Laufrichtung des Mars falsch ist, was Rothmann vermutet und Brahe mitgeteilt hat.[47]

Nach Reimers' Abreise von Kassel nach Strassburg fertigt Bürgi für Wilhelm IV. ein gemäss Rothmann-Angaben verändertes Planetenmodell, in dem die Sonne zentrisch und die Erde exzentrisch positioniert sind. «Es glich wohl den damaligen scheibenförmigen Standuhren mit Zifferblatt vorne und hinten. Die eine Seite zeigte die Mondtheorie mit den Epizyklen und der Bewegung des Drachenkopfes, indessen die andre Seite die Bewegung der Sonne und der anderen Planeten mit all ihren Unregelmässigkeiten in Länge und bei den drei oberen Planeten auch in Breite gab.»[48] Beide Planetenmodelle sind heute nicht mehr auffindbar, doch ist zumindest eine Konstruktionszeichnung des reimersschen Planetariums in seinem *Fundamentum Astronomicum* (1588) dokumentiert, wobei zur Vermeidung von Nachahmungen nicht alle Details und Zahlen eingetragen sind oder verändert wurden. Anschliessend fertigt Bürgi seine eigenen Planetarien: 1591/92 die beiden Planetengloben und 1604/05 seine Wiener Planetenuhr.

Bürgis Triangulationsinstrument

105/ **Mit Jost Bürgis Triangulationsinstrument lassen sich trigonometrisch und meist berührungslos Distanzen, Höhen, Flächen und Volumen bestimmen.**

Bereits am 18. März 1602 hat man Jost Bürgi ein kaiserliches Patentschutz-Privileg für sein Triangulationsinstrument zugesprochen, ein Gerät, das sich als recht vielseitig erweist.[49] Im Jahre 1603 erfolgt die Siegelung und Überreichung der Urkunde des Patentprivilegs. Ein Jahrzehnt später tritt Bürgi mit der Bitte an den Kaiser heran, das Privileg nochmals um die gleiche Zeit zu verlängern. Die Erfindung dieses Triangulationsgerätes geht wahrscheinlich bereits bis auf die frühen achtziger Jahre des 16. Jahrhunderts zurück, spätestens jedoch auf das Jahr 1592. Damit lassen sich Gebiete ausmessen und aus sicherer Entfernung Distanzen und Höhen von entfernten Objekten berührungslos bestimmen. Die Einsatzmöglichkeiten des Triangulationsinstruments reichen von der Festungs- und Artillerievermessung bis hin zur Bau-, Bergwerks- und Landesvermessung. Zusätzlich zu den drei in Kassel, Oxford und London ausgestellten Instrumenten entdeckt Jürgen Hamel 2010 in der «Löwenschen Sammlung» des Kulturmuseums seiner Heimatstadt Stralsund ein viertes Exemplar, dessen Herstellung höchstwahrscheinlich Jost Bürgi zuzuschreiben ist.[50] Wie der im Dezember 1604 überbrachte Quadrant ist das im Mai 1604 als Geschenk von Landgraf Moritz dem Kaiser von Jost Bürgi überbrachte Exemplar heute verschollen.[51] 21 Illustrationen der Einsatzgebiete und der Verwendungsmöglichkeiten des Triangulationsinstrumentes zusammen mit einem Titelblatt gibt Jost Bürgi bereits 1592 beim Warburger Kupferstecher Antonius Eisenhoit in Auftrag. Erst 1648 wird dieser «Bericht zu M. Jobsten Burgi seligen Geometrischen Triangular Instruments» von Benjamin Bramer publiziert und anschliessend als dritter Teil in sein Buch *Apollonius Cattus oder Kern der gantzen Geometrie* integriert.

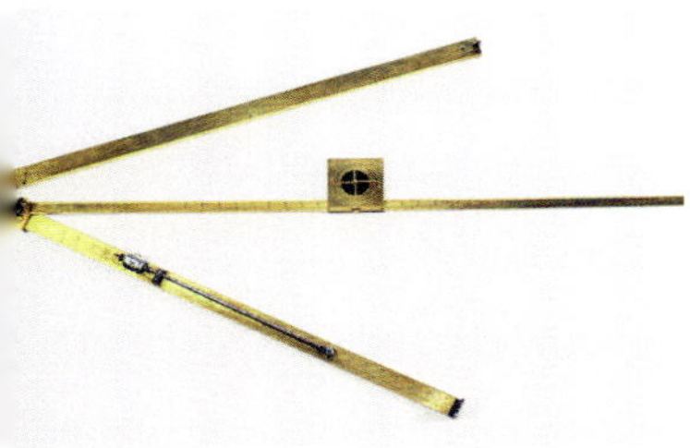

106/ **Triangulationsinstrument, nach Vergleich mit dem Kasseler Instrument Jost Bürgi zugeordnet, 2010 von Jürgen Hamel im Fundus der «Löwenschen Sammlungen» des Kulturmuseums Stralsund entdeckt.**

Berührungslose Gelände-, Entfernungs- und Höhenmessung. Die Geländemessung mit dem bürgischen Triangulationsinstrument erfolgt durch die Nachbildung beliebiger schiefwinkliger Dreiecke mit seinen drei speziell durch zwei Scharniere verbundenen sowie mit identischen Visiermarken und Längsskalen versehenen Absehlinealen. Das als Gleitstab bezeichnete längste Lineal misst 52 Zentimeter und sitzt in einer Kugel aus drei federnden Vogelkrallen, in die das schwarze Holzstativ mündet. Die beiden anderen Absehlineale sind jeweils 37 Zentimeter lang. Das Gleitstablineal verfügt über eine Kompass-Bussole mit aufklappbarer Sonnenuhr im Bussolendeckel. Entfernungs- und Höhenbestimmungen erfolgen durch Winkelmessungen und durch das Versetzen des Instrumentes auf die jeweils beiden Endpunkte einer Basislinie genau bekannter Länge, durch jeweilige Anzielung der gleichen interessierenden Objektpunkte von beiden Standpunkten zur Bestimmung der Winkel sowie durch die abschliessende trigonometrische Berechnung der Dreiecksverhältnisse und Seitenlängen.

107/ **Berührungslose Höhenbestimmung durch Triangulation mit Bürgis Instrument.**

108/ **Heinrich Wild (1877–1951), dessen Vorfahren ebenfalls aus dem Toggenburg stammen, schuf von 1904 bis 1951 die präzisesten und zuverlässigsten Vermessungs- und Fotogrammetriesysteme, deren Grundkonzeption noch heute die Branche bestimmt.**

Bürgi und Wild: zwei Toggenburger Messweltmeister. Das Toggenburg ist die Wiege der bedeutendsten Erfinder wissenschaftlicher Vermessungsgeräte des 16. Jahrhunderts (Bürgi) und des 20. Jahrhunderts (Wild). Dabei ist der letztgenannte Name bis anhin kaum mit dem Toggenburg verknüpft und wird erst durch eine neue Wild-Familiengenealogie ursprungsmässig erhellt.[52] Während Jost Bürgi mit der Erfindung von Instrumenten für die erstmalige Bestimmung von Bogenminutenteil und Zeitsekunde die Astronomie im 16. Jahrhundert stark beeinflusst, prägt Claus Wilhelm Wilds Nachkomme Heinrich Wild (1877–1951) drei Jahrhunderte später die Entwicklung des Vermessungswesens und der Umweltdokumentation des 20. Jahrhunderts weltweit bis heute. 1977 gibt der Astronom Paul Wild am Berner Observatorium Zimmerwald einem von ihm entdeckten Asteroiden den Namen «(2581) Bürgi». Er stellt damit eine Verbindung zwischen Toggenburger Familien her, die bereits zu Ulrich Zwinglis Zeiten miteinander bekannt sind. 1544 wandert Claus Wilhelm Wild * – der 1539 in Wildhaus Anna Zwingli, die Nichte des Reformators geehelicht hatte – von Alt St. Johann (heutiger Wildhauser Ortsteil) in den Nachbarkanton Glarus aus. Er hat nicht nur alle Zwinglis, sondern ziemlich sicher ebenfalls den für das Ausstellen der Bürgerrechtspapiere zuständigen Landweibel Lienhard Bürgi, Josts Grossvater, gekannt. Bei seinem Wegzug wird Claus Wilhelm Wild das Recht zugesichert, jederzeit zurückzukehren und das Bürgerrecht wiederzuerhalten. Auskunft über den Vermessungs-, Geodäsie- und Fotogrammetriepionier Heinrich Wild (1877–1951), diesen bedeutenden Spross einer ursprünglich toggenburgischen Familie mit Glarner Bürgerort Mitlödi, gibt *Die Einstein-Wild-Relation* des Autors.[53]

* In Wildhaus hat Claus Wilhelm nur beide Vornamen; als er sich jedoch 1544 in Glarus anmeldet, bekommt er als Familiennamen den ersten Teil seines Herkunftsortes Wildhaus zugeschrieben: So wurde aus dem Claus Wilhelm in Wildhaus der Claus Wild in Glarus.

109/ **Der Repetitionstheodolit (links) ist eine Weiterentwicklung von Wilhelms und Bürgis Kasseler Azimutalquadrant. Doch Heinrich Wild gelingt es 1922 mit dem Modell T2 (rechts), einen viel kleineren, leichteren und zuverlässigeren Theodolit herzustellen.**

110/ Eine grundlegende Erfindung Heinrich Wilds ist der verstellbare optische Koinzidenz-Telemeter, den er 1905 entwickelt und mit dem er der optischen Distanzbestimmung zum Durchbruch verhilft.

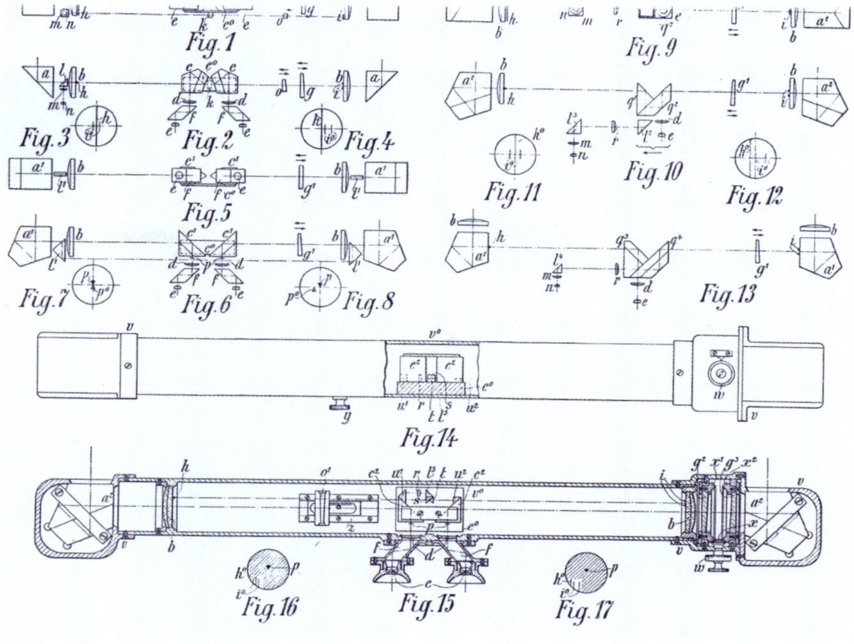

111>/ Die Neuvermessung der höchsten Berge unserer Erde, wie hier des Mount Everest im Jahre 1993, erfolgt mit optoelektronischem Theodolit, Infrarotlaser-Distanzmessgerät, GPS und Software zur Distanzbestimmung. Die Technologie basiert auf Heinrich Wild und Albert Einstein.

112>>/ Die Herstellung von Vermessungsinstrumenten für das Einmessen, die Kontrolle sowie die permanente Überwachung grosser Ingenieurbauwerke ist seit Heinrich Wild weltweit eine Domäne der Ostschweizer Industrie: hier am 2003 errichteten Viadukt von Millau mit einem 343,105 Meter hohen Brückenpfeiler, dem höchsten der Welt.

113>/ Aus Luftaufnahmen mit Wild-Objektiven, fotogrammetrischen Wild-Auswertesystemen und mit optoelektronischen Wild-Geräten erfolgt 1983 eine Mount-Everest-Neukartierung durch Schweizer Spezialisten.

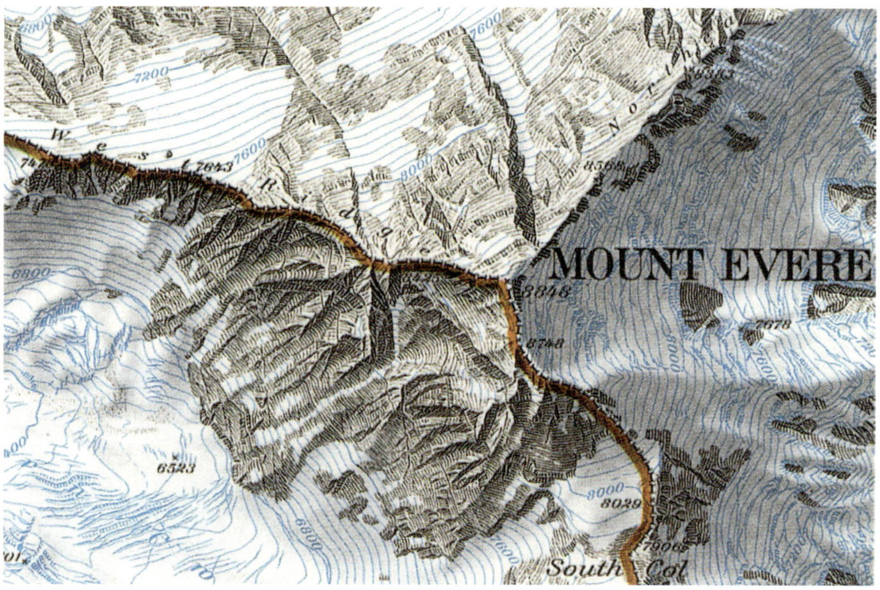

ANTINOVS. 6.		Distantia Stellarum inter se.	Altitudo meridiana.	Ascensio recta / Declinatio.	Longi: / Latitu: observ:	Longi: / Latitu: tab:	Mag:
Sub mamillis Antinoi.	Dext: humer: ♒.	33 · 21	– 38 · 43	292 · $56\frac{1}{4}$ / 0 · S · 2	24 · ♑ · $46\frac{5}{6}$ / 21 · S · $35\frac{1}{2}$	29 · ♑ · 55 (24 … 55) / 21 · S · 40	3
In manu dext:	Dext: hum: ♒.	28 · 37	36 · 43	297 · $34\frac{5}{6}$ / 1 · M · 58	29 · ♑ · $15\frac{1}{2}$ / 18 · S · 47	0 · ♒ · 5 / 19 · S · 10	3
Sinist: cubito	Dext: hum: ♒.	40 · 14	41 · $3\frac{1}{2}$	286 · $14\frac{1}{2}$ / 2 · S · $22\frac{1}{2}$	17 · ♑ · $56\frac{1}{2}$ / 24 · S · 53	17 · ♑ · 15 / 25 · S · 0	3
In latere sinist:	Dext: hum: ♒.	37 · $17\frac{1}{4}$	36 · 34	288 · 54 / 2 · M · 7	20 · ♑ · $9\frac{3}{5}$ / 20 · S · 5	19 · ♑ · 25 / 20 · S · 0	3
Hac australior						20 · ♑ · 55 / 15 · S · 30	5
Quae cunctas praecedit.						12 · ♑ · 25 / 18 · S · 10	3
DELPHINVS. 10.							
In cauda trium praecedens	Scapula Pegasi	37 · $1\frac{1}{2}$	48 · 39	303 · $27\frac{3}{4}$ / 9 · S · 58	8 · ♒ · 26 / 29 · S · $6\frac{5}{6}$	8 · ♒ · 55 / 29 · S · 10	3
Reliquarum duarum borealior.						9 · ♒ · 55 / 29 · S · 0	4
Australior earum						9 · ♒ · 55 / 26 · S · 40 (27 … 45)	4
In Romboidis praeced: latere austr:	Scapula Pegasi.	35 · $32\frac{1}{3}$	51 · 55	304 · $37\frac{2}{5}$ / 13 · S · 14	10 · ♒ · $41\frac{3}{4}$ / 31 · S · $58\frac{2}{5}$	9 · ♒ · 45 (29 ♑ 45) / 32 · S · 0	3
Borealis eiusdem lateris.	Scapula Pegasi.	34 · 56	53 · 12	305 · $10\frac{9}{10}$ / 14 · S · 31	11 · ♒ · $43\frac{1}{2}$ / 33 · S · $3\frac{3}{4}$	11 · ♒ · 25 (17 … 15) / 33 · S · 50	3
Sequentis lateris australina.	Scapula Pegasi.	34 · 4	52 · $21\frac{1}{3}$	306 · $6\frac{9}{10}$ / 13 · S · $40\frac{1}{3}$	12 · ♒ · $28\frac{3}{4}$ / 32 · S · $0\frac{1}{10}$	12 · ♒ · 35 / 32 · S · 0	3
Borea: eiusdem later:	Scapula Pegasi.	33 · $13\frac{1}{3}$	53 · 23	306 · $56\frac{2}{3}$ / 14 · S · 42	13 · ♒ · $44\frac{1}{6}$ / 32 · S · $45\frac{2}{3}$	14 · ♒ · 45 (25) / 33 · S · 10	3
Inter caudam et Rombum 3. austral:						8 · ♒ · 45 / 34 · S · 15 (10)	6
Borealis						8 · ♒ · 45 / 31 · S · 50 (35)	6
Quae sequitur						10 · ♒ · 15 / 31 · S · 30	6

Kapitel 5
Wilhelms Kasseler Astronomie

114/ **Fixsternpositionsdaten im Antinous und im Delphinus des *Grossen Hessischen Sternverzeichnisses* von 1587 (Seite 134).**

Vom strategisch denkenden Prinzen zum Landgrafen Wilhelm «der Weise»

Eine für die Astronomie der Neuzeit zentral wichtige Persönlichkeit ist der 1532 geborene Landgraf Wilhelm IV. von Hessen-Kassel (reg. 1567–1592). Intelligenz und Interesse an den aktuellen Fragen der Zeit führen nicht nur ihn auf dem Gebiet der Astronomie zu hoher Kompetenz, sondern sein gesamtes Fürstenhaus innerhalb des Heiligen Römischen Reiches Deutscher Nation und selbst in Frankreich zu grossem Ansehen.* Gemäss Karsten Gaulke ist die Beschäftigung mit der Astronomie ein strategisch geschick-

* Karsten Gaulke erinnert mit dieser Beurteilung an Christoph Rothmann, den er aus seinem Manuskript *Observationes Stellarum Fixarum* wie folgt zitiert: «Nachdem sich Wilhelm zu Beginn die Grundlagen der Astronomie angeeignet hatte, verschaffte er sich in kurzer Zeit solch tiefgehende Kenntnisse, dass es ihm gelang, alle Bewegungen der Gestirne in einen Automaten zu überführen, und obwohl er noch nicht die Geschichte der öffentlichen Angelegenheiten lenkte, regierte er doch durch die Nachahmung des ersten Bewegers, und zeigte so, was von ihm als zukünftigem Herrscher alles zu erwarten war.» (Gaulke/Hamel, S. 60).

115/ **Landgraf Wilhelm IV. von Hessen-Kassel (1532–1592) mit Gemahlin Sabine, geborene Herzogin von Württemberg.**

116 Das Kasseler Kurfürstliche Residenzschloss – Jost Bürgis Arbeitsplatz von 1579 bis 1604. Rechts aussen ist eine der beiden Altanen zu sehen, die Landgraf Wilhelm IV. als erste permanente Sternwarte anbauen liess.

117/ Wilhelmsuhr (Planetenuhr mit Himmelsglobus). Von Prinz Wilhelm mit Andreas Schöner 1559/60 berechnet, mit Eberhard Baldewein konstruiert sowie mit dem Uhrmacher Hans Bucher und dem Goldschmied Hermann Diepel gefertigt.

ter Weg Wilhelms, Ansehen und Einfluss zu gewinnen.[1] Michael Korey beschreibt das Phänomen der Übertragung von Kompetenz in der Astronomie auf diejenige der Staatskunst wie folgt: «Wilhelm sah seinen Vorteil in einer möglichst detaillierten Kenntnis und mechanischen Darstellung der Theorie und auf dieser Basis sollte sich sein politischer Status als oberste astronomische Autorität der protestantischen Herrscher gründen.»[2] Und er fährt fort: «Denn [hinter der berechneten Präzision der Planetenuhr] stand ein Machtanspruch, wonach der Dresdner Hof durch den Besitz dieser Uhr Zugang zu genauen Daten über den Lauf der Gestirne und – man könnte meinen – auch zu anderen, den Unkundigen verschlossenen Bereichen demonstrieren könnte.»[3] Zwischen 1579 und 1592 ist Wilhelm IV. Jost Bürgis Chef und öffnet ihm – wie schon seinem Vorgänger Eberhard Baldewein – alle Türen zur Erweiterung seiner Horizonte und zur optimalen Entfaltung seiner vielseitigen Talente.

Mathematische Unterstützung durch die Marburger Universität. Astronomielehrer und Berater Prinz Wilhelms ist von 1557 an der aus Bautzen stammende und in Wittenberg ausgebildete Marburger Mathematikprofessor Victorin Schönfeld (1525–1591), der zusammen mit Prinz Wilhelm den Himmel beobachtet. Zusammen mit dem von 1558 an als Hofmathematiker eingestellten Andreas Schöner schafft er die wissenschaftliche Basis für Wilhelms Ambitionen. An der renommierten nordhessischen Universität Marburg, die vom Landgrafen direkt beaufsichtigt wird, doziert von 1566 bis 1575 auch Rudolph Snel «Snellius» van Royen (1546–1613), dessen Sohn Willebrord Snellius (1580–1626) das optische Brechungsgesetz entdeckt und der 1618 als Erster die hessischen Astronomie-Forschungsresultate von Jost Bürgi publiziert.[4]

Prinz Wilhelm hat seine schulische Ausbildung nach dem Konzept des Reformators Melanchthon nicht nur in Theologie und Sprachen erhalten, sondern auch in den mathematischen Wissenschaften.[5] 1546/47 besucht Wilhelm als junger Erbprinz in Strassburg das Gymnasium des Reformpädagogen Johann Sturm. Dort trifft er den für die Strassburger astronomische Uhr wissenschaftlich verantwortlichen Conrad Dasypodius, mit dem er ein Leben lang befreundet sein wird.[6]

Die Altanen-Sternwarte. Mit dem An- und Ausbau der Altane des 1811 durch einen Brand zerstörten Kasseler Residenzschlosses schafft Prinz Wilhelm 1560/61 hier die erste permanent genutzte sternwartenähnliche Installation des neuzeitlichen Europa, die 37 Jahre lang genutzt wird.[7] Während Takiyyüddin in Istanbul bereits ab 1577 auf dem Galataturm systematisch nach Ereignissen am Himmel forscht, Papst Gregor XIII. in Rom schon 1578 eine Sternwarte («Turm der Winde») einrichten lässt und Brahe im selben Jahr seine Sternenburg fertigstellt, folgt Paris mit der Errichtung seines Observatoriums erst 1667 und Greenwich noch später 1675.[8]

Der Beginn von Wilhelms Beobachtungen. Zentrale Bedeutung für Wilhelms Interesse an der Astronomie hat Peter «Apian» Bennewitz' Buch *Astronomicum Caesareum*, in dem der Professor der Ingolstädter Jesuitenuniversität mit Kartonscheiben und Fäden die Bildung realitätsnaher Himmelskonstellationen ermöglicht – Automatismen, die man vielleicht auch mechanisch betreiben könnte, denkt sich Prinz Wilhelm. Mit astronomischen Beobachtungen hat er bereits 1557 begonnen.[9] Zu den ersten Observationen Wilhelms zählt 1558 die Erfassung eines Kometen mit einem Torquetum, dem aus der arabisch-osmanischen Himmelsbeobachtung bekannten Vermessungsgerät.[10] Wilhelms Beschreibung dieses Ereignisses gelangt drei Jahrzehnte später durch eine Abschrift von Christoph Rothmann in den Besitz von Tycho Brahe, der diese Schilderung auch veröffentlicht.[11] Schon 1562 berichtet der 1558/59 in Kassel weilende Nürnberger Mathematiker und Astronom Andreas Schöner (1528–1590) in seinem Buch *Gnomonice* von diesem Kometen, ebenso von anderen Beobachtungen und astronomischen Tätigkeiten am Kasseler Hofe. Besonders die Ermittlung der Polhöhe (geografische Breite) Kassels durch den Landgrafen mittels Zirkumpolarsternen – und nicht wie sonst bisher üblich aus Sonnenpositionen[12] – findet Kassels erster Hofmathematiker Andreas Schöner beeindruckend.

«Der wichtigste Astronom Europas». Der dänische Aristokrat und Astronom Tycho Brahe bezeichnet den hessischen Landgrafen Wilhelm IV. als den «wichtigsten Astronomen Europas»[13]. Zu einem ähnlichen Urteil kommt der französische Mathematiker Petrus Ramus: «Es ist, als habe der Landgraf Wilhelm von Hessen Alexandria nach Kassel versetzt. So bildete er in Kassel Instrumentenmacher aus, um die zur Beobachtung des Himmels erforderlichen Geräte zu erhalten. So wird er mit diesen Instrumenten jede Nacht

Der Aſtronomus.

So bin ich ein Aſtronomus/
Erkenn zukünfftig Finſternuß/
An Sonn vnd Mond/durch das Geſtirn
Darauß kan ich denn practiciern/
Ob künfftig komm ein fruchtbar jar
Oder Theuwrung vnd Kriegßgefahr/
Vnd ſonſt manicherley Kranckheit/
Mileſius den anfang geit.
E Der

118/ **Kupferner Kasseler Rechenglobus von Eberhard Baldewein (Marburg um 1561). Markiert sind auch die zu Bürgis Zeiten aktiven Sterne in der Kassiopeia (1572), im Cygnus (1600) und im Ophiuchus (1604).**

119/ **Der Astronom mit Halbmesser-Zirkel im *Buch der Stände und Handwerker* (1568) von Hans Sachs (Verse) und Jost Amman (Holzschnitte).**

durch Beobachtungen erfreut, dass man den Eindruck gewinnt, Ptolemäus sei mit seinen Armillarsphären und Messregeln aus Ägypten nach Deutschland gekommen.»[14] Bereits 1558 hatte Wilhelm einen Kometen studiert[15] und zwischen 1560 und 1563 gemäss Brahe mit «eigenen Augen und Händen» schon 58 Fixsterne eingemessen[16] sowie, wie auch Brahe selbst, die Supernova in der Kassiopeia von 1572* genau beobachtet.[17]

Das interessanteste Gerät ist ein bis heute erhaltener Azimutalquadrant, der wahrscheinlich vor 1567 von Wilhelms erstem Instrumentenmacher Eberhard Baldewein (1525–1593) aus Messing gefertigt worden ist[18] und gemäss Mackensen das älteste voll in Metall gefertigte derartige Gerät der Welt darstellen soll.[19]

Analoge Bestimmung von Koordinaten mit dem Rechenglobus. Während drei Jahrzehnten – am intensivsten zwischen 1560 und 1567 – beobachtet Wilhelm IV. mit dem Torquetum und mit seinem Quadranten immer wieder an der Kasseler Sternwarte die Himmelsobjekte und registriert und «berechnet» mit dem kupfernen Rechenglobus von 72 Zentimeter Durchmesser ihre

* Landgraf Wilhelm ist ein sehr sorgfältiger und konzentrierter Beobachter, der im Moment alles andere um sich herum vernachlässigt. So soll er 1572, als es auf dem Schloss zu brennen anfängt, erst noch die Supernova weiter beobachtet haben, bevor er sich ans Löschen machte.

der Fixsternsphäre zugeordneten Positionsdaten. Dazu umfängt den ganzen Globus ein in Sechstelgrade unterteilter Meridianring aus Messing, ein verstellbarer Höhenbogen sowie ein Stundenkreis von zwei Mal 12 Stunden in Minutenunterteilung. Ein Horizontring aus Messing hält den Meridianring. So erfolgen die Ablesung und Messung ohne grossen Rechenaufwand. Ausgehend von den Positionsdaten genau bekannter Fundamental- und Nachbarsterne wird durch Messung der Winkeldistanz die Distanz zum neuen Stern bestimmt. Anschliessend werden auf dem Rechenglobus die Sternenorte der gleichen Nachbar- und Fundamentalsterne aufgesucht und die gemessenen Winkeldistanzen von den bekannten Sternorten ausgehend mit einem grossen Stechzirkel auf den grossen kupfernen Rechenglobus übertragen. Mit den am Globus angebrachten Messskalen oder mit dem Torquetum [20] kann man anschliessend die Position des neuen Sterns von der Kugeloberfläche ablesen und als Himmels- bzw. Sternkoordinaten angeben, und zwar im äquatorialen wie im ekliptalen Koordinatensystem.[21] Da nur die Ekliptik-Längenkreise im Abstand von 30 Grad eingraviert sind, können vor allem diese mit einer Genauigkeit von 5 Winkelminuten abgelesen werden. Der Rechenglobus repräsentiert mit diesem Verfahren einen Analogrechner und vermittelt zur damaligen Zeit ein weitgehend authentisches, auf wenige Bogengrade genaues Abbild der Wirklichkeit.[22]

Bedeutender Astronom der Frühen Neuzeit

Jost Bürgi übernimmt mit seiner Anstellung am Kasseler Fürstenhof die Verantwortung für die Herstellung, Instandhaltung und Weiterentwicklung der astronomischen Instrumente. Hierfür erlernt er das Arbeiten mit Quadrant und Sextant und beobachtet in Kassel ab August 1579 den Himmel mit den Augen des Instrumentenverantwortlichen und Astronomiegehilfen. Er vermisst einige Objekte unter der Anleitung von Landgraf Wilhelm IV., ab 1585 mit Christoph Rothmann und von 1590 bis 1597 als kommissarischer Hofastronom vor allem alleine. Weil bei seinem Stellenantritt ein systematisches Projekt der Fixsternvermessung die momentan beschränkten Kapazitäten der Kasseler Sternwarte überfordern würde, widmet sich Jost Bürgi Anfang der 1580er-Jahre über längere Zeit den Sonnen- und Mondbeobachtungsreihen und mit seinen Quadranten, Sextanten und Sekundenuhren den Messungen und Berechnungen von Planetenörtern. Bereits nach drei Jahren Tätigkeit in Kassel weiss Wilhelm IV. um Bürgis Begabung auf dem Gebiet der Astronomie und schreibt dem Pfälzer Kurfürsten Ludwig IV. 1582: «Der unser itziger aurmacher, so ein sinreicher kopf ist, als ehr uns die tag unsers lebens vorkommen, hat proprio marte ein neue theoricam lunae erfunden, welche leichter beid zu imaginiren, zu rechnen und auch ins werk zu pringen ist als des Alphonsi oder Copernici.»[23] Jost Bürgi hat demzufolge nach kurzer Zeit eine Mondtheorie entwickelt, die derjenigen der *Alfonsinischen Tafeln* und von Kopernikus überlegen ist.

Anfang 1585 startet Wilhelm das dritte Kasseler Fixstern-Katalogprojekt, wobei zunächst die Erhebung der Positionsdaten von 121 Fixsternen im Mittelpunkt steht. Im November 1584 hat Christoph Rothmann die Arbeit als Hofmathematiker aufgenommen. Er ist nach Andreas Schöner (1558–1561) und nach langen Jahren der Beratung durch den Marburger Professor Victorin Schönfeld sowie dem 1576 an der Pest verstorbenen Johann Otto der dritte Amtsinhaber. Durch den ab 1585 permanenten Austausch der Daten zwischen Kassel und Uraniborg werden Fehler und Abweichungen in den Beobachtungen und Berechnungen schnell entdeckt und auf verschiedenen Wegen so weit wie möglich bereinigt.

Wilhelms neue Zirkumpolarstern-Vermessungmethode. In der Bestimmung der Polhöhe eines Ortes – also seiner geografischen Breitenposition – beschreitet Wilhelm von Beginn an einen neuen Weg. Seit je wurde die Polhöhe aus Meridianhöhen der Sonne zu den Zeiten der Solstitien (Sonnwendpunkte) abgeleitet. Aber Wilhelm folgt erstmals dem von Johannes Werner aufgezeigten Weg, die Polhöhe mithilfe des Polarsterns im Sternbild Kleiner Bär – oder anderer, vom Himmelspol nicht sehr weit entfernter «zirkumpolarer» Sterne – festzustellen. «Das Verfahren der Beobachtung zirkumpolarer Sterne schien Wilhelm und Rothmann exaktere Resultate zu versprechen als die Höhenmessung der schwerer erfassbaren Sonne zum Zeitpunkt der ohnehin jeweils nur zweimal jährlich eintretenden Sonnwendpunkte, den Solstitien», kommentiert Jürgen Hamel diese neue Strategie Kassels.[24]

Bürgis Instrumentarium revolutioniert die Himmelsvermessung. Die mit hoher Innovationskraft und Präzision geschaffenen Instrumente Jost Bürgis sind die Voraussetzung für den Einsatz desjenigen Astronomie-Vermessungsverfahrens, das erstmals ab dem 19. Januar 1585 praktiziert wird – und das später den weltweiten Standard der Astronomie darstellt. Mit der Sekundenpräzision seiner Observatoriumsuhr bei der Zeitmessung und der 30-Sekunden-Genauigkeit seiner Sextanten und Quadranten bei der Winkelbestimmung können Himmelsobjekte auch ausserhalb der Meridianposition genau gemessen werden. Voraussetzung ist die Schaffung eines Netzes von so genau wie möglich bestimmten Referenzsternen mittels sphärischer Trigonometrie. So lassen sich durch zeitkoordinierte Messung im Horizontalsystem neu hinzukommende Himmelsobjekte schnell und sicher positionieren.* Das Kasseler Referenzsystem ist auf 68 Referenzsterne ausgerichtet. Die Einmessung der ersten Hälfte davon nehmen sich im ersten Quartal 1585 Christoph Rothmann und Jost Bürgi vor und schaffen die Grundlagen für den 1586 von Rothmann zusammengefassten Fixsternkatalog mit 121 Sternen sowie für das ein Jahr später vollendete *Grosse Hessische*

* Ludwig Oechslin setzt sich in seiner Bürgi-Biografie aus dem Jahre 2000 mit den Auswirkungen von Bürgis Erfindung der Sekunden-Observatoriumsuhr auf die Astronomie auseinander. Selbst Altphilologe, Uhrmachermeister, Museumsdirektor und Uhrendesigner grosser Marken ist der heute 60-Jährige wie kaum ein anderer Zeitgenosse in der Lage, die Innovationen seines Landsmannes Jost Bürgi fachlich und historisch einzuordnen (vgl. Oechslin [2000], S. 59).

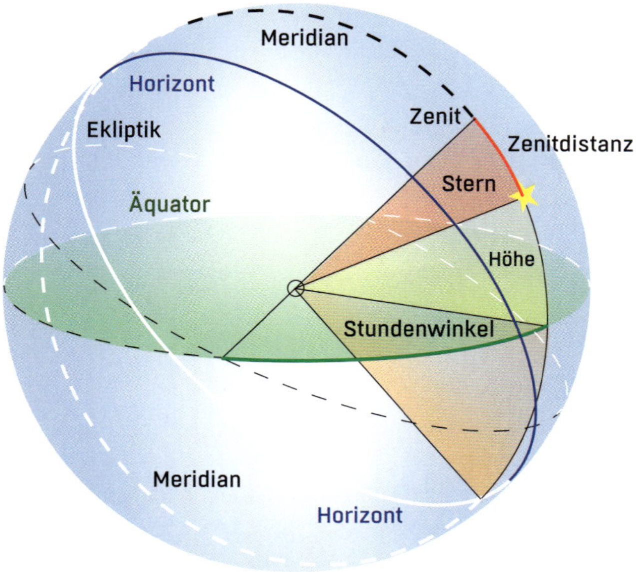

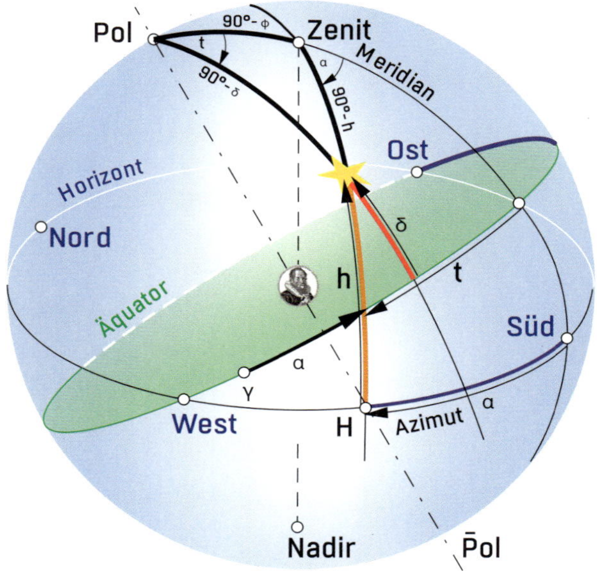

120/ **Sternvermessung im Horizontalsystem: Höhe des Sterns über dem Horizont zu einem bestimmten Zeitpunkt. Vgl. Oechslin (2000), Seite 68.**

121/ **Wichtige Bezugsebenen und Referenzpunkte bei der Kasseler Sternvermessung im Horizontalsystem und im Äquatorialsystem. Vgl. Mackensen (1979), Seite 26.**

Sternverzeichnis. Da Bürgi erst eine Sekundenuhr gefertigt hatte, mussten anfangs alle Beobachtungen mit ein und derselben Uhr realisiert werden. Um einen neuen Stern zu erfassen, «bestimmte Rothmann am Quadranten den Kulminationszeitpunkt der Sonne, während Bürgi den Gang der Uhr kontrollierte und vom Zifferblatt die Ergebnisse ablas».[25] Genau jeden Mittag wurde zum Kulminationszeitpunkt der Sonne die Laufgenauigkeit der Uhr überprüft und falls nötig nachgestellt. Abends nach Sonnenuntergang beobachtete Rothmann mit dem Azimutalquadranten das Auftauchen desselben Sterns in der Visierlinie und meldete dieses Ereignis durch Zuruf Jost Bürgi, der sofort die Zeit ablas und notierte. Die Zeitdifferenz zwischen diesen beiden Messungen entspricht der Rektaszension. «Die Deklination des Sterns wurde ebenfalls im Moment des Meridiandurchgangs an der Höhenskala des Quadranten abgelesen. So konnten in einer Nacht mehrere aufeinanderfolgende Sterne vermessen werden», schreiben Gaulke und Korey.[26] Als man vor wenigen Jahren die in den Beobachtungsprotokollen genannten Zeitangaben mit dem Computerprogramm *The Sky* nachprüft, ergibt sich in 24 Stunden eine maximale Abweichung von ±1 Minute. Durch Laufzeitkorrekturen, von Bürgi direkt nach der Messung nach subjektiver Einschätzung vorgenommen, wird die unglaublich hohe Standardgenauigkeit jedoch teilweise reduziert, aber durch Mehrfachmessungen besonders wichtiger Fundamentalsterne nahe der Ekliptik (wie α Tauri und α Leonis) wieder kompensiert.[27]

Fixsternbeobachter ohne Namen. In seiner Funktion als Instrumentenbetreuer dürfte Bürgis Anwesenheit bei nächtlichen Beobachtungen und bei den Sonnenmessungen die Regel gewesen sein. Gleichwohl tritt er gemäss Jürgen Hamel in der Fixsternvermessung selbst nur selten als Beobachter namentlich in Erscheinung: 1585 im Juni, 1586 im März und Mai, 1588 im

Februar und August, 1589 im Februar und 1590 im März.[28] Das heisst jedoch nicht, dass er nicht auch intensiv beteiligt ist. So werden beispielsweise die umfangreichen Kasseler Messserien von Meridianhöhen der Fixsterne im Januar 1585 nach einer Notiz von Rothmann gemeinsam mit Bürgi begonnen und von Rothmann neben dessen eigener persönlicher Unterschrift mit dem Zusatz *per me et Automatopaeus* («durch mich und Automatenmacher») registriert.[29] Dieser «Automatenmacher» ist Jost Bürgi, aber Rothmann unterdrückt die Nennung von Bürgis Namen praktisch überall in der Kasseler Dokumentation.

Längste Erfahrung. An der Erarbeitung der massgeblichen Fixsterndaten – zwischen 1567 und 1585 werden keine Fixsterne vermessen – sowie der Sonnen-, Mond- und Planetenbeobachtungen sind in Kassel dank der Initiative und Koordination Wilhelms IV. in 35 Jahren (1558–1592) mehrere Astronomen beteiligt, davon zwei intensiv: Jost Bürgi 19 Jahre lang (1579–1597), davon 14 Jahre intensiv, und Christoph Rothmann fünf Jahre lang und intensiv (1585–1590). Hinzu kommen zeitweise Andreas Schöner, Victorin Schönfeld (in Marburg), Cammerknecht Jacob Schwartz (1580–1585), Joannes Ottonis, Eberhard Baldewein, Hans Bucher, Johannes Hartmann, Johannes Rothmann (Christophs jüngerer Bruder), Paul Wittich und Nikolaus Reimers. Jost Bürgis Sonnenmessungen zwischen 1592 und 1596 werden von Landgraf Moritz toleriert, aber 1597 weicht Bürgi vielfach auf Schloss Brake von Graf Simon II. zur Lippe (1554–1613) aus.[30] Am 17. Oktober 1597 enden die Aufzeichnungen abrupt – das heisst nicht unbedingt auch, dass jetzt die Beobachtungen aufhören.

122/ **Der Mathematiker Christoph Rothmann (1551–1600) betreut von 1585 bis 1590 in Kassel das Astronomieprogramm.**

Erster Fixsternkatalog von Rothmann. Mit der Anstellung des an der Universität Wittenberg ausgebildeten Mathematikers und Astronomen Christoph Rothmann Ende 1584 in Kassel geht eine systematische Beobachtung der Sterne zur Erstellung eines neuen Fixsternkataloges einher. Nach eineinhalb Jahren Beobachtung und Planung in Kassel macht sich der aus Bernburg an der Saale stammende *mathematicus Aulico* (Hofmathematiker) Rothmann daran, eine erste Zusammenstellung vorzubereiten. Nach Übersendung eines Exemplars an Tycho Brahe entspinnt sich ein reger Briefwechsel über verschiedenste Fragen der Astronomie, so über die Natur der Sphären, die irdische oder himmlische Luft, die Refraktion, die Kometenentstehung und die Erddrehung.[31] Vorher setzt sich Rothmann noch mit einem im Oktober aufgetauchten schwach leuchtenden Kometen im Traktat *Scriptum de cometa* auseinander. Dann folgt ein Fixsternkatalog mit den Positionsangaben von 121 Himmelskörpern. Diese Zusammenstellung steht unter dem Titel *Tabula Observationum stellarum fixarum per distantias inter se et altitudes earundem meridianas, pro habendis aerundem declinationibus et ascensione recta, nec non longitudinibus et latitudinibus in Zodiaco, accuratissime observatarum et supputatarum a Christophoro Rothmanno Mathematico Illustriss. Hessorum Principis Aulico. Anno MDLXXXVI.* Besonders aussagekräftig ist

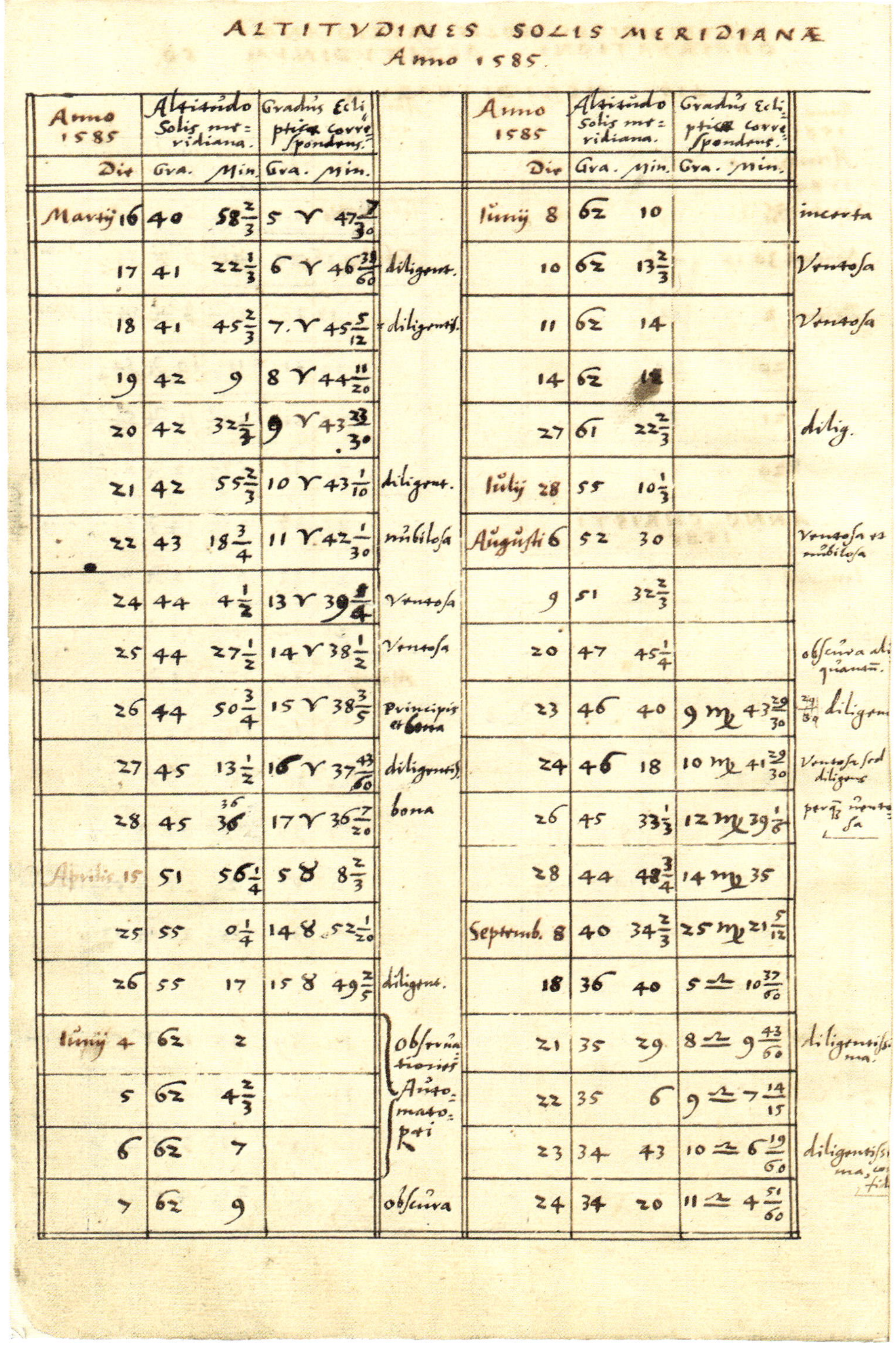

ALTITUDINES SOLIS MERIDIANÆ
Anno 1585.

Anno 1585	Altitudo Solis meridiana		Gradus Ecliptice correspondens	
Dies	Gra.	Min.	Gra. Min.	
Martij 16	40	58 2/3	5 ♈ 47 7/30	
17	41	22 1/3	6 ♈ 46 33/60	diligent.
18	41	45 2/3	7. ♈ 45 5/12	diligentiss.
19	42	9	8 ♈ 44 11/20	
20	42	32 1/3	9 ♈ 43 23/30	
21	42	55 2/3	10 ♈ 43 1/10	diligent.
22	43	18 3/4	11 ♈ 42 1/30	nubilosa
24	44	4 1/2	13 ♈ 39 3/4	Ventosa
25	44	27 1/2	14 ♈ 38 1/2	Ventosa
26	44	50 3/4	15 ♈ 38 3/5	Principijs et bona
27	45	13 1/2	16 ♈ 37 43/60	diligentiss.
28	45	36	17 ♈ 36 7/20	bona
Aprilis 15	51	56 1/4	5 ♉ 8 2/3	
25	55	0 1/4	14 ♉ 52 1/20	
26	55	17	15 ♉ 49 2/5	diligent.
Iunij 4	62	2		Observationes Automatopoei
5	62	4 2/3		
6	62	7		
7	62	9		obscura

Anno 1585	Altitudo Solis meridiana		Gradus Ecliptice correspondens	
Dies	Gra.	Min.	Gra. Min.	
Iunij 8	62	10		incerta
10	62	13 2/3		Ventosa
11	62	14		Ventosa
14	62	[illegible]		
27	61	22 2/3		dilig.
Iulij 28	55	10 1/3		
Augusti 6	52	30		Ventosa et nubilosa
9	51	32 2/3		
20	47	45 1/4		obscura aliquantum.
23	46	40	9 ♍ 43 29/30	diligens
24	46	18	10 ♍ 41 29/30	Ventosa sed diligens
26	45	33 1/3	12 ♍ 39 1/6	[illegible] ventosa
28	44	48 3/4	14 ♍ 35	
Septemb. 8	40	34 2/3	25 ♍ 21 5/12	
18	36	40	5 ♎ 10 37/60	
21	35	29	8 ♎ 9 43/60	diligentissima.
22	35	6	9 ♎ 7 14/15	
23	34	43	10 ♎ 6 19/60	diligentissima, [illegible]
24	34	20	11 ♎ 4 51/60	

123/ **Meridianhöhen der Sonne zur Bestimmung der geografischen Breite Kassels; ermittelt 16.3.–24.9.1585 in 38 Sessionen durch Christoph Rothmann und Jost Bürgi.**

das von Rothmann dazu verfasste Vorwort, da es Aufschluss gibt über Ortsdifferenzen der Sterne im Vergleich mit den älteren Verzeichnissen, über das von Wilhelm IV. entwickelte Programm eines neuen Sternkataloges sowie zu den Gedanken und Grundsätzen zur Erzielung höchster Präzision aus der Sicht Rothmanns.

Das *Grosse Hessische Sternverzeichnis* (1587)

Schon 1587 liegt die Endfassung des Verzeichnisses mit den Himmelspositionen von 383 in Kassel vermessenen Fixsternen vor und wird 1589 als edler Handschriften-Pergamentband vorgelegt.[32] Bei diesem Sternkatalog der Kasseler Sternwarte handelt es sich um die weltweit erste Beobachtungsreihe und den ersten Sternkatalog der Neuzeit.[33]

Gleichzeitig repräsentiert das *Grosse Hessische Sternverzeichnis* in der neuzeitlichen Astronomie den höchsten Qualitätsstandard. Durch die konsequente Neuvermessung von 383 Fixsternen* zwischen 1585 und 1587 werden bei den wichtigsten Orientierungspunkten Mitteleuropas erstmals die Fehler bestehender Verzeichnisse nicht länger übernommen,[34] die bis anhin die Positionsdaten der insgesamt 1025 Objekte des Sternenkataloges *Almagest* über ein Jahrtausend lang ebenso charakterisieren wie sämtliche später daraus abgeleiteten Tabellenwerke, heissen sie nun *Alfonsinische Tafeln, Reinholdsche Tafeln, Prutenische Tafeln* oder *Opus Palatinum*. Gemessen wird nicht nur mit den metallenen Quadranten und Sextanten von Jost Bürgi, sondern ebenso mit seinen Sekunden-Observatoriumsuhren. Das *Grosse Hessische Sternverzeichnis* von 1587 unterscheidet sich markant von den beiden ersten Kasseler Fixsternkatalogen der Jahre 1560 und 1566/67 und in Bezug auf seine Beobachtungsgenauigkeit sogar von dem mehr als ein Jahrzehnt später abgeschlossenen Fixsternverzeichnis von Tycho Brahe (Seite 144).

* Richard A. Jarrell unterschätzt in seinem Artikel *The Contemporairies of Tycho Brahe* die Anzahl der vom Kasseler Astronomenteam neu eingemessenen Fixsterne beträchtlich. Nicht nur 100 Sternpositionen wurden neu bestimmt, sondern 383 – und diese in wesentlich höherer Genauigkeit als bei Brahe (vgl. Jarrell, S. 29).

124/ **Fixsternpositionsdaten im Schwan (Cygnus) des *Grossen Hessischen Sternverzeichnisses von 1587.* Inhalt der acht Spalten (Seite 124):**
1) Sternbezeichnung,
2) benutzte Fundamentalsterne,
3) gemessene Distanzen zu Fundamentalsternen,
4) gemessene Meridianhöhen,
5) berechnete Deklination/ Rektaszension,
6) berechnete Länge/Breite,
7) bisherige Länge/Breite,
8) Sternhelligkeit.

125/ **Fixsternpositionsdaten im Kleinen Bär (Ursus minor) und im Grossen Bär (Ursus maior).**

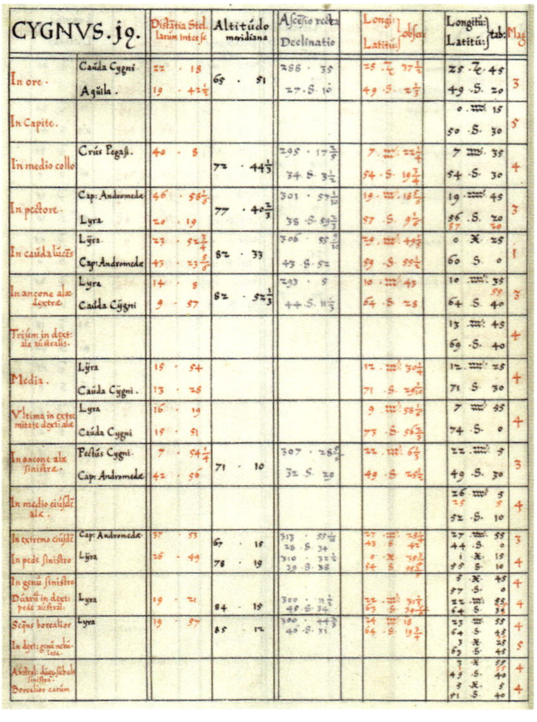

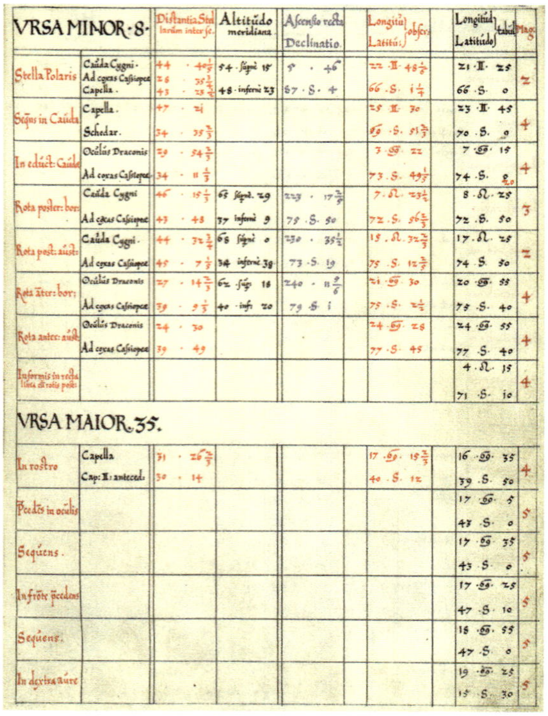

Genauigkeitsvergleich verschiedener Sternkataloge

(Für Einzelsterne berechneter Wert)	**Ptolemäus Almagest (100 n. Chr.)**	**Ulugh Beg Samarkand (1250 n. Chr.)**	**Wilhelm IV. Kassel (1566/67)**	**Rothmann/Bürgi Kassel (1587)**	**Tycho Brahe Hven/Prag (1601)**
Mittl. systematischer Fehler					
Länge	–	–10'.8	RA +1'.09	RA +0'.22	RA +0'.33
Breite	–	+7'.5	D +0'.83	D +0'.82	D +0'.82
Standardabweichung					
Länge	±20'	±17'.7	RA ±2'.2	RA ±1'.2	RA ±2'.3
Breite	±17'	±16'.5 D	±4'.6 D	±1'.5	D ±2'.4

Vergleich der systematischen Fehler von Einzelsternen der Sternkataloge von Ptolemäus (Alexandria), Beg (Samarkand), Kassel 1566/67 (Wilhelm IV.), Kassel 1586 (Rothmann, Bürgi, Wilhelm IV.) und Tycho Brahe (Hven/Prag). Werte berechnet nach Katalogwert. RA = Rektaszension, D = Deklination. (Die Tabellenwerte entnehmen wir mit freundlicher Genehmigung Hamel [2009], Seite 80.)

Verpasste – verschmähte – Chancen. Der grosse Nachteil des *Grossen Hessischen Sternverzeichnisses* ist die Tatsache, dass es während Jahrzehnten nicht gedruckt wird. Als sich der ehemalige Hofmathematiker Rothmann bei Landgraf Moritz am 25. März 1597 überraschend meldet, um nach sieben Jahren die Arbeit wieder aufzunehmen, damit der hessische Sternkatalog erscheinen kann, geht Moritz auf dieses Angebot nicht ein. Nun verstaubt der Schatz acht Jahrzehnte lang ungenutzt – kleine Ausnahmen sind die Handabschriften von Bürgi, Brahe und Kepler. Die einmalige Chance, den ersten Neuvermessungskatalog der Neuzeit zu publizieren, wird vertan.[35]

Höchste Beobachtungsgenauigkeit. Dass die Genauigkeit der in Kassel von Wilhelm IV., Rothmann und Bürgi durchgeführten Beobachtungen und Berechnungen für die damalige Zeit unübertroffen ist, lässt bereits eine Qualitätsstudie durch den Hofmathematiker Rothmann im Jahre 1586 erkennen. Er vergleicht dabei die hessischen Daten mit denjenigen der damals angeblich führenden und am grosszügigsten ausgestatteten Sternwarte Uraniborg von Tycho Brahe. Im Jahre 1998 wird die Datenqualität der Positionsangaben aus dem Jahre 1587 mit den modernsten Methoden unserer Zeit erneut analysiert.[36] Bezogen auf den Fundamentalstern Aldebaran (α Tauri) im Sternbild des Stiers ermitteln Hamel/Rothenberg für die Kasseler Positionsangaben eine Standardabweichung von ±1.2' in Rektaszension sowie von ±1.5' in Deklination. Der mittlere systematische Fehler beträgt +0.22' in Rektaszension und +0.82' in Deklination.[37] Wegen eines systematischen Fehlers in der rechnerischen Sonnenparallaxkorrektur sind im Kasseler Katalog alle Längengradangaben zusätzlich um 6 Bogenminuten nach Osten versetzt, das heisst, der Rektaszensionswert für den Oculus Tauri ist 6 Bogenminuten zu gross angegeben: Das entspricht 24 Zeitsekunden oder rund 11 Kilometern auf der Erdoberfläche.

Ominöse 6-Bogenminuten-Differenz durch Datenaustausch mit Brahe erkannt. Die systematische Abweichung von 6 Bogenminuten in der geografischen Länge hätte aufgrund des Datenaustausches zwischen Hven und Kassel bei etwas grösserer Einsicht Rothmanns wahrscheinlich eliminiert werden können. Eine solche Längenminuten-Differenz zwischen den Positionsangaben von Wilhelm und von Brahe stellen die Kasseler und Uraniborger Astronomen nämlich bereits Mitte 1585 bei der Vermessung des Kometen fest.

Fehlerhafte Sonnenparallaxen-Werte in Kassel und auf Hven. Mit dem Sonnenparallaxen-Korrekturwert soll der Unterschied korrigiert werden, der entsteht, wenn man zwar theoretisch den Mittelpunkt zwischen den Zentren der beiden Himmelskörper berechnet, diesen jedoch praktisch nur von der Oberfläche her messen kann (und ebenfalls nur bis zur Oberfläche des Sterns). Die Hessen in Kassel und die Dänen auf Hven setzen bei der Erstellung solcher Verzeichnisse einen entsprechenden Korrekturwert ein. Der systematische Fehler von 6 Bogenminuten im *Grossen Hessischen Sternverzeichnis* beruht auf einer Inkonsequenz: Für die Sonnenparallaxe hat man sowohl in Kassel als auch auf Uraniborg einen Wert übernommen, der schon seit je benutzt wird, der aber auch schon immer viel zu hoch ist. Mit 3 Bogenminuten war der Korrekturwert für die Sonnenparallaxe gemäss Jürgen Hamel (2002) fälschlicherweise 20-mal grösser eingesetzt als in Wirklichkeit mit 8′.79″.[38] Während es Brahe gelingt, diesen Fehler durch eine Mittelbildung mit Daten aus Elongations-Anschlussmessungen weitgehend zu kompensieren, belastet er systematisch die Kasseler Resultate. Eine der Hauptursachen des viel zu grossen Parallaxen-Korrekturwertes war die völlige Unterschätzung der tatsächlichen Weltraumentfernungen.

Tycho Brahe diskutiert die Differenz mit Wilhelm und Rothmann in einem ausführlichen Briefwechsel. «Es ist unmöglich festzustellen, auf welcher Seite der Fehler liegt. Daher können wir unsere Beobachtungswerte nicht zurückziehen, die wir mit nicht weniger Sorgfalt erarbeitet haben als Sie Ihre Werte»[39], schreibt Wilhelm an Tycho, und er fährt fort, dass er in der von Rothmann vorbereiteten Publikation der hessischen Sternpositionen den Bogenwinkel-Unterschied von 5 Minuten weder erwähnen noch abziehen werde.

Heute weiss man, dass Brahe mit seinem Urteil recht hatte. «Der Landgraf gibt alle Längen um sechs Bogenminuten zu gross an!»[40] In Unkenntnis der tatsächlichen Fehlerursachen scheinen sich die Astronomenteams in Kassel und Uraniborg auf diese systematische Abweichung einzustellen, ohne jedoch das Kasseler Fixsternverzeichnis konsequenterweise gleich um diesen Wert zu korrigieren.

Rothmanns Handbuch der Astronomie von 1589. Der «theoretische» Teil des *Grossen Hessischen Sternverzeichnisses* ist Bestandteil eines umfassenden Textes, den Rothmann parallel zur separaten Veröffentlichung vorbereitet,

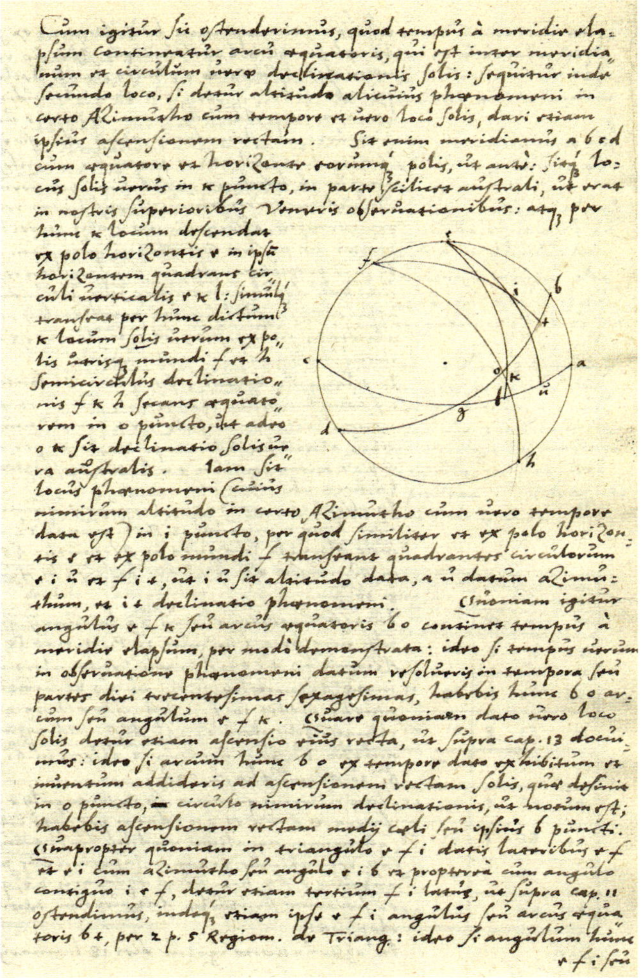
Cum igitur sic ostenderimus, quod tempus a meridie ela-
psum continetur arcu aequatoris, qui est inter meridianum et circulum verae declinationis solis: sequitur inde
secundo loco, si detur altitudo alicuius phaenomeni in
certo Azimutho cum tempore et vero loco solis, dari etiam
ipsius ascensionem rectam. Sit enim meridianus a b c d
cum aequatore et horizonte eorumque polis, ut ante: sitque locus solis verus in k puncto, in parte scilicet australi, ut erat
in nostris superioribus Veneris observationibus: atque per
hunc k locum descendat
ex polo horizontis e in ipsum
horizontem quadrans cir-
culi verticalis e k l: simulque
transeat per hunc dictum
k locum solis verum ex polis utrisque mundi f et h
semicirculus declinatio-
nis f k h secans aequato-
rem in o puncto, ut adeo
o k sit declinatio solis ve-
ra australis. Iam sit
locus phaenomeni (cuius
nimirum altitudo in certo Azimutho cum vero tempore
data est) in i puncto, per quod similiter et ex polo horizontis e et ex polo mundi f transeant quadrantes circulorum
e i u et f i t, ut i u sit altitudo data, a u datum Azimu-
thum, et i t declinatio phaenomeni. Quoniam igitur
angulus e f k seu arcus aequatoris b o continet tempus a
meridie elapsum, per modo demonstrata: ideo si tempus verum
in observatione phaenomeni datum resolveris in tempora seu
partes diei tricentesimas sexagesimas, habebis hunc b o arcum seu angulum e f k. Quare quoniam dato vero loco
solis detur etiam ascensio eius recta, ut supra cap. 13 docui-
mus: ideo si arcum hunc b o ex tempore dato exhibitum et
inventum addideris ad ascensionem rectam solis, quae desinit
in o puncto, in circulo nimirum declinationis, ut notum est;
habebis ascensionem rectam medii caeli seu ipsius b puncti.
Quapropter quoniam in triangulo e f i datis lateribus e f
et e i cum azimutho seu angulo e i b et propterea cum angulo
contiguo i e f, detur etiam tertium f i latus, ut supra cap. 11
ostendimus, indeque etiam ipse e f i angulus seu arcus aequatoris b t, per 2 p. 5 Regiom. de Triang.: ideo si angulum hunc
e f i seu

126/ **Manuskriptseite aus Christoph Rothmanns** ***Handbuch der Astronomie*** **von 1589.**

jedoch nicht mehr abschliesst. Erstmals wird er 2003 von Miguel A. Granada, Jürgen Hamel und Ludolf von Mackensen redigiert und ediert. Er erscheint mit ausführlicher deutschsprachiger Einleitung und Erläuterung unter dem Titel *Christoph Rothmanns Handbuch der Astronomie von 1589* in lateinischer Sprache und repräsentiert ein Kompendium der theoretischen und praktischen Astronomie des späten 16. Jahrhunderts mit grosser wissenschaftlicher Bedeutung, «da es sowohl nach der Vielfalt der behandelten Themen als auch nach dem hohen Niveau der Diskussion in dieser Zeit eine wissenschaftliche Spitzenleistung darstellt»[41].

Mehrere handschriftliche Kopien. Der Datenaustausch der Kasseler Sternwarte erfolgt nicht nur mit Brahe. Im Mai 1602 hat Moritz von Nassau – kaiserlicher Statthalter der Niederlande – eine Kopie des *Grossen Hessischen Sternverzeichnisses* angefordert und diese im September des gleichen Jahres erhalten.[42] In den militärischen Diensten des Nassauischen kaiserlichen Statthalters steht 1618/19 ein junger französischer Offizier namens René Descartes, dem wir später auch noch in Ulm bei Faulhaber und in Prag beinahe bei Jost Bürgi begegnen werden sowie bei der Weiterführung von Bürgis geometrischer Algebra.

127/ **Sternwarte Greenwich: John Flamsteed (1646–1719) publiziert in seiner Reihe *Historia Coelestis* das *Grosse Hessische Sternverzeichnis von 1587.***

128/ **Johannes Hevelius (1611–1687) in Danzig gilt als äusserst genauer Beobachter und zieht das *Grosse Hessische Sternverzeichnis* in zahlreichen Fällen Brahes Katalogangaben vor.**

TYCHONIS BRAHE DANI

EPISTOLARVM
ASTRONOMICARVM
LIBRI

Quorum
PRIMVS
HIC
ILLVSTRISS: ET LAVDATISS: PRINCIPIS GVLIELMI HASSIAE LANDTGRAVII AC ipsius Mathematici Literas, vnaq; Responsa ad singulas complectitur.

NORIBERGÆ
Apud Levinum Hulsium.
CVM CÆSARIS ET REGVM QVORVNDAM PRIVILEGIIS.

ANNO
M D C I.

129/ **1596 erscheinen die zwischen Hven und Kassel ausgetauschten Briefe im Buch *Epistolarum.***

Auch Landgraf Philipp III. von Hessen-Butzbach, der mit Kepler befreundet ist, erbittet sich 1604 eine Abschrift des *Grossen Hessischen Sternverzeichnisses.* Da die Druckfassung erst 1666 als Anhang der Beobachtungsjournale Tycho Brahes von 1582 bis 1601 beim Augsburger Drucker Simon Utzschneider erscheint, beschränkt sich die Verbreitung dieses Werkes – und damit auch die Kenntnisse darüber – jahrzehntelang auf die zuvor genannten Fachleute einschliesslich der Brahe-Mitarbeiter und Johannes Kepler sowie französischen und englischen Spezialisten.

Kasseler Forschungen in Frankreich begehrt. Seit den Berichten Pierre «Ramus» de la Ramée von 1567 über die fortschrittliche Kasseler Sternwarte sind die Kasseler Daten vor allem auch in Frankreich begehrt, wo noch 1760 im Auftrag der Pariser Akademie der Wissenschaften eine umfassende Abschrift erstellt wird. Kassel ist im Verlaufe des Siebenjährigen Krieges von französischen Truppen besetzt worden, sodass die Originalaufzeichnungen in die Hände der Sieger gefallen sind und von Kopisten abgeschrieben wurden. Noch heute ist diese Pariser Abschrift eine zuverlässige Informationsquelle überall dort, wo im Verlaufe der Zeit – besonders im Zweiten Weltkrieg – hessische Originale vernichtet wurden. Das Druckprojekt dieser hessischen Unterlagen wird in Frankreich nur deswegen nicht mehr weiterverfolgt, weil der verantwortliche Astronom Nicolas Louis de Lacaille 1762 plötzlich stirbt. Jean Etienne Montucla würdigt diese Kasseler Arbeiten – besonders der Zeitmessung – 1758 in seinem Werk *Histoire des Mathématiques* eingehend.

Verdacht auf Datendiebstahl. Wegen der hohen Genauigkeitsübereinstimmung der Sternpositionen der Verzeichnisse aus Kassel und Hven – maximal 3 Bogenminuten Abweichung in Länge und Breite – meint der erste Astronom des Königlichen Greenwicher Observatoriums John Flamsteed (1646–1719) gemäss John Leopold sogar, die Kasseler Astronomen hätten Brahes Daten einfach kopiert.[43] Wie wir jedoch wissen, ist es in Realität so, dass *das Grosse Hessische Sternverzeichnis* ein Jahrzehnt vorher vorliegt, dass Brahe in seinem Fixsternkatalog mit zuverlässigen Kasseler Daten die eigenen Angaben überprüft, zu starke Abweichungen mit Kassel diskutiert und ein- oder beidseitig korrigiert bzw. harmonisiert. Unsere These, dass verschiedene Beobachtungsdaten in Brahes Werk von Bürgi stammen oder von ihm stark beeinflusst sind, wird durch die Flamsteed-Analyse bestätigt, dies allerdings reziprok auf irreführende Weise.

Späte Publikation. Das *Grosse Hessische Sternverzeichnis* wird für die breite Öffentlichkeit leider erst 1666 durch einen Druck in Augsburg innerhalb der *Historia Coelestis* zugänglich – 75 Jahre nach seiner Fertigstellung. Von der Fachwelt wird die Veröffentlichung mit Interesse aufgenommen. Jedoch hat die Astronomie zwischenzeitlich einen tief greifenden Wandel vollzogen, und dies sowohl in der theoretischen als auch in der praktischen Astronomie;

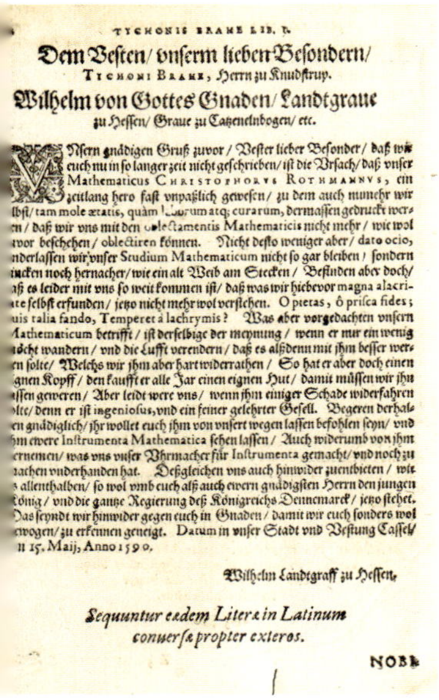

TYCHONIS BRAHE LIB. I.

Dem Besten/ vnserm lieben Besondern/
TICHONI BRAHE, Herrn zu Knudstrup.

Wilhelm von Gottes Gnaden/ Landtgraue
zu Hessen/ Graue zu Catzenelnbogen/ etc.

VNsern gnädigen Gruß zuvor / Bester lieber Besonder/ daß wir euch nu in so langer zeit nicht geschrieben/ ist die Vrsach/ daß vnser Mathematicus CHRISTOPHORVS ROTHMANNVS, ein zeitlang hero fast vnpaßlich gewesen/ zu dem auch nunmehr wir lbst/ tam mole ætatis, quàm [illegible]orum atq; curarum, dermassen gedruckt wer-en / daß wir vns mit den oblectamentis Mathematicis nicht mehr / wie wol vor beschehen / oblectiren können. Nicht desto weniger aber / dato ocio, nderlassen wir vnser Studium Mathematicum nicht so gar bleiben / sondern incken noch hernacher/ wie ein alt Weib am Stecken / Befinden aber doch/ aß es leider mit vns so weit kommen ist/ daß was wir hiebevor magna alacri-ate selbst erfunden/ jetzo nicht mehr wol verstehen. O pietas, ô prisca fides; uis talia fando, Temperet à lachrymis? Was aber vorgedachten vnsern Mathematicum betrifft / ist derselbige der meynung / wenn er nur ein wenig öcht wandern / vnd die Lufft verendern / daß es alßdenn mit jhm besser wer-en solte/ Welchs wir jhm aber hart widerrathen / So hat er aber doch einen gnen Kopff / den kaufft er alle Jar einen eignen Hut / damit müssen wir jhn ssen geweren / Aber leidt were vns / wenn jhm einiger Schade widerfahren lte/ denn er ist ingeniosus, vnd ein feiner gelehrter Gesell. Begeren derhal-en gnädiglich/ jhr wollet euch jhm von vnsert wegen lassen befohlen seyn/ vnd hm ewere Instrumenta Mathematica sehen lassen / Auch widerumb von jhm ernemen/ was vns vnser Vhrmacher für Instrumenta gemacht/ vnd noch zu achen vnderhanden hat. Deßgleichen vns auch hinwider zuentbieten / wie s allenthalben/ so wol vmb euch alß auch ewern gnädigsten Herrn den jungen König / vnd die gantze Regierung deß Königreichs Dennemarck / jetzo stehet. Das seyndt wir hinwider gegen euch in Gnaden / damit wir euch sonders wol ewogen/ zu erkennen geneigt. Datum in vnser Stadt vnd Vestung Cassel/ n 15. Maij, Anno 1590.

Wilhelm Landtgraff zu Hessen.

Sequuntur eædem Literæ in Latinum conuersæ propter exteros.

NOBI

130/ **Publiziert werden von Tycho Brahe im *Epistolarum* auch sehr persönliche Briefe Wilhelms.**

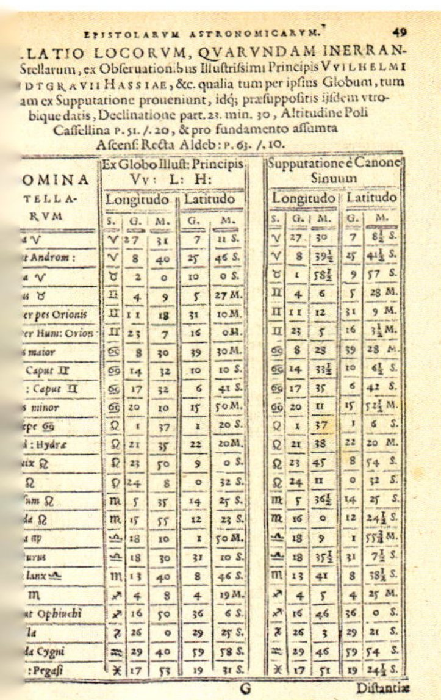

EPISTOLARVM ASTRONOMICARVM. 49

-LATIO LOCORVM, QVARVNDAM INERRAN-
Stellarum, ex Obseruationibus Illustrissimi Principis VVILHELMI
-DTGRAVII HASSIAE, &c. qualia tum per ipsius Globum, tum
am ex Supputatione proueniunt, idq; præsuppositis iisdem vtro-
bique datis, Declinatione part. 23. min. 30, Altitudine Poli
Cassellina p. 51. /. 20, & pro fundamento assumta
Ascens: Recta Aldeb: p. 63. /. 10.

OMINA TELLA-RVM	Ex Globo Illust: Principis Vv: L: H:					Supputatione è Canone Sinuum				
	Longitudo			Latitudo		Longitudo			Latitudo	
	S.	G.	M.	G.	M.	S.	G.	M.	G.	M.
a ♈	♈	27	31	7	11 S.	♈	27	30	7	8½ S.
t Androm :	♈	8	40	25	46 S.	♈	8	39½	25	41½ S.
a ♈	♉	2	0	10	0 S.	♉	1	58½	9	57 S.
s ♉	♊	4	9	5	27 M.	♊	4	6	5	28 M.
er pes Orionis	♊	11	18	31	10 M.	♊	11	12	31	9 M.
er Hum: Orion	♊	23	7	16	0 M.	♊	23	5	16	3½ M.
s maior	♋	8	30	39	30 M.	♋	8	28	39	28 M.
Caput ♊	♋	14	32	10	10 S.	♋	14	33½	10	6½ S.
: Caput ♊	♋	17	32	6	41 S.	♋	17	35	6	42 S.
s minor	♋	20	10	15	50 M.	♋	20	11	15	52½ M.
epe ♋	♌	1	37	1	20 S.	♌	1	37	1	6 S.
d : Hydræ	♌	21	35	22	20 M.	♌	21	38	22	20 M.
ix ♌	♌	23	50	9	0 S.	♌	23	45	8	54 S.
♌	♌	24	8	0	32 S.	♌	24	11	0	32 S.
um ♌	♍	5	35	14	25 S.	♍	5	36½	14	25 S.
da ♌	♍	15	55	12	23 S.	♍	16	0	12	24½ S.
a ♍	♎	18	10	1	50 M.	♎	18	9	1	55⅔ M.
urus	♎	18	30	31	10 S.	♎	18	35½	31	7½ S.
lanx ♎	♏	13	40	8	46 S.	♏	13	41	8	38½ S.
♏	♐	4	8	4	19 M.	♐	4	5	4	25 M.
ut Ophiuchi	♐	16	50	36	6 S.	♐	16	46	36	0 S.
la	♑	26	0	29	25 S.	♑	26	3	29	21 S.
da Cygni	♒	29	40	59	58 S.	♒	29	46	59	54 S.
: Pegasi	♓	17	53	19	31 S.	♓	17	51	19	24½ S.

G Distantiæ

131/ **Die Daten der Beobachtungen in Kassel hat Brahe bereits lange vor Fertigstellung des *Grossen Hessischen Sternverzeichnisses* erhalten.**

man denke nur an die zunehmende Akzeptanz des heliozentrischen Weltsystems, die keplerschen Gesetze, die *Rudolfinischen Tafeln*, die Erfindung des Teleskops, und die Erforschung des Südhimmels.[44] Weitere 50 Jahre später nimmt John Flamsteed, der erste königliche Astronom der Sternwarte Greenwich, gemäss Jürgen Hamel das *Grosse Hessische Sternverzeichnis* als mustergültiges Beispiel in die von ihm herausgegebene Reihe *Historia coelestis Britannicae Vol. 3* auf,[45] eine Sammlung von wichtigen Sternkatalogen (Claudius Ptolemäus/Hipparch, Ulugh Beg, Tycho Brahe, Johannes Hevelius).

Briefe als Buch. Die zwischen Hven und Kassel ausgetauschten Briefe entwickeln sich in einigen Fällen zu nahezu wissenschaftlichen Abhandlungen, in denen unter anderem noch ungeklärte elementare Fragen der Physik diskutiert werden: beispielsweise ein 21-seitiger Informationsbrief über die in Kassel verwendeten Instrumente oder ein kurzer Dialog zur Erddrehung. Der 1596 von Brahe nach dem Tod Wilhelms IV. auf 340 Druckseiten veröffentlichte Briefwechsel zwischen Kassel und Uraniborg *Epistolarum* ist für die Zeitgenossen so interessant, dass davon gleich drei Auflagen gedruckt werden müssen.[46] Einseitig beleidigend und arrogant lassen sich dabei in ihren sonst von viel gegenseitigem Respekt getragenen Briefen die beiden Korrespondenten Brahe und Rothmann über den kaiserlichen Hofmathematiker und Freund Bürgis Nikolaus Reimers aus, während der geniale Jost Bürgi für diese beiden Akademiker meist namenlos immer nur der *Horologiopaeus* (Uhrmacher) oder *Automatopaeus* (Automatenmacher) bleibt und nur ganz selten zum *Illiteratus* («Ungebildeten») wird. Der Briefwechsel gilt als authentisches Zeitzeugnis, wie damals gesellschaftliche und wissenschaftliche Probleme diskutiert wurden.

Ein Angebot für Tycho Brahe von Frederik II.

Anfang April 1575 besucht der dänische Adelige und Astronom Tycho (Tyge) von Brahe (1546–1601) Kassel. Die einzigartige Sternwarte der hessischen Residenzstadt ist die erste Adresse auf einer bis nach Venedig führenden neunmonatigen Bildungsreise durch das Römische Reich Deutscher Nation. Er bleibt eine Woche lang Gast von Landgraf Wilhelm IV. von Hessen-Kassel. In diesen Tagen stirbt die kleine drittgeborene Prinzessin, ein Todesfall, der berührt und Brahes Besuch in Kassel verkürzt. Gleichwohl markiert die einwöchige Begegnung der beiden aristokratischen Astronomen einen Meilenstein auf dem Weg in die neue Astronomie. Wilhelm IV. kommt dabei unter anderem das Verdienst zu, dass er Tycho Brahe mit grosser Offenheit über seine bisherigen Erfahrungen, Instrumente und Projekte an der Kasseler Sternwarte ins Bild setzt. So übergibt er ihm eine Abschrift des in jahrelanger Arbeit von ihm geschaffenen zweiten *Kasseler Sternverzeichnisses* aus dem Jahre 1567 – niemand auf der Welt hat zu dieser Zeit ein genaueres – und bespricht mit ihm seine Aufzeichnungen über den Kometen von 1568 sowie über die Supernova von 1572/1573 in der Kassiopeia. Tycho Brahe, der von eigenen Himmelsvermessungen in Augsburg und im dänischen Herrevad ebenfalls über neue Daten verfügt, scheint seinerseits Wilhelm IV. davon keine Kopien überlassen zu haben. Nach der Rückkehr von der grossen Deutschlandreise in sein Heimatland bietet der dänische König Frederik II. dem jungen, aber damals bereits recht bekannten Wissenschaftler eine einzigartige Lebensperspektive an, die Brahe nicht ausschlagen wird: die Errichtung eines astronomischen Observatoriums zwischen Kopenhagen und Helsingör auf der Venusinsel (Hven) im Öresund sowie dessen spätere Leitung.

132/ **Tycho Brahe (1546–1601). Nasenprothese und fehlendes halbes Ohr – verloren in einem Duell – sind durch den Künstler bzw. durch seitliche Abdrehung gut kaschiert.**

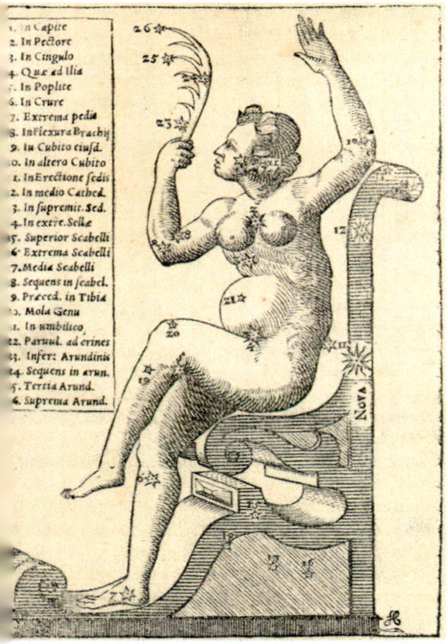

133/ **Brahes Nova aus dem Jahre 1572, kartiert in der Lehne der launischen Kassiopeia.**

Tycho Brahes Bezug zur Schweiz. Tycho Brahe ist 1575 auf Europareise. Er will den Ort suchen, der in Zukunft sein Lebensmittelpunkt sein soll. Nach Kassel führt ihn die Route über Frankfurt, Freiburg und Basel nach Venedig. Anschliessend kehrt er nach Dänemark zurück, und zwar über Augsburg, Regensburg – zur Krönung Rudolfs II. als römisch-deutscher König am 1. November 1575 –, Nürnberg und Dresden. Nach Beurteilung all dieser Orte entscheidet sich Tycho Brahe für die Wohnsitznahme in der mit rund 10 000 Einwohnern damals grössten Schweizer Stadt Basel. In seiner Schrift *Mechanica* schildert Tycho 1598 seine Meinung über Basel: «Ich bereitete mich also gedanklich auf die Wohnsitznahme in Basel oder dessen Umgebung vor. Ich mag diesen Ort lieber als andere Regionen Deutschlands, teilweise aufgrund der bekannten Universität und den bemerkenswert gebildeten Menschen dort, teils auch wegen des gesunden Klimas und der angenehmen Lebensmöglichkeiten; aber auch, weil Basel wie auf dem Punkt zwischen Italien, Frankreich und Deutschland liegt, an dem sich die drei grössten Länder Europas treffen; sodass es möglich würde, durch Korrespondenz Freundschaften mit zahlreichen illustren und gebildeten Leuten an verschiedenen Orten aufzunehmen und zu pflegen sowie meine Forschungsresultate für die öffentliche Nutzung so zu verbreiten, dass sie viel mehr Empfänger erreichen.»[47] Die königliche Offerte ist aber stärker.

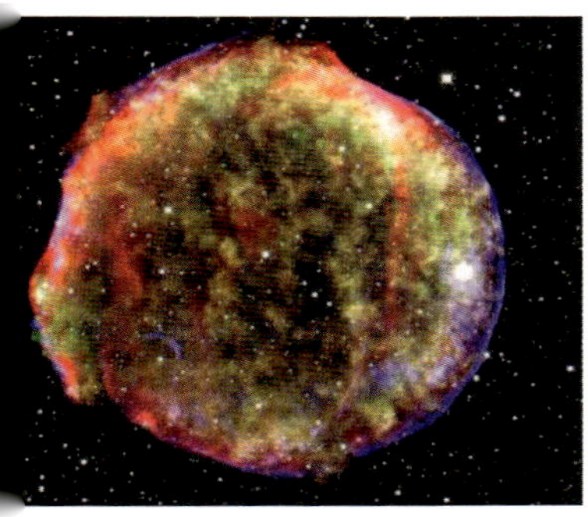

134/ **Die Reste von Brahes Nova von 1572 sind 438 Jahre später nur noch mit modernsten Methoden einer Farbbild-Datenfusion der Sternwarte Heidelberg und der NASA als Weltraum-Echo zu erkennen.**

Überdimensionierte Instrumente. Als Brahes «Himmelsburg» (Uraniborg) 1580 auf Hven fertiggestellt ist, beeindruckt dieser erste Zweckbau eines Forschungszentrums der Neuzeit seine Besucher nicht nur mit seiner Architektur mehrerer für die Himmelsbeobachtung optimierter Instrumentenplattformen. Noch imposanter ist seine Ausstattung mit den damals grössten astronomischen Messinstrumenten: darunter ein genau nach Süden ausgerichteter und fest in Form einer Mauer installierter Quadrant von 2,5 Meter Radius sowie eine Armillarsphäre von 2,9 Meter Durchmesser aus Stahl- und Messingringen. Für die anwesenden Forscher – manchmal bis zu 30 gleichzeitig – verfügt er über Aufenthalts- und Übernachtungsräume.

Der Augsburger Messing-Rechenglobus. Der 1570 in Augsburg begonnene und mittlerweile angelieferte Messing-Rechenglobus mit einem Holzkern von 1,46 Meter Durchmesser muss in Uraniborg erst noch fertiggestellt werden. Alleine für die Herstellung dieses *Globus Magnus Orichalcicus* sollen insgesamt 5000 Taler Kosten aufgelaufen sein – das entspricht dem sechsfachen Jahressold des kaiserlichen Hofastronomen. In die Messingoberflächenverkleidung dieses Riesenglobus werden ab Dezember 1580 beide Ekliptik- und Äquatorkreise graviert, unterteilt in Bogenminuten, und der Globus wird dann mit den Meridian- und Horizontringen versehen. Dann kann man endlich mit der Positionierung der gut 1000 Fixsterne beginnen, deren Gravur 1584 abgeschlossen ist.[48] Dabei beträgt die Positionierungsgenauigkeit des sphärischen Messsystems 1,5 Bogenminuten.

EFFIGIES TYCHONIS BRAHE O.F.
ÆDIFICII ET INSTRUMENTORVM
ASTRONOMICORVM STRVCTORIS
Aº. DOMINI 1587 ÆTATIS SVÆ 40

135/ **Tycho Brahe auf seiner Sternwarte Uraniborg mit Mauerquadrant von 2,5 Meter Radius, Uhren, Aufenthalts- und Forschungsräumen (Alchemielabor) für Gäste sowie Beobachtungsplattformen mit Quadrant, Armillarsphäre und Sextant.**

Brahes ungenaue Uhren. Tycho Brahe lässt sich für Hven eigens Uhren anfertigen. Doch er verfehlt durch einseitige Grössenmaximierung sein Ziel. Maximale Grösse bedeutet nicht automatisch maximale Genauigkeit. Das realisiert Brahe zuerst bei seinen Uhren, die er später durch den Beizug von Jost Bürgi revidieren muss.

Zu Beginn bestimmt Brahe die Zeit mittels grosser Uhren und Zahnrädern von bis zu 1200 Zähnen pro Rad, übersieht dabei aber Fehler beim Bau der Räderwerke und die negativen Auswirkungen von Temperaturschwankungen auf und durch die grossen Bauteile der Instrumente. Deshalb entsinnt sich Brahe zunächst wieder einer Klepsydra-Wasseruhr – von Brahe allerdings mit Quecksilber gefüllt –, die es gestattet, die Zeit in Form echt «verflossener» Stunden, Minuten und Sekunden abzulesen. Doch auch diese Lösung befriedigt nicht.

1592 bittet Tycho Brahe Wilhelm IV. in einem Brief, ihm doch nach dem Tod seines Goldschmieds Johannes «Aurifaber» behilflich zu sein, einen Fachmann zu suchen, der wisse, wie man Uhren und Automaten baut und betreut,[49] der «mit den Automatis und Horlogiis etlichermassen umzugehen wisse» [50]. Wilhelm bestätigt Tycho, dass Bürgi sich während seiner soeben anstehenden Prag-Reise darum kümmern werde. Demnach dürften ab 1593 auch auf Uraniborg Bürgis sekundengenaue Uhren die Zeitgeber Tycho Brahes sein.

Schwierigkeiten mit Brahes Geräten. Nicht nur die Uraniborger Uhren sind zu gross geraten, sondern auch die anderen Instrumente. Die riesigen Ringe der Armillarsphäre Brahes sind so schwer, dass sie sich verformen. Brahes Sextant ist auf eine Kugel montiert und mit seinen schweren Eichenholzschenkeln von 1,7 Meter Länge kaum transportierbar. Darüber hinaus haben immer zwei Personen gleichzeitig das Instrument zu bedienen und im selben Moment zwei verschiedene Sterne gleichzeitig anzuvisieren, was unter den Assistenten Brahes grössere Unstimmigkeiten heraufbeschwört.[51]

Aufgrund der genaueren Vermessungsgeräte erzielt man in Kassel einige Jahre nach dem Eintritt Jost Bürgis genauere Positionsdaten der Gestirne als Tycho Brahe. Das Ausmass dieses Genauigkeitsvorsprunges erkennt man vollumfänglich allerdings erst 1998, als man die Positionsangaben beider Sternwarten aus der damaligen Zeit mit modernen Methoden überprüft. Wie die Standardabweichungen zeigen, ist die Zuverlässigkeit und Beobachtungsgenauigkeit der Kasseler Sternmessung mit ihren kleineren Metallinstrumenten fast doppelt so hoch wie diejenige von Brahe in Uraniborg mit seinen riesigen hölzernen Instrumenten, denen Feuchtigkeits- und Temperaturschwankungen laufend zusetzen.[52] So realisiert Jost Bürgi – nicht Tycho Brahe – 1582 mit seinen feinjustierbaren Metallkonstruktionen, basierend auf dem Visierprinzip, nach 2000-jähriger Tradition die genauesten und die handlichsten Instrumente dieser Art, bevor die Optik mit ihren stark vergrössernden Objektiven das gesamte Instrumentarium der Astronomie und Vermessung verändert.

König Christian IV. lässt Brahes Observatorien schleifen. Weil Tycho Brahe nach dem Tod König Frederiks II. wegen Rebellionen der ihn auf Hven anvertrauten und geknechteten Bauern sowie unter dem Einfluss anderer dänischer Adeliger im Königshaus in Ungnade fällt, wird Uraniborg auf Hven unter Frederiks Sohn Christian IV. zurückgebaut und die roten und weissen Steine zur Errichtung des Wohnsitzes einer guten Bekannten des Königs wiederverwendet.[53] Tycho selbst findet nach ersten Aufenthalten in Kopenhagen und Rostock von 1597 bis 1599 in Wandsbek Aufnahme beim astronomisch und astrologisch interessierten Grafen Heinrich von Rantzau, Statthalter des dänischen Königs in Holstein und gleichzeitig einer der Fürsten des Deutschen Reiches. Rantzau hat schon Nikolaus «Raimarus Ursus» Reimers gefördert und zum Landvermesser ernannt, sodass ihm dieser 1583 sein Buch *Geodaesia Ranzoviana* widmet. Aber gerade diese beiden bald in Prag aufeinandertreffenden Rantzau-«Schützlinge» Reimers und Brahe verfeinden sich durch ihren Prioritätsstreit bis in den Tod.

Tycho Brahes Meisterwerk

Ein gutes Jahrzehnt nach dem Abschluss des *Grossen Hessischen Sternverzeichnisses* ist 1598 in Wandsbek auch der weitaus umfassendere *Tychonische Fixsternkatalog* mit 777 neu vermessenen Fixsternen fertiggestellt. Tycho Brahe und seine zahlreichen Assistenten bestimmen zwischen 1580 und 1597 auf Hven 777 von insgesamt 1004 angegebenen Fixsternen neu und

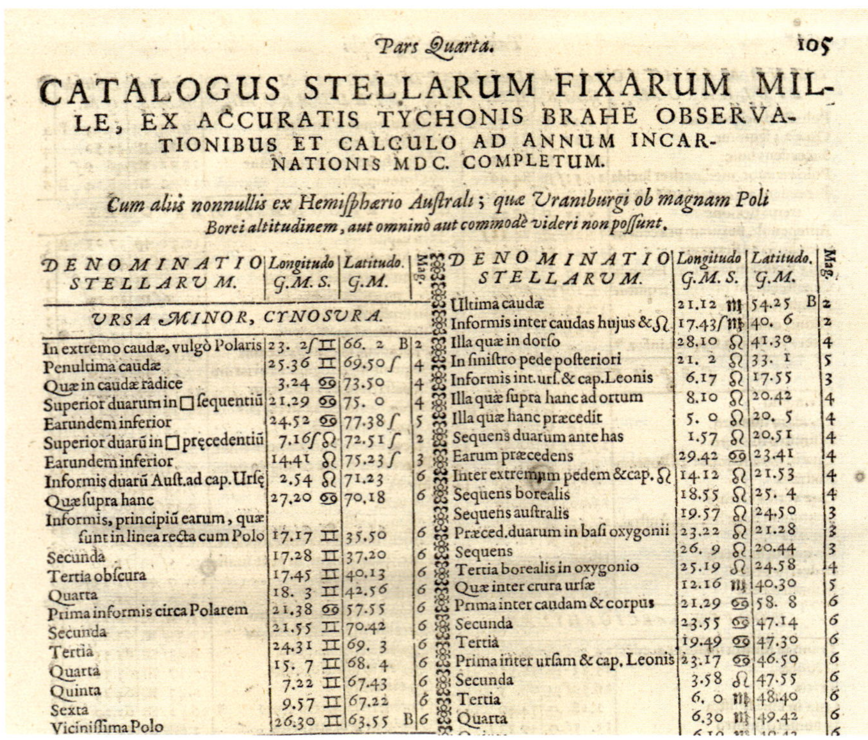

Pars Quarta. 105

CATALOGUS STELLARUM FIXARUM MILLE, EX ACCURATIS TYCHONIS BRAHE OBSERVATIONIBUS ET CALCULO AD ANNUM INCARNATIONIS MDC. COMPLETUM.

Cum aliis nonnullis ex Hemiſphærio Auſtrali; quæ Uraniburgi ob magnam Poli Borei altitudinem, aut omninò aut commodè videri non poſſunt.

DENOMINATIO STELLARUM.	Longitudo G.M.S.	Latitudo. G.M.	Mag.
URSA MINOR, CYNOSURA.			
In extremo caudæ, vulgò Polaris	23. 2ſ ♊	66. 2 B	2
Penultima caudæ	25.36 ♊	69.50ſ	4
Quæ in caudæ radice	3.24 ♋	73.50	4
Superior duarum in □ ſequentiũ	21.29 ♋	75. 0	4
Earundem inferior	24.52 ♋	77.38ſ	5
Superior duarũ in □ prӕcedentiũ	7.16ſ ♌	72.51ſ	2
Earundem inferior	14.41 ♌	75.23ſ	3
Informis duarũ Auſt.ad cap.Urſę	2.54 ♌	71.23	6
Quæ ſupra hanc	27.20 ♋	70.18	6
Informis, principiũ earum, quæ ſunt in linea recta cum Polo	17.17 ♊	35.50	6
Secunda	17.28 ♊	37.20	6
Tertia obſcura	17.45 ♊	40.13	6
Quarta	18. 3 ♊	42.56	6
Prima informis circa Polarem	21.38 ♋	57.55	6
Secunda	21.55 ♊	70.42	6
Tertia	24.31 ♊	69. 3	6
Quarta	15. 7 ♊	68. 4	6
Quinta	7.22 ♊	67.43	6
Sexta	9.57 ♊	67.22	6
Viciniſſima Polo	26.30 ♊	63.55 B	6

DENOMINATIO STELLARUM.	Longitudo G.M.S.	Latitudo. G.M.	Mag.
Ultima caudæ	21.12 ♍	54.25 B	2
Informis inter caudas hujus & ♌	17.43ſ ♍	40. 6	2
Illa quæ in dorſo	28.10 ♌	41.30	4
In ſiniſtro pede poſteriori	21. 2 ♌	33. 1	5
Informis int. urſ. & cap. Leonis	6.17 ♌	17.55	3
Illa quæ ſupra hanc ad ortum	8.10 ♌	20.42	4
Illa quæ hanc præcedit	5. 0 ♌	20. 5	4
Sequens duarum ante has	1.57 ♌	20.51	4
Earum præcedens	29.42 ♋	23.41	4
Inter extremum pedem & cap. ♌	14.12 ♌	21.53	4
Sequens borealis	18.55 ♌	25. 4	4
Sequens auſtralis	19.57 ♌	24.50	3
Præced. duarum in baſi oxygonii	23.22 ♌	21.28	3
Sequens	26. 9 ♌	20.44	3
Tertia borealis in oxygonio	25.19 ♌	24.58	4
Quæ inter crura urſæ	12.16 ♍	40.30	5
Prima inter caudam & corpus	21.29 ♋	58. 8	6
Secunda	23.55 ♋	47.14	6
Tertia	19.49 ♋	47.30	6
Prima inter urſam & cap. Leonis	23.17 ♋	46.50	6
Secunda	3.58 ♌	47.55	6
Tertia	6. 0 ♍	48.40	6
Quarta	6.30 ♍	49.42	6

136/ **Tycho Brahes Sternkatalog erscheint 1627 in den *Rudolfinischen Tafeln*.**

137/ **Die Streuung der Genauigkeit der Sextantenmessungen Brahes in den Jahren 1587–1596 in Bogensekunden gemäss J. Wünsch (Stichprobengrösse n = 180 Messungen).**

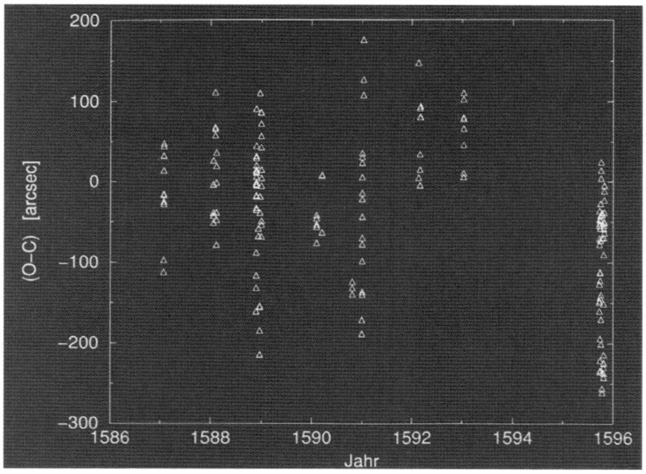

registrieren zunächst insgesamt Tausende von Planetenörtern sowie Mond- und Sonnenpositionen. Gemessen wird mehrheitlich mit den immobilen und enorm grossen Mauerquadranten und der Armillarsphäre sowie mit den hölzernen Zwei-Mann-Sextanten von Tycho Brahe, ab 1593 auch unter dem Einsatz von Sekunden-Observatoriumsuhren von Bürgi. Tycho Brahe berücksichtigt bei seinen Messungen ebenfalls atmosphärische Einflüsse.

Genauigkeitsprobleme des grossen Brahe-Sextanten. Eine von Johann Wünsch durchgeführte Untersuchung über *Die Messgenauigkeit von Tycho Brahes grossem Sextanten* vergleicht die Genauigkeit der damals mit dem grossen Holzsextanten Brahes eingemessenen Planetenpositionen mit den Präzisionsdaten des Jahres 2003.[54] Dabei ergeben 180 zufällig ausgewählte Stichproben aus den Jahren 1587–1597 bei einer Einzelmessung für den Saturn eine Standardabweichung von ± 80" und beim Jupiter bzw. beim Mars von ± 89 Bogensekunden. Johann Wünsch kommt dabei zu folgenden Schlussfolgerungen: «Insgesamt ist dies ein etwas pessimistisches Ergebnis für Tycho Brahe. Hevelius war mit ± 45" demnach etwas genauer. Nach Chapman (1995) werden Tycho Brahe ± 30"... ± 50" zugeschrieben. Vielleicht hatten die Quadranten eine bessere Messgenauigkeit als der Sextant. Die beweglichen Planeten sind schwerer zu messen als Fixsterne. Grössere Stichproben wären sicher nützlich.»[55] Insgesamt bekräftigen auch diese Resultate die Messgenauigkeit aufgrund der Präzisionsfertigung der Bürgi-Messgeräte und ihre Justierstabilität in verschiedenen Umgebungssituationen.

Durchbruch in Kassel. «Nicht nur Brahe, sondern gleichermassen den Mitarbeitern der Kasseler Sternwarte, in erster Linie Rothmann und Bürgi, gelang der Durchbruch zu einer bis dahin undenkbaren Genauigkeit von Sternpositionen – letzteren in zeitlichem Vorsprung von einigen Jahren, allerdings bezogen auf eine geringere Sternzahl als Tycho», schreibt Jürgen Hamel[56] in seinem wichtigen Beitrag über die astronomischen Forschungen in Kassel unter Wilhelm VI.

Kapitel 6
Kaiserliche Himmelsgloben

138/ **Kleiner Himmelsglobus von Jost Bürgi. Der silberne Planetenglobus, den Bürgi 1592 Rudolf II. persönlich nach Prag überbracht hat, ist leider verschollen. Er dürfte diesem Himmelsglobus von 1594 technisch ebenbürtig gewesen sein (Seite 153).**

Eine Planetenglobusuhr für den Kaiser in Prag

Der erste Mensch, der 1586 sowohl ein dreidimensionales Mechanikmodell der tychonischen Planetenbewegungen Brahes als auch ein solches automatisch ablaufendes nach Kopernikus herstellt, ist 1586/87 Jost Bürgi.[1] Sogar Kaiser Rudolf II. wünscht sich 1592 durch den Hersteller Jost Bürgi «ein Uhrwerk, das auch den Lauf der Planeten aufzeigt»[2]. Der Neffe von Landgraf Wilhelm IV. von Hessen-Kassel bezieht sich bei seiner Anfrage auf ein astronomisches Sonnensystemmodell, das Bürgi erst kürzlich für Wilhelm IV. gefertigt hat: eine silberne Planetenglobusuhr, auf der man zu jeder Zeit auf einen Blick den jeweiligen Stand aller Planeten inklusive der Erde sowie denjenigen von Sonne und Mond erkennen kann und ebenso den täglichen Umlauf der Fixsterne. Ihre Sternpositionen entsprechen den genauen Messungen des neuen *Hessischen Sternverzeichnisses*, wobei die neu observierten Sterne auf dem Globus mit roter Farbe markiert sind.[3] Jost Bürgi stellt für Johannes Kepler anhand seiner Markierungen auf der silbernen Planetenglobusuhr fest, dass der neue Stern im Schwan bei der Globusfertigung 1591 in Kassel noch nicht sichtbar ist, sodass er erst hinterher erschienen sein muss.[4] Diese silbervergoldete Planetenglobusuhr dürfte gemäss John Leopold (1986) das technisch anspruchsvollste Gerät gewesen sein, das Bürgi jemals gefertigt hat.[5] Sie hat die im Dreissigjährigen Krieg über die Kaiserliche Wunderkammer in Prag hereinbrechenden Raubzüge – besonders der schwedischen Truppen 1638 und 1648 – nicht überstanden und ist heute ebenso verschollen wie eine bauähnliche zweite Planetenglobusuhr.[6] Von den insgesamt mindestens fünf anderen Planetenmodellen, die Bürgi konzipiert und gefertigt hat, ist einzig noch dasjenige der Planetenuhr von 1605 erhalten (Seite 92).

Die Habsburger Kaiserdynastie und die Schweiz. Die Habichtsburg auf dem Wülpelsberg gilt als die Stammburg des Territorialfürstengeschlechtes der Habsburger. Sie überragt im heutigen Kanton Aargau etwa 10 Kilometer vor dem Zusammenfluss von Aare, Limmat und Reuss im Schweizer Mittelland bei Brugg seit 1012 den bewaldeten Höhenzug am rechten Aareufer. Das Schloss Habsburg wurde zwischen 1020 und 1030 vom Grafen Radbot und Frau Ita von Lothringen erbaut, die Ländereien zwischen Aare und

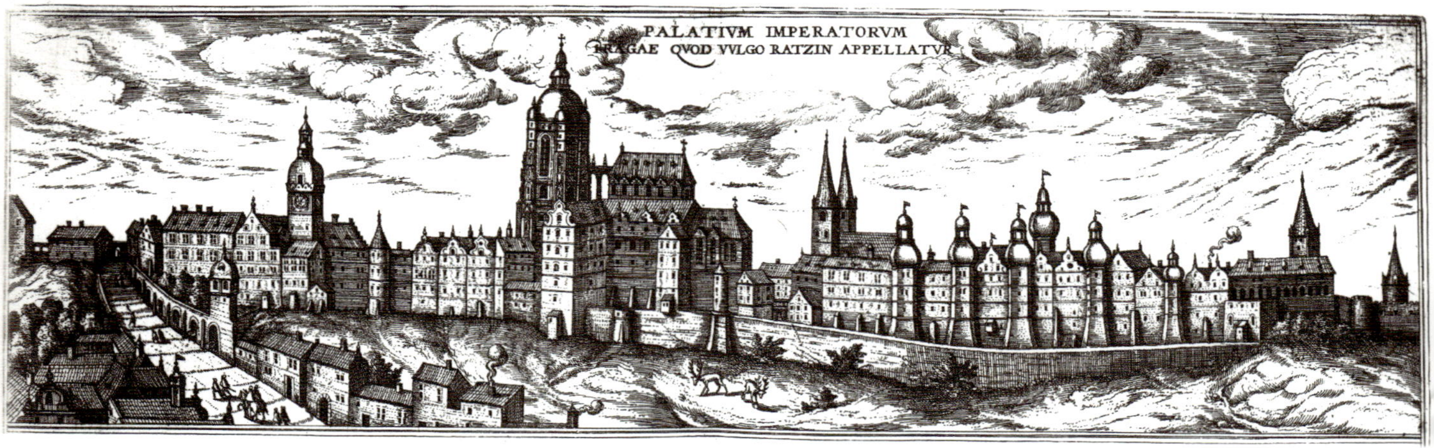

139/ **Blick auf den Hradcany in Prag.**

140/ **Kaiser Rudolf II. verlegt seine Kaiserresidenz 1583 nach Prag.**

141/ **Die Habsburg heute.**

142>/ **Die Habsburg, gemalt von Ulrich Fisch im Jahre 1627. Erste weitgehend naturgetreue Darstellung der Stammburg der Habsburger.**

Reuss sowie zwischen Basel und Strassburg besitzen. Bis diese ursprünglich elsässische Adelsfamilie ab etwa 1230 ihr Domizil in die Kleinstädte Baden und Brugg verlagert, lebt sie hier auf der Habsburg. 1273 wird mit dem 55-jährigen Rudolf I. erstmals ein Habsburger von den Kurfürsten zum deutschen König gewählt – dies unter Umgehung des Staufersprosses Alfons X. von Kastilien durch das Kurfürstenkollegium. Rudolf I. ist es, der fünf Jahre später den böhmischen König Ottokar II. (reg. 1253–1278) schlägt und dabei wesentliche Territorien in den Besitz der Habsburger bringt: Diese Kriegsbeute wird zum Eckpfeiler des habsburgischen Besitzes. Dieser mit zunehmendem Reichtum verbundene Machtanspruch wird auch in der Schweiz immer spürbarer, als die Habsburger 1291 die Stadt Luzern erwerben und als die Herrscher Habsburg-Österreichs im 14. Jahrhundert Expansionsgelüsten in der Schweiz verfallen, was allerdings in eidgenössischen Verteidigungskriegen (Schlachten 1315 bei Morgarten und 1383 bei Sempach) zum Gegenteil führt. 1438 wird Albrecht II. zum Kaiser des Heiligen Reiches Deutscher Nation gewählt, dies vor allem aufgrund geschickter Heiratspolitik der Habsburger Seitenlinien in Österreich und in vielen anderen Staaten. So ist die Formierung der Schweiz zum eigenständigen Staat eine fortwährende Auseinandersetzung mit den aufsteigenden Habsburgern: beginnend 1291 mit der Verbündung der drei Waldstätten, und sich erweiternd um die Städte Luzern, Glarus, Zürich, Zug und Bern ab 1353. Nun entstehen in der Schweiz Konflikte zwischen pro- und contra-habsburgischen Eidgenossen (Alter Zürcherkrieg 1436–1454), die zusammen mit den für die Schweiz erfolgreichen Burgunderkriegen sowie der Aufnahme der Städte Freiburg und Solothurn zu immer tragfähigeren Bündnissen und der weiteren Stärkung der Eidgenossenschaft führen. 1481 kommt es zum ersten verfassungsähnlichen Vertrag aller beteiligten Orte (Stanser Verkommnis) und zum gemeinsamen Widerstand gegen die von Kaiser Maximilian I. angestrengten Wiedereingliederungsversuche der Eidgenossenschaft in das Heilige Römische Reich Deutscher Nation. Ab 1495 weigern sich die Eidgenossen, die finanziellen Lasten von Reichsreform, inklusive Türkenkriege und Hussitenbekämpfung, mitzutragen und das Reichskammergericht anzuerkennen. Als der mittlerweile zum deutschen König aufgestiegene Maximilian I. im Februar 1499 Truppen

Ô Habspurg dů fürstliches haus seer altte
Bist diser zeitt schon komen vmb dein gstalte:
Ist doch nit aůsgelöscht dein Edler namen
vnd grünt der fürstlich Stamen.

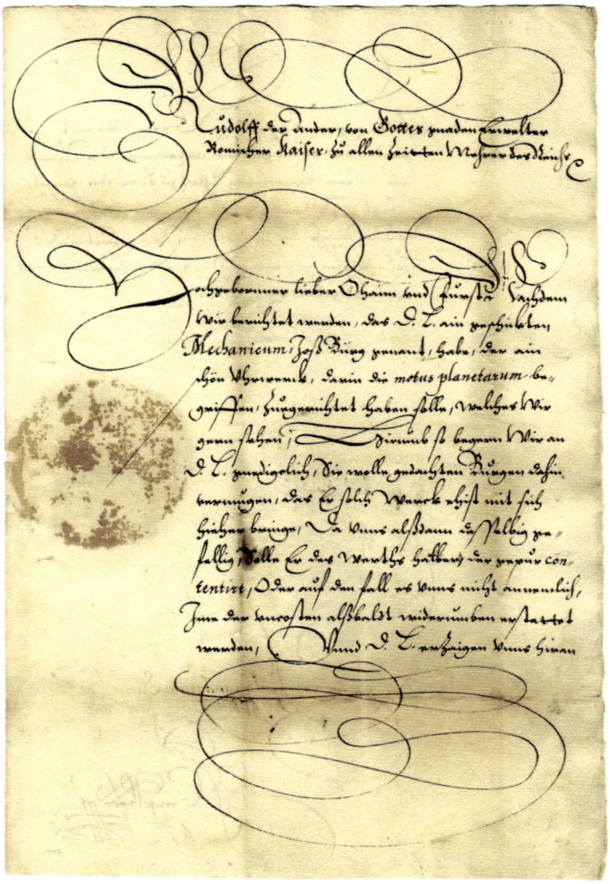

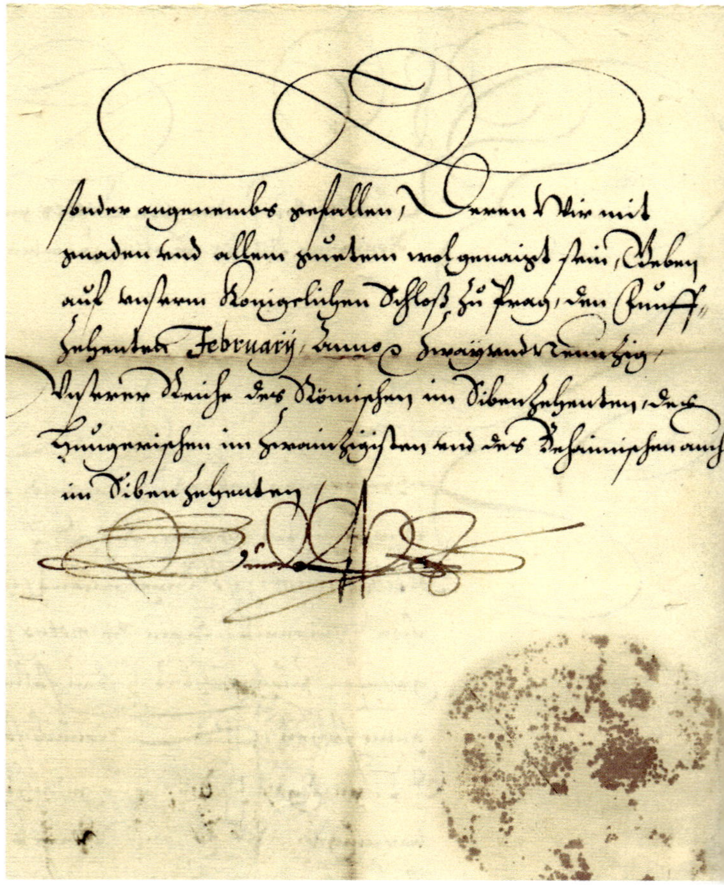

143/ **Brief, datiert 16.2.1592, von Kaiser Rudolf II. an seinen Onkel Wilhelm IV. von Hessen-Kassel mit der Bitte, den Mechanicum Joss Bürg mit seinem *motus planetarum* zu ihm nach Prag zu senden.**

144/ **Rückseite des von Kaiser Rudolf II. persönlich unterschriebenen Bittbriefes.**

einsetzt und den Schwäbischen Bund mit seinen Reichsstädten und Reichsrittern aktiviert, bleiben die Schweizer bei diesen sogenannten Schwabenkriegen (in Deutschland: «Schweizerkriegen») mehrfach siegreich. Im September 1499 wird zur Beendigung des Krieges der Friede von Basel vereinbart und die Eidgenossenschaft faktisch unabhängig vom Deutschen Reich. Nun schliessen sich 1501 auch Basel und Schaffhausen sowie 1513 Appenzell mit ihren jeweiligen Untertanengebieten der Alten Eidgenossenschaft an, mit der weitere zugewandte Orte (darunter als erste die st.-gallische Fürstabtei und die Stadt St. Gallen) und Gemeine Herrschaften verbündet sind. Mit dem Westfälischen Frieden wird die staatliche Unabhängigkeit und Souveränität der Schweiz 1648 auch *de jure* völkerrechtlich bestätigt.

Vom Kaiser eingeladen. Der Wunsch des Kaisers des Heiligen Römischen Reiches nach einer automatisierten mechanischen Planetenglobusuhr führt den Uhrmacher Jost Bürgi 1592 erstmals zum gleichaltrigen Rudolf II. nach Prag. Für die silberne Planetenglobusuhr – ein heute leider verschollenes Hauptwerk Jost Bürgis – kann der Uhrmacher vom Kaiser ein Ehrengeschenk von 300 Talern in Empfang nehmen.[7] In Prag trifft er auf einen guten Bekannten, denn seit einem Jahr ist Bürgis Freund Nikolaus Reimers hier als kaiserlicher Hofmathematiker und Astronom tätig und lehrt gleichzeitig als Professor an der Universität Prag Mathematik und Astronomie. Zusätzlich zur bestellten silbernen Planetenglobusuhr überreicht Jost Bürgi Kaiser Rudolf II. als persönliches Geschenk ein Exemplar seines neuen Proportional-Reduktionszirkels.[8]

Gemeinsamkeiten zwischen Kaiser und Uhrmacher. Der Ururgrossvater Rudolfs II., der zum Kaiser aufgestiegene Maximilian I. (geb. 1459, reg. 1508–1519), hat auf dem Konstanzer Reichstag im Jahre 1507 noch verkündet, selbst «ein geborener guter Eidgenosse zu sein»[9]. Doch ist es nicht etwa die beidseitige schweizerische Abstammung oder der gleiche Geburtsjahrgang, die den Lichtensteiger Uhrmacher Bürgi zuerst zu einer kurzen Audienz und später dauerhaft zum Habsburger Kaiser Rudolf II. nach Prag auf die Hofburg bringen sollte. Was die beiden Europäer mit Migrationshintergrund in Prag zusammenführt, sind einerseits Bürgis weltweit einzigartige Talente und Instrumente sowie andererseits Rudolfs II. aussergewöhnliche Neigung zum Juwelier-, Uhren- und Goldschmiedehandwerk. Hinzu kommen Rudolfs Interesse an den Künsten und an den Wissenschaften sowie der kaiserliche Reichtum und seine Macht.

145/ **Kaiser Rudolf II. (geb. 1552, reg. 1576–1612), gemalt um 1580.**

Jost Bürgi am Bayerischen Hof. Auf seiner Rückreise von Prag geht Bürgi zuerst nach Nürnberg und anschliessend nach Augsburg, wo er in die mitgeführte Musikuhr noch Glocken einbauen muss. Weil er in Kassel die bereits Herzog Wilhelm V. von Bayern versprochene Musikuhr («ein gesangwerk mit glocken»[10]) noch fertigzustellen hat, bevor er sie in München dem Wittelsbacher Herrscher übergeben kann, musste der Kaiser bereits einige Wochen auf die Überbringung seines Planetenglobus warten. Nachdem er bereits in Nürnberg Glocken gekauft hat – aber für dieses Objekt nicht die richtigen –, besorgt er diesmal die passenden in Augsburg und nimmt an einem Uhrmacher-Arbeitsplatz eines ihm bekannten Kollegen die Montage vor. Zusätzlich zu dieser Musikuhr bringt er auch noch eine Reiseuhr («ein werk uf die kutsche»[11]) und als Geschenk Wilhelms IV. von Hessen-Kassel für seinen Neffen Herzog Wilhelm V. von Bayern einen Schrittzähler («meszwerk, so dem herzogen in Beyern verehrt»[12]) an die Münchener Residenz mit. Von München reist er wahrscheinlich entlang der damals bedeutenden Süd-Nord-Reichsstrasse (heute «Romantische Strasse») nach Kassel zurück, also über die Freien Reichsstädte Nördlingen, Dinkelsbühl und Rothenburg ob der Tauber (Seite 46) sowie über Würzburg durch den Spessart und über die karge Röhn ins Hessische. Als Jost Bürgi in Kassel ankommt, vernimmt er, dass Landgraf Wilhelm IV. bereits am 25. August 1592 verstorben ist. Elf Tage zuvor hat Wilhelm IV. von Kaiser Rudolf II. noch den von Bürgi in Nürnberg einem Kurier übergebenen handschriftlichen Brief des Kaisers erhalten, in dem er sich bei Wilhelm für die Überbringung der Planetenglobusuhr durch Bürgi bedankt.[13] Wilhelms Nachfolger werden sein Sohn Moritz I. und 1628 dessen Sohn Wilhelm V. Beide verlängern Bürgis Anstellungsvertrag.

Weitere Besuche Bürgis in Prag. Jost Bürgis Besuch auf der Kaiserburg in Prag wird nach 1592 auch 1596/97 wieder gewünscht, vielleicht zur Nachjustierung der Planetenglobusuhr. Er organisiert die Hinreise über Dresden, um dort in der Kunstkammer Kollegen aufzusuchen, zu fachsimpeln, Neuzugänge kennenzulernen sowie seine Observatoriums-Sekundenuhr und die aus Kassel gelieferten Globusuhren zu warten. Im Jahre 1603 beginnt Bürgi mit der teilweisen Übersiedelung in die Kaisermetropole. Im Mai 1604, bei seiner Arbeitsaufnahme auf dem Hradschin, überbringt Jost Bürgi Kaiser Rudolf II. einen Quadranten und «ein neu instrument. So zur perspektivabreissung gebraucht wird»[14], das Perspektivzeicheninstrument, und hält sich von da an permanent in Prag auf. Mit Johannes Kepler arbeitet er schon 1603 wegen seiner *Coss-Algebra* zusammen und unterstützt ihn mit astronomischen Beobachtungen. Nachdem der Kaiser darauf drängt, dass Jost Bürgi gleich jetzt in Prag bleibe, schreibt Rudolf II. Landgraf Moritz nach Kassel und bittet ihn zum November 1604 um die Freigabe Bürgis, der der Landgraf zähneknirschend zustimmt.[15]

Bürgis Kleiner Himmelsglobus und weitere Meisterwerke

Der im Landesmuseum Zürich des Schweizer Nationalmuseums ausgestellte automatisierte Himmelsglobus von Bürgi aus dem Jahr 1594 ist mit nur 14,2 Zentimeter Durchmesser seine kleinste und letzte Globusuhr – einmal abgesehen vom Miniatur-Himmelsglobus in seiner Bergkristalluhr. Er gilt als die weltweit perfekteste aller automatisierten Globusuhren überhaupt. Augenfälligen Kontrast bildet der ebenfalls im Landesmuseum stehende sogenannte St. Galler Erd- und Himmelsglobus, dessen Durchmesser 8,5-mal und dessen Oberfläche 72-mal grösser ist. Er ist nur ein Vierteljahrhundert älter, hat mit diesem aber die Anlehnung des Malers an den Bildstil Dürers und des Graveurs an die Kartierkunst Gerhard Mercators gemeinsam. Fachleute wie Ludwig Oechslin[16] sind beeindruckt von den differenzierten astronomischen Abläufen und einer unübertroffenen Anschauungskraft. In seinem Innern aus Stahl und Messing steuern komplexe Mechanikfunktionen den Himmelsglobus. So vollzieht die Erdachsenschiefe-Korrektur der Zeitgleichung ein von Bürgi bereits in seiner Äquationsuhr eingesetztes epizyklisches Getriebe und die Anpassung an die exzentrische elliptische Erdbahn ein ungleichmässig geschnittener Zahnkranz. Mittels dreier verschiedener Koordinatensysteme kann man von jedem gravierten Stern die jeweiligen Positionsdaten sofort ablesen: die Himmelskoordinaten am Äquatorsystem (Deklination/Rektaszension) oder als Ekliptikkoordinaten am Ekliptiksystem (Länge/Breite entlang der Ekliptik); ebenso die Horizontkoordinaten mit der Höhe des Himmelskörpers (Azimut) aus der Ebene des Betrachters gemäss dem Horizontring sowie seiner Deklination und Rektaszension. Der Kleine Himmelsglobus gelangt 1978 dank einer Schenkung von Walter

Haefner, Zürich, aus dem Besitz von Joseph Fremersdorf in das Eigentum der Eidgenossenschaft.[17] Dieser kleine Himmelsglobus von 1594 ist das einzige Werk Jost Bürgis, das seither in seinem Geburtsland, der Schweiz, zu sehen ist.

1028 positionsgenau markierte Fixsterne. Auf den Kugelhalbschalen des Himmelsglobus aus vergoldetem Messing umfangen die Gravuren von 49 künstlerisch hochwertigen Sternbildfiguren 1028 positionsgenau markierte Fixsterne, wobei gegenüber dem *Almagest*-Verzeichnis Jost Bürgi zwei und Wilhelm IV. vier Extrasterne hinzugefügt haben.[18] Die genauen Positionen von 383 dieser Fixsterne hatte Jost Bürgi zusammen mit Wilhelm IV., Christoph Rothmann sowie mit zeitweise bis zu drei weiteren Beobachtungsgehilfen an der Kasseler Sternwarte in jahrelangen Himmelsbeobachtungen persönlich eingemessen und in ihrer Helligkeit teilweise leicht abweichend von Ptolemäus' *Almagest* klassiert. In der Gestaltung der von Antonius Eisenhoit gestochenen Sternbildfiguren ist Albrecht Dürers prägender Stil noch immer unverkennbar.

146/ **Der Kleine Himmelsglobus von Jost Bürgi aus dem Jahre 1594. Auf der Oberflächengrösse eines A4-Blattes sind in den Sternbildern 1028 Fixsterne eingezeichnet, davon 374 von Bürgi und Rothmann selbst vermessene.**

147/ **Herkules passt als eine der von Antonius Eisenhoit gestochenen 49 Sternbildfiguren allegorisch gut zu Bürgi, dem starken Leistungsträger der Astronomie der Neuzeit.**

148/ **Das kleine Sonnensymbol umrundet den Globus einmal jährlich und zeigt den aktuellen Sonnenstand an. In der Globuswand sind die Sterne entsprechend ihrer Leuchtkraft verschieden gross graviert.**

149/ **Der Globus verfügt über Ablesevorrichtungen für drei Koordinatensysteme.**

Seiner Zeit weit voraus. Weil Bürgis Himmelsglobus mit einem kleinen Sonnenfigürchen auch den jeweils aktuellen Stand der Sonne anzeigt und mithilfe einer genialen Mechanik entlang der Ekliptik führt, stimmen die Positionen der Gestirne auf dem Globus immer mit denjenigen am Himmel überein. Natürlich berücksichtigt die Mechanik von Bürgis Globus auch die von Tycho Brahe exakt bestimmte Umlaufzeit der Erde um die Sonne – also das sogenannte Sonnenjahr – einschliesslich der Kalenderschaltjahre. Ein epizyklisches Getriebe und ein gezielt ungleichmässig geschliffener Zahnkranz bilden die jeweilige Position von Sonne/Erde mit hoher Ganggenauigkeit in Form eines elliptischen Bahnverlaufes nach.[19]

Ein faszinierendes Rechen- und Demonstrationswerkzeug. Die Globuskugel selbst kann frei hin- und hergedreht werden, ohne den Zusammenhang der Bewegungen von Stundenzeiger, Sonne, Globus und Kalenderring zu beeinträchtigen. Diese funktionale Unabhängigkeit beider Systeme ist das Resultat einer von Jost Bürgi konzipierten und in den Antrieb eingebauten Rutschkupplung sowie weiterer vier dieser genialen Mechanismen an anderen wichtigen Stellen. Dadurch lässt sich der Globus auch als Rechen- und Demonstrationsinstrument nutzen, das die Lage der Sonne und der Sterne zu jedem beliebigen Zeitpunkt in der Vergangenheit und in der Zukunft anzeigt. Dafür genügt es, die Globuskugel so weit zu drehen, bis der Kalenderring das gesuchte Datum und der Stundenzeiger die gewünschte Zeit angibt. Noch leichter ist die Bestimmung der Länge eines beliebigen Tages und der Sonnenaufgangs- und Sonnenuntergangszeit, wenn man weiss, wo die Sonne am gesuchten Tag in der Ekliptik steht. Diesen Punkt bewegt man vom östlichen zum westlichen Horizont und findet mithilfe des Stundenzeigers die Zeitpunkte des Sonnenauf- und -untergangs und daraus rechnerisch sofort die Tageslänge.[20] Mit zwei Globusuhren Bürgis in Kassel ist es aufgrund ihrer Ganggenauigkeit sogar noch nach Jahrhunderten möglich, die damals eingesetzte und mittlerweile «verloren» gegangene Angabe über die Dauer eines tropischen Jahres auf 10 Sekunden genau zu rekonstruieren.[21]

Bürgis erste automatisierte Globusuhren. Was im automatisierten kleinen Himmelsglobus von 1594 perfekt und umfassend realisiert ist, wird zum Teil bereits in den grösseren Globusuhren erprobt. Die Anfertigung von Globusuhren scheint in den ersten Jahren ein Hauptauftrag Wilhelms IV. an seinen neuen Hofuhrmacher gewesen zu sein. So arbeitet Jost Bürgi in seinem dritten Kasseler Anstellungsjahr 1582 bereits an der Fertigstellung seiner dritten Globusuhr mit 23 Zentimeter Durchmesser und einer Gesamthöhe von 50 Zentimeter. Dabei übertrifft er mit seinen zahlreichen technischen Neuerungen rasch die Funktionsvielfalt und Genauigkeit der Globusuhren seines Nürnberger Vorbildes Christian Heiden sowie des ehemaligen Kasseler Konstrukteurs Eberhard Baldewein (1525–1593) zusammen mit dessen ehemaligem Uhrmacherkollegen Hans Bucher (†1578/79).[22]

Konstruktionstechnisch unterscheiden sich Bürgis Globusuhren von Beginn an auch von denjenigen Heidens vor allem durch ihr feststehendes Uhrwerk (mit Viertel- und Vollstundenschlagwerken), das nicht täglich mit dem Globus um sich selbst gedreht werden muss, durch Minutenzeiger, umgekehrte Zeitgleichungskorrektur und verschiedene andere technische Raffinessen. So ist Bürgi unter anderem ein Konstruktionsgenie der rationellen Antriebstechnik. Während Baldewein für seinen Globus von 1575 (ø 33,2 cm) ein Kalendergetriebe von 772 Zähnen benötigt und für das Globusgetriebe 487 Zähne, sind es bei Bürgis 22,8 Zentimeter grossen Globen 40 Prozent weniger und beim kleinen Zürcher Himmelsglobus – der mehr und exaktere Resultate erbringt – mit 293 Kalendergetriebe- und 211 Globusantriebs-Zähnen 60 Prozent weniger Aufwand.[23] Für die Gestaltung der 49 Sternbilder auf den Globen von Kassel, Paris und Zürich wird Antonius Eisenhoit verpflichtet. Insgesamt sind heute noch sechs der neun von Jost Bürgi zwischen 1579 und 1594/97 gefertigten Himmels- und Planetengloben erhalten, davon vier grosse. Bürgi markiert auf seinen Globusuhren erstmals auch Positionen der eigenen Kasseler Fixsternmessungen.

Die bis heute erhalten gebliebenen Bürgi-Globusuhren

Standort [a]	Ø Globus	Baujahr	Material
Weimar	22,9 cm	1580/82 etwa)	Messing
Kassel I	22,9 cm	1580/82 etwa)	Messing vergoldet
Paris	22,8 cm	1582–1597 [b]	Messing vergoldet
Kassel II	22,8 cm	1582–1597 [b]	Messing
Zürich	14,2 cm	1594	Messing vergoldet
Wien	5,6 cm	1622/27	Stahl/Kristall

[a] Weimar: Herzogin Amalia Bibliothek (vorher als Leihgabe in Dresden); Kassel: Museumslandschaft Hessen Kassel, Astronomisch-Physikalisches Kabinett; Paris: Musée du Conservatoire National des Arts et Métiers; Zürich: Schweizerisches Nationalmuseum, Landesmuseum Zürich; Wien: Kunsthistorisches Museum.

[b] Das Baujahr der Globusuhr Kassel II wurde von Karsten Gaulke (2007c, S. 188) kürzlich um eineinhalb Jahrzehnte jünger gemacht; baugleich mit der Paris-Globusuhr, wurde diese bereits von Leopold (1986, S. 118) anders datiert. Nicht mehr aufgeführt in dieser Tabelle – weil verschollen – sind drei zwischen 1590 und 1592 von Jost Bürgi gefertigte und von Antonius Eisenhoit gravierte Globen, davon zwei Planetengloben – einer davon wird 1592 von Jost Bürgi Kaiser Rudolf II. überreicht.

Wenn Landgraf Wilhelm IV. auf Reisen geht, hat er in seiner Kutsche immer einen «sich selbst bewegenden»[24] Globus bei sich. Fast immer werden diese automatisierten Globusuhren zu repräsentativen Geschenkzwecken gefertigt und paarweise hergestellt: So sind die Globusuhren «Weimar» (früher in Dresden als Leihgabe ausgestellt) und «Kassel I» baugleich, aber in der Gestaltung der Sternbildgravuren verschieden. Dabei besticht bei der Kasseler Globusuhr I die manieristische Bildsprache des Warburger Goldschmieds und Kupferstechers Antonius Eisenhoit, der sich von den Sternkarten Albrecht Dürers und den Globen Gerhard Mercators sowie der niederländischen Kunst inspirieren lässt und seine eigenen römischen Berufserfahrun-

150/ **Die älteste erhaltene Kasseler Globusuhr «Kassel I» von Jost Bürgi aus den Jahren 1580/82 mit Gravuren von Antonius Eisenhoit. Der Globusfuss wurde von Wolff Mayer in Nürnberg hergestellt.**

gen einbringt. Seine Doppelbegabung als Silberschmied und Kupferstecher sei gemäss Szilvia Bodnar «in starren Gewandfalten und ausgeprägter Plastizität der Figuren» erkennbar.[25]

Als Paar dürften auch die beiden Globusuhren «Kassel II» und «Paris» gefertigt sein. Während die Pariser Globusuhr (Kosten gemäss Wilhelm IV. etwa 500 Taler) an den in Heidelberg residierenden Pfalzgrafen Ludwig VI. verkauft wird, verbleibt der Globus «Kassel II» als Arbeitsgerät in der Kasseler Residenz, ohne dass er – anscheinend wegen eines Gravurfehlers – bis zum letzten Schliff fertiggestellt worden wäre. Anders ergeht es der ursprünglichen Heidelberger Globusuhr, die französische Truppen im letzten

151/ **Die Globusuhr «Paris» von Jost Bürgi ist weitgehend baugleich mit der Globusuhr «Kassel II». Einst krönte den Meridianring eine Männerfigur mit autarkem Getriebe und Additionsmechanismus sowie einer den Wochentag anzeigenden Fahne.**

Viertel des 17. Jahrhunderts als Kriegsbeute betrachten und nach Paris mitnehmen, wo sie im Pariser Museum für Kunst und Handwerk ausgestellt ist und den hohen Stand der deutschen Technik zu Beginn der Frühen Neuzeit aufzeigt.

Antonius Eisenhoit. Antonius Eisenhoit (etwa 1554–1603) ist nur zwei Jahre jünger als Jost Bürgi. Schon 1582, nach erfolgreichen Berufsjahren in Rom, kehrt er in seinen westfälischen Geburtsort Warburg – nicht weit entfernt von Kassel – zurück und kommt schnell mit Jost Bürgi in Kontakt, der ihn mit der Ausschmückung seiner schönsten Globusuhren betraut sowie mit der Anfertigung der 22 kunstvollen Illustrationen der Bedienungsanleitung für das Triangulationsinstrument. Wie bei Jost Bürgi oder Erasmus Habermel (etwa 1538–1606) weiss man auch bei Antonius Eisenhoit nichts über seine Kindheit, Jugend, Ausbildung und die frühen Berufsjahre. Eisenhoit tritt fern seiner Heimat – in Rom – plötzlich als Meister seines Faches ins Licht der Öffentlichkeit und realisiert um 1580 nach einem Bildnis von «Kalenderreform»-Papst Gregor XIII. 133 Illustrationen der Mineralogie-Sammlung des Vatikans. Doch im Gegensatz zu Bürgi kehrt Eisenhoit am Schluss seiner Wanderjahre wieder in sein kleines Geburtsstädtchen zurück, wo er als bedeutendstes Werk für den Paderborner Bischof eine prunkvolle Altarausstattung herstellt und bald einmal grösster Steuerzahler seiner Heimatstadt ist. Bürgi und Eisenhoit arbeiten von 1582 bis 1594 regelmässig zusammen. Als Landgräfin Hedwig von Hessen-Marburg ein 1588 von Eisenhoit gestochenes Porträt zurückweist, ergreift Bürgi für seinen Warburger Kollegen Partei. Im selben Jahr vermittelt Bürgi Eisenhoit auch einen Goldschmiedeauftrag Wilhelms IV. zur Herstellung von silbernen Trinkbechern und händigt ihm persönlich das dafür benötigte Edelmetall aus.[26]

Die erste Additionsmaschine der Neuzeit. Der Uhrmacher Jost Bürgi hat einen Mechanismus gebaut, der zählt – benennt ihn aber nicht als solchen. Das tut man erst drei Jahrzehnte später in noch höherem Ausmass bei der Rechenmaschine des Kepler-Freundes und Landsmannes Wilhelm Schickard (1592–1635), die bereits alle vier Rechenarten beherrscht.[27] In Bürgis Pariser Globusuhr ist nach epizyklischem Prinzip ein Aufzählgetriebe eingebaut, das die Drehungen einer Fahne mitzählt und im richtigen Moment verändert. Eine Zuordnung als erster Computer ist nicht ungerechtfertigt. Heute weiss man, dass die Antikythera-Kalendermechanik nach einem ähnlichen Prinzip funktioniert. Aber Bürgi kennt dieses hellenistische Wunderwerk nicht, sondern hat seine Zählautomatik selbst entwickelt.

Bürgis Werke finden heute immer wieder anlässlich von Ausstellungen zurück nach Deutschland: so das letzte Mal im Jahre 2003, als in der grossen Paderborner Eisenhoit-Ausstellung «Wunderwerk» zahlreiche dieser automatisierten Globusuhren zu sehen waren, darunter neben der Pariser Globusuhr auch die Armillarsphären-Astrolabiumsuhr aus Stockholm.

Die Armillarsphären-Astrolabiumsuhr in Stockholm

Besucher des Nordiska Museet in Stockholm finden in den Ausstellungsräumen eine sechseckige astronomische Tischuhr, über die sich feine Ringe einer Armillarsphäre zu einem globusähnlichen Gebilde formen. Die Uhr zeigt sowohl das Datum «alten Stils» (julianischer Kalender) als auch «neuen Stils» (gregorianischer Kalender) an und ist nur noch ein Fragment des ursprünglich imposanten Gesamtinstruments von 885 Millimeter Höhe, das 1697 im Stockholmer Königspalast teilweise einem Brand zum Opfer fällt. Ungewöhnlich ist auch, dass das grosse Uhrwerk und das grosse astrolabi-

152/ **Die sehr spezielle Armillarsphären- und Astrolabiums-Observatoriumsuhr in Stockholm stammt nur zum Teil von Jost Bürgi.**

sche Zifferblatt nicht von Jost Bürgi stammen, jedoch die Armillarsphäre, die später hinzugekommen zu sein scheint und die sich einmal pro Tag wie ein Himmelsglobus dreht, zusammen mit den Sternbildillustrationen von Antonius Eisenhoit. Vieles erscheint logisch, anderes widersprüchlich an dieser Kombination aus Observatoriumsuhr in sechseckigem Uhrengehäuse und darüberstehender kugelförmiger Armillarsphäre. Auf dem Astrolabium-Zifferblatt ist zweidimensional abgebildet, was die Armillarsphäre dreidimensional zeigt: die räumlichen Bewegungen der Himmelskörper.

Die im Durchmesser 285 Millimeter grosse Armillarsphäre besteht aus einem Messinggestell mit drei Füssen, einem Knauf und den Armen, die den Horizontring tragen. In zwei Spalten ist der Meridian – einziger Ring der gesamten Konstruktion – befestigt. Die eigentliche Armillarsphäre wird von diesem Meridianring getragen – zusammen mit dem Ekliptik-Doppelband, den Äquatorringen, den Wendekreis-Ringen, den Solarringen und den Koliurs-Halbkreisen. Dieses «Gerüst» der Armillarsphäre repräsentiert «eine ausserordentliche und sehr delikate Konstruktion aus vergoldetem Messing und Stahl»[28]. Die Sternbildfiguren sind an diesem Gerüst der Sphäre in Form von Messingplatten verschraubt, wobei bei dem Brand mehrere verloren gingen. Innerhalb der Armillarsphäre befinden sich noch zwei weitere bewegliche Komponenten für die Sonne und einen Drachen sowie den Mond. Der Drache besteht aus einem Doppelring, wobei der erste Ring einen Drachenzeiger darstellt und der zweite die Mondbahn. Eine aussergewöhnliche Konstruktion – wo sich Meister Bürgi auch wiederum im Detail in voller Grösse zeigt – ist der Sonnenantrieb unter Einsatz einer täglichen Schaukelbewegung.

Separat nach eigenem Rhythmus bewegen sich das Sonnensymbol, der Drachenpunkt und der Mondzeiger. Etwas verwirrend ist, dass sich der Astrolabium-Sternhimmel nicht im Tagesrhythmus dreht wie die Armillarsphäre, sondern nur einmal jährlich um sich selbst. Das Instrument war anscheinend ein Geschenk des Herzogs von Braunschweig an Kaiser Rudolf II. und wurde während des letzten Sommers des Dreissigjährigen Krieges 1648 nach der zweiten schwedischen Besetzung Prags vom deutsch-schwedischen Feldmarschall von Königsmarck mit 3000 anderen kostbaren Gegenständen nach Schweden verbracht.

Der Miniatur-Himmelsglobus in der Wiener Bergkristalluhr

Die vielleicht schönste und wissenschaftlich-technisch gleichzeitig bedeutendste Renaissanceuhr verfügt zusätzlich über den kleinsten Himmelsglobus: Es ist der Miniatur-Himmelsglobus in der Bergkristalluhr. Beides sind Spätwerke des mittlerweile 70-jährigen Jost Bürgi. Den oberen Abschluss der 185 Millimeter hohen Bergkristalluhr (Seite 95) bildet eine transparente Globuskugel von 56 Millimeter Durchmesser, deren Fertigung wahrschein-

153/ **Miniglobus in der Wiener Bergkristalluhr von Jost Bürgi.**

lich nicht durch Bürgi selbst, sondern durch Ottavio Miseroni erfolgte. Sie ist in die Oberseite der Uhr so versenkt, dass nur jener Teil sichtbar ist, der dem aktuellen Sternenhimmel entspricht, und wird von einem Meridianring aus Stahl getragen. Dieser ist an der Ostseite mit einer Doppelgradteilung von dreimal 0–90 Grad vom Äquator zu den Polen und andersherum unter dem Zifferblatt versehen. In beiden kristallenen Globushälften sind Sternbilder eingraviert und die wichtigsten Sterne als kleine Silberstückchen aufgetragen. Zwischen den Globushälften befindet sich die vergoldete Ekliptik, wobei die nördliche Hemisphäre mit den Namen der Tierkreiszeichen markiert ist, die südliche mit den Monatsnamen. Von der Globusmitte (Erde) aus strahlen acht Stahlstäbe von wichtigen Punkten ab: von Nord- und Südpol, zu den beiden Polen der Ekliptik und den Frühlings-, Sommer-, Herbst- und Winterpunkten der Ekliptik. Wie das Sonnenfigürchen angetrieben wird, ist dabei nicht zu erkennen und genial gelöst. Erwähnt sei hier nur noch der Antrieb des Sonnenringes, der im durchsichtigen Globus praktisch unsichtbar bleibe, wie John Leopold in seinem Standardwerk *Astronomen, Sterne, Geräte* schreibt.[29] Bestechend genau trotz dieser engen Räume, kleiner Zahnrädchen und komplexer Funktionen ist dieser Globus gleichwohl. Er weicht in einem Jahr 44 Minuten ab, seine Sonne etwa ¼ Tag und die Mondanzeige eine Minute pro Lunation. Rutschkupplungen ermöglichen zu jeder Zeit die korrigierende Nachführung. Dieses Wunderwerk früher Miniaturisierung ist in der Wiener Kunstkammer des Kunsthistorischen Museums zu sehen (Seite 252) – aber nur wenn man es in der von Karl von Liechtenstein in Auftrag gegebenen Bergkristalluhr sucht.

Aritmetische vnd Geometrische Progress Tabulen/sambt gründlichem vnterricht/wie solche nützlich in allerley Rechnungen zugebrauchen/vnd verstanden werden sol.

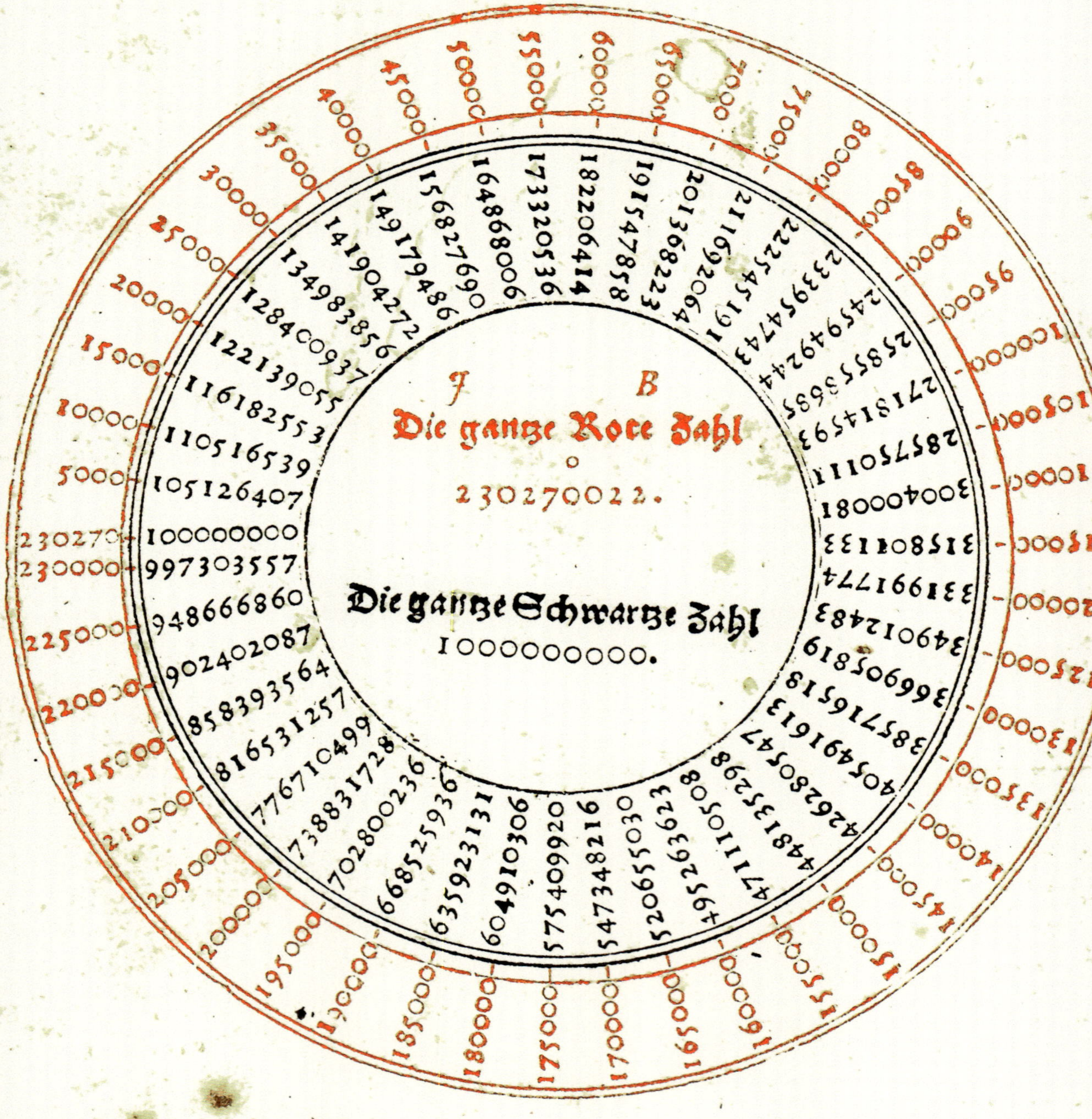

Gedruckt/ In der Alten Stadt Prag/ bey Paul Sessen/der Löblichen Universitet Buchdruckern/ Im Jahr/ 1620.

Kapitel 7
Der innovative Mathematiker

154/ **Die Logarithmen sind eines der wichtigsten Rechenhilfsmittel während 350 Jahren bis zur Mondlandung. Jost Bürgi hat sie unabhängig von Napier und früher erfunden (Seite 176). Links: Titelblatt des Grazer Exemplars (erstmalige farbige Veröffentlichung).**

Für die Erkennung der Funktionen der Himmelsmechanik und ihre optimale Nachbildung in astronomischen Uhren, Planetarien und Globusuhren benötigt Jost Bürgi ausser handwerklichem Fertigungsgeschick vor allem Astronomiekenntnisse, Konstruktionstalent und Ingenieurwissen. Das gilt besonders für die Entwicklung der komplexen Getriebe und Zahnräder, zu deren Berechnung erstklassige Mathematikkenntnisse erforderlich sind. In Kassel kann Jost Bürgi diese Erfahrungen auch in der Astronomie nutzen, vervollkommnen und ausbauen.

Astronomische Herausforderung

Zur Erstellung eines besseren Fixsternkataloges muss man auch in Kassel die besten mathematischen Methoden einsetzen. Denn auf Uraniborg arbeitet Tycho Brahe bereits seit 1580 mit der modernen Rechenmethode der sphärischen Trigonometrie und bestimmt die Positionen der Fixsterne sowie die jeweiligen Aufenthaltsorte des Mondes und der Planeten mathematisch exakt. Der Rechenglobus dient ihm alleine zur Ansicht und Kontrolle seiner mit sphärischer Trigonometrie und Prosthaphärese ermittelten räumlichen Positionsangaben. An der Kasseler Sternwarte ermittelt man diese Positionen hingegen noch immer mit dem Rechenglobus (Seite 128), das heisst mit analoger Technik ohne grossen Rechenaufwand und weniger genau. Doch auch in Kassel gehört die Zukunft der präziseren mathematischen Methode. Dazu sind für die genaue Positionsbestimmung eines jeden Himmelskörpers – im Anschluss an seine Beobachtung und Messung – die Winkeldistanzen zu Referenzsternen mittels sphärischer Trigonometrie zu berechnen. Eine solche Berechnung ist eine ebenso anspruchsvolle wie zeitraubende Aufgabe. Mit den gebräuchlichen Verfahren des Übereinanderdividierens beansprucht sie pro Stern eine Rechenzeit von weit mehr als einem Tag.[1]

Die zeitaufwendige sphärische Trigonometrie. Die sphärische Trigonometrie behandelt sogenannte sphärische Dreiecke, bestehend aus drei Punkten auf einer (gedachten) Kugeloberfläche, in denen nicht nur die Winkel selbst, sondern auch die Seiten Winkel sind. In die nach Euklid von arabischen Mathematikern entwickelten sphärisch-trigonometrischen Formeln, mit deren

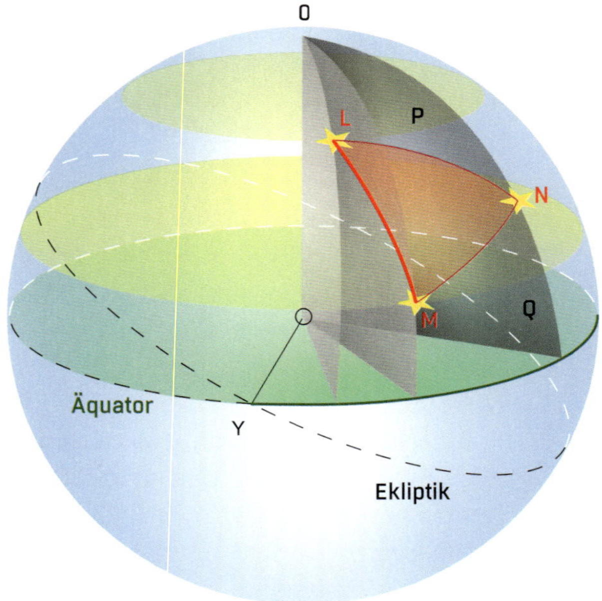

155/ **Berechnung der Position eines neuen Sterns (N) mittels Sphärischer Trigonometrie. Vgl. Oechslin (2000), Seite 68.**

Hilfe aus zwei bekannten (gemessenen) Elementen das unbekannte dritte berechnet werden kann, gehen die Seiten und Winkel im Allgemeinen in Gestalt trigonometrischer Funktionen ein – vorab Sinus, Cosinus und Tangens –, und dies meist in multiplikativer Verknüpfung.[2]

Der arrogante Hofmathematiker Christoph Rothmann. Will man von nun an in Kassel für ein *Grosses Hessisches Sternverzeichnis* genaue Sonnen-, Mond- und Planeten-Positionsdaten erfassen und die Fixsternvermessungen aufnehmen, so benötigt man für ihre sphärische trigonometrische Positionsberechnung eine entsprechend hohe mathematische Kapazität. Nachdem Johannes Otto 1576 an der Pest gestorben ist, ist die Stelle des Hofmathematikers auf der Kasseler Sternwarte verwaist, und lediglich bei Spezialproblemen hat man auf den Marburger Mathematikprofessor Victorin Schönfeld Zugriff. Nach dem misslungenen Versuch des Landgrafen Wilhelm IV., 1576 Johann Praetorius aus Wittenberg als Hofmathematiker zu gewinnen, hatte der Landgraf 1581 die Bewerbung Valentin Othos abgelehnt. Doch im November 1584 engagiert Wilhelm IV. den Wittenberger Mathematicus und Theologen Christoph Rothmann.[3] Der standesbewusste Akademiker erlebt einen regelrechten Praxisschock: trifft er in Kassel doch auf einen gewöhnlichen Uhrmacher, der sich erfrecht, in der Mathematik mitzureden.

Spannungen mit dem «unbelesenen» Schnellrechner. Dieser Hofuhrmacher heisst Jost Bürgi und ist aufgrund der anspruchsvollen Zahnradkonstruktionen und Laufwerke seiner astronomischen Globen und Uhren bestens mit Rechenaufgaben vertraut. Dank seiner Mathematikkenntnisse entwickelt sich Bürgi gegenüber dem arroganten Hofmathematiker Christoph Rothmann schon bald einmal zum mathematisch flinken und kreativen Konkurrenten und übernimmt auf der Kasseler Sternwarte die astronomischen

Berechnungen. Für den studierten Mathematiker Rothmann kommt diese zunehmende mathematische Dominanz des Hofuhrmachers Bürgi recht überraschend, verfügt er doch in seinen eigenen Augen über ein ganz anderes Niveau als dieser nur gerade einmal mit schweizerisch-alemannischem Dialekt holpernd und bedächtig Deutsch sprechende Handwerker. Typisch für die viele Leute kränkende Überheblichkeit Rothmanns ist beispielsweise, dass er Jost Bürgi nie als Person mit Namen nennt, sondern ihn immer nur unpersönlich funktionierend als «der Horlogiopaeus» (Uhrmacher) und «der Automatopaeus» (Automatenmacher) bezeichnet, oder auch direkt als «der Illiteratus» («der Unbelesene», sprich Ungebildete).[4]

Rothmann koordiniert Kassels Astronomieprojekte. Der in Latein, Deutsch und Griechisch versierte Christoph Rothmann ist ein fleissiger Astronom sowie ein ausdauernder und begabter Beobachter.[5] Er erstattet dem Landgrafen Wilhelm IV. täglich Bericht über die Fortschritte[6] und konzentriert sich in Kassel aufgrund der Dominanz Bürgis in mathematischen Belangen neben der Fixsternvermessung zunehmend auf planerische und astronomisch-wissenschaftliche Aufgaben.[7] Dazu zählen die Ausarbeitung eines Kasseler Astronomieprogrammes, die Auseinandersetzung mit den Ursachen, Entwicklungen und Wirkungen eines 1585 entdeckten Kometen, die Formulierung der *Commentarius*-Einleitung zum Sternkatalog von 166 Seiten sowie das Vorwort zu den *Tabula Observationum* von 1567 mit 121 Sternpositionen. Hinzu kommen die Redaktionsaufgaben für weitere Berichte und Briefe, zum Beispiel an Tycho Brahe und John Dee, sowie die Ausarbeitung eines anspruchsvollen Kasseler Publikationsprogramms einschliesslich eines *Handbuches der Astronomie (Observarium Stellarum)*, das 1589 fertiggestellt ist, aber erst 2003 erscheint.[8] Rothmann ist in Kassel ebenfalls zuständig für die Einführung der Vermessungsmethode im Horizontsystem, für die Bestimmung von tabellarischen Refraktionswerten und ihrer rechnerischen Berücksichtigung mit der Sonnenparallaxe, für die Erstellung der Sternverzeichnisse und für die Qualitätssicherung. So beobachtet Rothmann jeden Fixstern aus Genauigkeitsgründen mehrfach. Ebenso verbessert er die von Wittich aus Uraniborg mitgebrachte Transversalskala und schlägt Bürgi Verbesserungen an den Quadranten-Visieren in Form horizontaler und vertikaler Sehschlitze vor. Christoph Rothmanns hohe fachliche Kompetenz geht unglücklicherweise einher mit einer unangemessenen Arroganz. Es fehlt ihm das Wissen – und anscheinend leider auch die Einsicht –, dass seine für die gesamte Kasseler Arbeit so wichtige, aber leider fehlerhafte Sonnenparallax-Korrektur und Länge-Positionsbestimmung des Aldebaran-Fundamentalsterns *Oculus Tauri* sowie seine zu hohen Angaben des Korrekturwertes für die atmosphärische Refraktion die Qualität des Kasseler Verzeichnisses systematisch beeinträchtigen (Längengrad-Abweichung von –6 Bogenminuten). Dabei hatte Tycho Brahe bereits 1585 rechtzeitig auf eine Unstimmigkeit in dieser Grössenordnung hingewiesen.

Hofmathematiker Rothmann flüchtet enttäuscht aus Kassel. Auf die zunehmende Überlegenheit des unaufgeregten und für seine vielseitigen aussergewöhnlichen Leistungen hochgelobten Jost Bürgi reagiert der standesbewusste offizielle Hofmathematiker Christoph Rothmann mit wachsender Unzufriedenheit. Dabei bewältigt er selbst ein anspruchsvolles Astronomie-Programm und hat immer wieder Ideen zur Verbesserung der Instrumente und Methoden. Rothmann nennt Bürgi jedoch einen «unwissenden Uhrmacher»[9] und sympathisiert selbst stark mit dem dänischen Adeligen und Astronomen Tycho Brahe, zu dessen Besuch er Mitte Mai 1590 abreist und mit dem er den ganzen Monat August auf Hven zusammenarbeitet. Anschliessend kehrt Rothmann nicht mehr an seinen Arbeitsplatz in Kassel zurück. Auch lange Schreiben Wilhelms und Brahes – noch 1594 – können ihn nicht mehr zur Rückkehr an den Ort bewegen, an dem mittlerweile ein *Automatopaeus*, nämlich Bürgi, in der Mathematik den Ton angibt. Als sich Rothmann im März 1597 überraschend an Landgraf Moritz wendet und seine erneute Mitarbeit an der Veröffentlichung des *Hessischen Fixsternkatalogs* von 1589 anbietet, geht Moritz – der die Stelle mittlerweile mit dem Mathematiker Hartmann besetzt hat – nicht darauf ein und lässt das Angebot ungenutzt liegen. Als Tycho Brahe 1599 auf Schloss Benatek bei Prag seine Sternwarte einrichtet, wartet er vergebens auf den Arbeitsantritt des von ihm als Mathematiker bestellten Christoph Rothmann.[10] Rothmann erscheint nicht, ist er doch anscheinend schon seit einem Jahrzehnt an den «Bösen Blattern», der Syphilis, erkrankt. Der Mathematiker verstirbt kurz darauf in seinem Geburtsort Bernburg (Anhalt) wahrscheinlich an deren Folgen.

Einer der bedeutendsten Astronomen der Frühen Neuzeit. Die sture Beibehaltung dieses systematischen Fehlers kann aber das gesamtheitlich positive Urteil über den Bernburger Astronomen nicht entscheidend schmälern, zu dem in unseren Tagen auch Miguel A. Granada, Jürgen Hamel und Ludolf von Mackensen nach der Analyse von Christoph Rothmanns *Handbuch der Astronomie* von 1589 kommen. «Im Gesamtzusammenhang ... zeigt die vorliegende Handschrift [von Rothmanns *Handbuch der Astronomie*], dass der Autor zu den bedeutendsten Astronomen des späten 16. Jahrhunderts gehört. Er erweist sich sowohl als kenntnisreicher Theoretiker, als auch (...) mit seinen Arbeiten an dem von Wilhelm IV. initiierten Sternkatalog als exzellenter Beobachter.» Und weiter: «Mit den Arbeiten Rothmanns, dem von Wilhelm IV. entwickelten Arbeitsprogramm sowie den von Bürgi konstruierten bzw. verbesserten Uhren und Instrumenten entwickelte sich Kassel neben den Sternwarten Brahes zu einem Zentrum astronomischer Forschung.»[11] Nach dem Ausscheiden Rothmanns 1590 übernimmt Jost Bürgi bis Mai 1596 kommissarisch zusätzlich die Aufgaben des Hofastronomen und Mathematikers.

Bürgi perfektioniert Vorschläge von Wittich und Reimers. 1584 kommt der Mathematiker Paul Wittich (1546–1586) nach Kassel.[12] Ihn hat Brahe in

Breslau kennengelernt und er war einer seiner ersten Mitarbeiter auf Hven. Auf Uraniborg hat Wittich während seines viermonatigen Aufenthaltes im Herbst 1580 mit Tycho Brahe über seine Vorstellungen von einem hybriden geo-heliozentrischen Weltsystem diskutiert und die Prosthaphärese-Rechenmethode praxistauglich gemacht, bevor er an der Universität seiner Heimatstadt Wroclaw (Breslau) Astronomie und Mathematik unterrichtet. 1584 ist Paul Wittich mehrere Monate lang Forschungsgast in Kassel. Hier instruiert er zunächst Landgraf Wilhelm IV. und später Jost Bürgi sowie Nicolas Reimers über das erstmals auf Hven praktizierte zeitsparende Prosthaphärese-Rechenverfahren.[13] Auch über die transversale Gestaltung der Skalen an den Quadranten und Sextanten für eine genauere Ablesung der Winkelpositionen in Uraniborg orientiert Wittich das Kasseler Astronomenteam. Wilhelm IV. schätzt Wittich sehr, doch beruht diese Wertschätzung nicht auf Gegenseitigkeit.[14] Brahe betrachtet die Weitergabe dieser Kenntnisse durch Wittich – wofür Wilhelm sich bei Tycho Brahe schriftlich bedankt – allerdings als Geheimnisverrat und ist über diese «Technikspionage» ziemlich verärgert, als er davon erfährt. Christoph Rothmann und Jost Bürgi entwickeln die ursprünglich bereits am Jakobsstab von Levi ben Gerson, Peuerbach, Regiomontanus und Hommel genutzte Transversal-Skalenform in Kassel zu hoher Perfektion weiter.[15] Jost Bürgi wird bei seiner Weiterbildung in Mathematik ausser von Christoph Rothmann und Paul Wittich auch von Nikolaus Reimers begleitet. Dieser sich selbst in humanistisch-latinisierender Tradition «Raimarus Ursus Dithmarus» nennende Landvermesser Nikolaus Reimers Bär ist 1586/87 Gast auf der Kasseler Sternwarte. Wie bereits Paul Wittich ist auch Nikolaus Reimers vor seiner Zeit in Kassel – allerdings 1584 nur eine gute Woche – zum Erkunden der Uraniborger astronomischen Methoden und Instrumente bei Tycho Brahe auf Hven zu Besuch gewesen. Gemäss Brahes Angaben soll Reimers hier beim unerlaubten Stöbern in vertraulichen Unterlagen und bei der Anfertigung von Abschriften beobachtet worden sein. Reimers behauptet demgegenüber, ihm seien nachts Unterlagen aus seiner Hosentasche entwendet worden.[16]

156/ **Nicolaus «Ursus» Reimers (1551–1600) ist von 1586 bis 1587 auf der Altanensternwarte und freundet sich mit Jost Bürgi an.**

Bürgi-Freund Nikolaus «Ursus» Reimers. Jost Bürgi versteht sich mit dem 1586/87 in Kassel weilenden ehemaligen Schweinehirten und Feldvermesser Nikolaus «Raimarus Ursus Dithmarus» Reimers Bär (1551–1600) ausgezeichnet. Dies wahrscheinlich, weil der in der Freien Bauernrepublik Dithmarschen Geborene ebenfalls aus einfachen Verhältnissen stammt und sich seine Kenntnisse auch autodidaktisch angeeignet hatte. Vor seinem achttägigen Besuch im September 1584 auf Brahes Sundinsel Hven[17] hat Reimers 1583 sein Buch *Geodaesia Ranzoviana* veröffentlicht und ist im Dienste des Erik Lange gestanden – wie Brahe Angehöriger des dänischen Hochadels. In Kassel übersetzt Reimers einen Grossteil von Nikolaus Kopernikus' Hauptwerk *De Revolutionibus* für seinen Freund Jost in die deutsche Sprache. 1587 folgt Nikolaus Reimers einem Ruf der Akademie Strassburg auf einen neu geschaffenen Mathematik-Lehrstuhl. Als Kollegen wird er dort Conrad Dasypodius (1531–1601) kennenlernen, der im Anschluss an Herlin mit Wolkenstein die Strassburger astronomische Münsteruhr berechnet hat. 1588 publiziert Reimers seine nur 88-seitige Schrift *Fundamentum Astronomicum*, in der er sein Konzept von einem geo-heliozentrischen Weltmodell vorstellt. Des Weiteren präsentiert Reimers hier aktuelle Trends der Branche und vereinfachte trigonometrische Berechnungen; darunter auch Hinweise auf Jost Bürgis «Kunstweg» einer rekursiven Interpolations-Lösung und die erste Prosthaphärese-Formel Werners. Angesichts dieser grossen originären mathematischen Leistungen Jost Bürgis widmet Reimers diesem die Zuschreibung «Jost Bürgi, meinem Lehrer, dem Erfinder dieser Vorgehensweise, als Zeichen meiner Dankbarkeit»[18], als er selbst schon Mathematikprofessor in Strassburg ist. Die höchste Sprosse seiner Karriereleiter wird Reimers 1591 erklimmen, als er auf Empfehlung des kaiserlichen Reichsvizekanzlers Jacob «Curtius» Kurtz von Senftenau (1553–1594) zum kaiserlichen Hofmathematiker in Prag ernannt wird.

Bürgi setzt sich hohe Ziele

Jost Bürgi geht die von Brahe und Wittich auf Uraniborg für die sphärische Trigonometrie verwendete Prosthaphärese-Methode nicht weit genug. Auch die zu dieser Zeit verwendeten Sinustabellen sind ihm allesamt zu ungenau und «zu weit aus dem Weg»[19]. Es müsste doch ein noch schnellerer Rechenweg zu finden sein, sagt sich der mittlerweile 33-Jährige. Er ist der Meinung, dass man in Zukunft auf jeden Fall mit wesentlich genaueren und feiner strukturierten Sinustabellen arbeiten müsse.

Weitere Vereinfachung der Prosthaphärese. Mit der Prosthaphärese werden die für die sphärische Ortsbestimmung eines neuen Sterns erforderlichen trigonometrischen Gleichungen so umgewandelt, dass für die Handrechnung aufwendige Multiplikationen und Divisionen durch einfache Additionen und Subtraktionen von Sinus- und Cosinus-Werten dargestellt werden. Diese Winkelwerte entnimmt man dicken trigonometrischen Tabellenwerken, vor allem dem *Canon doctrinae triangulorum* von Georg Joachim Rheticus. Paul Wittich hat 1584 aus Uraniborg für Jost Bürgi allerdings die Prosthaphärese-Identitätsformel des sogenannt ersten Falles mitgebracht, die nur beschränkte Abkürzungswege zulässt. Jost Bürgi fragt sich: Gibt es auch andere Wege der Prosthaphärese-Berechnung? Wie kann man rationell ein viel feiner strukturiertes Sinustabellen-Werk erstellen?

Fehlende Sprachkenntnisse als Handicap. Eines der seltenen autobiografischen Zeugnisse Bürgis bezieht sich auf seine fehlenden Latein- und Griechischkenntnisse sowie die daraus resultierende permanente intellektuelle, physische und mentale Herausforderung und Anstrengung. Jost Bürgi schreibt

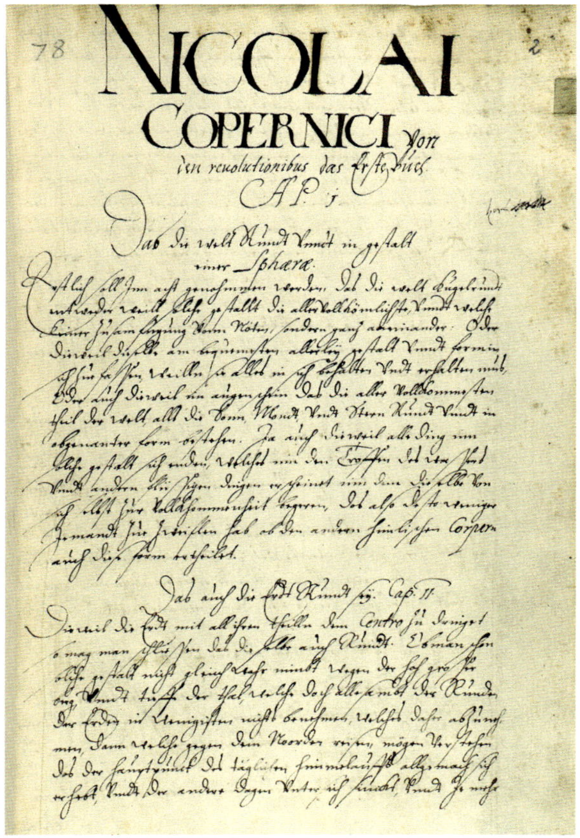
NICOLAI COPERNICI Von den revolutionibus das erste Buch
CAP. I
Das die welt Rundt vnndt in gestalt einer Sphaerae.
Das auch die Erdt Rundt sey. Cap. II

157/ **Nicolaus Reimers deutschsprachige Originalübersetzung von Kopernikus' *De revolutionibus orbium coelestium* (1543). Entdeckt wird dieses Manuskript in Graz im Nachlass Paul Guldins.**

1598 in seiner Einleitung der *Arithmetica Bürgii*: «Weil mir aus mangel der sprachen die thür zu den authoribus nit allzeitt offen gestanden, wie andern, hab ich etwas mehr, als etwa die glehrte und belesene, meinen eigenen gedanckhen nachhengen und neue Wege suechen müessen.» [20] Doch nicht nur die Lektüre der von seinen Zeitgenossen noch immer lateinisch verfassten Werke und der Rückgriff auf Griechisch und Lateinisch publizierende Mathematikautoritäten bleiben ihm dadurch verwehrt, auch mit der Formulierung deutscher Texte tut er sich schwer.

Reimers übersetzt für Bürgi den Kopernikus. Nachdem Jost Bürgi 1586 für Nikolaus Reimers nach dessen Weltmodell ein metallenes Planetarium berechnet und gebaut hat, übersetzt Reimers für seinen Freund Jost 1587 in Kassel den Grossteil von Nikolaus Kopernikus' *De Revolutionibus orbium coelestium* aus dem Lateinischen ins Deutsche. Diese Übersetzungshandschrift *Über die Umläufe der himmlischen Kreise* wird für Jost Bürgi zu einer wichtigen Quelle seiner Astronomie- und Mathematikkenntnisse. Während mehr als drei Jahrhunderten wird dieses Übersetzungsmanuskript des sprachgewandten Reimers die einzige Übertragung von Kopernikus' Werk in die deutsche Sprache sein, aber unveröffentlicht bleiben – nicht zuletzt wegen der Suspendierung der lateinischen Originalausgabe 1616 durch Rom. Jahrhunderte später kommt dieses Manuskript überraschenderweise wieder im Grazer Nachlass des Schweizer Jesuitenpaters Paul Habakuk Guldin zum Vorschein.

Der innovative Rechenmeister

Jost Bürgi ist bei zahlreichen Entwicklungen der neuzeitlichen Mathematik an vorderster Front präsent. Er ist einer der Ersten, die ausser der Dezimalschreibweise auch die Prosthaphärese, die geometrische Algebra und die Logarithmen voranbringen.

> **Wie man anno dazumal rechnete.** Bürgi lebt in einer Zeit des Übergangs von der mittelalterlichen Verbalmathematik zum modernen mathematischen Formalismus. Die Verbalmathematik drückt geometrische und arithmetische Sachverhalte mithilfe der (meist lateinischen) Grammatik schwer verständlich mit Subjekt und Prädikat aus. Grössen- und Rechensymbole sind ihr unbekannt. Operatoren wie +, ±, –, =, √ usw. fehlen und werden auf andere Weise dargestellt.[21] Aber nicht nur die Rechensymbole, sondern auch die Lösungswege für die meisten Rechenaufgaben sind noch komplizierter als heute. Ein typisches Beispiel dafür ist die sehr fehleranfällige Vorgehens- und Schreibweise des Überwärtsdividierens, mit dem damals normalerweise Divisionsaufgaben gelöst wurden.

Kepler bezeugt 1615 in seinem *Auszug aus der uralten Messekunst Archimedis*, dass er «das Verfahren der abgekürzten Multiplikation» von Bürgi

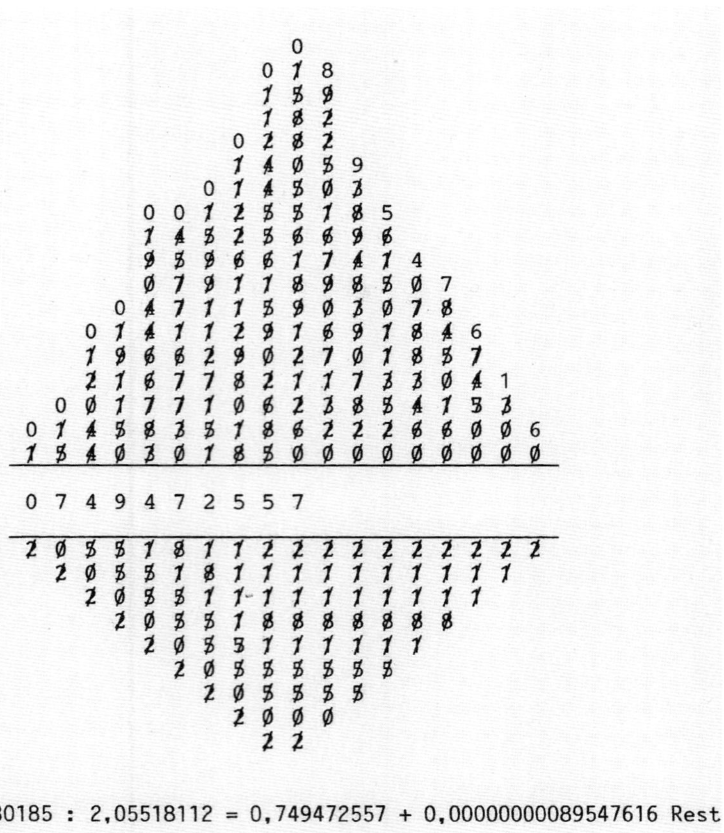

158/ **Überwärtsdividieren zu Bürgis Zeiten: zeitaufwendige und fehleranfällige Methode, Zahlen zu dividieren (Beispiel: 1,54030185 : 2,055787112 = 0,749472557 + Rest 0,00000000069547616).**

gelernt habe. Darunter versteht man die Multiplikation unter schrittweisem Weglassen von Endstellen bei den Teilprodukten und ohne Auf- oder Abrundung der jeweils letzten Endstelle [22], wie es Kepler bei seiner Überarbeitung der *Arithmetica Bürgii* von Bürgi gelernt hat. Ziel ist, durch die Rechnung nicht mehr Dezimalstellen zu erhalten, als bei ihren Ausgangsgrössen vorhanden sind.[23]

Miterfinder des Dezimalbruchsystems. Zusammen mit Viète, Clavius und Stevin zählt Bürgi zu den Pionieren der Dezimalbruchrechnung und -schreibweise. Auch für die genaue und schnelle Berechnung von Sternpositionen erachtet sie Jost Bürgi effizienter als das seit Jahrtausenden gebräuchliche Sexagesimalsystem. Bürgi vollzieht dabei über Jahre hinweg eine eigenständige Entwicklung: von der vor dem Dezimalbruch vorangestellten Null [24] über die hochgestellte Null bis zu ihrer Tiefstellung unter der letzten Ziffer der ganzen Zahl und letztlich bis hin zu ihrer zum kleinen punktähnlichen Kreis geschrumpften Notation.[25] Dabei setzt er nach 1592 die Zehntel, Hundertstel usw. rechts neben die ganzen Zahlen und trennt sie durch eine tiefgestellte Null.[26] Zu diesen in unsere Rechenkultur eingeflossenen «Erfindungen» Bürgis zählen auch verschiedene von ihm eingeführte, bis heute in seinem Sinne genutzte Begriffe, wie «Ziffer» und «Null».[27]

Für Johannes Kepler ist es keine Frage, dass es Jost Bürgi war, der die Dezimalbruchrechnung erfunden hat.[28] In seinem Werk *Auszug aus der uralten Messekunst Archimedis* von 1615 schreibt er: «Diese Art der Bruchrechnung ist von Jost Bürgen zu der Sinusrechnung erdacht»[29]; doch ist es schwierig, diese Erfindung einem bestimmten einzelnen Mathematiker zuzuschreiben. Alleine schon Johannes Kepler kann mit der von Jost Bürgi erlernten Dezimalbruchrechnung viel Zeit gewinnen.

Beschleunigung des gesamten Rechenprozesses. Jost Bürgi findet für die Rechenmethode der Prosthaphärese rasch eigene, sogar noch schnellere und bessere Wege, und dies, obwohl Paul Wittich ihm nur eine einzige Gleichungsformel genannt hat und ihm zumindest eine weitere, ihm selbst bekannte Lösung vorenthält. Schon 1588 berichtet Nikolaus Reimers im *Fundamentum Astronomicum,* Jost Bürgi verfüge jetzt «über ein Mittel, um komplizierte Rechnungen zu vereinfachen»[30]. Dazu ist Bürgis Schema des iterativen Interpolationsverfahrens bzw. seines «Kunstweges» abgebildet. Mit diesem Mittel zur Vereinfachung könnte auch Bürgis selbst erarbeitetes kombiniertes Lösungspaket gemeint sein, bestehend aus Dezimalbruchrechnung, Prosthaphärese, Progresstabulen-Logarithmen, geometrische Algebra, Interpolation und darauf abgestimmte mathematische Algorithmen.

Perfektionierte Prosthaphärese. Bürgi gelingt es ab 1584 in weniger als vier Jahren, die Prosthaphärese-Methode ganz eigenständig weiterzuentwickeln und zu beschleunigen. Üblicherweise wird diese schrittweise Entwicklung in der Literatur mit unserer heutigen Formelsprache wie folgt beschrieben:[31] Paul Wittich nennt Bürgi in Kassel 1584 aus Uraniborg lediglich die Formel des ersten Falles – die sogenannte Identität:

1. $\sin(x) \cdot \sin(y) = \frac{1}{2}[\cos(x-y) - \cos(x+y)]$

   Daraus entwickelt Bürgi eigenständig den sogenannten zweiten Fall, den auch Brahe und Wittich anscheinend schon kennen, jedoch gegenüber Bürgi verheimlichen. Völlig zu Recht druckt Nikolaus Reimers 1588 eine weitere Vereinfachung Bürgis ab. Es ist die von Bürgi entwickelte parallele Fundamentalformel des «zweiten Falles»:

2. $\cos(x) \cdot \cos(y) = \frac{1}{2}[\cos(x-y) + \cos(x+y)]$

   Beide Formeln überträgt Bürgi sofort auf den Cosinus-Satz des sphärischen Dreiecks:

3. $\cos(a) = \cos(b)\cos(c) + \sin(b)\sin(c)\cos(\alpha)$

   Damit findet er, wie Brahe:

4. $\cos(a) = \frac{1}{2}[\cos(b-c) + \cos(b+c)] + \frac{1}{2}[\cos(b-c) - \cos(b+c)]\cos(\alpha)$

   Durch Einführung des Hilfswinkels x durch
   $\cos(x) = \frac{1}{2}[\cos(b-c) - \cos(b+c)]$
   kann er das Produkt $\cos(x)\cos(\alpha)$ mithilfe von (2) nochmals umwandeln, sodass er schliesslich auf folgende Lösung kommt:

5. $\cos(a) = \frac{1}{2}[\cos(b-c) + \cos(b+c) + \cos(x-\alpha) + \cos(x+\alpha)]$

Jetzt kann man den Sinus- bzw. Cosinustafeln nur noch die Zahlenwerte entnehmen und das Resultat ohne Multiplizieren und Dividieren errechnen. Kurz: Jost Bürgi erarbeitet sich also selbst, was Mathematiker heute die Additionstheoreme trigonometrischer Funktionen nennen. Für ihre Genauigkeit ist die Präzision der verfügbaren trigonometrischen Tafeln verantwortlich, von denen Ende des 16. Jahrhunderts auf dem Markt verschiedene Werke erhältlich sind. Aber keines dieser Tabellenwerke erfüllt die hohen astronomischen Anforderungen Jost Bürgis, sodass er sich schon frühzeitig selbst an die Erstellung seiner Sinustabellen macht.

$$\frac{\dfrac{\sin(90^\circ - a + c) - \sin(90^\circ - a - c)}{2}}{\sin(90^\circ - b) - \dfrac{\sin(90^\circ - a + c) - \sin(90^\circ - a - c)}{2}} = \frac{r}{\sin(90^\circ - B)}$$

159/ **Diese Sinus-Prosthaphärese-Formel entspricht Brahes Kenntnisstand. Nach Werner gelangt unabhängig auch Bürgi für die Berechnung trigonometrischer Funktionen zu weiter vereinfachten Theoremen.**

Historisch betrachtet ist die Prosthaphärese eine Vorstufe der ebenfalls Multiplikationen in Additionen sowie Divisionen in Subtraktionen umwandelnden Logarithmenrechnung, die das während eines halben Jahrhunderts praktizierte Prosthaphärese-Verfahren spätestens um 1630 ablöst. Am längsten bleibt dieser Methode der ehemalige Brahe-Assistent und spätere Kopenhagener Mathematikprofessor Christian Sörensen «Longomontanus» Lonberg in Dänemark treu.

160/ **Den geometrischen Beweis der Richtigkeit der beiden Hauptsätze der Prosthaphärese veröffentlicht 1588 Nicolaus «Ursus» Reimers in seinem *Fundamentum Astronomicum* sowie Braunmühl.**

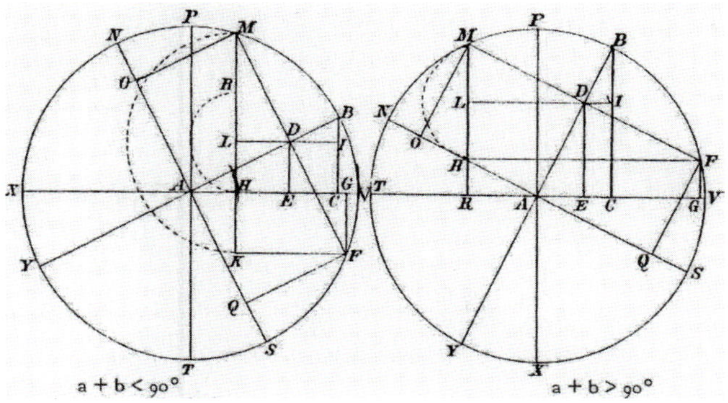

161/ **Berechnungsbeispiel einer Sternposition mit drei verschiedenen Methoden: Jost Bürgi ist der erste und einzige Mathematiker, dem es gelingt, den komplizierten Rechenweg der Sphärischen Triangulation mit zeitaufwendigen Multiplikationen (oben gelb) zunächst durch die Prosthaphärese (orange Mitte) auf einfache Additionen und Subtraktionen zu verkürzen sowie anschliessend mit Erfindung der Logarithmen (grün unten) weiter zu beschleunigen. (Gemäss Klaus Kühn/Frobenius).**

Der Rechenweg mit Multiplikation der Sinusse

1. Vulgariter	**Winkel/Seite**	**Trig Funkt**	**Grad**	**Pr**	**Sec**	
	α		23	31	30	
	yα = b		30	8	55	
	β		90			
	Si α **(Interpoliert)**	3.991.492				
		mal				
	Si α	5.022.446				
		geteilt durch				
	S.t. (sinus totus = β)	10.000.000				
		ist gleich				
	Quartus si α • si yα	2.004.705				
Lösung	Sinus: arcus ejus		**11**	**33**	**52**	Crus βy

Der Rechenweg der Prosthaphärese

2. Prosthaphäretice	**Grad**	**Pr**	**Sec**		**Grad**	**Pr**	**Sec**		**Sinus**	**Arcus**		
yα Arcus Major	30	8	55	Compl yα	59	51	5			**Grad**	**Pr**	**Sec**
α Arcus Minor	23	31	30	α	23	31	30					
			plus	Aggreg.	83	22	35		9,933,253			
								minus				
			minus	Differ.	36	19	35		5,923,843			
								Differ.	4,009,410			
								geteilt durch 2				
Lösung			Crus βy					Semis	2,004,705	**11**	**33**	**52**

Der logarithmische Weg

3. Logarithmice	**Winkel/Seite**	**Grad**	**Pr**	**Sec**		**Log sin ∢**	**Log Sinus**	**Grad**	**Pr**	**Sec**
	α	23	31	30		9,601,136				
	yα	30	8	55	**plus**	9,700,915				
						19,302,051				
	β	90			**minus**	10,000,000				
Lösung						9,302,051 Crus βy	**9,302,051**	**11**	**33**	**52**

Der Erfinder der Logarithmen

Bei seiner Beschäftigung mit der Prosthaphärese muss Jost Bürgi die isomorphe Strukturgleichheit arithmetischer und geometrischer Zahlenreihen erkannt haben. Mit Ausnahme von Simon Jacob (1510–1564) – den Bürgi namentlich nennt [32] – erwähnt Bürgi die theoretischen Vorarbeiten anderer Rechenmeister (wie Michael Stifel, 1487–1567) nicht oder kann sie aufgrund mangelnder Lateinkenntnisse nicht lesen: In Frankreich (François «Vieta» Viète, 1540–1603) und in den Niederlanden (Simon Stevin, 1548–1620) arbeiten zur selben Zeit Mathematiker auf diesem Gebiet und suchen intensiv nach Lösungen; in Schottland auch ein gewisser Lord von Merchiston, bürgerlich John «Neper» Napier (1550–1617).

Bürgis Progresstabulen. John Napier (1550–1617) gilt mit seinen 1614 veröffentlichten *Mirifici logarithmorum canonis descriptio* als der Erfinder der Logarithmen, ebenso wie Jost Bürgi,* dessen *Aritmetische und Geometrische Progress Tabulen* zusammen mit einem *Gründlichen Unterricht* schon lange vor 1610 druckbereit vorliegen.[33] Obwohl wahrscheinlich bereits vor 1588 begonnen und spätestens 1609 druckfertig,[34] gelangen Bürgis Logarithmentafeln aufgrund zu zögerlichen Verhaltens Bürgis und eventuell kriegsbedingter finanzieller Engpässe erst 1620 in Form weniger Probeandrucke in Umlauf. Diesen grossen zeitlichen Vorsprung bezeugen ausser Schwager Benjamin Bramer ebenfalls die beiden kaiserlichen Hofmathematiker Nikolaus Ursus Reimers und Johannes Kepler.[35]

Doch wiederum ist es der gelernte Uhrmacher Jost Bürgi, dem mit seinen *Aritmetischen und Geometrischen Progress Tabulen* die Erstellung der ersten Logarithmentabellen gelingt. Mit 58 Tabellenseiten schafft er ein universell anwendbares Rechenmittel. Bürgis Methode ist – im Gegensatz zu Napiers Logarithmen (Seite 178) – nicht auf trigonometrische Funktionswerte beschränkt, sondern kann ebenfalls bequem für beliebige andere Aufgaben, wie beispielsweise die Zinseszinsberechnung, verwendet werden. Noch grundlegender und schneller als bei der Prosthaphärese werden über die Logarithmen Multiplikation und Division in Addition und Subtraktion verwandelt und durch Ablesung des Resultats aus einer Tabelle oder an einer Rechenschieber- oder Rechenscheibenskala gelöst.

* Ein Blick zurück zeigt: Schon Nicolas «Ursus Raimarus» Reimers hat in seinem *Fundamentum Astronomicum* 1588 geschrieben: «Und so kann durch diesen goldenen Kunstgriff der ganze *Canon Sinuum* äusserst einfach angelegt und vollendet werden in einem Zeitraum von zwei oder drei oder höchstens vier Tagen.» (Zitiert nach Launert, S. 11.) Demgegenüber vertritt Denis Roegel eine kontroverse Auffassung: «Although Bürgi's tables can be viewed as tables of logarithms, Bürgi did not reach the abstract notion developed by Napier, and should not be considered as a co-inventor of logarithms.» (Roegel [2012a].) Grundsätzlich gehen wir hier davon aus, dass Bürgi gemäss Aussagen von Zeitgenossen seine Progress-Tabulen im positiven Fall bereits 1588 fertiggestellt hat und dass sie im negativen Fall spätestens 1609 druckbereit vorliegen. Napier hingegen beginnt frühestens um 1594 mit seiner Tabellenzusammenstellung. Der Autor vertritt die Ansicht, dass Bürgi und Napier die Logarithmen unabhängig voneinander im gleichen Zeitraum entwickelt haben und dass sie es beide verdienen, als Erfinder der Logarithmen betrachtet zu werden.

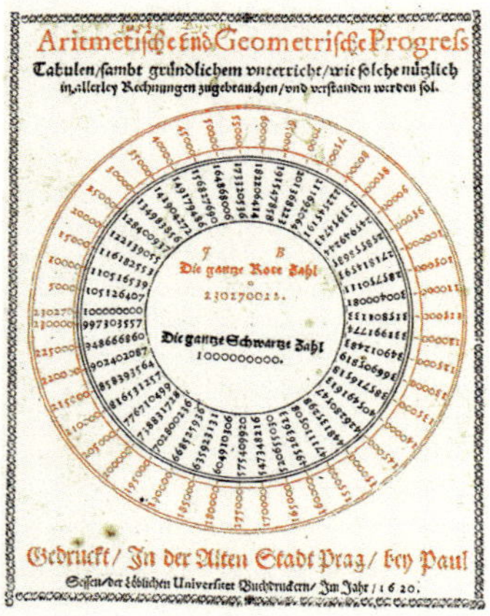

162/ **Titelblatt des Grazer Exemplars (Seite 162).**

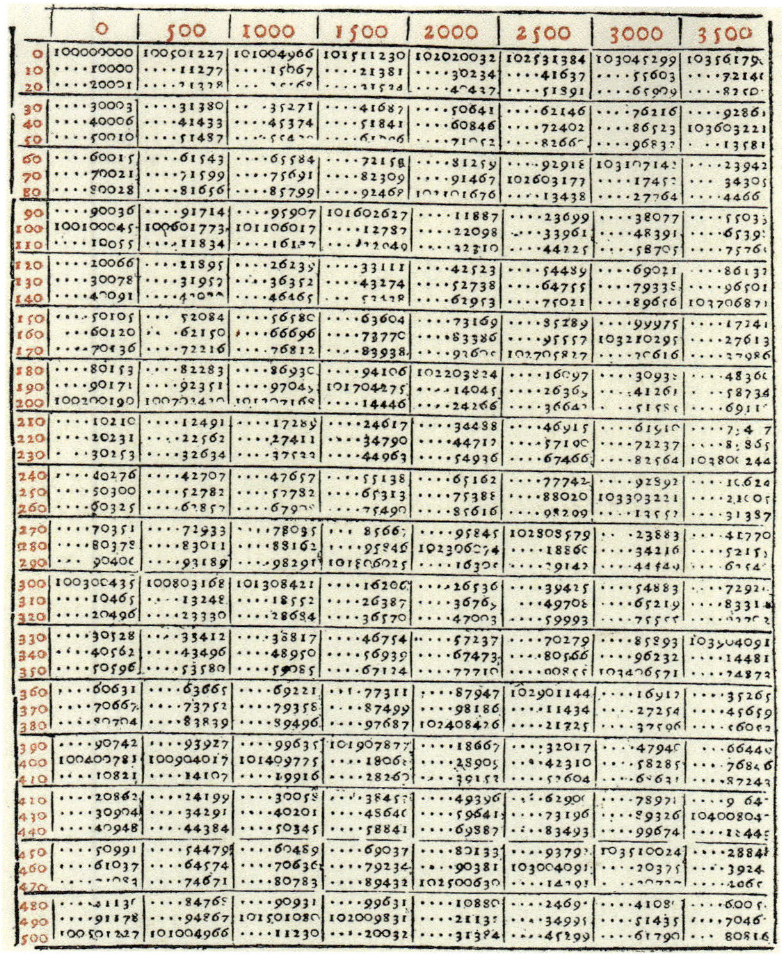

	0	500	1000	1500	2000	2500	3000	3500
0	100000000	100501227	101004966	101511230	102020032	102531384	103045299	10356179[illegible]
10	····10000	····11277	····15067	····21381	····30234	····41637	····55603	····7214[illegible]
20	····20001	[illegible]	[illegible]	[illegible]	[illegible]	····51891	····65909	[illegible]
30	····30003	····31380	····35271	····41687	····50641	····62146	····76216	····92861
40	····40006	····41433	····45374	····51841	····60846	····72402	····86523	103603221
50	····50010	····51487	[illegible]	[illegible]	[illegible]	····8266[illegible]	····9683[illegible]	····13581
60	····60015	····61543	····65584	····72158	····81259	····92918	10310714[illegible]	····23942
70	····70021	····71599	····75691	····82309	····91467	102603177	····1745[illegible]	····34305
80	····80028	····81656	····85799	····92469	[illegible]01676	····13438	····27764	····4466
90	····90036	····91714	····95907	101602627	····11887	····23699	····38077	····5503[illegible]
100	100100045	100601773	101106017	····12787	····22098	····33961	····48391	····6539[illegible]
110	····10055	····11834	····161[illegible]	[illegible]2049	····32310	····44225	····58705	····7576[illegible]
120	····20066	····21895	····26239	····33111	····42523	····54489	····69021	····8613[illegible]
130	····30078	····31957	····36352	····43274	····52738	····64755	····79335	····96501
140	····40091	[illegible]	····46465	[illegible]	····62953	····75021	····89656	10370687[illegible]
150	····50105	····52084	····56580	····63604	····73169	····85289	····99975	····17241
160	····60120	····62150	····66696	····73770	····83386	····95557	103210295	····27613
170	····70136	····72216	····76812	····83938	[illegible]	102705827	····[illegible]0616	····[illegible]7986
180	····80153	····82283	····86930	····94106	102203824	····16097	····3093[illegible]	····4836[illegible]
190	····90171	····92351	····9704[illegible]	101704275	····14045	····26365	····41261	····58734
200	100200190	[illegible]	[illegible]	····14446	····24266	····3664[illegible]	····5155[illegible]	····6911[illegible]
210	····10210	····12491	····17289	····24617	····34488	····46915	····61910	····7[illegible]47
220	····20231	····22562	····27411	····34790	····44717	····57190	····72237	····8[illegible]865
230	····30253	····32634	····37522	····44963	····54936	····67466	····82564	10380[illegible]244
240	····40276	····42707	····47657	····55138	····65162	····77742	····92892	····10624
250	····50300	····52782	····57782	····65313	····75388	····88020	103303221	····2100[illegible]
260	····60325	····62857	····679[illegible]	····75490	····85616	····98209	····1355[illegible]	····31387
270	····70351	····72933	····78095	····85667	····95845	102808579	····23883	····41770
280	····80378	····83011	····88162	····95846	102306074	····18860	····34216	····5215[illegible]
290	····90406	····93189	····98291	101806025	····16306	····29142	····44549	[illegible]
300	100300435	100803168	101308421	····16206	····26536	····39425	····54883	····7292[illegible]
310	····10465	····13248	····18552	····26387	····36765	····49708	····65219	····8331[illegible]
320	····20496	····23330	····28684	····36570	····47003	····59993	····7555[illegible]	[illegible]
330	····30528	····33412	····38817	····46754	····57237	····70279	····85893	103[illegible]4091
340	····40562	····43496	····48950	····56939	····67473	····80566	····96232	····14481
350	····50596	····53580	····59085	····67124	····77710	····0085[illegible]	10340657[illegible]	····24872
360	····60631	····63665	····69221	····77311	····87947	102901144	····16917	····35265
370	····70667	····73752	····79358	····87499	····98186	····11434	····27254	····45659
380	····80704	····83839	····89496	····97687	102408426	····21725	····37596	····5606[illegible]
390	····90742	····93927	····99635	101907877	····18667	····32017	····4794[illegible]	····66440
400	100400781	100904017	101409775	····1806[illegible]	····28905	····42310	····58285	····76846
410	····10821	····14107	····19916	····2826[illegible]	····3915[illegible]	····52604	[illegible]	····87243
410	····20862	····24199	····30058	····3845[illegible]	····49396	····6290[illegible]	····78971	····9[illegible]64[illegible]
430	····30904	····34291	····40201	····45640	····59641	····73196	····89326	10400804[illegible]
440	····40948	····44384	····50345	····58841	····69887	····83493	····99674	····1[illegible]445
450	····50991	····54479	····60489	····69037	····80133	····9379[illegible]	103510024	····28841
460	····61037	····64574	····70636	····79234	····90381	103004091	····20375	····3924[illegible]
470	[illegible]	····74671	····80783	····89432	102500630	····1429[illegible]	[illegible]	····2065[illegible]
480	····[illegible]113[illegible]	····84769	····90931	····99631	····10880	····2469[illegible]	····4108[illegible]	····6005[illegible]
490	····91178	····94867	101501080	102009831	····21135	····34995	····51435	····7046[illegible]
500	100501227	101004966	····11230	····20032	····31384	····45299	····61790	····80816

163/ **Erste der insgesamt 58 Tabellenseiten von Bürgis Logarithmentafeln (Danziger Exemplar).**

Bürgis Logarithmenkonzeption mit einfacher Zahlenfolge. Bürgis Logarithmentafeln werden nicht nur zeitlich früher entwickelt als diejenigen Napiers, sondern aus heutiger Perspektive auch nach einem qualitativ moderneren Mathematikkonzept. Während sich Napier in seinen log-sin-Logarithmentabellen noch an trigonometrischen Funktionen orientiert, arbeitet Bürgi bereits von Beginn an mit einer geometrischen Zahlenfolge mit Faktor q = 1.0001. Mit dem Algorithmus der einfachen fortlaufenden Multiplikation mit q (d. h. durch Addition von einem 10 000stel des momentanen Tabelleneintrages) kann Jost Bürgi gemäss Jörg Waldvogel[36] seine *Progress Tabulen* auf äusserst rationelle Weise in kurzer Zeit erstellen (oder durch einen Gehilfen erstellen lassen).
Erwin Voellmy schreibt: «Seine Erläuterung beginnt Bürgi sehr zweckmässig mit einem einfachen Beispiel frei nach Archimedes.»[37] Bürgi stellt der arithmetischen Folge (dem «arithmetischen Progress») 0, 1, 2 ... (rot) die geometrische Folge 1, 2, 4 ... (schwarz) gegenüber:

0	1	2	3	4	5	6	7	8	9	10	11	12
1	2	4	8	16	32	64	128	256	512	1024	2048	4096

Daran erläutert er die Möglichkeiten, die folgenden Rechnungen zu vereinfachen: Multiplikation, Division, «Regul Detri», Quadratwurzel, Kubikwurzel, vierte Wurzel, mittlere Proportionale, zwei mittlere Proportionalen. Es folgt – in dem den *Aritmetischen und Geometrischen Progress Tabulen* beiliegenden *Gründlichen Unterricht* – der theoretisch wichtige, für das Basisproblem ausschlaggebende Satz von Bürgi: «... und diesse Eigenschaft haben nicht allein die 2 abgesetzten Progressen miteinander, sondern alle, sie sein, wie sie wollen, wenn der Arithmetische mit 0 und der Geometrische von 1 anfanget, wie denn auch die folgenden Tabulen nichts anderes als 2 solcher Progressen sind.»[38]

164>/ **Letzte Tabellenseite von Jost Bürgis Logarithmentafeln mit Angabe der ganzen roten Zahl rechts unten (Grazer Exemplar).**

Auch in Bürgis *Progress Tabulen* bilden die roten Zahlen die arithmetische, die schwarzen Zahlen die geometrische Progressreihe.

Bürgis Ziel: fehlerfrei und genau. Durch die Eingrenzung der «ganzen roten Zahl» $N = \log(10)/\log(1.0001) = 23027.0022032997...$ erzielt Bürgi mit $23027.0022 < N < 23027.0023$ eine höchst erfolgreiche Sicherung von Fehlerfreiheit und Genauigkeit.[39] Praxisnah stimmt er auch die Relation von Tabellenintervallfeinheit und Rechengenauigkeit ab; er wählt sie so, dass bei einer linearen Interpolation mit vier Ziffern ein relativer Fehler von höchstens 1.25 Einheiten an der 8. Stelle entstehen kann. Die Genauigkeit der ganzen roten Zahl in Bürgis *Progress Tabulen* ist auch für den Nichtfachmann beeindruckend, «stehen die Resultate aus Jost Bürgis Tafeln in Bezug auf ihre Genauigkeit denjenigen der sie ablösenden elektronischen Rechner in keiner Weise nach»[40].

Vorgriff auf moderne Logarithmus- und Exponentialfunktionen. Zu Bürgis Zeiten ist der Logarithmus als Funktionsgrösse noch unbekannt. Erst über ein Jahrhundert später wird Jost Bürgis Landsmann Leonhard Euler (1707–1787) die eulersche Zahl $e = \exp(1) = 2.71828183$ als Basis der natürlichen Logarithmen definieren. Diesem Wert kommt Bürgi mit dem 10 000sten Tabelleneintrag von $1.0001^{10\,000} = 2.71814593$ mit einer Übereinstimmung von 99.99995 Prozent[41] schon damals sehr nahe. Jörg Waldvogel von der ETH Zürich weist darauf hin, dass Bürgi in seinen *Progress Tabulen* eine Exponentialfunktion (früher als Antilogarithmus bezeichnet) tabelliert.[42] Bürgi zeige sogar, wie man die Tabelle durch lineare Interpolation rückwärts liest (beispielsweise logb (3.6) = 12809.9789, alle Ziffern korrekt[43]). Somit tabelliert Bürgi ohne Zweifel auch die Inverse seiner Exponentialfunktion (in moderner Sprache die Logarithmusfunktion zur Basis b = 1.0001).

Jost Bürgi erwähnt bereits vor 1600 in seinem Manuskript der *Arithmetica Bürgii (Coss)* die Funktionsweise der arithmetischen und geometrischen Progressionen zur Multiplikation von zwei geometrischen Progressionszahlen (schwarz) durch Addition der entsprechenden arithmetischen Progressionszahlen (rot). Benjamin Bramer weist 1648 darauf hin, Bürgi habe seine Progresstabulen und Sinustafeln in einem gemeinsamen Werk veröffentlichen wollen. Er schreibt in seinem *Bericht zu Jobsten Burgi' seligen*

	228000	228500	229000	229500	230000	230000
0	977556601	982456378	987380714	992329732	····0000	997303557
10	···654356	···554623	···479452	···428965	····10000	···403287
20	···752122	···652879	···578200	···528208	····20000	···503027
30	···849897	···751144	···676958	···627461	····30000	···602778
40	···947682	···849419	···775726	···726724	····40000	···702538
50	978045477	···947704	···874503	···825996	····50000	···802308
60	···143281	983045999	···973291	···925279	····60000	···902088
70	···241096	···144304	988072088	993024572	····70000	998001879
80	···338920	···242618	···170895	···123874	····80000	···101679
90	···436754	···340942	···269712	···223187	····90000	···201489
100	···534597	···439276	···368539	···322509	230100000	···301309
110	···632451	···537620	···467376	···421841	····10000	···401139
120	···730314	···635974	···566223	···521183	····20000	···500979
130	···828187	···734338	···665080	···620535	····30000	···600829
140	···926070	···832711	···763946	···719898	····40000	···700690
150	979023962	···931094	···862822	···819269	····50000	···800560
160	···121865	984029488	···961709	···918651	····60000	···900440
170	···219777	···127890	989060605	994018043	····70000	999000330
180	···317699	···226303	···159511	···117445	····80000	···100230
190	···415631	···324726	···258427	···216857	····90000	···200140
200	···513572	···423158	···357353	···316278	230200000	···300060
210	···611524	···521601	···456288	···415710	····10000	···399990
220	···709485	···620053	···555234	···515152	····20000	···499930
230	···807456	···718515	···654190	···614603	····30000	···599880
240	···905437	···816987	···753155	···714065	····40000	···699840
250	980003427	···915468	···852130	···813536	····50000	···799810
260	···101427	985013960	···951115	···913017	····60000	···899790
270	····99438	···112461	990050111	995012509	230270000	999999779
280	···297457	···210973	···149116	···112010	·······10	·······879
290	···395487	···309494	···248130	···211521	·······20	·······979
300	···493527	···408025	···347155	···311042	········1	·······89
310	···591576	···506565	···446190	···410573	230270022	999999999
320	···689635	···605116	···545235	···510115		
330	···787704	···703677	···644289	···609666		
340	···885783	···802247	···743353	···709227		
350	···983872	···900827	···842428	···808797		
360	981081970	····99417	···941512	···908378		
370	···180078	986098017	991040606	996007969		
380	···278196	···196627	···139711	···107570		
390	···376324	···295247	···238825	···207181		
400	···474462	···393876	···337948	···306801		
410	···572609	···492516	···437082	···406432		
420	···670766	···591165	···536226	···506073		
430	···768934	···689824	···635380	···605723		
440	···867110	···788493	···734543	···705384		
450	···965297	···887172	···833717	···805054		
460	982063494	···985861	···932900	···904735		
470	···161700	987084559	992032093	997004425		
480	···259916	···183268	···131296	···104126		
490	···358142	···281986	···230510	···203836		
500	···456378	···380714	···329732	···303557		

Also enden sich die zwo Summen Zalen in 9. Zyphern/ vñ ist die Rote

230270022 −

230270023 +

Die Schwartze aber ist gantz mit 9. nollen als 1000000000 vnd so dieselben gantzen Zalen/ nicht gnug geben mögen / so mag man dieselben 2.3.4.5.6.7.8.9. zusammen addieren.

Geometrischen Triangular Instruments: «anno 1609, als ich bey demselben [Bürgi] mich auffgehalten [...] weil er aber endlich willens gewesen, diesen Bericht gäntzlich verfertigen zu lassen, und denselben also auch seine schöne Progress Tabulen, und die Tabulas Sinuum; so er in Grad / minuten / und von 2. zu 2. secunden, mit unsäglicher arbeit calculieret, auff vieler anhalten in Truck kommen zu lassen willens gewesen.»[44] Bürgi-Biograf Rudolf Wolf ist 1872 der gleichen Meinung[45] und Ludwig Oechslin vertritt wie Voellmy die Auffassung, dass Jost Bürgi seinen immensen *Canon Sinuum* bereits unter Zuhilfenahme seiner Progresstabulen erstellt haben dürfte.[46]

In diesem sehr plausiblen Fall wäre die Erstellung der bürgischen Logarithmentabellen – oder zumindest einer Vorversion davon – bereits vor dem Jahre 1588 anzusiedeln.[47]

Schon ab 1603 kann Kepler Bürgis Progresstabulen (Logarithmentafeln) kennenlernen. Als bedeutend für seine Arbeit stuft er sie auf jeden Fall ein: Im Frontispiz-Bild gegenüber der Titelseite der *Tabulae Rudolphinae* illustrieren zwölf Dachfiguren die Wissenschaften und Künste, darunter die *Arithmetica Logarithmica* (Seite 245, 246).[48] Für den Wissenschaftshistoriker und Herausgeber der Nachdrucke von Keplers Hauptwerken in deutscher Übersetzung Fritz Krafft «sind die von Jobst Bürgi in Kassel und Prag erarbeiteten Logarithmen unabdingbare Hilfe bei Keplers Rechnungen»[49]. Die gleiche Auffassung vertreten Ludwig Oechslin, Karsten Gaulke (Seite 240) und Hermann-Michael Hahn. Doch ist kein konkreter Hinweis bekannt, gemäss dem Kepler die Vorteile der Logarithmentafeln von Bürgi bei seinen Marsdatenberechnungen schon frühzeitig selbst genutzt hätte. Gemäss den meisten Quellen wartet Kepler sogar bis zum Jahr 1619, bis er sich offiziell der Logarithmenmethode annimmt, und zwar überraschender-

165/ **Napiers log-sin-Logarithmentafeln erscheinen 1614 in seinem *Mirifici logarithmorum canonis descriptio* ganz auf trigonometrische Anwendungen ausgerichtet.**

Gr. 0

0 + | –

min	Sinus.	Logarithmi	Differentiæ	logarithmi	Sinus	
0	0	Infinitum	Infinitum	0	10000000	60
1	2909	81425681	81425680	1	9999999	59
2	5818	74494213	74494211	2	9999998	58
3	8727	70439564	70439560	4	9999996	57
4	11636	67562746	67562739	7	9999993	56
5	14544	65331315	65331304	11	9999989	55
6	17453	63508099	63508083	1,85	9999998,85	54
7	20362	61966595	61966573	2,21	9999989	53
8	23271	60631284	60631256	2,87	9999997,43	52
9	26180	59453453	59453418	3,84	9999996,76	51
10	29088	58399857	58399814	4,82	9999995,96	50
11	31997	57446759	57446707	5,21	9999989	49
12	34906	56576646	56576584	6,2	9999949	48
13	37815	55776222	55776149	7,82	9999928	47
14	40724	55035148	55035064	8,43	9999917	46

weise derjenigen von John Napier und nicht derjenigen seines – einstigen (?) – Freundes Jost Bürgi, über den und über dessen Logarithmentabellen Kepler bis 1627 schweigt.

Die «Verdoppelung des Lebens der Astronomen». Der französische Mathematiker und Astronom Simon Laplace (1749–1827) wird bereits im 19. Jahrhundert über die Logarithmen sagen, dass alleine sie «durch Verkürzung der Arbeit das Leben der Astronomen verdoppeln».[50] Während dreieinhalb Jahrhunderten – bis zur Verbreitung des Computers und bis zur Mondlandung – gehören Logarithmentafeln sowie Rechenschieber und Rechenscheiben nach dem logarithmischen Prinzip zu den zentralen Rechenwerkzeugen in Wissenschaft und Technik.

Keplers Geheimnis. Interessant bis heute bleibt die Frage der Nutzung der Logarithmen durch Johannes Kepler. So schreibt Cliff Stoll in seinem Beitrag «Als Rechner noch geschoben wurden» über die Logarithmen: «So nutzte etwa Anfang des 17. Jahrhunderts der deutsche Astronom Johannes Kepler die neuartigen Logarithmen [Napiers], um die Umlaufbahn des Mars zu berechnen. Ohne sie hätte er vielleicht nie seine drei Gesetze der Himmelsmechanik formulieren können.»[51] In einem Leserbrief konstatiert der Kölner Wissenschaftsjournalist Hermann-Michael Hahn dazu (*Spektrum Online*, April 2007): «Wenn Napier seine Logarithmen-Tafeln erst 1614 veröffentlicht hat, werden sie Kepler bei der Findung seiner Gesetze zur Planetenbewegung kaum geholfen haben, denn die beiden ersten keplerschen Gesetze wurden bereits 1605 gefunden. Dagegen dürfte Kepler Zugriff auf die von Jost Bürgi erstellten Logarithmentafeln gehabt haben, da dieser ab 1603 ebenfalls in Prag wirkte und bereits vor 1588 an der Entwicklung der Logarithmen gearbeitet hatte.» Da Bürgi und Kepler über die Logarithmen und die *Arithmetica Bürgii* eine Schweigepflicht vereinbart haben (Seite 195), bis die Werke Bürgis gedruckt sind, findet man von Johannes Kepler vor dem Publikationstermin 1620 darauf keinen Hinweis, sondern sieben Jahre später in den *Rudolfinischen Tafeln* nur noch die enttäuschte Bezeichnung Bürgis als «Geheimnistuer und Zauderer». Pragmatisch betrachtet könnte es trotzdem so gewesen sein, wie Hermann-Michael Hahn schreibt und wie auch Fritz Krafft meint: Für eigene Arbeiten durfte Kepler schon frühzeitig die *Progress Tabulen* nutzen.[52] Aber weil es ihm aufgrund der Vertraulichkeitsvereinbarung weit länger als ein Jahrzehnt verwehrt bleibt, über die Bürgi-Logarithmen zu sprechen, wendet er sich den für trigonometrische Rechnung gedachten und eingerichteten napierschen Tafeln zu – und dies obwohl er gemäss Franz Hammer «vor allem logistische Rechnungen im Auge hat»[53], – und er ignoriert nach aussen hin die mathematisch weit modernere Lösung Bürgis völlig.

Jost Bürgis geometrische Algebra und sein «Kunstweg» der Interpolation

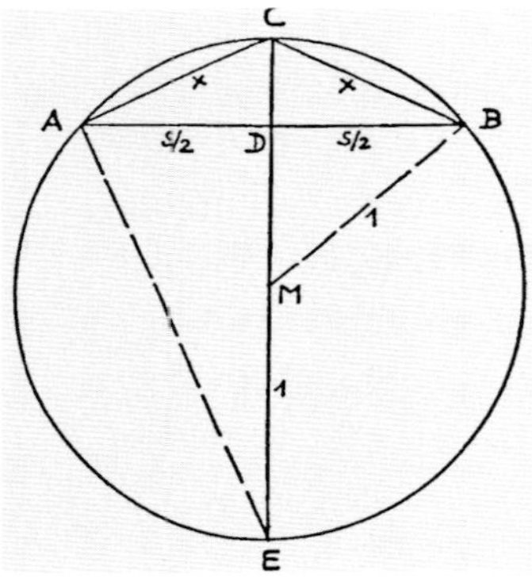

166/ **Mit geometrischen Formen im Kreis bis hin zum Siebeneck und zum Neuneck sowie ihrer Auflösung mit Gleichungen höheren Grades verknüpft Jost Bürgi Algebra und Geometrie für die sphärische Trigonometrie.**

Auch bei der Erstellung seiner Sinustafeln geht Jost Bürgi für die schnelle Berechnung möglichst feiner Winkelteilungen neue Wege. Die bisher gebräuchlichen Methoden – besonders was die näherungsweise Berechnung von sin 1' betrifft – sind ihm nicht genügend genau («nit scharff gnueg gwest») und «zu weit aus dem Weg».[54] Da die Geometrie einen gegebenen Winkel nicht in einem gegebenen Verhältnis teilen könne, müsse man sich hierzu der Coss – der Algebra – bedienen. Man müsse deshalb die Geometrie mit der Algebra verbinden. In der Gleichungslehre, speziell in der Auflösung von Gleichungen, werden von Bürgi deshalb ebenfalls neue Wege eingeschlagen. Das gilt auch für Interpolationsverfahren, mit denen Bürgi neue Algorithmen der numerischen Mathematik aufzeigt. Für die Lösung von Aufgaben der geometrischen Algebra führt Bürgi Hilfswinkel ein. Und für die damalige Zeit geradezu revolutionär – sowie im Gegensatz zu allen Zeitgenossen – schreibt er durch Betrachtung eines Einheitskreises drei Jahrhunderte vor der Akzeptanz durch die Allgemeinheit den Sinus totus bzw. den Sinus von 90 Grad als Kreisradius r = 1 sowie kleinere Sinuswinkel als Bruchwerte davon in der von ihm mitentwickelten Dezimalbruchschreibweise.

Wie hat nun Jost Bürgi seinen *Canon Sinuum* berechnet? Da wir solche Lösungen heute im Computer auf Tastendruck finden, führt es hier zu weit, an dieser Stelle die Wege Bürgis zu seiner Zeit nachzuvollziehen. Das hat zuletzt Prof. Dr. Hans Loeffel[55] in der Bürgi-Jubiläumsausgabe der *Toggenburgerblätter* 1982 getan.

Bürgi ist auch mit seinen selbstständig entwickelten rekursiven Näherungsverfahren seiner Epoche vorausgeeilt, sind diese doch erst im Zeitalter des Computers so richtig zum Tragen gekommen. In Frankreich hat mindestens gleichzeitig Francois Viète (1540–1603) Ähnliches vollbracht.

Jost Bürgi erkennt und erläutert zunächst das Bildungsgesetz der Koeffizienten, stellt es in Tabellenform dar und entwickelt zur numerischen Auflösung seiner Teilungsgleichungen drei Verfahren[56]. Seinen detaillierten Erläuterungen schickt Jost Bürgi den Satz voraus: «Wenn man eine bekannte Sehne *a* zum Durchmesser 2 addiert, so erhält man das Quadrat der Sehne *t*, welche zur Mitte des Komplementbogens führt, wenn man sie dagegen vom Durchmesser subtrahiert, so erhält man das Quadrat der Chorde *s* desselben Komplementbogens.»[57]

Jost Bürgis erstes Verfahren der Auflösung von Teilungsgleichungen überliefert auch Bartholomäus Pitiscus 1608 in Form von Dreiteilungs- und Fünfteilungsgleichungen. In seinen *Weltharmonien (Harmonices Mundi)* (1619) sagt Kepler mit ausdrücklichem Bezug auf Bürgi, dass die Gleichung beim Fünfeck zwei, beim Siebeneck drei und beim Neuneck vier Wurzeln habe.[58] Obwohl ähnliche Ansätze anscheinend bereits ein Jahrhundert zuvor im islamischen Raum bekannt sind – so beim Samarkander Ulugh Beg[59] –, hat

Bürgi gemäss Braunmühl auch hier wieder selbstständig seinen eigenen Lösungsweg entwickelt.[60]

Was Hans Loeffel das «rekursive Näherungsverfahren»[61] nennt, bezeichnet Philipp Schöbi-Fink als die «Fixpunktmethode» von Jost Bürgi, mit der man heute noch über wenige iterative Schritte schnell zum Resultat gelange[62]. Dieses Verfahren Jost Bürgis arbeitet ebenfalls mit mehrfachen Wurzeln, wobei Bürgi weiss, wie viele positive Wurzeln zum Wert einer gegebenen Sehne gehören.

Das dritte Verfahren Jost Bürgis besteht in der Anwendung der altbekannten Regel des falschen Ansatzes *(Regula falsi)*, die Bürgi an der auf null reduzierten Gleichung für die Neunteilung genau erläutert und ausführt. Bürgis Interpolationsmethode baut auf dem geraden Wert 10 auf und verrechnet höhere Differenzen ineinander mit Addition und Subtraktion zu Interpolationswerten.

Doch darüber hinaus erfindet Bürgi als grundsätzlich zweite Methode auch noch sein *Byrgii Artificium*, seinen «Kunstweg»: eine Interpolationsmethode durch die Bildung höherer Differenzen in einer besonderen Form. In der Redaktion Johannes Keplers ist sie nicht vollständig beschrieben, sondern sollte erst kurz vor Druck hinzugefügt werden, um diesen Kunstweg so lange wie möglich geheim zu halten. Ludwig Oechslin ist der Begriff des «Kunstweges» suspekt: Er weist in seiner Biografie *Jost Bürgi* nach, dass dieser hier ebenfalls im Differenzverfahren interpoliert.[63] Dargestellt werden alle Zusammenhänge und neuen Methoden von Jost Bürgi ohne Progresstabulen/Logarithmen im Manuskript der von Martha List und Volker Bialas herausgegebenen Schrift *Die Coss von Jost Bürgi in der Redaktion von Johannes Kepler* (Seite 185).

167/ **Jost Bürgis Kunstweg mit Schema der rekursiven Interpolation im von Reimers 1588 veröffentlichten *Fundamentum Astronomicum*.**

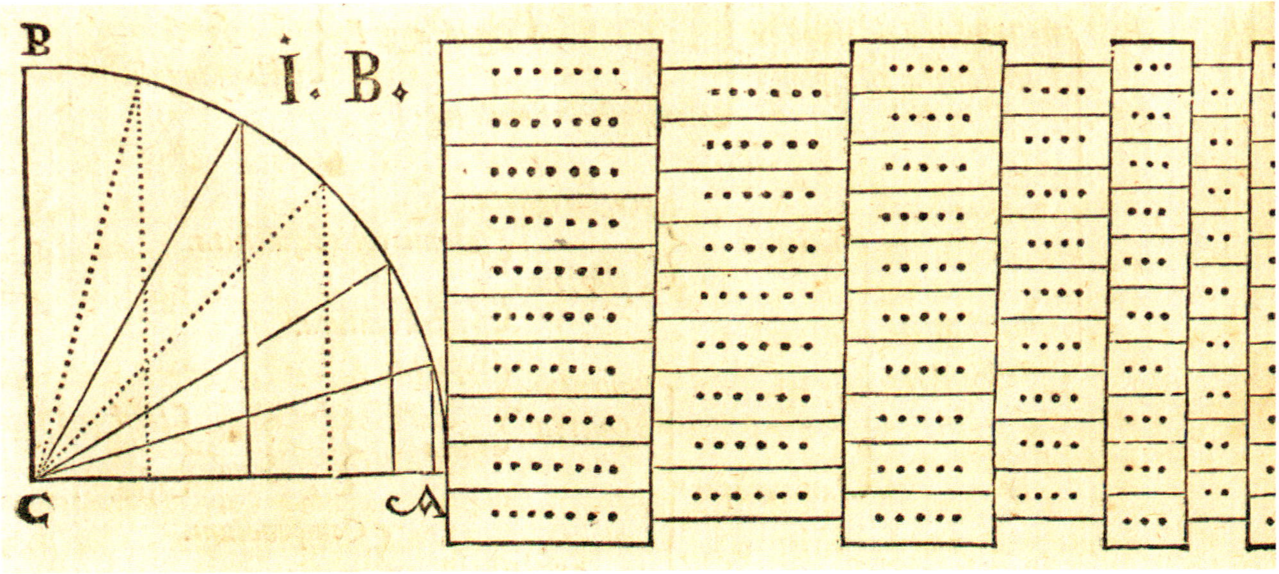

Die genauesten Sinustabellen

Die intensive Beschäftigung Jost Bürgis mit neuen mathematischen Lösungswegen dient vor allem zwei Zielsetzungen: erstens den langwierigen und fehleranfälligen Rechenvorgang der sphärischen Trigonometrie zu vereinfachen und zu verkürzen; zweitens die Genauigkeit der einzusetzenden Sinus- und Cosinuswerte zu erhöhen. Dabei denkt Bürgi an noch wesentlich feinstufigere und genauere Sinustabellen als diejenigen des *Canon doctrinae triangulorum* (1551) von Rheticus (1514–1574), der anschliessend ein noch grösseres Tafelwerk in Angriff genommen hat. Doch niemand kann um 1590 sagen, ob Rheticus' *Opus Palatinum* bei chronischem Geldmangel seines Nachfolgers Valentinus Otho überhaupt oder in absehbarer Zeit gedruckt wird und – wenn ja – ob es die hohen Erwartungen erfüllen kann. Jost Bürgi will deshalb sein eigenes Tabellenwerk erstellen, seinen *Canon Sinuum*. Allerdings stehen Bürgi bei Weitem nicht die finanziellen Mittel zur Verfügung wie einst Rheticus. Kurz bevor Rheticus starb, waren sechs Rechenpersonen für ihn tätig, davon eine zwölf Jahre lang. Bürgi löst sein Kapazitätsproblem jedoch nicht durch eine Personalaufstockung, sondern durch neue Algorithmen. Während Rheticus viele Mannjahrzehnte Rechenarbeit aufwenden musste, erledigt Bürgi seine Herkulesarbeit der fünffach feineren Unterteilung des *Canon Sinuum* in Zweisekundenschritte gemäss Nikolaus Reimers anscheinend in wenigen Tagen.[64] Ernst Zinner berichtet dazu ergänzend, dass Pitiscus bereits 1599 mitgeteilt habe, Bürgi habe «die Berechnung ohne jede Multiplikation und Division ausgeführt»[65].

Algorithmische Prozesse zur Erstellung der Sinustafeln. In nur wenigen Jahren hat sich Jost Bürgi unter den Augen vom wohlwollenden Wilhelm IV. von Hessen-Kassel autonom das mathematische Instrumentarium geschaffen, das ihm die Erstellung von Sinustabellen in der von ihm angestrebten hohen Qualität und Feinheit ermöglicht. Und er hat sich gemäss Ludwig Oechslin auch schon die arithmetisch-geometrischen Progresstabulen (Logarithmentafeln) erstellt[66], dazu die Dezimalbruchrechnung, die Prosthaphärese, die geometrisch-algebraischen Winkelteilungen und die beiden Interpolationsmethoden auf der Basis von 10 – eine durch die Bildung von höheren Differenzen, die andere durch Bildung von Mittelwerten immer höheren Grades. Doch trotz dieses zeitlich anspruchsvollen Engagements für die Mathematik vernachlässigt Bürgi auch seine Hauptaufgaben am Fürstenhof nicht. Es sind äusserst fruchtbare Jahre, während denen er gleichzeitig noch so wunderbare und komplexe Geräte baut wie die Äquationsuhr, die Planetenglobusuhr und den kleinen Himmelsglobus und gleichzeitig anhand der Sonne die Erdbahn und die Erdneigung (Ekliptik) in einen elliptischen Verlauf integriert sowie in nächtlichen Sessionen mit Sextant und Sekundenuhr Planetenörter vermisst. Erste Muster seiner Sinustabellen hat er Brahe bereits vor 1592 gezeigt.

Das genaueste und zuverlässigste Tabellenwerk trigonometrischer Daten. Jost Bürgis *Canon Sinuum* besteht aus Sinustabellen für zwei zu zwei gerade Bogensekunden fortschreitende Winkel mit 81 000 Werten zwischen 0 und 45 Grad sowie mit einer Genauigkeit von acht Stellen hinter dem Dezimalpunkt. Das heisst, pro Doppelseite sind in 60 Spalten die relevanten Werte eines einzelnen Grades ablesbar, wie man dem Blatt 94 des *Arithmetica Bürgii*-Manuskriptes von Bürgi/Kepler entnehmen kann.[67] Damit repräsentiert dieses Tabellenwerk für lange Zeit das weltweit genaueste und zuverlässigste Verzeichnis trigonometrischer Daten überhaupt.

Dazu zählen auch die beiden von Bürgi speziell entwickelten algorithmischen Interpolationsverfahren zur schnellen und genauen Ermittlung der zwischen den Tabellenzeilen ausgelassenen ungeraden Sinuswerte. Die Qualitäten seines *Canon Sinuum* stehen Jost Bürgi selbst spätestens 1598 vollständig zur Verfügung – und ab 1603 in Prag grundsätzlich auch Kepler. Kepler schreibt, dass dieses Tabellenwerk «sehr scharpff» sei, also sehr genau ist.[68] Damit dürfte gleichzeitig auch die Bestätigung erbracht sein, dass Johannes Kepler 1602 das fertige Manuskript der *Canon Sinuum*-Tabellen gesehen hat und ihre speziellen Qualitäten wahrscheinlich sogar persönlich nutzen kann. Jost Bürgi versäumt es jedoch, seinen *Canon Sinuum* gedruckt herauszugeben und ausser Kepler auch andere Mathematiker und Astronomen von der viel höheren Genauigkeit und schnelleren Zugriffsmöglichkeit seiner Sinustabellen profitieren zu lassen. Als Kepler seinen von ihm selbst auf Deutsch übersetzten *Bericht über die uralte Messekunst Archimedis* 1616 herausgibt, wartet man immer noch auf Bürgis Tabellenwerk, über das Kepler sagt: «Doch wenn Jost Bürgi mit dem seinen ans Tageslicht kommt, wird er die Zahlen viel schärfer geben.»[69] Noch 1623 muss das Originalmanuskript im Besitz von Bürgi gewesen sein, denn als sich Landgraf Philipp III. von Hessen-Butzbach bei Kepler erkundigt, wer denn nun über die genauesten Sinustabellen verfüge, nennt dieser Jost Bürgi.[70]

Das *Opus Palatinum*: «sehr mangelhaft und grob».[71] Mittlerweile war 1596 – mehr als ein halbes Jahrhundert nach den ersten Berechnungen durch Rheticus und trotz langjähriger Finanzierungslücken – das durch seinen Nachfolger Valentinus Otho vervollständigte *Opus Palatinum de Triangulis* doch noch erschienen. Es führt die Sinuswerte im 10-Bogensekunden-Abstand auf (Seite 70), ist also um ein Vielfaches gröber und ungenauer als Bürgis *Canon Sinuum*. Den Zusatz «Palatinum» («Pfälzisch») führt es im Titel, weil es von Pfalzgraf Johann Kasimir (1543–1592) – bekannter geworden aus dem ihm gewidmeten Lied «Der Jäger aus Kurpfalz» – und von Kurfürst Friedrich IV. von der Pfalz (1574–1610) finanziert worden ist. Leider ist die erste Auflage dieses von Koautor Valentinus Otho redigierten Tabellenwerkes voll von Rechen- und Druckfehlern. Ein Kommentator zählt 465 Fehler auf. Bürgi lehnt die erste Auflage wegen der Zehnsekundenschritte und der Druckfehler für den Einsatz bei astronomischen Berechungen als sehr mangelhaft und grob ab. Es wird elf Jahre dauern, bis die neu überarbeitete und von da an erfolgreiche Version auf dem Markt erhältlich ist.

Die *Arithmetica Bürgii* – seine *Coss*

Nachdem Jost Bürgi seine neuen Rechenmethoden entwickelt und seine Sinustabellen vollendet hat, geht es ihm darum, die Überlegungen und mathematischen Grundlagen darzustellen, mit denen er diese Werke geschaffen hat und aufgrund derer man in diesem anspruchsvollen Gebiet auch die eigene Arbeit beschleunigen und seine Resultate verbessern kann. Bereits um 1597/98 unternimmt Jost Bürgi deshalb einen Anlauf zur Niederschrift seiner *Arithmetica Bürgii*, die als Einführung in seinen *Canon Sinuum* gedruckt werden soll. In der Bezeichnung *Bürgis Coss,* wie dieser Text auch genannt wird, ist die alte Benennung für das algebraische *x*, die Unbekannte in Gleichungen, enthalten. Fehlende Gleichungen im Werk *Van den Circkel* (1596) von Ludolf van Ceulen (1540–1610) haben Bürgi herausgefordert, sie selbst zu entwickeln und die Schritte von der geometrischen zur algebraischen Vorgehensweise sukzessive zu erläutern. Das ist auch ein Indiz dafür, dass dieser Teil des Manuskriptes nicht vor 1596 verfasst wurde. Bürgi erläutert in seiner *Arithmetica Bürgii* – aufbewahrt in Kepler-Unterlagen bis

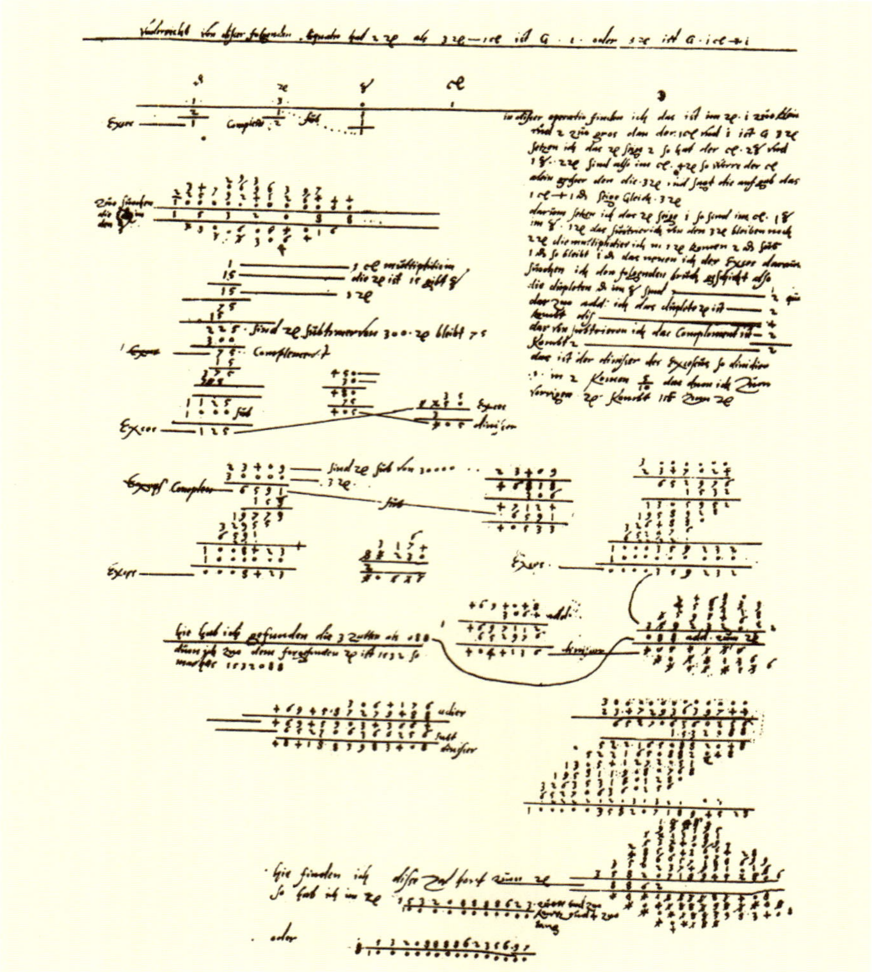

168/ **Handschrift von Jost Bürgi im *Coss*-Manuskript.**

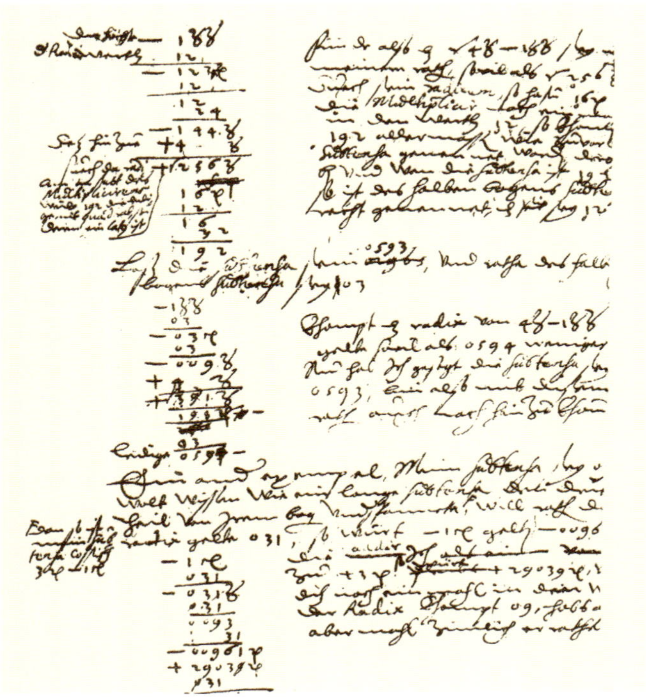

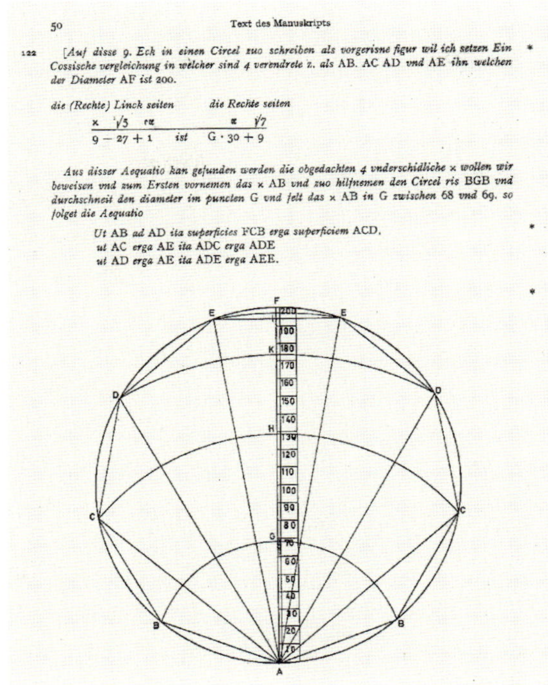

50 Text des Manuskripts

122 *[Auf disse 9. Eck in einen Circel zuo schreiben als vorgerisne figur wil ich setzen Ein Cossische vergleichung in welcher sind 4 verendrete z. als* AB. AC AD *vnd* AE *ihn welchen der Diameter* AF *ist* 200. *

die (Rechte) Linck seiten *die Rechte seiten*

x √5 rα α √7

9 − 27 + 1 *ist* G · 30 + 9

Aus disser Aequatio kan gefunden werden die obgedachten 4 vnderschidliche x wollen wir beweisen vnd zum Ersten vornemen das x AB *vnd zuo hilfnemen den Circel ris* BGB *vnd durchschneit den diameter im puncten* G *vnd felt das x* AB *in* G *zwischen* 68 *vnd* 69. *so folget die Aequatio*

Ut AB *ad* AD *ita superficies* FCB *erga superficiem* ACD, *
ut AC *erga* AE *ita* ADC *erga* ADE
ut AD *erga* AE *ita* ADE *erga* AEE.

169/ **Handschrift von Johannes Kepler in Bürgis *Coss*-Manuskript.**

170/ **Nach 370 Jahren von Martha List und Volker Bialas erstmals veröffentlicht: *Bürgis Coss-Algebra in der Redaktion von Johannes Kepler.***

vor Kurzem in der Sternwarte Polkowo und nun von der Russischen Akademie der Wissenschaften in Sankt Petersburg –, wie er alle einzelnen Stufen entwickelt und zusammengefügt hat, um seine Sinuswerte schrittweise zu errechnen. Er erläutert ebenfalls, wie der Leser aus der Tabelle in bis anhin nicht gekannter Geschwindigkeit und Genauigkeit auf die Bogensekunde exakte Sinusdaten aller geradezahligen Winkelsekunden direkt herauslesen kann. Für ungerade und noch feinere Winkel gibt Bürgi seine neuen, effizienten Interpolationsverfahren an.

Massgeschneiderte Anleitung anstatt Mathematiklehrbuch. Gesamthaft gibt die *Arithmetica Bürgii* in Arithmetik, Logistik, algebraischer Schreibweise und algebraischem Rechnen, Gleichungslehre und Winkelteilung einen Überblick über den aktuellen Stand der damaligen Mathematik, meinen List und Bialas, und sie schreiben weiter: «Nicht eingegangen wird auf die Trigonometrie mit ihren verschiedenen Sätzen der Dreieckslehre und auf das Gebiet der komplexen Zahlen […]. Ebensowenig spielt die Kreiszahl π eine Rolle.»[72] Und gemäss Ludwig Oechslin findet der Leser hier Bürgis eigenen Algorithmus aus Elementen der Geometrie und Algebra sowie seine Interpolationsvorschläge bis hin zu Auflösungs- und Annäherungsverfahren beim Lösen von Gleichungen mit höheren Potenzen – also Bürgis «Kunstweg».[73] Deshalb ist *Die Coss Jost Bürgis in der Redaktion von Johannes Kepler* kein Lehrbuch der Mathematik, sondern eher eine Einführung und Gebrauchsanweisung, die all jene Fragen beantwortet, die mit der Lösung von Aufgaben der sphärischen Trigonometrie zusammenhängen und die Nutzung von Jost Bürgis *Canon Sinuum*-Tafeln erleichtern.

Vereinfachung bisheriger Verfahren. Martha List und Volker Bialas haben Bürgis *Arithmetica Bürgii* im Jahre 1973 analysiert: «Allgemein lässt sich sagen, dass durch die *Coss* die Umständlichkeit der früheren Verfahren, auf geometrischem Weg durch ständiges Quadrieren und Radizieren die Sinus-Werte zu ermitteln, vermieden wird. Geblieben ist das Prinzip, Vielecke in Kreisen zu konstruieren und dann die Sinus-Werte als Längen der halben Vieleckseiten zu bestimmen. Die *Coss* bedient sich also durchaus der geometrischen Anschauung, steht aber in der Verfahrensweise der Arithmetik näher. Die Konstruktion von Vielecken in Kreisen oder Kreisbögen läuft darauf hinaus, einen gegebenen Winkel in gleich grosse Teile zu teilen. Diese Aufgabe meistert die *Coss* besser als die alten geometrischen Verfahren, indem für die Vieleckseiten Gleichungen aufgestellt und dann nach Unbekannten aufgelöst werden. Die *Coss* gibt also vor allem eine Gleichungslehre.»[74]

Johannes Kepler erhält frühestens Anfang 1600 (aber spätestens im Mai 1603) Bürgis Rohentwurf der *Arithmetica Bürgii* zur Redaktion. In ihm findet er die damals modernsten Methoden der algorithmischen Mathematik und der geometrischen Algebra, und dies einschliesslich Prosthaphärese, Winkelteilung und Zehner-Interpolation als differenzenbildendes Näherungsverfahren, sowie Hinweise auf die Bildung und Nutzung arithmetisch-geometrischer Reihen (Logarithmen). Einen Grossteil dieser neuen und speziell für die Aufgaben der Astronomie und sphärischen Trigonometrie massgeschneiderten Methoden hat Jost Bürgi selbst entwickelt, sodass in den ersten Jahren des neuen Jahrhunderts ausser Bürgi selbst nur noch Kepler davon profitieren kann. Der sonst Gedanken so vielseitig reflektierende und Ereignisse normalerweise so umfassend kommentierende kaiserliche Hofmathematiker Johannes Kepler orientiert aufgrund der Geheimhaltungsvereinbarung jedoch niemanden über seine Redaktionsarbeit an der *Arithmetica Bürgii* sowie über die Vorteile, die er selbst daraus zieht.

In seiner *Astronomia Nova* schreibt Johannes Kepler im Jahre 1609: «Die Sekante von 89° und die Tangente von 89° sind zusammen so gross wie die Summe der Sinus aller Grade des ganzen Halbkreises ... Einen Beweis dafür kündigt Justus Byrgius an.»[75] Kepler ist also um 1608 der Meinung, dass Bürgis *Canon Sinuum* nun druckbereit ist und dass die Publikation unmittelbar bevorsteht.

Ein Meilenstein der algorithmischen Mathematik. Insgesamt weisen die Studie von Martha List und Volker Bialas zur Bedeutung von Bürgis *Arithmetica Bürgii* aus dem Jahr 1973 sowie drei erst im letzten Jahrzehnt von Heinz Lutstorf, Ludwig Oechslin und Jörg Waldvogel erschienene Untersuchungen zum Stellenwert seiner Logarithmen nach, dass Jost Bürgi zeitlich vor René Descartes (1596–1650) zu den prägenden Wegbereitern der geometrischen Algebra und der algorithmischen Mathematik zu zählen ist – weitaus tiefgreifender und umfassender, als man es bis anhin vermutet hat. Da jedoch alle von Bürgi verfassten Mathematikwerke *(Progress Tabulen, Canon*

Sinuum, Arithmetica Bürgii) im Manuskript nicht abgeschlossen und/oder nicht gedruckt wurden, bleiben sie auch relativ unbekannt und ungenutzt. Mit einer Ausnahme: Am Kaiserhof in Prag sind sie im Einsatz, und gerade hier gelingt damit ein epochaler Durchbruch.

Innovationen des «Mathematicus ingeniosissimus» auch in Pitiscus' «Trigonometria». Zwei Jahrzehnte nach der Schilderung von Jost Bürgis neuen Rechen- und Interpolationsmethoden durch Nikolaus Reimers in seinem Werk *Fundamentum Astronomicum* (1588) weist auch der Hofprediger und Mathematiker des Kurfürsten Friedrich IV. von der Pfalz, Bartholomäus Pitiscus (1561–1613), in Mathematikerkreisen wieder auf den äusserst kreativen Jost Bürgi hin und bezeichnet ihn als «Mathematicus ingeniosissimus».[76] Pitiscus stellt 1608 in der 2. Auflage seines Werkes *Trigonometria: sive de solutione triangulorum tractatus brevis et perspicuus* zwei mathematische Erfindungen Jost Bürgis vor: erstens seine Methode, aus dem Sinus eines Winkels den Sinus des halben Winkels zu finden einschliesslich Kreisteilungsgleichungen; und zweitens die Rechenmethode, mit der man aus mindestens drei um mehrere Monate auseinanderliegenden Sonnenbeobachtungen die Richtung und Grösse der Exzentrizität ermitteln kann – genau eines jener mathematischen Probleme, die Kepler zu lösen hat. Zu diesem Zeitpunkt ist Keplers *Astronomia Nova* (1609) im Gegensatz zu seinem *Mysterium Cosmographicum* (1596) noch nicht veröffentlicht.

Algebraische Differenzen zwischen Kepler und Bürgi

Die Redaktion von Bürgis *Arithmetica* erweist sich für Johannes Kepler als recht widersprüchliches Unterfangen, das ihm wegen seiner an neuplatonischen Harmonie-Idealen orientierten Geometrieauffassung schwerfällt. Doch er realisiert in seiner *Astronomia Nova* mit einer Ausnahme (Seite 180) in Kapitel 16 gleichwohl, dass er nur mit diesem neuen Verfahren einer Lösung näher kommt, auch «wenn vielleicht ein scharfsinniger Geometer wie François Viète einwenden wird, dass er es nicht kunstsinnig angewendet habe»[77]. Kepler vermeidet hier in der *Astronomia Nova* den Namen Bürgi selbst für mathematische Lösungen, da es sowohl die Geheimhaltungsvereinbarung mit Bürgi nicht zulässt als wahrscheinlich auch die Brahe-Erben, die bestimmen, was gesagt werden darf. Erst eineinhalb Jahrzehnte später formuliert Kepler in *Weltharmonien* seinen Widerspruch gegen das Konzept des mathematisch wesentlich aufgeschlosseneren Bürgi, der die mathematischen Gebiete der Geometrie und der Algebra über die Trigonometrie verknüpft.[78]

Erste Arbeiten in dieser Richtung werden von arabischen Mathematikern wie Ibn al-Khwarizmi im ersten Jahrtausend vorgenommen, auf dessen arabisches Wort für «Buch» («*al Jebr*») die Bezeichnung Algebra zurückgeht.[79]

Keplers Bevorzugung der Geometrie. Als Kepler 1619 seine *Weltharmonien* veröffentlicht, schreibt er in der Vorrede des ersten Buches über ungerade Kreisteilungen: «Ich aber behandle diese Arten nicht mit Zahlen, nicht mit Hilfe der Algebra, sondern durch verstandesmässige Überlegung, weil ich sie ja nicht brauche zur Ausführung von Warenrechnungen, sondern zur Erforschung der Ursachen der Dinge.»[80] Und am Schluss dieses ersten Buches urteilt Kepler über die Kreisteilungslösung des Fünfecks: «Wie beim Siebeneck lehrt also Bürgi nicht, wie man die stetige Proportion herstellt, in der dies der Fall ist, noch drückt er die Länge der Proportionalen durch zuvor bekannte Grössen aus. Vielmehr zeigt er nur, welche Eigenschaft auftritt, wenn einmal die Proportion gebildet ist. [...] Wir ziehen also den Schluss: Jene cossischen Analysen haben mit unserer gegenwärtigen Betrachtung [von regulären Formen] nichts zu tun; sie begründen nicht irgendeinen Grad der Wissbarkeit.»[81] Unregelmässige Körper passen nicht in Keplers platonisches Konzept, sodass die Kepler-Kommission in ihrem Nachbericht zum Schluss kommt «und was die Cossisten machen, befriedigt Kepler nicht»[82]. Dabei stellt «die Einsicht, dass ein- und dieselbe Gleichung nicht nur die Seite eines Vielecks, sondern auch ihre Diagonalen, d. h., die Seiten der entsprechenden Sternvielecke liefert, eine besonders bemerkenswerte Leistung Bürgis dar. Die Art, wie er diese Einsicht begründet, legt Zeugnis ab von der höchst originellen mathematischen Denkweise dieses Mannes.»[83]

Annäherung an die Unendlichkeit. Trotz seiner ideologischen Ablehnung der Algebra in der Geometrie nutzt Kepler Jost Bürgis algebraische Verfahren auch selbst, wenn ihn die reine Geometrie in Stich lässt.[84] Gemäss Ernst Zinner «unterliess es Kepler nicht, Bürgis Arbeit als die beste ihrer Art zu bezeichnen» [85]. Doch gleichzeitig hofft Kepler noch immer – ganz in neuplatonisch-pythagoreischem Geist –, den Ursprung universeller Harmonien mit regelmässigen Figuren aufzeigen zu können. Weil es damals noch keine Integralrechnung gibt – die sich gerade erst aus der Algebra von Bürgi, Cardano, Viète und Descartes zu entwickeln beginnt –, muss Kepler die Hälfte der Marsbahn in 180 Teile von je einem Winkelgrad aufteilen, einzeln die jeweiligen Sonnendistanzen errechnen, diese Werte addieren und ins Verhältnis zur Summe der jeweils benötigten Zeiten setzen.[86] Resultat ist sein 1605 als zweites keplersches Gesetz entdeckter und 1609 in der *Astronomia Nova* erstmals veröffentlichter Flächensatz – ebenfalls eine Vorstufe der Infinitesimal-Mathematik.[87] Und anstatt einer vergeblich gesuchten statischen Harmonie entdeckt der rastlos suchende Kepler 1618 plötzlich sogar eine dynamische Harmonie, sein drittes Gesetz, das er ganz unscheinbar und überraschend erstmals in den *Weltharmonien* publiziert: Demnach ist das Verhältnis zwischen den Quadraten der Umlaufzeiten zweier beliebiger Planeten genau die 1.5-te Potenz des Verhältnisses der grossen Halbachsen ihrer Bahnen.[88]

Von Bürgis «Arithmetica» zur Differential- und Infinitesimalrechnung. Mit Cardano (Italien), Stifel (Deutschland), Viète (Frankreich) und Bürgi (Schweiz/Deutschland) beginnt in der Mathematik der Neuzeit eine Entwicklung, die über Keplers Errechnung des Flächensatzes und über Cavalieris Prinzip der Indivisibilien (1635) zur Infinitesimalrechnung führt. Nachdem Pierre de Fermat (1607–1667) und René Descartes ihre Koordinatengeometrie vorgestellt haben, können endlich auch die übrigen trigonometrischen Funktionen durch Kurven dargestellt werden. Dazu erfindet Mercator (1512–1594) die unendlichen Potenzreihen. Newton (1643–1727) entwickelt bei der Erstellung seines Werkes *Philosophiae naturalis principia mathematica* (1687) zur mathematischen Darstellung seines mechanischen Himmelsmodells Infinitesimallösungen aus Differentialquotient und Integral, auch Leibniz (1646–1716) entwickelt unabhängig ähnliche Methoden auf der Basis der Differentialrechnung, derer sich später der Basler Jakob I. Bernoulli (1655–1705) bedient. 1779 schafft Leonhard Euler (1707–1783) – wiederum ein jahrzehntelang im Ausland arbeitender Landsmann Bürgis – auf rein algebraischem Wege mit seinen Formeln ein vollständiges System der sphärischen Trigonometrie für die Anwendung in den verschiedensten Gebieten.[89]

Bürgis algebraische Geometrie auch im Jahre 2013 noch hochaktuell. Wie bedeutend die von Jost Bürgi mitbegründeten Gebiete der Mathematik auch heute noch sind, beweist die Vergabe des Abel-Preises im Mai 2013 an den belgischen Mathematikprofessor Pierre Deligne vom Institute for Advanced Studies (IAS), Princeton für seine Beiträge zur algebraischen Geometrie. Diese dem «Nobelpreis» für die Mathematik nachempfundene Auszeichnung ist mit einer Preissumme von einer Million Dollar der grösste Betrag und die höchste Ehrung, die ein Mathematiker für sein Lebenswerk erhalten kann. Im von Jost Bürgi mit seinen Kreisteilungen mitbegründeten Gebiet der algebraischen Geometrie werden geometrische Objekte (wie Punkte, Linien, Kreise und Kugeln) mithilfe von Polynomen durch algebraische Gleichungen beschrieben, bewertet und bearbeitet. Heute weiss man mit elliptischen Kurven Daten sicher zu verschlüsseln und zu übertragen. Auch im Gebiet der Zahlentheorie gewinnen elliptische Kurven immer mehr Bedeutung, hat damit doch im Jahre 2012 der Japaner Shinichi Mochizuki einen Beweis der ABC-Vermutung entwickelt, der bei Bestätigung positive Auswirkungen haben dürfte. Jost Bürgi war also nicht nur Johannes Kepler, sondern auch den meisten anderen Zeitgenossen weit voraus.

Die drei Mathematiker vom Fusse des Säntis

Zwischen Georg Joachim Rheticus und Paul Guldin ist Jost Bürgi einer der drei Mathematiker vom Fusse des Alpsteins*, die in der Frühen Neuzeit zusammen mit Kopernikus, Kepler und Galilei auf die höchsten Gipfel astronomischer Forschung und Mathematik sowie bis hin zu den elliptischen Planetenbahnen vorstossen: Georg Joachim Rheticus ab 1540 mit Nikolaus Kopernikus, Jost Bürgi ab 1603 mit Johannes Kepler, Paul Guldin 1616 mit Galileo Galilei. Dabei erweist sich der Feldkircher Rheticus (1514–1574) als der entscheidende Katalysator für die Formulierung und den Durchbruch

* Der Alpstein gilt als eines der schönsten Voralpengebiete, das auf seinem exponierten Gipfel des Säntis (2502 m ü.M.) auch schon alle Charakteristiken hochalpiner Landschaften und geologischer Entstehungsgeschichte aufzeigt. Vom Norden her weit über die Bodenseelandschaft und das St. Galler Fürstenland sichtbar sowie ins Appenzellerland aufsteigend, wird der Alpstein im Osten durch das Tal des Alpenrheins begrenzt, im Süden und Westen durch das Seeztal bis zum Walensee und im Westen vom Tal der jungen Thur. Mit Feldkirch im einst von den Grafen von Toggenburg beherrschten Teil des Alpenrheintals, mit Mels im Seeztal und mit Lichtensteig im Thurtal verbindet diese drei Geburtsorte eine lange kulturelle historische Klammer an der Grenze zwischen Rätiern und zugewanderten Alemannen.

171/ **Alpsteingipfel mit Säntis (2502 m ü. M.).**

172/ **Die Geburtsorte Feldkirch (Rheticus), Lichtensteig (Bürgi) und Mels (Guldin) liegen etwa 40 Kilometer voneinander entfernt rund um den Alpstein mit dem Säntis im Zentrum.**

173/ **Georg Joachim «Rheticus» Iserin von Lauchen (1514–1574) unterstützt Kopernikus 1539–1541 in Frauenburg.**

174/ **Nikolaus «Kopernikus» Koppernigk (1473–1543) arbeitet zwei Jahre intensiv mit Rheticus zusammen.**

der kopernikanischen Ideen. Der Toggenburger Bürgi unterstützt Kepler in vielerlei Hinsicht umfassend. Und der Sarganserländer Mathematikprofessor S. J. Paul Guldin (1577–1643) bezieht Position für Kopernikus und Galileo Galilei, als dieser 1616 vom Inquisitionstribunal verurteilt wird, ohne ihn jedoch aus jesuitisch-gegenreformatorischer Perspektive aus den Augen zu verlieren.

Prägend für die Astronomie der Neuzeit. Die Gemeinsamkeiten dieser drei grossen Mathematiker der Frühen Neuzeit Rheticus, Bürgi und Guldin reichen über ihre rund um den Alpstein liegenden Geburtsorte Feldkirch, Lichtensteig und Mels, über ihre gemeinsamen Forschungsschwerpunkte Mathematik und Astronomie sowie über ihre drei in der Öffentlichkeit bekannten direkten Bezugspersönlichkeiten Kopernikus, Kepler und Galilei hinaus. Und das auch mit negativen Auswirkungen. Gleich drei von diesen sechs Wissenschaftlern wird persönlich oder einem Elternteil Hexerei vorgeworfen oder sie bekommen es mit Inquisitionstribunalen zu tun: Rheticus' Vater Georg wird in Feldkirch nach kurzem Prozess 1528 als Hexer und Zauberer enthauptet; Johannes Kepler kann in einem sechsjährigen Hexereiprozess gegen seine Mutter Katharina gerade noch mit Mühe ihre Hinrichtung auf dem Scheiterhaufen abwehren; und Galileo findet 1616 im Anschluss an seine Ermahnung durch das vatikanische Inquisitionstribunal Unterstützung vom Mathematikprofessor S. J. Paul Guldin, der zusammen mit seinem Kollegen Christoph Grienberger gegen die negativen Beurteilungen Stellung bezieht.

Rheticus unterstützt Kopernikus. Georg Joachim «Rheticus» Iserin von Lauchen (1514–1574) kommt knapp vier Jahrzehnte vor Jost Bürgi im heute vorarlbergischen Feldkirch (Österreich) auf die Welt, das je 40 Kilometer von Bürgis und Guldins Geburtsorten entfernt liegt. Seine akademische Grundausbildung erhält er in Zürich an der Fraumünsterschule, wie sein Kommilitone und lebenslanger Freund Conrad Gesner (1516–1586). Wie später Jost

175/ **Jost Bürgi (1552–1632) unterstützt von 1603 bis 1612 Kepler tatkräftig in Prag.**

176/ **Johannes Kepler (1571–1630) ist begeistert vom Hofuhrmacher Bürgi und seinen Mathematik-Lösungen.**

Bürgi und Paul Guldin führt der Beruf auch Rheticus nach Deutschland und dort in die damaligen Zentren der Astronomie und der Mathematik, nämlich Wittenberg und Nürnberg. Im «hohen Norden» in Frauenburg – dem heute polnischen Frombork – überzeugt Rheticus Nikolaus Kopernikus von den Vorteilen einer Veröffentlichung seines Hauptwerkes *De revolutionibus orbium coelestium.* Er verfasst mit seiner *Narratio* zu Kopernikus' Werk eine allgemeinverständliche Einführung, die ebenfalls in Keplers erstem Werk *Weltgeheimnis* mitgedruckt wird, und assistiert ihm beim Erstellen des tabellarischen Teils und anderen Redaktionsaufgaben, sodass ohne Rheticus' Unterstützung die Publikation nicht vorstellbar ist. Gleichzeitig entfaltet Georg Joachim Rheticus seine Fähigkeiten für die Verbesserung der trigonometrischen Tabellenwerke auf so hohem Niveau, dass sie erst nach drei Jahrenhunderten überboten werden. Rheticus' Tabellen dienen auch dem jungen Bürgi als Referenz. Der in Feldkirch wohnende und an der Kantonsschule Sargans Physik unterrichtende Rheticus-Biograf Philipp Schöbi-Fink bezeichnet Rheticus als «den ersten Kopernikaner» und sagt über die beiden Mathematik-Pioniere: «Während Rheticus die wichtigsten Tabellen zur Geometrie lieferte, schuf Bürgi die bedeutendsten Tabellen zur Analysis.»[90]

177/ **Feldkirch mit der Schattenburg. Hier stirbt 1444 der letzte Graf von Toggenburg Friedrich VII. und wird 1514 Georg Joachim Rheticus' Vater als Hexer geköpft.**

Guldin argumentiert für Galilei. Paul Habakuk Guldin (1577–1643) wird in Mels geboren, das ebenfalls 40 Kilometer von Lichtensteig und Feldkirch entfernt liegt, und zwar zwei Jahrzehnte nach Jost Bürgi. Nach einer Lehre als Goldschmied konvertiert der protestantisch getaufte Guldin unter gleichzeitigem Wechsel seines Vornamens von Habakuk zu Paul zum Katholizismus. Bei seinem Theologiestudium in Freising und München erkennen seine Professoren des Jesuitenordens Guldins aussergewöhnliches mathematisches Talent, das er als Mathematikstudent in Rom perfektionieren kann. Er unterrichtet zunächst in Rom, dann in Graz und Wien als Mathematikprofessor. Neben seinen Regeln zur Bestimmung der Rotationskörpervolumina wird er in der Mathematik durch seine Arbeiten zur Bewegung der Erde als Folge der Gravitation, über Logarithmen und über

178/ **Paul Guldin (1577–1643) ergreift in Rom für Galilei Partei.**

179/ **Galileo Galilei (1564–1642) ist ein Zeitgenosse Guldins.**

Kegelschnitte bekannt sowie über die Bogenlänge der archimedischen Spirale. In Guldins Römer Zeit fällt auch seine Reaktion auf den ersten Galilei-Prozess 1616, der noch glimpflich ausgeht. Jahrzehntelang vertritt Guldin als ausgewiesener Mathematiker und Astronom die anspruchsvollen naturwissenschaftlichen Aspekte im Zuge der Gegenreformation. Im Jahre 1621 erstellt Johannes Kepler für Paul Guldin ein Verzeichnis all der Werke, die er bis jetzt verfasst hat. Nicht überraschend fehlt darunter die von ihm 1604 redigierte *Arithmetica Bürgii.* In Nähe des Wiener Kaiserhofes wird Guldin zu einem der einflussreichsten Berater aufseiten des Ordens der Jesuiten und ist ab 1625 selbst oberster Kontrolleur der Provinz Böhmen am Kaisersitz in Wien.[91] 1628 folgt er für kurze Zeit einem Ruf Wallensteins in dessen Jesuiten-Gymnasium, das von Gütschin nach Sagan im gleichnamigen niederschlesischen Fürstentum verlegt worden war und wo auch Kepler tätig ist – und wo Guldin wahrscheinlich in den Besitz der Kopernikus-Deutschübersetzung von Reimers gelangt. Später kehrt Guldin wieder nach Wien und Graz zurück, wo er zuletzt lehrt. In Graz hinterlässt er eine grosse Bibliothek mit 300 Werken, darunter das Manuskript von Reimers Kopernikus-Übersetzung, das Jost Bürgi gehörte und dort erst nach Jahrhunderten entdeckt wird, ebenso das heute noch existierende zweite Exemplar von Bürgis *Progress Tabulen.* Hingegen sind alle Briefe Guldins an Kepler verschwunden, die im ersten Nachlassverzeichnis Keplers noch vorhanden sind[92]. Erst später realisiert man, dass ein Grossteil von Guldins mathematischen Erkenntnissen ähnlich ist wie diejenigen von Pappos von Alexandria (etwa 300 n. Chr.) und dass er von ihm abgeschrieben haben muss. In seiner *History of mathematics* schreibt D. E. Smith 1926: «Zwei andere Schweizer Mathematiker des 17. Jahrhunderts verdienen erwähnt zu werden – der eine ein Genie, der andere ein Plagiator. Der Genius war Jobst Bürgi. (…) Der andere Schweizer Autor [Paul Guldin] hatte einen anderen Charakter. Er war ein Professor, während Bürgi Uhrmacher war. Sein Name ist seit drei Jahrhunderten bekannt, während Bürgis' nahezu vergessen ging.»[93] Und tatsächlich findet man Pappos' Werk in Guldins Bibliothek …

Kapitel 8
Der verborgene Bürgi

180/ **Der offene Blick für die Welt, wie ihn hier Claude Flammarion illustriert, ist bei Jost Bürgi mit einem introvertierten Wesen verknüpft, das auf hohe Sicherheit bedacht ist.**

Geheim und verschwiegen

Warum bleibt Jost Bürgis Text zur geometrischen Algebra – die *Arithmetica Bürgii* – Hunderte von Jahren praktisch unbeachtet? Wo liegen die Ursachen für das hartnäckige Verschweigen des Rohentwurfes dieser *Bürgi-Coss* und der Redaktion durch Johannes Kepler; wo für das Verschwinden des Originalmanuskriptes? Weder Johannes Kepler noch Jost Bürgi haben anscheinend ein Interesse daran, dass darüber berichtet wird. Nach unseren Erkenntnissen handelt es sich erstens um die Folgen eines unerbittlichen Prioritätenstreites zwischen dem kaiserlichen Hofastronomen Brahe und dem kaiserlichen Hofmathematiker Reimers, zweitens um eine von einer Geheimhaltungsvereinbarung ausgelöste Dissonanz zwischen Kepler und Brahe, drittens um das sehr zurückhaltende und misstrauische Naturell von Jost Bürgi und viertens um eine durch Geheimbündnisse geprägte Kultur. Diese Konstellation führt zu einer hier erstmals postulierten Vermutung: Zwischen Bürgi und Kepler kommt es zu einer Geheimhaltungsvereinbarung mit weitreichenden Auswirkungen, die wahrscheinlich sogar so weit führt, dass Kepler den Anschein erweckt, die Logarithmen nicht zu kennen. Grundlage der Vereinbarung ist der Rohentwurf zu Jost Bürgis Coss *Arithmetica Bürgii*, der als Einleitungsteil zu seinem Sinustabellenbuch *Canon Sinuum* vorgesehen ist und den Johannes Kepler vertraulich redigiert[1]. Dass sich Johannes Kepler an diese Geheimhaltungsvereinbarung mit Bürgi hält, hat neben den bereits aufgeführten vier Aspekten auch noch folgenden Grund: Der allgemein recht umgängliche Jost Bürgi ist in Kassel und Prag dafür bekannt, seine Rechte und materiellen Ansprüche konsequent durchzusetzen. Der kaiserliche Hofuhrmacher Bürgi scheut dabei auch Prozesse nicht.[2]

Heimlich redigiert. Bereits im Herbst 1603 kann Johannes Kepler die geheim erfolgte Redaktion des Manuskriptes abschliessen. Er kann es mit Jost Bürgi besprechen und diesem seine für den Schriftsetzer geeignete Reinschrift des Manuskriptes übergeben sowie Jost Bürgi dessen Rohfassung zurückgeben.[3] Offen bleibt nur noch das Schlusskapitel über Bürgis Interpolations-Kunstweg mit der Bildung höherer Differenzen, in den zu diesem Zeitpunkt Kepler von Bürgi noch immer nicht eingeweiht ist und mit dem er auch später, ganz im Gegensatz zu Reimers, nicht vertraut gemacht wird.[4] Obwohl es so – oder ähnlich – abgelaufen sein dürfte, veröffentlicht der sonst immer so mitteilsame Johannes Kepler über diese ganzen Vorgänge kein einziges Wort. Kepler vereinbart mit Bürgi mündlich – es gibt auch hier nur indirekte Hinweise –, dass ihm Bürgi ein funktionsfähiges Modell der keplerschen Zahnradpumpe baue – besser bekannt unter seinem Begriff «Wasserkunst» (Seite 118).[5]

Erstmals in der *Weltharmonie*. In seinem von ihm persönlich am höchsten geschätzten fünfteiligen Werk der *Weltharmonien (Harmonices Mundi)* formuliert Johannes Kepler 1619 erstmals sein drittes keplersches Gesetz: Die Quadrate der Umlaufzeiten zweier Planeten verhalten sich wie die Kuben ihrer grossen Bahnhalbachsen. Als Kepler hier auch die Gleichung zur Bestimmung des regelmässigen Siebenecks beschreibt, sagt er, dass die Gleichung beim Fünfeck zwei, beim Siebeneck drei, beim Neuneck vier Wurzeln usw., habe[6] und dass «Jost Bürgi auf diesem Gebiet sehr geistreiche und überraschende Entdeckungen gemacht hat»[7]. Kepler bezieht sich hier zwar ausdrücklich auf Bürgi als Entdecker dieser Zusammenhänge, verletzt die Geheimhaltungsvereinbarung aufgrund gezielter vorheriger Publikation durch Pitiscus dabei aber trotzdem nicht.

Keplers Informationsleck. Die einzige uns bekannte Ausnahme, bei der Kepler seine Verschwiegenheit in Sachen *Arithmetica Bürgii* indirekt bricht, ist ein Absatz in einem erst nach dem Tode von David Fabricius (1564–1604) aufgefundenen Brief Keplers vom 3. Juli 1603. Bei der Diskussion über Bürgis *Artificium* («Kunstweg») schreibt ihm Kepler, dass er glaube «sich mit dem Bürgischen Kunstweg am eingehendsten befasst zu haben» und dass er dabei von einem Interpolationsverfahren mit der Bildung von Differenzen höherer Ordnung ausgehe.[8] Bürgis Ansätze zum Kunstweg hat Nikolaus Reimers – wahrscheinlich teilweise zum Missfallen Bürgis selbst – unautorisiert bereits 1588 in Form eines Rätsels publiziert und 1597 nochmals einen Lösungshinweis gegeben. Gleichzeitig können wir dank diesem Brief davon ausgehen, dass Kepler Bürgis *Coss*-Manuskript spätestens im Juni 1603 redigiert haben dürfte.

Verpasste Logarithmenchancen. Auch wer sich nur kurze Zeit mit Bürgi und Kepler beschäftigt, erkennt zwischen beiden Mathematikern nicht nur im Verständnis von Geometrie und Algebra stark unterschiedliche Positionen, sondern ebenso in der Entwicklung und Nutzung der Logarithmen. Obwohl «Jost B.» seine *Progress Tabulen* Johannes Kepler bereits spätestens bei der Redaktion der *Arithmetica Bürgii* gezeigt haben dürfte, bleibt diese sehr effiziente Rechentechnik für Kepler – wahrscheinlich aufgrund des Geheimhaltungsvertrages – nach aussen hin offiziell tabu. Weil er mit den napierschen Logarithmen sofort arbeiten kann und/oder weil ihm trigonometrische Tabellen vertrauter sind, wird Keplers eigene Logarithmentafel ebenfalls im konventionellen Napierstil erfasst.[9] Erst von 1620 an, als Bürgi selbst Probedrucke seiner *Progress Tabulen* in Umlauf setzt, scheint auch

Kepler in der Nutzung und Weiterentwicklung von Bürgis Logarithmen frei zu sein und macht sich durch die Definition und Einführung der Funktion des natürlichen Logarithmus sowie eigene Logarithmen bemerkbar, die im hessischen Marburg mit Unterstützung durch den dortigen Landgrafen gedruckt werden. Doch bis es so weit ist, lässt Bürgi nach der Fertigstellung der *Progress Tabulen* (spätestens 1609) Kepler viele Jahre warten. Dass Kepler in diesem Zeitraum für seine eigenen internen Berechnungen selbst Logarithmen nutzt – wie ebenfalls Fritz Krafft, Hermann-Michael Hahn und Karsten Gaulke vermuten –, widerspräche dieser Vereinbarung nicht. Selbst als Napier 1614 sein *Descriptio*-Logarithmenwerk publiziert, wartet Kepler offiziell noch fünf Jahre, bis er sich der napierschen Logarithmen des schottischen Baron Merchiston annimmt und sogar seine Tabellen der *Rudolfinischen Tafeln* (1627) damit ergänzt.

> **Alchemisten-Geheimbünde.** Der Kaiserhof Rudolfs II. in Prag ist nicht nur ein Schmelztiegel der Künste, sondern auch ein hochbrisantes Laboratorium der Geheim- und Arkanwissenschaften. Schon die Mathematik hat aufgrund ihrer Symbolik und hohen Integrationskraft vielerorts den Charakter des Geheimnisvollen oder wird damit in enge Verbindung gebracht.[10] Zu den agilsten Figuren zählen zweifelsohne die Engländer Thomas Digges und vor allem John Dee, der als «Erzmagus» mit Kaiser Rudolf II. und Landgraf Wilhelm IV. ebenso in Kontakt steht wie mit Tycho Brahe, Christoph Rothmann und der englischen Königin Elisabeth I. sowie ihrem Nachfolger König Jacob I. Weitere Exponenten dieser Geheimbündnisse (Arkanier) – vielfach verbunden durch den Alchemistentraum der künstlichen Erzeugung von Gold – sind der jüdische Stadtingenieur und Maschinenerfinder Abramo Colorini (1544–1599), der mit Galileo Galilei ebenso vertraut ist wie mit den engsten Höflingen des Kaisers in Prag, wo er selbst neun Jahre lebt.

Pitiscus wird bevorzugt. Kepler greift zwar in seinen Werken auf neue Lösungswege aus Jost Bürgis *Arithmetica Bürgii* zurück, doch sind die gleichen Lösungswege meist kurz vorher vom Heidelberger Mathematiker und Theologen Bartholomäus Pitiscus (1561–1613) als Bürgis Erfindung veröffentlicht und auf diese Weise die Geheimhaltungsverpflichtungen eingehalten worden. So publiziert Pitiscus 1608 noch vor dem Erscheinen von Keplers *Astronomia Nova* bereits erstmals in der zweiten Auflage seiner erfolgreichen *Trigonometria* zwei Erfindungen Bürgis. Mit der ersten Erfindung ermöglicht es Bürgi, die Exzentrizitäts- und Richtungsdaten der Erde, des Mars oder eines anderen Himmelskörpers bereits aus mindestens drei Positionsdaten zu bestimmen. Ebenfalls stellt Pitiscus Bürgis Lösung vor, aus dem Sinus eines Winkels den Sinus des halben Winkels zu finden.[11] Diese Publikationspriorität gilt auch für die ungeraden Kreisteilungsgleichungen, die Pitiscus in seinem Buch *Trigonometria* für Bürgi schon 1612 vorstellt und die Kepler in seinen *Harmonices Mundi* mit Bezug auf Bürgi erst 1619 erwähnt.[12]

Vorteile für Kepler. Aufgrund seiner eigenen engen Fixierung auf die euklidische Geometrie und seine neuplatonisch-pythagoreischen Anschauungen muss sich Johannes Kepler mit der Redaktion der *Arithmetica Bürgii* schwergetan haben. Doch die Vorteile, die Kepler daraus schöpft, überwiegen für ihn bei Weitem.

> **Frustrierter Neoplatoniker Johannes Kepler.** Wie frustriert Kepler von mechanistischen Anschauungen und algebraischen Arbeiten ist, lassen seine Zeilen in der *Astronomia Nova* erahnen, als er die Bahnform des Mars noch immer vergeblich sucht. Er schimpft über das Werk Apians und ärgert sich über den Erfolg, den Bürgi mit seinen Himmelsgloben erzielt. Kepler schreibt in Kapitel 14: «Wer gibt mir nun eine Tränenquelle, dass ich den kläglichen Fleiss des Philipp Apian [für ein Kartonastrolabium] beweine»[13] (Seite 107). Und zweifelsfrei adressiert er sich an Jost Bürgi, ohne dessen Namen zu nennen: «Und was sollen wir von der leeren Kunst der Automatopaeus [Automatenbauer bzw. Uhrmacher] sagen, die 600, ja 1200 Rädchen benützen, um die Breiten (d.h.: Gebilde menschlichen Geistes) in ihren Werken darzustellen, über diese Leistung triumphieren und den Preis dafür beanspruchen können!»[14] Bildlich bringt er seine Meinung auf dem Frontispiz-Tempelbild der *Rudolfinischen Tafeln* zum Ausdruck: Der Kaiseradler bewirft sie mit Goldstücken (Seite 246).

Da es erst viele Generationen später zur Veröffentlichung der von Kepler redigierten *Arithmetica Bürgii* kommen wird, kann Kepler sämtliche Methoden und Tabellen Jost Bürgis (Prosthaphärese, *Progress Tabulen, Canon Sinuum, Arithmetica Bürgii*) fallweise dort nutzen, wo es ihm gerade geeignet erscheint – aber all dies, ohne dass er auf die Existenz und Herkunft dieser *Arithmetica Bürgii* verweisen darf oder will! Eigentlich ist der kaiserliche Hofmathematiker Johannes Kepler aufgrund der Geheimhaltungsvereinbarung fein raus: Er muss verschweigen, was ihm der kaiserliche Hofuhrmacher Jost Bürgi an neuesten mathematischen Methoden zur Verfügung stellt, kann es aber selbst nutzen.

Fatale Kumulierung. Fatal auf das Image und die Bekanntheit Jost Bürgis wirkt sich noch ein weiterer Zensor des astronomischen Beobachters Bürgi aus: Kepler ist es aufgrund von Einsprachen der Brahe-Erben untersagt, in der *Neuen Astronomie* ausser Tycho Brahe und dessen Assistenten andere Beobachter zu erwähnen. Schwiegersohn Franz Tengnagels Ehrgeiz und Bürgis Misstrauen zwangen Kepler auf diese Weise zum Verschweigen der Leistungen Bürgis sowohl in der Mathematik als auch in der Astronomie. Erwähnte Kepler eine mathematische Errungenschaft Bürgis, so musste er sicher sein, dass sie Bürgi selbst über Pitiscus schon bekanntgegeben hatte. Erwähnte Kepler eine astronomische Tätigkeit Bürgis, so musste er darauf achten, dass dies nicht in den beiden von den Brahe-Erben zensurierten Werken *Astronomia Nova* und *Tabulae Rudolphinae* erfolgt.

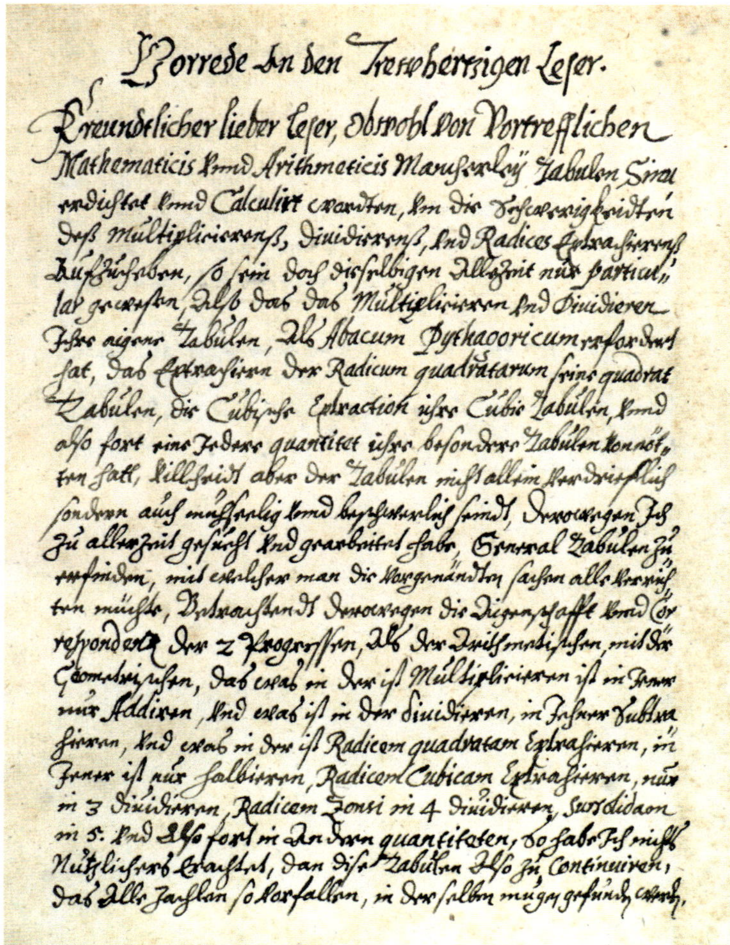
Vorrede An den Treuhertzigen Leser.

Freundlicher lieber Leser, obwohl von Vortrefflichen Mathematicis und Arithmeticis ...

181/ «Vorrede an den treuherzigen Leser»: handschriftliche «Unterrichts»-Beilage des 1982 im Guldin-Nachlass in Graz gefundenen Exemplars von Jost Bürgis *Progress-Tabulen* (1620). Textvorlage von Jost Bürgi, Schrift von Unbekannt. Hier erstmals gedruckt.

Verboten und unterdrückt

Tycho Brahes Erben beanspruchen im Oktober 1601 die alleinigen Eigentums- und Nutzungsrechte nicht nur an seinen Instrumenten, sondern auch an sämtlichen wissenschaftlichen Unterlagen.

Zensur der Brahe-Erben. Nach einer längeren Auseinandersetzung Keplers mit Franz Tengnagel – er ist der Ehemann der ältesten Brahe-Tochter und vertritt die Brahe-Erbengemeinschaft – um die Journale der seit 1568 sporadisch sowie seit 1578 systematisch erfassten 34 Observations-Jahre sichert sich Tengnagel in verschiedenen Phasen den Alleinzugriff auf alle Beobachtungsdaten sowie auf seine Instrumente. Es ist Kaiser Rudolf II. höchstpersönlich, der ihn mit der Leitung der Fortführung von Brahes Projekten betraut.[15] Doch schon bald stellt man fest, dass der sich selbst überschätzende Schwiegersohn Brahes dafür doch nicht der richtige Mann ist, sondern weit davon entfernt, die dem Kaiser zugesagten Leistungen zu erbringen – hingegen scheint er administrative und diplomatische Fähigkeiten zu besitzen.

So tritt Tengnagel in den diplomatischen Dienst des Kaisers ein und übergibt die beiden Astronomie-Projekte wieder an Johannes Kepler, der sich in diesem Jahr 1604 mangels Brahe-Daten halb der Not gehorchend, halb der Neugierde wegen der Optik widmet. Doch selbst jetzt noch verfolgen die Brahe-Nachfahren alle Aktivitäten Keplers akribisch und bewilligen die Datennutzung nur für die ursprünglich zwischen Kaiser Rudolf II. sowie Tycho Brahe und Johannes Kepler vereinbarte Erstellung der *Astronomia Nova* und der *Tabulae Rudolphinae.* «Kepler verspricht, ungefragt oder gegen den Willen Tengnagels keine eigenen, auf diesen Beobachtungen gegründeten Arbeiten vor dem Erscheinen des geplanten Tafelwerks zu veröffentlichen. Auch wenn er von seinen anderen mathematischen Studien, bei denen er mit Hilfe von Brahes *Astronomiae* vorankam, etwas zu edieren vorhat, will er zuvor Tengnagels Urteil darüber hören», heisst es im Protokoll.[16]

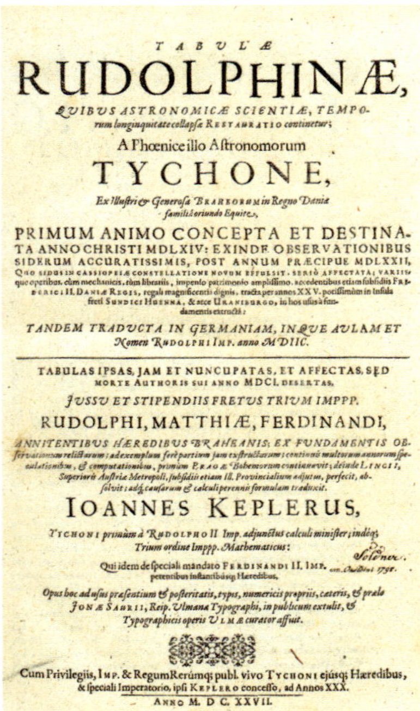
TABULÆ

RUDOLPHINÆ,

QUIBUS ASTRONOMICÆ SCIENTIÆ, TEMPORUM longinquitate collapsæ RESTAURATIO continetur;

A Phœnice illo Astronomorum

TYCHONE,

Ex Illustri & Generosa BRAHEORUM in Regno Daniæ familiâ oriundo Equite,

PRIMUM ANIMO CONCEPTA ET DESTINATA ANNO CHRISTI MDLXIV: EXINDE OBSERVATIONIBUS SIDERUM ACCURATISSIMIS, POST ANNUM PRÆCIPUE MDLXXII, QUO SIDUS IN CASSIOPEIÆ CONSTELLATIONE NOVUM EFFULSIT, SERIÒ AFFECTATA; variisque operibus, cùm mechanicis, tùm librariis, impenso patrimonio amplissimo, accedentibus etiam subsidiis FRIDERICI II. DANIÆ REGIS, regali magnificentiâ dignis, tracta per annos XXV. potissimùm in Insula freti SUNDICI HUENNA, & arce URANIBURGO, in hos usus à fundamentis extructâ:

TANDEM TRADUCTA IN GERMANIAM, INQUE AULAM ET Nomen RUDOLPHI IMP. anno MDIIC.

TABULAS IPSAS, JAM ET NUNCUPATAS, ET AFFECTAS, SED MORTE AUTHORIS SUI ANNO MDCI. DESERTAS,

JUSSU ET STIPENDIIS FRETUS TRIUM IMPPP.

RUDOLPHI, MATTHIÆ, FERDINANDI,

ANNITENTIBUS HÆREDIBUS BRAHEANIS; EX FUNDAMENTIS OBservationum relictarum; ad exemplum ferè partium jam exstructarum; continuis multorum annorum speculationibus, & computationibus, primùm PRAGÆ Bohemorum continuavit; deinde LINCII, Superioris Austriæ Metropoli, subsidiis etiam Ill. Provincialium adjutus, perfecit, absolvit; adq; causarum & calculi perennis formulam traduxit.

IOANNES KEPLERUS,

TYCHONI primùm à RUDOLPHO II Imp. adjunctus calculi minister; indéq; Trium ordine Imppp. Mathematicus:

Qui idem de speciali mandato FERDINANDI II. IMP. petentibus instantibúsq; Hæredibus,

Opus hoc ad usus præsentium & posteritatis, typis, numericis propriis, cæteris, & prælo JONÆ SAURII, Reip. Ulmanæ Typographi, in publicum extulit, & Typographicis operis ULMÆ curator affuit.

Cum Privilegiis, IMP. & Regum Rerúmq; publ. vivo TYCHONI ejúsq; Hæredibus, & speciali Imperatorio, ipsi KEPLERO concesso, ad Annos XXX.

ANNO M. DC. XXVII.

182/ **Obwohl 1627 in Ulm endlich fertiggedruckt, zensieren die Brahe-Erben die *Rudolfinischen Tafeln* weiter und blockieren die Auslieferung auf der Frankfurter Messe. Tycho Brahes Name ist bereits weitaus prominenter und grösser geschrieben als derjenige des Verfassers Kepler.**

Vorwort-Kompetenz bei Tengnagel. Die Nachfahren Tycho Brahes verlangen, dass Johannes Kepler in seinen beiden Hauptwerken *Astronomia Nova* und *Tabulae Rudolphinae* ausschliesslich Beobachtungsdaten von Tycho Brahe und seinen Assistenten verwendet – und dass er, falls diese nicht ausreichen, keinesfalls andere Lieferanten angibt. Tengnagel behält sich vor, auch das jeweilige Vorwort zu den beiden Publikationen zu verfassen. Im Vorwort zur *Astronomia Nova* schreibt er nach der Anrede «Dem Leser Gruss!» stolz: «Im Übrigen wirst du aus dem Werk selbst ersehen, dass es auf dem Grund und Boden BRAHES, das heisst auf seiner verbesserten Darstellung der Fixsterne und der Sonne errichtet und dass alles Material (ich meine die Beobachtungen) durch BRAHE zusammengetragen worden sind.»[17] Und auf der Titelseite heisst es klar: «Ex observationibus G.V. Tichonis Brahe» («Aufgrund der Beobachtungen des Edelmannes Tycho Brahe»)[18] (Seite 235).

Unvollständige einseitige Deklaration. Nicht überall, wo ausschliesslich Brahe draufsteht, ist ausschliesslich Brahe drin! Das Einzige, was Franz Tengnagel im gesamten 424-seitigen Werk *Astronomia Nova* gerade ein Mal zulässt, ist eine Bestätigung der Richtigkeit von Brahes Daten durch einen namentlich ungenannten Landgrafen. Nun wird auch klar, warum die Datenlieferanten der Kasseler Sternwarte einschliesslich Jost Bürgi in diesen beiden keplerschen Hauptwerken als Beobachter und Datenlieferant nicht einmal erwähnt sind, selbst wenn sie dazu einen nennenswerten Beitrag geleistet haben. Die ausschliessliche Nennung Tycho Brahes prägt die öffentliche Wahrnehmung und die Geschichtsschreibung über Jahrhunderte und bestimmt auch heute noch die Kommentare der Astronomiefachleute und die Meinung der Öffentlichkeit über die kopernikanische Wende und die keplersche Revolution. Dabei sind die Kasseler astronomischen Beobachtungen (Jost Bürgi, Christoph Rothmann, Wilhelm II.) mit Quadrant, Sextant und Sekunden-Observationsuhr genauer als diejenigen Brahes.

Verspätet oder verschollen

So gut uns die Instrumente, Uhren und Globen als Zeugnisse von Jost Bürgis aussergewöhnlichem Können und gleichzeitig als Repräsentanten des Wissens ihrer Zeit überliefert sind, so lückenhaft präsentiert sich die Situation bei der Suche nach handschriftlichen oder gedruckten Zeugnissen und Beschreibungen von Jost Bürgis mathematischem Einfallsreichtum sowie seiner Erfahrungen, Gedanken und Erkenntnisse.

Sprachdefizit. Jost Bürgi fallen bei mathematisch-technischen Aufgabenstellungen die Lösungen gewissermassen nur so zu. Technische Probleme machen ihm umso mehr Spass, je kniffliger sie sind. Doch sprachlich tut er sich schwer: Er ist mit seinem helvetischen Dialekt nicht so deutlich verständlich, verfügt nicht über den trivialen Wortschatz der Studiosi und ist kein so eloquenter Redner wie die in Rhetorik geschulten und sich um ihn bemühenden Ordensleute der Jesuiten. Bürgi hat in seiner lange von Lehrern verwaisten Schule in den paar Schuljahren kaum Schreiben gelernt, mit dem er sich ein Leben lang noch schwer tut – von anderen Sprachen gar nicht zu reden! Kein Wunder weicht er wegen seiner Schwäche in der schriftlichen Formulierung auch redaktionellen Arbeiten aus. Erwin Voellmy weist darauf hin, dass ihn das Schreiben unendliche Mühe gekostet haben müsse, beginne er doch in einem Brief die ersten elf Sätze gleich achtmal mit der gleichen Wendung (Seite 250).[19] Weiter hindert ihn am schriftlichen Dokumentieren, dass er unfaire Nachahmer und ungeliebte Nutzniesser seiner in harter Arbeit geschaffenen Erfindungen fürchtet. Deshalb hat Jost Bürgi nur wenige Beschreibungen und Dokumente verfasst, und nur ganz wenige davon sind erhalten geblieben.

183/ **Es vergeht über ein halbes Jahrhundert, bis Eisenhoits 21 Kupferstiche veröffentlicht werden. Hier am Beispiel einer Hafenvermessung mit Jost Bürgis Triangulationsinstrument.**

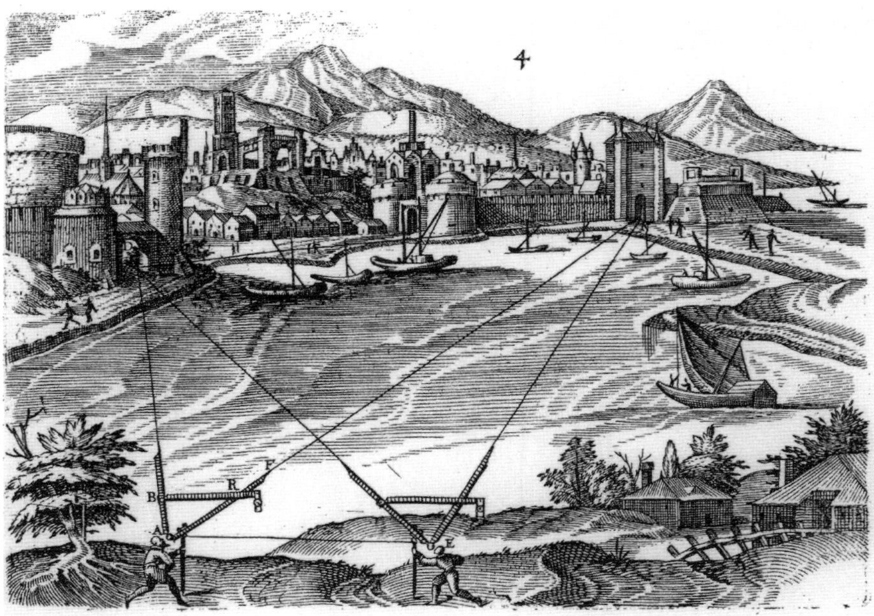

Schreibbarriere. Dieses zögerliche Verhaltensmuster Bürgis wird exemplarisch erkennbar bei der Erstellung einer eigentlich unkompliziert erscheinenden Geräte- und Einsatzbeschreibung für sein technisch innovatives Triangulationsinstrument (Seite 120).[20] Schon 1592 lässt sich Jost Bürgi für diese Bedienungsanleitung vom Künstler Antonius Pius Eisenhoit ein Frontispiz sowie 21 Anwendungsillustrationen in Kupfer stechen; er selbst versäumt es jedoch jahrelang, dazu einen Text zu verfassen. Einen ersten Textversuch wagt Schwager und Pflegesohn Benjamin Bramer mit 13 Bildbeschreibungen im Jahre 1609 wahrscheinlich im Beisein Bürgis, als Bramer aus Prag nach Hessen zurückkehrt.[21] Einen zweiten Anlauf unternimmt Bramer 1617, als die beiden den Wilhelm-Enkel und Moritz-Sohn Hermann von Hessen-Rotenburg (1607–1658) in Kassel in Astronomie unterrichten. Dabei beschreibt er die Illustrationen 14 bis 21. Bei einem dritten Versuch zur Fertigstellung dieses Büchleins im Jahre 1619 ergänzt der kaiserliche Hofkupferstecher Aegidius Sadeler das Zentrum der Frontispiz-Kupferplatte mit dem Porträt des nunmehr 67-jährigen Jost Bürgi, aber auch jetzt bleibt dieser dem Drucker der Bedienungsanleitung das zugesicherte Manuskript schuldig. Im Jahre 1632 stirbt Jost Bürgi. Von da an warten die Vermessungsfachleute wegen starker Auslastung Bramers als Festungsbaumeister weitere 16 Jahre, bis diese Bedienungsanleitung inklusive der 21 Anwendungsillustrationen 1648 gedruckt wird. Im Jahre 1684 erscheint sie als dritter Teil in Bramers Buch *Apollonius Cattus oder Kern der gantzen Geome-*

184/ **Im Kupferstich 18 zeigen Bürgi und Eisenhoit, wie man Wolkenhöhen bestimmt.**

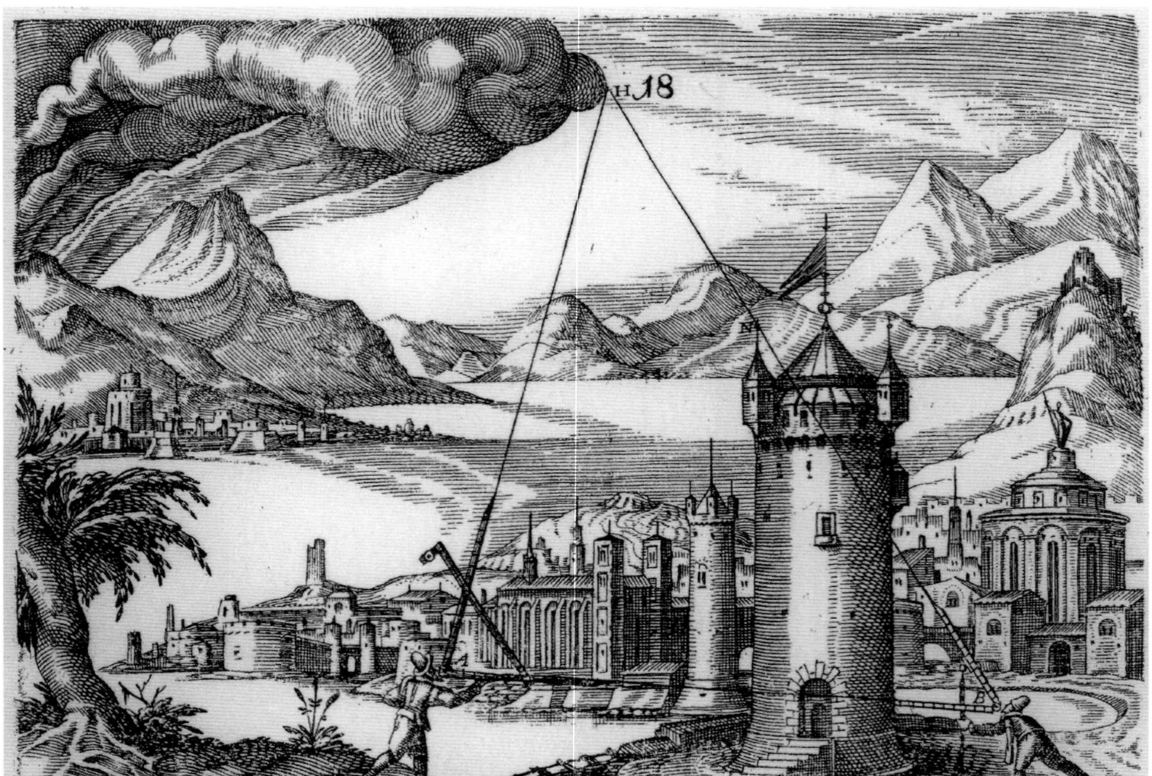

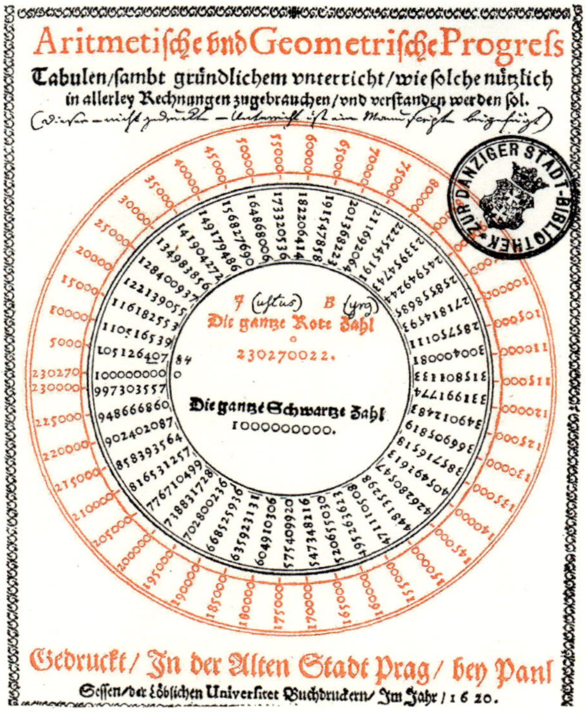

185/ **Titelblatt von Jost Bürgis *Progress-Tabulen.* 1854 in Danzig aufgefundenes Exemplar mit handschriftlichen Korrekturen von Jost Bürgi oder von Benjamin Bramer.**

tria. Damit erfolgt die Erstveröffentlichung mehr als ein halbes Jahrhundert später als von Jost Bürgi ursprünglich beabsichtigt. Aber selbst das ist für Bürgi nicht untypisch. Ist die Beschreibung ein wichtiger Bestandteil des Nutzenpotenzials eines zu verkaufenden Instrumentes, so wirkt sich dessen Fehlen sehr negativ auf die Verkaufszahlen aus. Dies gilt für seinen Proportionalzirkel ebenso wie für sein Triangulationsinstrument, und es gilt noch stärker für seine mathematischen Innovationen, wo die neue Lösung nur in schriftlicher Form formuliert, dokumentiert, hergeleitet, bewiesen, widerlegt, verbessert, illustriert, übermittelt und von jedermann genutzt und auch falsifiziert werden kann. Hier gilt schon seit Beginn der Schriftkultur: «publish or perish».

Verschleppte Logarithmen-Veröffentlichung. Weil Jost Bürgi mitten im Dreissigjährigen Krieg lebt und arbeitet und weil 1620 im Publikationsjahr seiner für den Druck längst überfälligen Logarithmentafeln vor den Toren Prags die Schlacht am Weissen Berge tobt, verzögert sich die mittlerweile um ein Jahrzehnt vertrödelte Herausgabe seiner *Aritmetischen und Geometrischen Progress Tabulen* zusätzlich. Dies nicht zuletzt aufgrund von Finanzierungsproblemen der Prager Universitätsdruckerei Paul Sess und wegen des mit seinen Gehaltszahlungen ein Jahr rückständigen Hofzahlamtes.[22] Vom kleinen Probedruck waren Mitte des 19. Jahrhunderts gerade einmal zwei dieser 60-seitigen Broschüren erhalten geblieben – das sogenannte Münchener sowie das Danziger Exemplar. Nachdem auch noch das Danziger Exemplar im Zweiten Weltkrieg verschollen ging und man nur noch wenige Fotokopien retten konnte, war man froh, dass Ernst Seidel 1982 im der Grazer Universität anvertrauten Nachlass Paul Guldins noch ein drittes Exemplar entdeckte, das hier in diesem Buch erstmals farbig wiedergegeben wird (Titelseite und letzte Tabellenseite, siehe Seiten 162 und 177). Doch vollständig war Bürgis Publikation von 1620 auch damals noch nicht: Es fehlen noch die auf dem Titelblatt genannten und für die Arbeit mit diesen Logarithmentafeln erforderlichen gedruckten Erläuterungen (*Tabulen samt gründlichem Unterricht, wie solche nützlich in allerlei Rechnungen zu gebrauchen und verstanden werden soll).* Nur bei zweien der drei Exemplare sind diese Unterrichtserläuterungen beigefügt – aber nicht gedruckt, sondern nur als handgeschriebene Kopie (Seite 199). Bürgi hatte den Drucker wieder einmal auf sein Manuskript warten lassen – und zwar mehr als ein Jahrzehnt. Um bei zunehmend aufkommender Konkurrenz (Napier, Bell) das Werk Bürgis nicht noch länger der Kundschaft vorzuenthalten und den Markt den Konkurrenten zu überlassen, druckte man vorerst zumindest die Tabellen und legte den erläuternden Text handschriftlich bei oder liess ihn während Instruktionstagen von Kunden mitschreiben. Doch andere Werke Bürgis haben es noch viel schwerer, die Gunst des Publikums zu gewinnen.

Kaum aufgetaucht, schon wieder spurlos verschwunden. Während Bürgis *Aritmetische und Geometrische Progress Tabulen* noch in einer kleinen Probeauflage gedruckt werden, danach lange verschollen bleiben und im 19. Jahrhundert mit zumindest zwei Erstdruckexemplaren plötzlich auftauchen und jetzt dokumentiert sind, sind seine vor 1598 fertiggestellten Sinustabellen des *Canon Sinuum* schon seit seinem Tod für immer verschollen: sie wurden nicht einmal mehr in Bleilettern abgesetzt, geschweige denn gedruckt, obwohl Benjamin Bramer das Manuskript 1609 bei Jost Bürgi druckfertig aufbereitet sieht. So bleibt das Manuskript von diesem Tabellenwerk für die rasche trigonometrische Rechnung mit Schritten von 2 Bogensekunden unauffindbar für die Nachwelt bis heute. 1623 muss es noch im Besitz von Bürgi gewesen sein, denn als sich in diesem Jahr Landgraf Philipp III. von Hessen-Butzbach (1581–1643) brieflich beim in Linz tätigen Kepler erkundigt, wer denn nun über die genauesten Sinustabellen verfüge, nennt dieser Jost Bürgi [23] und sagt, damit habe er «das Remedium» ja selbst zu Hause; und Kepler ergänzt: «Er hat gleichwohl das geschriebene Werk nie aus den Händen gegeben, noch drucken lassen.»[24] Doch *Progress Tabulen* und *Canon-Sinuum*-Tabellen sind nicht alle mathematischen Werke Jost Bürgis, die schon wieder verschwanden, kaum hatte man sie erwähnt – sei es als Manuskript oder als Beispielseite.

Zufällig gerettete *Coss*. Bereits im ersten Kepler-Nachlassverzeichnis von Johannes Hevelius fiel mit Fasc. 12 eine *Cossam Bürgii excultam* auf; Ch. Frisch und R. Wolf zitieren sie, dabei Hansch folgend als *Arithmetica Bürgii.*[25] Dass diese Kepler-Handschriften nach einer Reihe von Besitzänderungen und Aufbewahrungsorten erhalten geblieben sind, grenzt an ein Wunder. Höchstwahrscheinlich wurde von der *Arithmetica Bürgii* von Kepler für Bürgi bzw. für den vorgesehenen Drucker eine Reinschrift des Manuskripts erstellt, die aber ebenso unauffindbar bleibt wie Bürgis Originalentwurf. Wie das gesamte Tabellenwerk des *Canon Sinuum,* gelangt auch die *Arithmetica Bürgii*-Manuskriptreinschrift niemals in die Hände eines Typografen einer Druckerei. Erst 1973 – also 370 Jahre nach seiner Entstehung – kommt die Manuskriptkopie unter dem Titel *Die Coss von Jost Bürgi in der Redaktion von Johannes Kepler* von Martha List und Volker Bialas an das Licht der Öffentlichkeit – und zwar wissenschaftlich analysiert, kommentiert und publiziert.

Sternverzeichnis erscheint zu spät. Nicht viel besser in Bezug auf seine wahre astronomische Bedeutung ergeht es dem *Grossen Hessischen Sternverzeichnis* mit den damals genauesten Positionsdaten von 383 Fixsternen, an deren Beobachtung und Berechnung neben Christoph Rothmann unter der Ägide von Landgraf Wilhelm IV. Jost Bürgi grossen Anteil hat. Dieses Verzeichnis ist zwar seit 1587 abgeschlossen und liegt seit 1589 als repräsentativer Pergamentband vor, wird aber erst 1666 gedruckt. So spät erst veröffentlicht, ist es längst durch andere Werke, wie die bereits 1627 erschienenen *Tabulae Rudolphinae*, überholt; allerdings nicht, was die Beobachtungsgenauigkeit der Positionen der Himmelsobjekte betrifft.

Von Jesuitenkardinal Clavius beobachtet. Im Jahre 2010 weist Dieter Launert in seiner Studie *Nicolaus Reimers Ursus und seine Lebensstationen* auf Seite 11 erstmals darauf hin, dass sich die Gegenreformatoren schon sehr früh für Jost Bürgi interessieren. Bereits 1592 ist er nämlich via Rothmann – Brahe – Hagecius – Curtius in deren Blickfeld geraten, nachdem Jacob «Curtius» Kurtz, der Vizekanzler Kaiser Rudolfs II. am Prager Hof, auf seinen «Kunstweg» aufmerksam geworden ist und er darüber den päpstlichen Mathematiker und Jesuiten Christophorus «Clavius» Schlüssel informiert hat. Clavius beauftragt 1593 den apostolischen Schildträger Theodosius «Rubeus» Rossi, bei Nikolaus «Ursus» Reimers Erkundigungen über Bürgis Methode einzuholen, was dieser mit seinem am 1. Januar 1593 an Ursus verfassten Brief auch tut. Doch Ursus verweigert selbst diesem hohen Würdenträger eine Erläuterung. Er fühlt sich Bürgi verpflichtet, der ihm «Schweigen geboten» hatte und dem er viel verdankt. Doch damit sind die Angriffe nicht beendet: 1621 spinnen die Jesuiten eine neue Intrige, diesmal, um die tychonischen Beobachtungen in ihren Besitz zu bringen.[26] Und wo findet man Jahrhunderte später Reimers verschwundene deutsche Übersetzung von Kopernikus' Manuskript *De Revolutionibus*? Im Nachlass des Jesuitenpaters und Mathematikprofessors Paul Guldin, wo auch Bürgis drittes Exemplar der Progresstabulen verborgen ist.

Der «Geheimniskrämer». Bürgis prominente Zeitgenossen ärgern sich verschiedentlich über die Übervorsichtigkeit des Schweizers. So erkundigt sich Tycho Brahe schon 1592 (!) bei Christoph Rothmann vergeblich, wie weit der «Automatopaeus» (gemeint ist der Automatenmacher Bürgi) denn mit seinen Sinustabellen nun gekommen sei, und Brahe beklagt sich: «Ich verstehe nicht, warum er sie ins Verborgene hält, nachdem er einen ersten Blick darauf erlaubt hat.»[27] Den Vorwurf der Geheimhaltung seiner Erkenntnisse muss sich Jost Bürgi immer wieder gefallen lassen, selbst von Johannes Kepler, der viel von ihm profitiert, der aber auch gerne viele mathematische Erkenntnisse Bürgis ans Licht der Öffentlichkeit gebracht hätte, sofern ihn Bürgi nicht zum Schweigen verpflichtet hätte. Deshalb schreibt Kepler in Bezug auf die Progresstabulen über den «Zauderer und Geheimniskrämer»[28] Bürgi 1627 im Vorwort der *Rudolfinischen Tafeln*: «Der zaudernde Geheimniskrämer liess sein Kind im Stich, anstatt es zum allgemeinen Nutzen grosszuziehen.»[29] Und andernorts heisst es über Bürgi: «Er ist ein zögernder Mensch, der seine Geheimnisse hütet.»[30] Vielleicht denkt Kepler bei dieser Aussage speziell an das von ihm mit Bürgi vereinbarte Geheimhaltungsabkommen. Selbst Bürgis Freund Nikolaus Reimers nennt ihn in seinem *Fundamentum Astronomicum* auf Blatt 19v ein «*Byrgianum myrothecium*»[31].

Verständnis für Bürgi. Ludwig Oechslin beurteilt die Situation pragmatisch: «Denn man muss sich fragen, warum der weitgehend erstellte Sternkatalog, warum die Sinustafeln, warum die Logarithmen der Öffentlichkeit nicht bekannt, nicht zugänglich gemacht wurden. Alle drei Projekte lagen am Schluss in den Händen Bürgis. Ist es denkbar, dass Bürgi, um bildlich zu sprechen, wegen eines vermuteten, aber noch nicht aufgefundenen Kommafehlers die Publikation bis zu ihrer Hinfälligkeit verzögert hat? War er immer noch mit den Ergebnissen nicht zufrieden? Wir wissen es nicht. Gemäss dem, was von Bürgi bekannt ist, hat er sich über andere Kanäle mitgeteilt. Diese Kanäle waren seine künstlerischen und handwerklichen Arbeiten. Auf den Globen, und auch auf dem von 1594, hat er die neuen Sternpositionen eingezeichnet. In Planetarien hat er eigene Vorschläge zum Aufbau der Welt vorgebracht. In Mondmodellen hat er die Theorie des Kopernikus veranschaulicht und zur Überprüfung aufbereitet. Mit Präzisionsuhren hat er den Weg zu neuen Beobachtungsmethoden am Himmel geebnet.»[32]

Man könnte diese Sicht Ludwig Oechslins auch noch etwas erweitern, denn viele von Jost Bürgis Erfindungen manifestieren sich nicht nur in seinen Geräten, sondern sind untrennbar mit dem Namen Johannes Kepler sowie mit der *Astronomia Nova* und seinen anderen Werken verbunden. Darüber hinaus haben sich von Bürgi miterfundene und von ihm unterstützte Methoden so zu Allgemeingut entwickelt – wie beispielsweise die Dezimalbruchrechnung und der Dezimalpunkt oder die Sekundenmessung –, dass wir sie täglich wie selbstverständlich benutzen, ohne dass dabei jemand an den Pionier dieser Methoden dächte.

Genial und talentiert – aber schreibresistent. Jost Bürgis Zurückhaltung, sein Perfektionismus und seine geringe Fehlertoleranz, seine fehlenden Lateinkenntnisse und seine Schreibschwäche stehen Jost Bürgi in der Funktion als Autor mathematischer Werke anscheinend lebenslang so mächtig im Wege, dass ihm auch sein mathematisches Genie, seine Vorliebe für pragmatische Lösungen einschliesslich einer selten anzutreffenden handwerklichen Meisterschaft für die Konstruktion und Umsetzung neuer Techniklösungen nicht weiterhelfen. Wenn man weiss, dass ausser den Probeexemplaren der *Progress Tabulen* keines von Bürgis Manuskripten zeit seines Lebens gedruckt wird, dann ist es umso erstaunlicher, dass die deutschsprachigen – und mit ihnen französisch- und englischsprachige – Mathematikhistoriker diesen originellen Kollegen nie vergessen haben.

Kepler vor Bürgi. Johannes Kepler übersieht bei seiner Charakterisierung Bürgis: «Er werde als Uhrmacher und Mathematiker wohl einmal so berühmt werden, wie es Albrecht Dürer als Maler gewesen ist»[33], dass ein Grossteil der Vorteile von Bürgis Erfindungen unmittelbar in Werke fliesst, die nicht den Namen Jost Bürgi im Titel führen, sondern seinen eigenen. Doch das ist nicht Keplers Fehler! Mit der Geheimhaltungsvereinbarung zwischen Kepler und Bürgi hat Bürgi selbst ein grosses Tuch des Schweigens über die Verbreitung seiner innovativen Leistungen gelegt.

> **In Mathematikerkreisen anerkannt.** Jost Bürgi wird trotz zahlreicher nicht publizierter Manuskripte seit Beginn des 18. Jahrhunderts in deutschen und schweizerischen Gelehrtenanthologien sowie in Übersichtswerken der Mathematik immer wieder erwähnt. So 1730 von Johann Doppelmayer, 1758 von Etienne Montucla, 1781 von Friedrich Strieder, 1796 von Abraham Kästner, 1848 von Rudolf Wolf, 1850 von Wilhelm Matzke, 1876 von Moritz Cantor, 1894 von Alhard von Drach, 1896 von Florian Cajorj und 1900 von Anton von Braunmühl in seiner *Geschichte der Trigonometrie*. In Johannes Tropfkes *Geschichte der Elementarmathematik* von 1920 wird Jost Bürgi 31-mal zitiert. «Damit belegt er einen ehrenvollen Platz unter so bekannten Gelehrten wie Jakob Bernoulli (47), Johann Bernoulli (49), Bessel (10), Briggs (10), Fourier (3), Huygens (38) Napier (67), Pascal (36), Adam Riese (42) und Tycho Brahe (7)», schreibt Heinz Theo Lutstorf 2005 in seiner Untersuchung *Die Logarithmentafeln Jost Bürgis*.[34]

Es ist paradox: Kepler sieht schlecht, Brahe rechnet nicht gerne, Bürgi fällt das Schreiben schwer – und trotzdem revolutioniert dieses europäische Dreigestirn eines deutschen Mathematikers, eines dänischen Astronomen und eines schweizerischen Uhrenmachers im tschechisch-böhmischen Prag unter österreichisch-habsburgischer Ägide die Kenntnisse über unsere Welt aufgrund unübertroffener persönlicher Kompetenzen in den von ihnen dominierten, sich gegenseitig ergänzenen Gebieten. Kepler ist ein aussergewöhnlicher Mathematiker, Brahe ein unermüdlicher Himmelsbeobachter und Bürgi ein alle mathematisch-technischen Funktionen integrierendes Universalgenie.

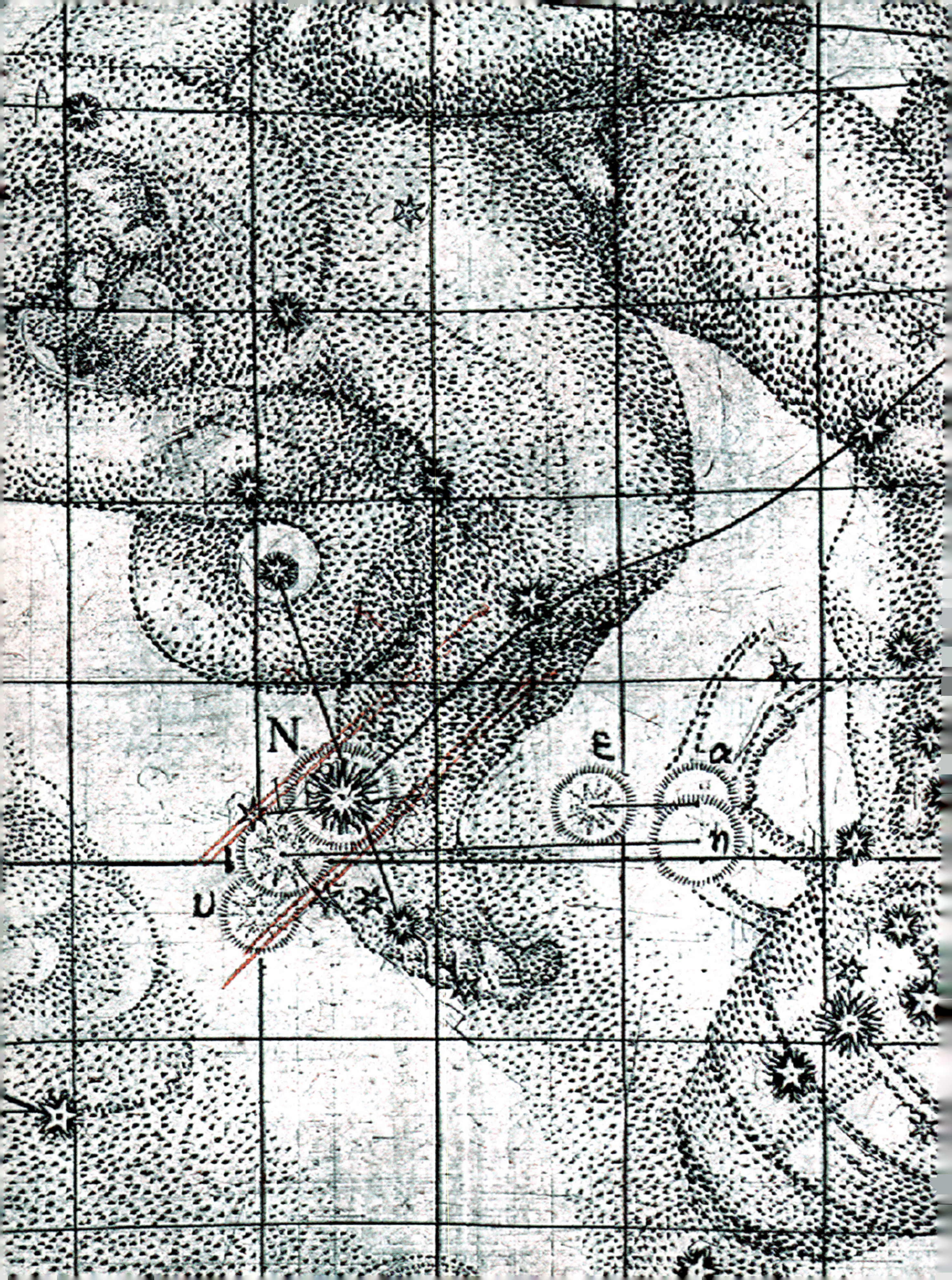
N
a
n
l

Kapitel 9

Bürgis Beitrag zu Keplers Astronomie

186/ **Keplers Nova (N), entdeckt 1604 in Prag im Fuss des Schlangenträgers (Seite 228).**

Nachdem Jost Bürgi bereits 1603 längere Zeit in Prag verbracht hat, steht er seit dem 15. Mai 1604 auf der Gehaltsliste des Hradschin (Seite 249).[1] Am 25. November 1604 bittet Kaiser Rudolf II. Landgraf Moritz, den immer noch in Hessen angestellten Bürgi vollständig in die kaiserlichen Dienste nehmen zu können, was dieser am 3. Februar 1605 zustimmend beantwortet.[2] Bürgi trägt seit Ende 1604 den Titel des kaiserlichen Hof- und Kammeruhrmachers bei Kaiser Rudolf II.

Schnelle Wechsel von Reimers zu Brahe und Kepler

Innerhalb von zwei Jahren gibt es im Amt des kaiserlichen Hofastronomen und -mathematikers mörderische Feindschaften und drei Amtsinhaber: Nikolaus Reimers (†1600), Tycho Brahe (†1601) und ab 1601 Johannes Kepler (1571–1630). Wie gelingt es dem erst 30-jährigen Kepler, in wenigen Jahren in die wichtige Position des kaiserlichen Hofmathematikers aufzusteigen?

Nikolaus Reimers. Nach seiner Professur an der Akademie Strassburg wird Nikolaus «Raimarus Ursus» Reimers Bär auf Empfehlung des Vizekanzlers Curtius 1591 als kaiserlicher Hofastronom und -mathematiker nach Prag berufen. Damit verbunden ist eine Professur an der Karls-Universität. Jost Bürgi ist einer seiner besten Bekannten; sie suchen sich gegenseitig auf und helfen sich, wo sie können. Jedes Mal, wenn der Kasseler Uhrmacher und Mathematiker Jost Bürgi nach Prag zum Kaiser auf den Hradschin kommt, gehört auch eine längere Begegnung der beiden Mathematiker, die auf der Altansternwarte Freunde geworden sind, zum Besuchsprogramm. Solche Treffen finden auch statt, wenn der kaiserliche Hofmathematiker auf Reisen geht. Doch während wir in den neun Jahren des Aufenthaltes Reimers' in Prag von zwei Reisen Bürgis nach Prag wissen, sind uns die Reisedaten Reimers nicht bekannt. Zwischen 1597 und 1599 dürfte es jedoch mindestens ein Besuch in Kassel gewesen sein. Dabei könnte Reimers von Bürgi aus Kassel zur Überarbeitung, Ergänzung und zur Druckvorbereitung zwei Manuskripte nach Prag mitgenommen haben: den Rohentwurf der *Arithmetica Bürgii* von Bürgi und eventuell Ursus Reimers' erste Deutschübersetzung von Kopernikus' *De Revolutionibus* aus dem Jahre 1586.

In dieser Zeit nimmt die Auseinandersetzung zwischen Reimers und Brahe an Schärfe zu, bei dem die kaiserlichen Sympathien eher aufseiten des dänischen Adeligen zu liegen scheinen. Den finanziell und sozial nicht so gut abgesicherten Reimers belastet dieser Prioritätenstreit und eine ebensolche Auseinandersetzung mit dem Elsässer Helisäus Röslin um ein geoheliozentrisches Weltmodell stärker und existenzieller als den Aristokraten Tycho Brahe. Als Reimers im Mai 1599 erfährt, dass Brahe nach Prag kommen wird, verlässt der mittlerweile am Kaiserhof zunehmend in Ungnade gefallene Reimers die Hauptstadt in Richtung Schlesien und kommt erst wieder in aller Stille nach Prag zurück, als er erfahren hat, dass Brahe mittlerweile auf Schloss Benatek lebt, also eine Tagesreise von der Hauptstadt entfernt.[3] Diese Furcht Reimers ist nicht unbegründet, denn Reimers und Brahe sind bis auf den Tod zerstritten. Nach neun Jahren als kaiserlicher Hofmathematiker stirbt Reimers am 15. August 1600 an der Schwindsucht (Tuberkulose). Wenn man dem amerikanischen Wissenschaftshistoriker Edward Rosen folgen will, dürfte der Tod für Reimers eine Erlösung gewesen sein,[4] denn in absehbarer Zeit hätte er vor einem Tribunal von vier kaiserlichen Kommissaren zu einem Schiedsgerichtstermin antreten müssen.[5] Rosen geht mit Tycho Brahe davon aus, dass Reimers nach einem verlorenen Prozess vermutlich «öffentlich geköpft, gestreckt und gevierteilt wird»[6].

Von Schloss Benatek ins Lustschloss Belvedere. Im August 1600 übernimmt der mittlerweile 54-jährige Tycho Brahe in Prag als Nachfolger von Nikolaus Reimers die Position des kaiserlichen Hofmathematikers. Dem Ruf des Kaisers Rudolf II. folgend, zieht Tycho Brahe im Juni 1599 mit seiner siebenköpfigen Familie und engen Mitarbeitern in einer dreimonatigen Reise aus dem holsteinischen Wandsbek nach Prag. Rückwirkend ab dem 1. Mai 1599 kassiert Brahe Anfang 1600 das immense Jahresgehalt von 2000 Gulden.[7] Er bringt einen Grossteil der Uraniborger Instrumente mit. Im rund 40 Kilometer von Prag entfernten Schloss Benatky nad Jizerou (Benatek an der Iser) stellt er einen Grossteil dieser Instrumente wieder auf und setzt seine Himmelsbeobachtungen mit im Juni 1600 bereits 13 (!) Assistenten fort, darunter Longomontanus, Johannes Erikson, Johannes Müller, David Fabricius und Franz Gansneb (genannt Tengnagel) sowie Melchior Joestel.

Auf Wunsch des Kaisers – der wegen der im Jahre 1600 in Prag grassierenden Pest neun Monate auf seinem Landsitz in Pilsen verbringt[8] –, muss Brahe nach der Rückkehr Rudolfs II. die Sternwarte von Schloss Benatek in seine Nähe auf den Hradschin verlegen: Brahe platziert seine Instrumente nun auf dem Balkon des im fernandinischen Schlosspark gelegenen Lustschlosses Belvedere der Königin Anna, unweit des Singenden Brunnens und der Menagerie der Burg mit ihrer exotischen Tierwelt.[9] Hier besucht ihn Rudolf II. öfters – und das nicht nur, um vom kaiserlichen Hofastronomen astronomische und astrologische Ratschläge zu erhalten. Vom alchemistisch und pharmazeutisch erfahrenen Tycho Brahe sind auch quecksilberhaltige Tinkturen, die gegen die Syphilis helfen sollen, gefragt.

Kepler steigt auf

Persönlich begegnen sich Tycho Brahe und Johannes Kepler erstmals am 4. Februar 1600 aufgrund einer Einladung in das von Brahe zu einer Sternwarte umgebaute Schloss Benatek nördlich von Prag. Das gegenseitige Interesse Keplers und Brahes, zusammenzuarbeiten, ist gross, wenngleich Kepler einer Anstellung in seiner Heimat Württemberg den Vorzug geben würde. Doch wird er dort von den staatlichen und kirchlichen Stellen wegen seiner schon als Student geäusserten Sympathien für calvinistische Positionen zeitlebens abgelehnt. So führen ihn seine nächsten Schritte beruflich aus der Theologie in die Mathematik sowie geografisch aus Württemberg nach Österreich und nach Böhmen.

187/ **Johannes Kepler (1571–1630) im Alter von 38 Jahren, porträtiert vom kaiserlichen Hofmaler Hans von Aachen. Er ist kaiserlicher Hofastronom von 1601 bis 1630.**

Johannes Kepler: Weil – Graz – Prag. Johannes Kepler kommt am 27. Dezember 1571 in der Freien Reichsstadt Weil (heute: Weil der Stadt) zur Welt. Das Sieben-Monats-Frühchen ist der Sohn des Kaufmannes und späteren Söldners Heinrich Kepler sowie der Leonberg-Eltinger Bürgermeister- und Wirtetochter Katharina Guldenmann. Das erste von sieben Kindern wird protestantisch erzogen und überlebt als Fünfjähriger die Pocken, allerdings mit verbleibender Fehlsichtigkeit. Bürgermeister des mit 1000 Einwohnern kleinen schwäbischen Städtchens ist zwischen 1569 und 1578 sein Grossvater Sebald Kepler, der ihm eine Ausgabe von Kopernikus' *De Revolutionibus* besorgt.

Wegen mehrfachen Wohnortwechsels der Eltern kommt der körperlich zeitlebens schwächliche Johannes nicht immer zum Schulbesuch, kann aber wegen seiner hohen Begabung ab 1584 die Klosterschule zu Adelberg besuchen und 1586 in das evangelische Seminar Maulbronn übertreten. 1589 schreibt er sich an der Universität Tübingen zum Studium der *Artes liberales* ein – wo er den damals renommierten Astronomen und Mathematiker Michael Mästlin mit besten Kenntnissen des Werkes von Kopernikus zum Lehrer hat – und tritt zwei Jahre später mit herzoglichem Stipendium in das Evangelische Stift zum Studium der evangelischen Theologie über. 1591 legt er die Prüfungen zum *Magister Artium* erfolgreich ab und setzt seine Ausbildung zum Theologen fort. Kurz vor seinen Schlussexamina bietet ihm die protestantische Stiftsschule Graz eine Halbtagsstelle als Dozent für Mathematik und Astronomie sowie für Geschichte und Ethik an, die der kränkelnde und schwächliche 22-jährige Theologiedoktorant auch annimmt.

Graz ist die habsburgische Residenzhauptstadt der innerösterreichischen Länder. Mit 20 Gulden Jahresgehalt ist das Salär spartanisch, doch verdient Kepler zusätzlich 150 Gulden durch seine mit dem Professorenamt verbundene halbtägliche Anstellung als Landschaftsmathematiker der Stände einer «Ehrsamen Landschaft im Herzogtum Steiermark». Zu Keplers Aufgaben gehören neben dem Eichwesen und der Landesvermessung die Kartierung sowie die jährliche Herausgabe des *Grazer Schreibkalenders.* Dieser Kalender enthält ausser astronomischen Daten auch meteorologische und astrologische Voraussagen über Wetter, Ernte, Krankheiten und drohende Landplagen sowie sogar über bedeutende politische Ereignisse. Gleich mit seinen ersten Prognosen für das Jahr 1595 hat Kepler Glück: Wie von ihm angekündigt, gibt es sowohl einen Türkeneinfall als auch strenge Kälte und sogar Bauernunruhen. Im Gebiet der Astronomie fällt Keplers Buch *Mysterium Cosmographicum (Weltgeheimnis)* 1595/96 ebenfalls auf positive Resonanz, nicht zuletzt bei Tycho Brahe, der darin das Mathematiktalent Keplers entdeckt.

Mit der probeweisen Anstellung Keplers durch Tycho Brahe Anfang 1600 auf Schloss Benatek als Gastforscher und anschliessend am Kaiserhof in Prag beginnt für den 29-Jährigen ein neues Kapitel in seinem Leben. Von Brahe verspricht er sich, bessere Werte für die Exzentrizitäten und Halbdurchmesser der Planetenbahnen zu bekommen, um damit seine Hypothesen eines *Weltgeheimnisses* bestätigen zu können.[10] Doch entstehen wird daraus weit mehr.

Johannes Kepler ist zum Zeitpunkt seiner Reise von Graz nach Prag dringend auf einen neuen Wohn- und Arbeitsort angewiesen. Schon im September 1599 wird in Graz die evangelische Stiftsschule geschlossen, an der er seit 1594 als Mathematik- und Astronomielehrer tätig ist. Die Gegenreformation siegt, was bedeutet, dass Kepler seine Stelle als Landschaftsmathematiker der Stände der Steiermark verliert, denn auch hier verhilft der steirische Erzherzog Ferdinand – ab 1619 auf dem Kaiserthron – der Gegenreformation zum Durchbruch und verbannt aus seinem Herzogtum alles Nichtkatholische. Kepler wird gedrängt, entweder zum katholischen Glauben überzutreten oder das Land innerhalb von 45 Tagen zu verlassen. Da kommt eine Einladung in das liberalere Prag gerade im richtigen Moment.

Verschlungener Weg an den Kaiserhof. Am 4. Februar 1600 steht der 29-jährige Mathematiker und Astronom Johannes Kepler erstmals der Koryphäe der beobachtenden Astronomie Tycho Brahe persönlich gegenüber. Vor diesem Zusammentreffen auf Schloss Benatek hat man nach dem Erscheinen von Keplers *Mysterium Cosmographicum (Weltgeheimnis)* 1596/97 bereits miteinander korrespondiert und will nun zusammenarbeiten. Bei seinem Vorstellungsbesuch auf Schloss Benatek verschweigt Johannes Kepler jedoch Tycho Brahe wohlweislich, dass er sich in Prag soeben mit Nikolaus «Raimarus Ursus» Reimers getroffen hat – Brahes verhasstem Prozessgegner – und dass er ihn auch bei seiner Rückkehr nach Prag erneut treffen wird. Schon am nächsten Tag beginnt man auf Benatek, gemeinsam Pläne zu schmieden, was zur Folge hat, dass Kepler gleich zwei Monate auf Benatek im Kreise der Brahe-Familie verbringt. Am 5. April 1600 jedoch ärgert sich Kepler so masslos über eine von Brahe verlangte Zustimmung zu einer Geheimhaltungsklausel, dass er am nächsten Tag nach Prag zurückreist. Einen Monat später ist man schon wieder versöhnt: «Kepler verspricht höchste Geheimhaltung all dessen, was Brahe ihm an Beobachtungen, Erfindungen und astronomischen Arbeiten mitteilt oder noch mitteilen wird.»[11] Er spielt dabei auf die Indiskretion an, die Brahe dem kaiserlichen Mathematiker Raimarus Ursus glaubte nachsagen zu können. Kepler kommt Anfang Mai erneut zu Tycho Brahe auf Schloss Benatek und bleibt bis zur Rückkehr nach Graz Anfang Juni sein Gast.

Anfang Oktober 1600 kommt Kepler mit Frau und Stieftochter in Prag an – wohin mittlerweile auch Brahe auf Wunsch des Kaisers umgezogen ist –, meldet sich jedoch erst am 17. Oktober wieder bei Tycho. Dieser hat soeben erfahren, dass sein Assistent Longomontanus nach Dänemark zurückkehrt. Daraufhin übernimmt der kränkelnde Kepler von Brahe zusätzlich zu den Aufgaben der Beobachtung des Mondes, des Merkur und der Venus sowie der Formulierung einer Verteidigungsschrift gegen Ursus – die sich durch den Tod Reimers' und später auch Brahes aber selbst erledigt – vor allem auch die Analyse der Marsdaten. Im April 1601 reist Kepler zur Regelung einer Erbschaft seiner Frau nach Graz und kehrt erst im August 1601 wieder nach Prag zurück. Endlich nimmt nun Brahe Kepler mit in eine Audienz beim Kaiser, bei der Rudolf II. Kepler die Anstellung als kaiserlicher Mathematiker zusagt sowie die Stellvertretung Brahes als kaiserlicher Hofastronom.

Beobachtungen von Venus und Mars. Brahe hat den begabten Mathematiker Kepler nach Prag als Gastforscher und als seinen späteren Adjunkten eingeladen, um sich etwa zwei Jahre lang seine Beobachtungsjournale hochgenauer Fixstern-, Planeten-, Mond- und Sonnendaten von Kepler auswerten zu lassen. Dabei bearbeitet der Brahe-Landsmann und Assistent Christian Sörensen «Longomontanus» Lonberg (1562–1647) den Mond, und Franz Gansneb Tengnagel von Kamp (1576–1623) analysiert die Venus, wobei sich der westfälische Adelige Tengnagel in Wahrheit mehr mit der Brahe-Tochter Elisabeth beschäftigt. Tycho Brahe händigt dem jungen Johannes Kepler auf Schloss Benatek zuerst Beobachtungsdaten des bisher von Longomontanus bearbeiteten Planeten Mars aus: nicht alle auf einmal, sondern Zug um Zug, was Kepler so ungeduldig macht, dass er sich über den sehr restriktiven Zugriff auf die Beobachtungsdaten beklagt.[12]

Am 23. Oktober 1601 empfiehlt Tycho Brahe, bereits todkrank, im Beisein von Johannes Kepler diesen als seinen Nachfolger. Dabei wünscht er, dass Kepler das zu erstellende astronomische Tafelwerk, die *Rudolfinischen Tafeln*, auf Brahes tychonischem Weltmodell aufbaue und nicht auf dem heliozentrischen von Kopernikus. Als Brahe nur zwei Tage später stirbt, erhält Kepler vom Geheimsekretär des Kaisers Barvitius am 26. Oktober die Nachricht, dass er zum kaiserlichen Mathematicus und Astronom ernannt werde. Der Wunsch Brahes nach Vervollständigung des tychonischen Modells geht allerdings nicht in Erfüllung. Doch wie denkt Kepler über Brahes hybrides geo-heliozentrisches Weltmodell? Dazu schreibt Josef Hasner: «Kepler war vorher klug genug, ihm hierüber anfangs einige Artigkeiten zu sagen. Im Grunde betrachtet er Tychos System als eine Spielerei, denn er hing im Stillen bereits jenem des Kopernikus entschieden an.»[13]

Tycho Brahes Hauptleistung. Für Kepler sind Brahes Verdienste untrennbar mit Uraniborg verknüpft – und enden dort auch: «Tychos Hauptleistungen sind seine Beobachtungen. Was Tycho geleistet hat, hat er vor 1597 geleistet.» [14] «Nur Eitelkeit und Ehrgeiz waren dem alternden kranken Manne ungeschwächt geblieben. (…) Hatte er es doch überhaupt zu allen Zeiten besser verstanden, seine zahlreichen Schüler für sich arbeiten zu lassen, als dies selbst zu tun», führt Josef Hasner anlässlich des 300. Geburtstags Keplers 1871 in Prag aus, und er fährt fort: «Die kurze Zeit des Aufenthaltes Tychos in Prag wäre ohne Einfluss auf die Entwicklung der Wissenschaften geblieben, wenn er nicht während derselben Kepler an sich gezogen hätte.» [15]

Streit um Brahes Beobachtungsjournale. Kepler hat zunächst geglaubt, die Marsbahnberechnungen in acht Tagen abschliessen zu können – letztlich wird er mehr als drei Jahre benötigen.[16] Mit dem Tod Brahes ziehen unerwartete Schwierigkeiten am Horizont auf. Schwiegersohn Tengnagel ist es gelungen, die Erben Brahes bis zum August 1602 so weit für sich und gegen Kepler einzunehmen, dass sie jegliche Weiterarbeit Keplers an Tycho Brahes Unterlagen und mit seinen Instrumenten zunächst blockieren.

So werden die aus 34 Jahren Aufzeichnungen in Bänden von etwa vier Beobachtungsjahren zusammengefassten Journale Tycho Brahes zunächst zum Objekt von Nachlassstreitigkeiten und Herausgabeverweigerungen. Tengnagel möchte die Daten Tycho Brahes selbst auswerten und vermarkten. Weitgehend unbeachtet bleibt, dass diese Daten nicht alleine von Tycho Brahe und seinen Assistenten stammen, sondern dass in Brahes gesamter Datensammlung auch bereits Erfahrungen und Informationen enthalten sind, die Jost Bürgi und seine Kasseler Astronomiekollegen in unzähligen nächtlichen Beobachtungen gewonnen haben. Bereits 1587 liegt Brahe handschriftlich das noch unveröffentlichte *Grosse Hessische Sternverzeichnis* vor.

Integrierte Leistungen für Kepler

Wie kein anderer beobachtender Zeitgenosse der Astronomie beherrscht Jost Bürgi seine von ihm selbst entwickelten Quadranten, Sextanten und Observationsuhren mit grösstem Geschick und bestimmt damit Fixsternorte, Planetenpositionen, Mondanomalien und Sonnenkulminationspunkte in der damals höchstmöglichen Genauigkeit. Als Mathematiker entwickelt und nutzt Bürgi wie kein anderer gleich auch noch seine eigenen Rechenmethoden zur rationellen Auswertung der Beobachtungsdaten. Als kompetenter Konstrukteur des Sextanten lässt er dazu seine eigenen Erfahrungen aus zahlreichen Beobachtungsnächten in direkte Instrumentenverbesserungen einfliessen. Und als gleichzeitiger Hersteller beeindruckender Globus-, Äquations- und Planetenuhren integriert er darüber hinaus seine auf diese Weise gewonnenen Daten in die Ausgestaltung und den Präzisionsablauf dieser Wunderwerke der Anschauung, Technik und Astronomie. In der von der neuplatonisch-pythagoreischen Gedankenwelt geprägten Terminologie Keplers von 1623 repräsentiert Jost Bürgi denjenigen Zeitgenossen, der die Natur nicht als «*instar divini animalis*» (als göttliches beseeltes Wesen) begreifbar macht, sondern als «*instar horologii*» (als ein Uhrwerk).[17]

Datenstrom zu Brahe und Kepler

Der 1575 bei seinem Besuch in Kassel zustande gekommene erste persönliche Kontakt zwischen den beiden aristokratischen Astronomen Tycho Brahe und Wilhelm IV. findet während eines ganzen Jahrzehnts überraschenderweise keine Fortsetzung. Allerdings übernimmt Tycho Brahe beim Bau seiner drei Quadranten auf Hven die Grundkonstruktion von Kassels Wilhelmsquadrant, den Wilhelm zu Probebeobachtungen in Kassel Tycho zur Verfügung gestellt hatte.[18] Es ist Wilhelm IV. selbst, der im Zusammenhang mit einer Kometenbeobachtung unter Einschaltung Heinrich von Rantzaus wieder die Initiative ergreift und mit Tycho Brahe Kontakt aufnimmt.[19] In der Folge tauschen Brahe von Uraniborg sowie Wilhelm und Rothmann von Kassel von 1585 an bis zu Wilhelms Tod 1592 Beobachtungsresultate und Gedanken über astronomische Untersuchungen aus. Dies erfolgt mit neidloser Anerkennung der Leistungen des jeweils anderen[20] und ohne eine unbedachte Übernahme von Daten. Geduld benötigt man allerdings für den Transport der Briefe: Wenn es schnell geht, ist der Brief aus Hven schon nach zwei Monaten in Kassel!

Mehr Verantwortung für Bürgi. Nach dem Fernbleiben Rothmanns von seinem Arbeitsplatz in Kassel ab Juni 1590 übernimmt Jost Bürgi während sieben Jahren kommissarisch das Amt des Hofmathematikers und Hofastronomen bis zum Eintritt des neuen Mathematicus Johannes Hartmann 1597. Als Wilhelm IV. 1592 stirbt, setzt sein Sohn Landgraf Moritz von Hessen-Kassel die Astronomie in reduziertem Umfang fort, und zwar nur so lange, bis der dänische König Christian II. Brahe 1597 aus Uraniborg vertreibt. In dieser Phase trägt Jost Bürgi in beträchtlichem Umfang zur Erfassung der Planetendaten bei, wobei er im Jahre 1597 auch oft von Schloss Brake, dem Sitz von Graf Simon II. zur Lippe, aus beobachtet und misst. Kassel und Hven sind seit Jahrhunderten die beiden einzigen Orte der Welt, an denen nach neuesten Methoden grössere astronomische Beobachtungsreihen entstehen. Dem jahrelangen Austausch und Vergleich ihrer Daten kommt für die Astronomie der Neuzeit eine besondere Bedeutung zu, führt dies doch dank gegenseitiger Optimierung zu einer höheren Datenqualität beider Verzeichnisse und ermöglicht Kepler letztlich die Entdeckung seiner nach ihm benannten drei Gesetze. Briefwechsel, wie sie zwischen Kassel und Hven mit Kopien in halböffentlicher Form an einen Empfängerkreis gepflegt werden, sind die Vorläufer wissenschaftlicher Zeitschriften.

Vertrauensbruch

Wenngleich Kassel bei der Weitergabe der wertvollen Beobachtungsresultate sehr restriktiv ist, gelingt es doch nicht, die Daten zumindest so lange vertraulich nur im engen Kreis zu halten, bis eine Drucklegung erfolgt ist. Abschriften der Kasseler Daten gelangen über unbekannte Kanäle in die Hände von aussenstehenden Forschern; so kommen beispielsweise Bürgis Sonnen- und Monddaten sowie seine Berechnung der Erdbahn bereits 1595 zum jungen Grazer Mathematiker Johannes Kepler. Trotz mehrmaliger Hinweise und Zusicherungen setzt sich Brahe immer wieder darüber hinweg, Daten vertraulich zu behandeln.

«Wir senden Ihnen Folgendes: Beobachtungen einiger spezieller Sterne, wie sie unser Mathematicus sowohl mit dem Meridian als auch mit dem Sextant ermittelt hat; dies in vollkommener Vertraulichkeit, in der Sie diese Daten auch aufbewahren sollten, und sie nicht jetzt schon verteilen, sondern sie nur mit Ihren eigenen Beobachtungen vergleichen», schreibt Wilhelm IV. am 14. April 1586 an Tycho,[21] und Rothmann richtet sich am 21. September 1587 mit folgenden Worten an Tycho: «Die uns übersandten Beobachtungen schützen wir sorgfältig, und wir zeigen sie keinen anderen Personen; somit müssen Sie auch keine Angst haben, dass sie publiziert werden.»[22] Der Wunsch nach Vertraulichkeit ist eindeutig, und zwar auf beiden Seiten.

In Wirklichkeit denkt Brahe nicht daran, diese Wünsche und Vereinbarungen einzuhalten. Nicht zuletzt wegen der unsicheren Kuriere und Transportwege erstellt er von jedem Dokument eine handschriftliche Kopie für sich. Weiter pflegt er zahlreiche Kontakte zu Persönlichkeiten, die Kopien seiner Briefe und anderer Dokumente erhalten. Unter den regelmässigen Empfängern von Kopien befinden sich der Wittenberger Mathematikprofessor Peucer und der kaiserliche Leibarzt und Astronom Thaddäus «Hagecius» Hajek in Prag ebenso wie der kaiserliche Geheimdiplomat und ehemalige Mathematikprofessor Tychos Heinrich Bruceus. Zu den eher seltenen Empfängern zählt etwa auch Keplers ehemaliger Mathematikprofessor Michael Mästlin. Schon lange bevor Brahe den Briefwechsel Hven-Kassel in Form eines Buches drucken lässt, setzt er Kopien dieser Briefe nicht nur dazu ein, um Daten abzusichern und neues Wissen allgemein zugänglich zu machen, sondern um sich seinen Ruf als Astronom aufzubauen und Erstlingsrechte an bestimmten Erkenntnissen unter seinem Namen zu dokumentieren.[23] Mit seiner Zurückhaltung strebt Wilhelm IV. eine fehlerfreie Publikation aller Beobachtungsdaten an. Doch Brahe kennt keine Skrupel, wenn ein vertrauliches Dokument bei ihm einmal «verlorengegangen» ist: Dann scheut er sich nicht, mit hoher Vertraulichkeit erneut eine Kopie anzufordern, die er gemäss seinen verschiedenen Zielen einsetzt – in erster Linie jedoch zur Verbesserung seiner eigenen Daten.

Nachdem Brahe eine Abschrift des *Grossen Hessischen Sternverzeichnisses* erhalten hat, fordert er am 20. Februar 1592 von Jost Bürgi die Beobachtungsdaten aller 383 in Kassel neu eingemessenen und berechneten

Fixsterne an: «Mich verlangt, Ewer F.G. Observationes stellarum fixarum zu bekommen, und die selbige mit den meinigen zu conferiren.»[24] In diesen Rohdaten der Kasseler Beobachtungen ist der systematisch eingerechnete Sonnenparallaxenfehler von 6 Bogenminuten in der geografischen Länge enthalten. Das ist auch Brahe bewusst, sodass er nach dessen Abzug über die bestmöglichen Beobachtungsrohdaten verfügt. Wie wir heute wissen, sind sie grundsätzlich genauer als seine eigenen Messwerte. Dem Wunsch Brahes wird in Kassel natürlich entsprochen, sodass Brahe beide Verzeichnisse frühzeitig abgleichen kann. Auf diese Weise fliessen Erkenntnisse und Elemente der Arbeit aus Kassel auch in Brahes Datensammlung von 777 neu bestimmten Fixsternpositionen und von zahlreichen Planetenbeobachtungen sowie von Sonnen- und Mondbestimmungen ein.

Kassels genauere Beobachtungen

Das Hauptziel aller astronomischen Anstrengungen in Kassel und auf Hven ist die Verbesserung der Positionsangaben der Fixsterne und der darauf bezogenen Angaben der anderen Himmelskörper. Schon 1586 hat Christoph Rothmann die Daten aus Uraniborg und aus Kassel miteinander verglichen, wobei die Resultate sehr nahe beieinanderlagen und mehrheitlich nur Minutenbruchteile – in seltenen Fällen höchstens aber 2 Bogenminuten – voneinander abweichen. Im direkten Vergleich diagnostiziert Rothmann leichte Genauigkeitsvorteile zugunsten der Kasseler Messungen. Bescheiden schreibt dazu Wilhelm an Brahe: «Das ist wirklich eine grossartige Tatsache und ein Zeichen dafür, dass sowohl unsere Instrumente als auch Ihre richtig und gut sind und dass die Beobachter geschickt sind und gute Augen haben.» [25]

Qualitätsvergleich mit heutigen Präzisionsmethoden. Zu welchen Genauigkeitsaussagen man über die Daten der beiden führenden Kataloge des 16. Jahrhunderts mit den modernen Methoden und Angaben unserer Zeit kommt, wird in dieser Tabelle ersichtlich. Über die entsprechende Untersuchung von Eckehard Rothenberg (1998) berichtet der Forscher zusammen mit Jürgen Hamel.[26] Demnach liefern die Beobachtungen mit Bürgis Instrumenten damals nahezu doppelt so genaue Werte wie diejenigen Tychos; allerdings muss bei der Fundamentalsternanbindung an den *Oculus Taurus* der bekannte systematische Sonnenparallaxenfehler von –6' berücksichtigt werden (Seite 165).

Was 1998 für die Genauigkeit der Fixsternangaben in beiden Verzeichnissen gilt, erweist sich 2003 tendenziell auch bei einer Genauigkeitskontrolle der mit dem Sextanten von Brahe eingemessenen Planetenpositionen als zutreffend. Wenn Kepler Daten aus Bürgis Kasseler Dokumenten nutzt, führt das praktisch immer zu einer Genauigkeitssteigerung des Gesamtresultates.

Genauigkeit der Fixsternpositionsangaben

Abweichung	Kasseler Katalog (Rothmann/Bürgi)	Tychonischer Katalog (Brahe/Hven)
Mittl. systemat. Fehler in Rektaszension	+0.22′	+0.33′
Mittl. systemat. Fehler in Deklination	+0.82′	+0.82′
Standardabweichung in Rektaszension	±1.2′	±2.3′
Standardabweichung in Deklination	±1.5′	±2.4′

Mittlerer systematischer Fehler und Standardabweichung von 361 der 383 neu bestimmten Fixsternpositionen des *Grossen Hessischen Sternverzeichnisses* sowie der 777 neuen Positionen des tychonischen Fixsternkataloges von Brahe 1598 gemäss Berechnungen durch Eckehard Rothenberg 1998. Angaben in Winkelminuten. (Rektaszension = geografische Länge; Deklination = geografische Breite) (Tabellenwerte aus Hamel/Rothenberg, S. 65).

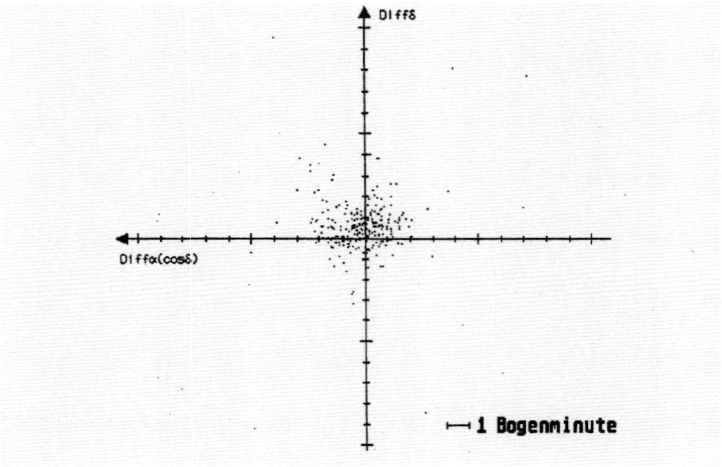

188/ **Punktwolke mit sehr kleinen Abweichungen der Fixsternpositionen des *Grossen Hessischen Sternverzeichnisses* von 1587 gegenüber den heutigen Messwerten.**

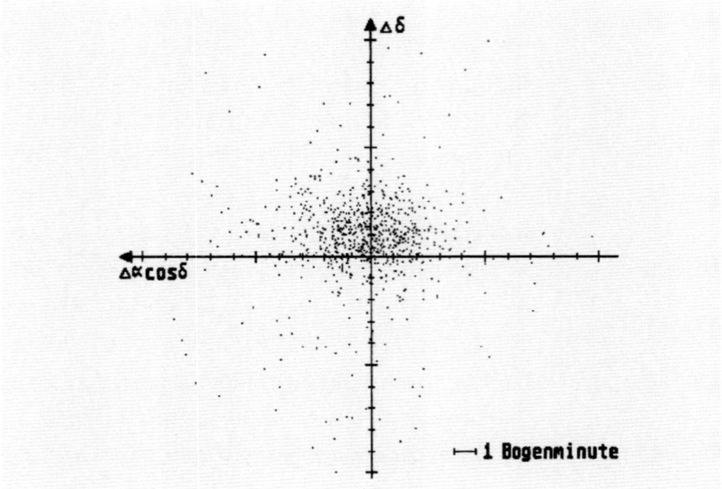

189/ **Punktwolke mit in Genauigkeit und Häufigkeit um eine Grössenordnung grösseren Abweichungen der Fixsternpositionen des Sternkataloges von Tycho Brahe.**

Bewusst ist dieser Vorsprung der hessischen Beobachtungen schon einigen internationalen Astronomen, darunter Flamsteed und Lacaille. Der Danziger Astronom Johannes Hevelius (1611–1687) stellt das *Grosse Hessische Sternverzeichnis* demjenigen von Tycho Brahe gleich bzw. bevorzugt es in mancher Beziehung. Selbst als der französische Astronomieprofessor Nicolas Lacaille die kompletten hessischen Aufzeichnungen kopieren lässt, spricht er noch 1761 «von einem nie ganz gehobenen Schatz».[27] Der Astronomer Royal und erste Astronom des Greenwicher Observatoriums John Flamsteed (1646–1719) stellt fest, dass die Positionsangaben der tychonischen Tabellen und des *Hessischen Sternverzeichnisses* innerhalb eines Bereiches von nur 3 Bogenminuten übereinstimmen und voneinander abstammen müssen.

Besonders beeindruckend sind die Kasseler Resultate, wenn man den Beobachtungsaufwand vergleicht. Johannes Kepler, der Brahes Beobachtungsdaten nach insgesamt 38 Jahren Himmelsvermessung auswertet, weist darauf hin, dass Tycho Brahe zeitweise mit 10, 20 und gar 30 Mitarbeitern Daten erfasst habe. In Kassel waren es meist einer, manchmal zwei und selten drei Beobachter gleichzeitig und mit grossen zeitlichen Lücken zwischen 1567 und 1584 sowie nach 1597.

Qualitätskette bis zum Mars

Durch die Erfindung seines Sextanten (1582), die Verbesserung der Transversalablesung (1584) und den Bau der ersten Sekunden-Observatoriumsuhr (1585) verhilft Bürgi den Astronomen in Kassel, auf Hven und in Prag sowie der gesamten Astronomie im Vorfeld der ersten Fernrohre während eines Vierteljahrhunderts zu beträchtlichen Genauigkeits- und Leistungssteigerungen. Jost Bürgi kann diese neuen Instrumente nicht zuletzt deshalb so praxisgerecht konstruieren und effizient gestalten, weil er ihre Einsatzanforderungen und die Arbeitsbedingungen der Astronomen aus eigener Praxis bestens kennt. Während unzähliger Nächte vermisst er selbst die Gestirne und beobachtet an zahlreichen Mittagsstunden die Sonne bei ihrer Kulmination auf Meridianhöhe. Anschliessend berechnet er mittels von ihm selbst entwickelten mathematischen Methoden die genauen Positionen der Himmelskörper: zuerst zwei Jahrzehnte lang in Kassel, dann ein gutes halbes Jahrzehnt in Prag. Als Hersteller der genauesten Globusuhren ist Jost Bürgi selbst an möglichst exakten Daten über die Himmelsobjekte und ihre Dynamik interessiert: Jost Bürgis Globen und astronomische Uhren sollen als wissenschaftliche und praktisch nutzbare Instrumente die Wirklichkeit so authentisch wie möglich darstellen – bis hin zu sicheren Vorhersagen der Sonnen- und Mondfinsternisse.

Unter den Beobachtungsdaten Tycho Brahes interessieren Johannes Kepler besonders diejenigen des Planeten Mars, die von 1582 bis 1600 während neun «siderischen» Marsjahren erfasst werden. Kepler kann sich in

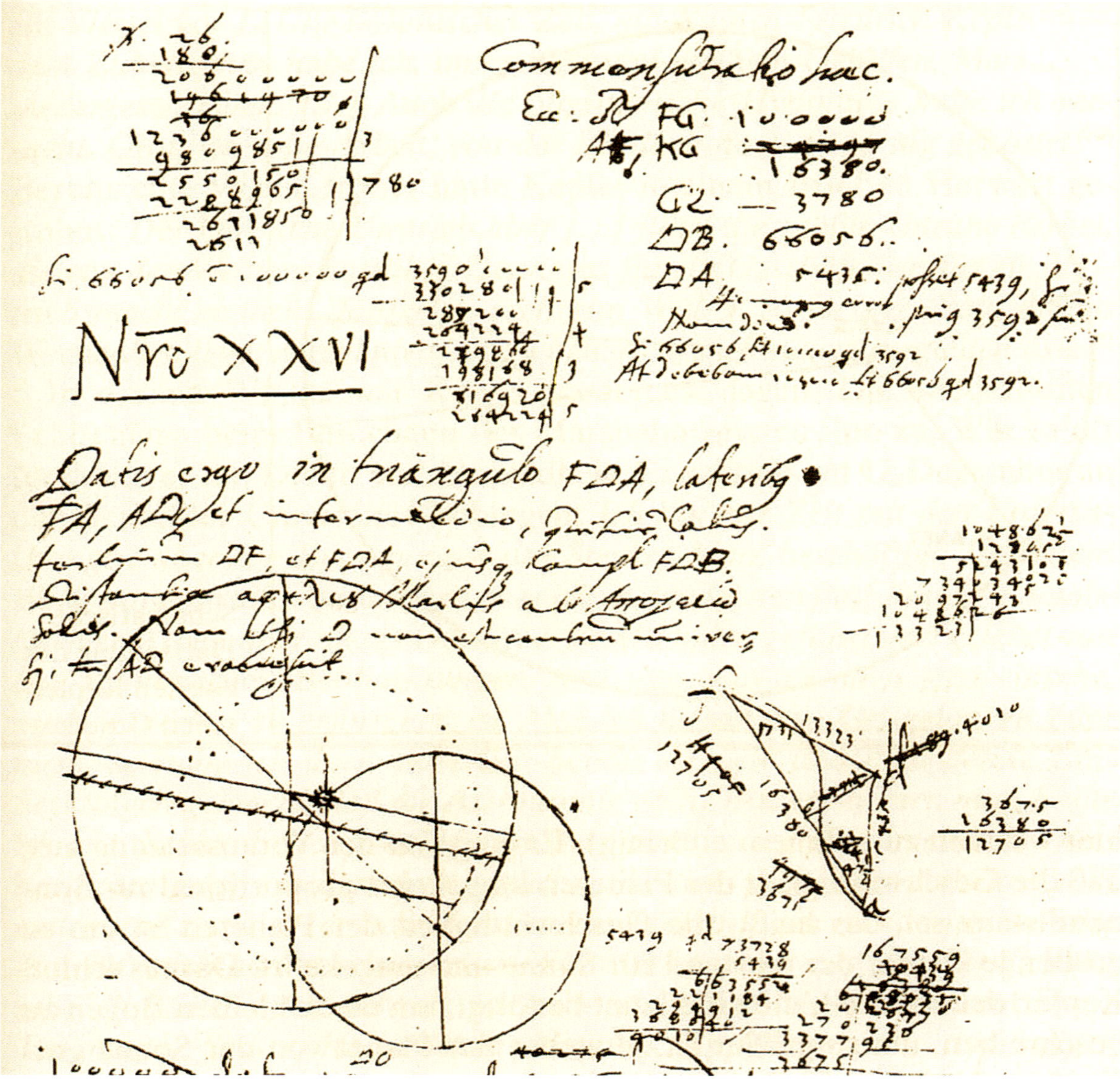

190/ **Keplers Arbeitsbuch Nro. XXVI von Anfang 1600 mit dem Mars. Kepler skizziert in diesem Seitenausschnitt die Achse Aphel–Perihel des Mars durch die mittlere Sonne und den wirklichen Sonnenverlauf.**

Prag bei seinen Berechnungen aber auch auf Daten abstützen, die Jost Bürgi während Jahrzehnten in unzähligen nächtlichen Sessionen ermittelt hat. Ihre Genauigkeit entspricht mindestens derjenigen von Brahe und übertrifft sie in vielen Fällen. Keplers Datenquelle in Prag ist in erster Linie die Sammlung der Beobachtungsjournale Tycho Brahes, die dieser allerdings zunächst recht zögerlich in andere Hände gibt. Bei Lücken, kritischen Stellen und starken Abweichungen kann Kepler auch den Kasseler Datensatz konsultieren, der Brahe, Kepler sowie Jost Bürgi in Abschriften vorliegt.

Im Gegensatz zu Brahe in Uraniborg beschreitet man in Kassel einen neuen Weg, der sich in der weiteren Entwicklung der astronomischen Instrumententechnik schliesslich als der erfolgreichere erweisen wird: die Verwendung kleinerer, mit höchster Präzision hergestellter Beobachtungsinstrumente, einschliesslich ihrer Ableseeinrichtungen, und all dies in Verbindung mit präzisen Zeitmessgeräten.[28] Ihr Erfinder, erster Konstrukteur und erster Anwender ist Jost Bürgi.

Freundschaftliche Zusammenarbeit

Glücklicherweise ist Johannes Kepler und Jost Bürgi bei ihrer Tätigkeit am Kaiserhof eine so zerstörerische Feindschaft fremd wie diejenige zwischen Reimers und Brahe. Nachdem Kepler das *Arithmetica Bürgii*-Rohmanuskript von Bürgi zur Redaktion übernommen hat, kooperieren sie von 1603 bis 1612 am Kaiserhof in Prag für die genaue Bestimmung der Planetenbewegungen freundschaftlich und erfolgreich. Wie aus den folgenden Ausführungen hervorgeht, wird Johannes Kepler bei der aktuellen Beobachtung, Bestimmung und Berechnung der Himmelskörper von Jost Bürgi mit seinen vielseitigen Talenten in einem bis heute unbekanntem Umfang unterstützt.

Als Jost Bürgi 1603 längere Zeit nach Prag kommt und 1604 dorthin umzieht, bringt Johannes Bayer in Augsburg gerade seinen grossartigen Himmelsatlas *Uranometria* mit 48 ptolemäischen und 12 neuen Sternbildern heraus. Bayers Positionsangaben beruhen auf Brahe-Daten. Zur gleichen Zeit gelingen François Viète in der Mathematik durch das Einsetzen von Buchstaben in Gleichungen erste Beispiele der Buchstabenalgebra. In Prag berechnet und analysiert Johannes Kepler nunmehr bereits seit drei Jahren die von Tycho Brahe in mehr als drei Jahrzehnten gesammelten Beobachtungsdaten verschiedener Himmelsobjekte. Für die Analyse dieser Daten benötigt er aussergewöhnliche mathematische Fähigkeiten sowie neue Ideen und Methoden, um das immense Volumen an Beobachtungsaufzeichnungen verarbeiten zu können. Jost Bürgi hält für Johannes Kepler auch hierfür zahlreiche neue selbst entwickelte Lösungen bereit.

Beobachtungen in sternklaren Nächten. Nach dem überraschenden Ausscheiden Christoph Rothmanns im Mai 1590 intensiviert Jost Bürgi von Dezember 1590 an seine eigene Beobachtungstätigkeit auf der Sternwarte. Dabei konzentriert er sich vor allem auf die Erfassung von Planetenörtern sowie Sonnen- und Mondbahndaten. Nur unterbrochen in den Jahren 1592 und 1596/97 von zwei zeitlich ausgedehnten Reisen an den Kaiserhof in Prag und 1593/94 von der Konstruktion und Fertigung des kleinen Himmelsglobus, nutzt Bürgi auf den Kasseler Stadtschlossaltanen zur Beobachtung jede sternklare Nacht, selbst wenn sie noch so kalt werden sollte. Alleine zwischen dem 5. Dezember 1590 und dem 17. Oktober 1597 bestimmt Bürgi in Kassel gut 1000 Planetenörter in Relation zu Fixsternen, Sonne und Mond und beobachtet ebenfalls einige Fixsterne.[29] Mittels der mit genaueren Instrumenten Bürgis erhobenen Beobachtungsdaten kann Kepler die Brahe-Daten verifizieren, ergänzen und bei Bedarf präzisieren – das ist für ihn gerade beim Mars sehr wichtig. Obwohl Kepler auf diese erstklassige Möglichkeit wahrscheinlich nicht verzichtet haben wird – Bürgi war ja ab Mitte 1603 praktisch ständig in seiner Nähe –, darf Kepler in seinen beiden Hauptwerken *Astronomia Nova* und *Rudolfinische Tafeln* kein einziges Wort darüber verlieren. Die Brahe-Erben pochen auf Brahe-Exklusivität und auf alleinige Abstützung auf Brahe-Daten.

Observatio ♂ mit dem Sextanten Anno 90 den 23. Dez. des Morgens umb 5 Uhr.

		Distantia	Longitudo	Latitudo	
27° 34½'	Spica ♍	17°18'	18♎ 9½	1 58	Merid.
	Lanx ♎ bor.	11 33	13 42⅓	8 37¼	Sept.

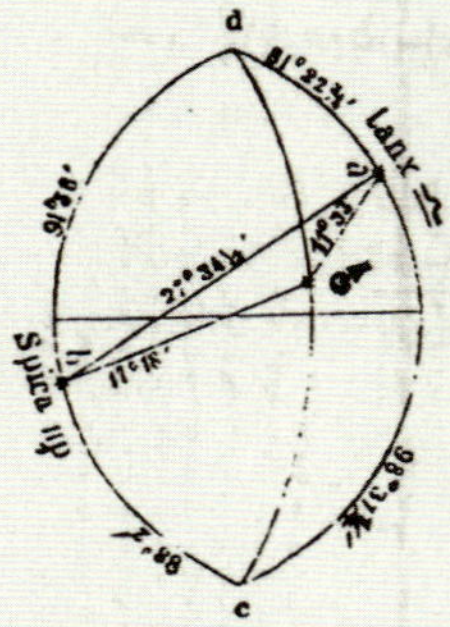

und zeigte dann neben und unter der beistehenden Figur die im Detail durchgeführte Berechnung dieser Beobachtung, in welcher Bürgi folgenden, der Kürze wegen in der neuern Formeln-Sprache ausgedrückten Weg einschlug: Zuerst suchte er den Winkel $ab♂$, und hiefür gestaltete er sich die Formel

$$\operatorname{Cos} A = \frac{\operatorname{Cos} a - \operatorname{Cos} b \,.\, \operatorname{Cos} c}{\operatorname{Sin} b \,.\, \operatorname{Sin} c} \qquad 7$$

durch die Prostaphæresis in

$$\operatorname{Cos} A = \frac{\operatorname{Cos} a - \frac{1}{2}[\operatorname{Cos}(b-c) + \operatorname{Cos}(b+c)]}{\frac{1}{2}[\operatorname{Cos}(b-c) - \operatorname{Cos}(b+c)]} \qquad 8$$

um, so dass er geschickt die zwei nach 7 nothwendigen, mit siebenstelligen Sinus bereits ziemlich mühsamen Multiplicationen vermied, dagegen allerdings immer noch eine Division auszuführen hatte, welche er auch nach der in XXXI beschriebenen Methode vornahm, und so schliesslich $ab♂ = 14° 12' 22''$ fand. Dann berechnete er wieder nach 8 aus Dreieck dba den Winkel $dba = 67° 3' 22''$; es war somit Winkel $db♂ = 81° 15' 44''$ und Winkel $cb♂ = 98° 44' 16''$. Um drittens $c♂$ zu berechnen, gestaltete er sich, indem er, was sehr bemerkenswerth ist, durch

$$\operatorname{Cos} x = \frac{\operatorname{Cos}(b-c) - \operatorname{Cos}(b+c)}{2} \qquad 9$$

einen zweckmässigen Hülfswinkel einführte, die Formel

$$\operatorname{Cos} a = \operatorname{Cos} b \,.\, \operatorname{Cos} c + \operatorname{Sin} b \,.\, \operatorname{Sin} c \,.\, \operatorname{Cos} A \qquad 10$$

in die keine Multiplication erfordernde Formel

$$\operatorname{Cos} a = \frac{\operatorname{Cos}(b-c) + \operatorname{Cos}(b+c)}{2} + \frac{\operatorname{Cos}(x-A) + \operatorname{Cos}(x+A)}{2} \qquad 11$$

um, — fand nach ihr $c♂ = 90° 42' 23''$, und schloss nun

Latitudo septentrio ♂ = 0° 42′ 23″

Endlich berechnete er $bc♂$ wieder nach 8, und erhielt so

Angulus $bc♂$	=	17° 5′ 19″
Longitudo Spicæ ♏	=	18 9 30 ♎
Longitudo ♂	=	5 14 49 ♏

Unten am Blatte machte er schliesslich noch zur Vergleichung seiner Beobachtung und Rechnung mit den damals vorhandenen Hülfstafeln folgende Zusammenstellung:

1590. Dec. 23, 5ʰ a. m. ♂	Longitudo			Latitudo		
Ex nostro calculo	5°	♑	14′ 49″	0°	S	42′ 23″
Copernicianus calculus . . .	4		42 48	0		53 0
Cypriani Ephemerides	4		35 5	0		47

191/ **Bürgis Marsberechnung vom 23.12.1590, erläutert von Rudolf Wolf.**

Marsmessung durch Bürgi in Kassel und durch Brahe auf Hven. Bei der Bestimmung der Exzentrizität der Marsbahn rechnet Kepler gemäss seiner *Astronomia Nova* mit den Daten einer Marsbeobachtung Brahes vom 31. Dezember 1590 «alten Stils» in Uraniborg.[30] Die klaren Wintertage nutzt auch Jost Bürgi zur Observation: Vom 23. Dezember 1590 «alten Stils»* existiert ein Originalprotokoll aufgrund seiner Marsbeobachtungen und seiner Berechnung der aktuellen Marsposition.[31] Es ist das einzige erhaltene Bürgi-Protokoll und gehört gemäss Jürgen Hamel zu einem langjährigen Satz an Beobachtungen der Örter der Planeten und des Mondes relativ zu den umgebenden Fixsternen von Jost Bürgi, die dieser von 1590 bis 1597 einmisst.[32]

Kasseler Technologie für den Kaiserhof in Prag. Als Jost Bürgi 1603 (wahrscheinlich vor Juli) nach Prag kommt, um sein kaiserliches «Privilegium auf ein neuerfundenes Instrumentum Geometricus [Triangulationsinstrument] und ein darzue gehoriges Buech»[33] entgegenzunehmen, bringt er aus Kassel vielfältige neue Kenntnisse, Fähigkeiten, Daten und Instrumente mit: neue Mathematikmethoden, spezielle Sextanten und Quadranten, Sekundenuhren und Verzeichnisse mit genaueren Himmelsdaten.

192>/ **Jost Bürgis Beobachtung und prosthaphäretische trigonometrische Berechnung der Marsposition vom 23.12.1590 «alten Stils» (julianischer Kalender) in Kassel.**

* Im evangelischen Kassel und auf Hven hielt man noch am alten julianischen Kalender fest, der dem neuen gregorianischen Kalender zehn Tage hinterhereilte und nach dem man bereits im kaiserlichen Prag die Daten bestimmte.

Observatio ♂ mit dem Sextanten Anno 90 den 23 Decemb. der Morgens umb 5 Uhr.

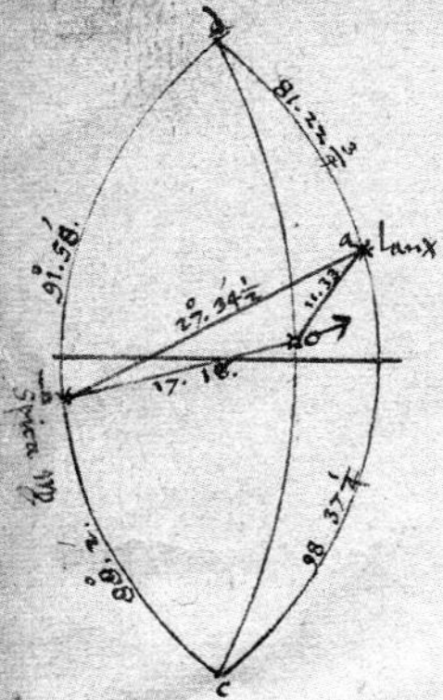

		Distantia	Longitudo		Latitudo	
27. 34½	Spica ♍	17. 18	18 ♎ 9½		1. 58.	Merid.
	Lanx ♎ bor.	11. 33	13 42⅓		8 37¼	Septent.

Erstlich wird gesucht der Winckel a b ♂.

17 18
62 25½
79 43½ — 9839629
45 7½ — 7086478
2753151
1376575½
8463053½

11 33
78 27 — 9797504
8463053½
1334451

1334451000000
9693994 — 75° 47′ 38″ Complement des
14 12 22 Winckels a b ♂.

II. dba.

27° 34½
1 58
29 32½ — 4930563
25 36½ — 4322169
9252732
4626366
304197

81 22 45
8 37 15 — 1498948
304197
1803145

1803145000000
3897540 — 22.56.38.
67. 3.22. dba Angulus
14.12.22. ab♂ Angul.
81. 15. 44. ♂bd.
98. 44. 16. ♂bc.

III. ♂c.

17 18
1 58
19 16 — 3299652
15 20 — 2644342
5943994
17. 17. 37 — 2971997
72. 42. 23 327655

98° 44′ 16″
8 44 16
72 42 23
81. 26. 39. — 9888724.
63. 58. 7 — 8985537.
903187
451593
327655

Latitudo ♂ 0°. 42′. 23″ — 123938

IV.

88 2 0
0 42. 23
88 44. 23 — 9997580
87 19 37 — 9989120
19986700
9993350
4230

17 18
72 42 — 9547607
4230
9551837

9551837000000
9558193 — 72.54.41

	°	′	″	
	72.	54.	41	
Angulus bc♂	17	5	19	
Longitudo Spicae ♍	18	9	30	
Longitudo ♂	5	14	49	♏
Latitudo Septentrio.	0	42	23	

Anno	Die	Mens	A.M.	Ex nostro calculo. Longitudo.	Ex nostro calculo. Latitudo.	Copernicianus calculus. Longitudo	Copernicianus calculus. Latitudo	Cypriani Ephemerides. Longitudo	Cypriani Ephemerides. Latitudo.
1590	23	Decemb.	Ho. 5	5° ♏ 14.49″	0° S. 42′.23″.	4° ♏ 52′.48″.	0° S 53′. 0″	4° ♏ 35′. 5″.	0°. S. 47′.

Bürgis frühes Erdbahngeheimnis

In seinem ersten völlig eigenständigen Astronomieprojekt beschäftigt sich Jost Bürgi 1587–1591 in Kassel mit der Grösse, Richtung und Exzentrizität der Erdbahn um die Sonne.[34] Über die Bestimmung der Sonnenkulminationshöhen lassen sich Exzentrizität und Halbbahndurchmesser der «scheinbaren» Sonnenbahn[35] – die in Wirklichkeit natürlich die Erdbahn ist – berechnen. Bürgi bestimmt mit diesen Daten eine Exzentrizität der Erdbahn von 0,0343 im ersten Jahr sowie von 0,0359 in den Folgejahren (Brahe später 0,0358) sowie eine grösste Sonnenentfernung (Apogäum) von 5 Grad 35 Minuten (Brahe 5°30').[36] Kepler gibt 1604 an, dass sowohl das Kasseler Team als auch das von Hven einen Exzentrizitätswert von 0,036 gefunden hätten. Ohne Namensnennung – nur «der Landgraf» – erwähnt Kepler die Exzentrität im 29. Kapitel der *Astronomia Nova*. Sie stimmt mit modernen Berechnungen gut überein. Bürgi benötigt diese Daten unter anderem beim Bau seiner Mondanomalienuhr und für den Himmelsglobus zur Bestimmung der Erdschiefe.[37]

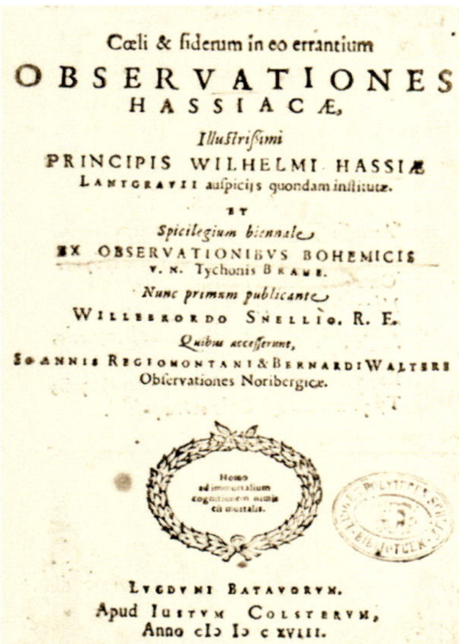
Cœli & ſiderum in eo errantium
OBSERVATIONES
HASSIACÆ,
Illuſtriſſimi
PRINCIPIS WILHELMI HASSIÆ
LANTGRAVII auſpiciis quondam inſtitutæ.
ET
Spicilegium biennale
EX OBSERVATIONIBVS BOHEMICIS
V. N. Tychonis BRAHE.
Nunc primum publicante
WILLEBRORDO SNELLIO. R. F.
Quibus acceſſerunt,
IOANNIS REGIOMONTANI & BERNARDI WALTERI
Obſervationes Noribergicæ.
LVGDVNI BATAVORVM.
Apud IUSTVM COLSTERVM,
Anno CIↃ IↃ C XVIII.

193/ **Willebrord Snellius veröffentlicht 1618 die ein Vierteljahrhundert alten bürgischen Planeten- und Sonnenbeobachtungen in den *Observationes Hassiacae* (Seite 240).**

Innerhalb des permanenten Informationsaustausches zwischen Kassel und Uraniborg werden auch die Daten der Sonnenforschung in Kassel an Brahe geschickt, der selbst auf dem gleichen Gebiet beobachtet. Doch auch der damals noch unbekannte Johannes Kepler erwähnt in einem Brief vom 2. August 1595 aus Graz an seinen ehemaligen Tübinger Mathematikprofessor Michael Mästlin (1550–1631), dass er im Besitz solcher Daten der Kasseler Sternwarte sei. Also dürfte Johannes Kepler bereits 1595 – lange vor der offiziellen Möglichkeit, auf die Brahe-Daten zurückzugreifen – an einen neuen Bürgi-Datensatz von Sonnenpositionen und Bahnberechnungen gekommen sein, der vielleicht die Entwicklung seiner Studien beeinflusst[38], dies jedoch, ohne dass Kepler in seinen Kommentaren darauf Bezug nehmen kann, wenn er sich nicht als unberechtigten Besitzer einer Arbeit Bürgis aus dessen Zeit in Kassel verraten will. Zwar gibt Kepler Landgraf Wilhelm IV. als Datenquelle an, doch ist dieser bereits 1592 verstorben, sodass es sich um Bürgis Sonnendaten handeln muss, der bekanntlich nach Rothmanns Weggang aus Kassel 1591 dort die Verantwortung für Astronomie übernommen hat.

Immerhin hat Bürgi nicht nur die Daten erhoben, sondern zu deren Auswertung auch eigens eine Rechenmethode entwickelt, die Bartholomäus Pitiscus 1608 in der zweiten Auflage der *Trigonometria: sive de solutione triangulorum tractatus brevis et perspicuus* veröffentlicht, bevor dies Kepler 1609 in seiner *Astronomia Nova* tut. 1618 publiziert Willebrord Snellius erstmals Bürgis Sonnendatenreihe. Eigenartigerweise sind die Blätter, auf denen Kepler seine diesbezüglichen Berechnungen durchgeführt hat, verschwunden.[39]

Hat Kepler 1595 diese Kasseler Sonnendaten von Brahe oder von Bürgi direkt erhalten (wohl kaum) oder von Michael Mästlin, der zum erweiterten Empfängerkreis von Brahes Korrespondenzkopien gehört (in diesem Falle nicht, denn sonst würde Kepler Mästlin nicht mitteilen, dass er im Besitz solcher Daten von Bürgi sei)? Oder hat Kepler die Daten von Rothmann dem Flüchtigen erhalten (eher unwahrscheinlich) oder von Reimers (schon wahrscheinlicher)? Oder gar von Rudolf Snell (1546–1613), dem niederländischen Mathematikprofessor, der nach dem Tod Wilhelms IV. dessen Nachfolger Moritz I. in Kassel besucht und dessen Sohn Willebrord Snell die Sonnendaten Bürgis 1618 in Leiden unter dem Titel *Observationes Hassiacae* offiziell veröffentlichen wird (gut möglich)?[40]

Mysteriöse Übereinstimmung der Planetenabstände. Ende 1596, bei seinem zweiten Besuch am Kaiserhof in Prag und nach der Publikation von Keplers lateinischem *Mysterium Cosmographicum*, erstellt Jost Bürgi gemäss der Kepler-Werkausgabe[41] für Reimers auf dessen speziellen Wunsch nochmals eine Zeichnung der Planetenbewegungen, «wobei er für die Planetenabstände Masszahlen ansetzte, die von jenen in Keplers Konzeption im *Mysterium Cosmographicum* nicht weit abwichen»[42]. Eine einfache Erklärung lautet, dass sowohl Kepler (mit Mästlins Hilfe und Reinholds preussischen Tabellen) als auch Bürgi ihre Daten aus Kopernikus' *De Revolutionibus* übernommen haben. Dass es Reimers gewesen sein muss, der Kepler heimlich mit Bürgis Erdbahndateien versorgt hatte, wird erst nach Sichtung der Korrespondenz zwischen Reimers und Kepler klarer.[43] Demnach schrieb Reimers im Mai 1597 an Kepler, «dass Bürgi beim Kaiser gewesen sei und ein Gerät [oder eher eine Skizze?] zur Darstellung der Planetenbewegung gemäss Coppernicus gezeigt habe»[44]. Müsste man nicht auch folgende Hypothese prüfen (nachdem wir heute wissen, dass Kepler während der Fertigstellung seines *Weltgeheimnis*-Manuskriptes wahrscheinlich durch Reimers unberechtigt in den Besitz von Sonnenexzentrizitäts- und Erdumlaufdaten Bürgis gekommen ist): Der junge Kepler nutzt diese Daten für sein Buch, ohne dass Bürgi dies weiss, und simuliert wie Reimers den Erstaunten, als Bürgi in Prag bei Reimers mit einer Zeichnung von sich aus sehr ähnliche Abstände reproduziert? Haben Kepler und Reimers Bürgis Fähigkeiten und Erkenntnisse genutzt, ohne dass «Jost B.» davon etwas bemerkte? Vielleicht wird diese Erfahrung entscheidend für Bürgis spätere strenge Geheimhaltungsvereinbarung mit Kepler – und für Kepler zur Erfahrung mit schlechtem Gewissen, verbunden mit der Einsicht, dass er von Bürgi-Erkenntnissen nicht ein zweites Mal ohne dessen Wissen und Einverständnis profitieren will.

Himmelsbeobachtung für Kepler

194/ **Johannes Kepler und Jost Bürgi bei der Himmelsbeobachtung. Historisch idealisierende Relief-Darstellung im Kepler-Denkmal in Weil der Stadt zum 300. Kepler-Geburtstag durch Bronzeplastiker August von Kreling.**

Im Jahre 1590 suchen der kaiserliche Leibarzt und astronomisch bewanderte Thaddäus «Hagecius» Hajek (1525–1600) sowie der aus Aeschach bei Lindau im Bodensee kommende, ebenso an der Astronomie interessierte Reichs-Vizekanzler Jacob «Curtius» Kurtz von Senftenau (1554–1594) für den Kaiserhof astronomische Instrumente. Es ist derselbe Curtius, der dafür gesorgt hat, dass 1591 Raimarus Ursus zum Kaiserlichen Hofmathematiker ernannt worden ist. Der für die Lieferung eines Sextanten angefragte Tycho Brahe ist allerdings trotz grösster Anstrengungen nicht in der Lage, den Auftrag auszuführen. Ursache ist nicht nur die für die gewünschte Instrumentengrösse zwischen Hven und Prag sehr eingeschränkte Transportmöglichkeit, sondern die Tatsache, dass Brahe die für die Herstellung benötigten Fachleute verschiedener Handwerksberufe mittlerweile entlassen hat oder dass sie ihm davongelaufen sind. Hinzu kommen die Transportschwierigkeiten auf holperigen Strassen für ein so grosses und empfindliches Instrument, das auf einer grossen Kugel gelagert ist und sich nicht verziehen und verändern darf. Auch der Versand von verkleinerten massstabgetreuen Holz- und Papiermodellen eines Sextanten und einer Armillarsphäre zu ihrem Nachbau in Prag erweist sich als nicht zum Ziel führend.[45] Gefertigt und geliefert wird dieser Sextant schliesslich 1593 aus Kassel von Jost Bürgi, womit das genaueste und justierhaltigste Instrument dieser Art schon frühzeitig auch auf dem Hradschin zur Verfügung steht.[46] Genau 400 Jahre später berichtet Z. Sima in Prag, dass sich hier zwei Bürgi-Sextanten befinden, die um 1600 gefertigt sein dürften. Einer davon muss derjenige von 1593 sein. Der zweite Sextant im Bürgi-Konstruktionsstil, der heute im Nationalen Technischen Museum Prag neben dem Original-Bürgi-Sextanten ausgestellt ist, könnte auch das 1600 von Brahe in Kassel bestellte Exemplar sein, das nachträglich modifiziert wurde.

Jost Bürgi unterstützt Johannes Kepler ab 1603 als astronomischer Beobachter. Kepler selbst ist kurzsichtig und sieht durch seine auf einem Auge vernarbte Hornhaut manche Gesichtsfeldausschnitte gleich mehrfach sowie «gleichzeitig bis zu zehn Monde»[47].

Keplers eigene Erfahrungen. Anfang 1602 hat Kepler das Auftreten des neuen Sterns im Sternbild des Schwans beobachtet und Ende 1603 eine vielbeachtete Planeten-Konjunktion.[48] Und 1604 berichtet er über die Beobachtung der Mondfinsternis: «Auf der Hofburg in Prag stellten wir, nachdem der Bürgische Sextant an geeigneter Stelle eingerichtet worden war, im Beisein und unter Mithilfe von Sachverständigen die Stundenzeichen nach der Turmuhr der Kathedrale St. Veit und die Minuten nach einem tragbaren Instrument fest.»[49] In Prag sind für solche Aufgaben nicht nur Bürgis Sextanten im Einsatz, sondern auch Bürgis astronomische Observatoriumsuhren. Zwischen Februar und April 1604 nimmt er mit den ihm von Baron F. Hoffmann zur Verfügung gestellten Habermel-Nachbauten bzw. -Anpassungen von Bürgi-Quadrant und Sextant selbst Marsbestimmungen vor, obwohl er sich bereits im April 1600 von Brahe selbst vertraglich ausbedungen hat, «wegen seiner Sehschwäche nicht mit eigenständigen [astronomischen] Beobachtungen behelligt zu werden».[50] Kepler erläutert die Ursachen dafür in einem Brief: «Für Beobachtungen sind meine Augen zu schwach, für handwerkliche Verrichtungen sind meine Hände zu ungeschickt.»[51] Weil Keplers eigene Beobachtungen Anfang 1604 aufgrund dieser körperlichen Konstitution auch entsprechend enttäuschend verlaufen, gibt er nach einigen Observationsnächten in eisiger Kälte die Himmelsvermessung 1604 definitiv auf und konzentriert sich auf seine Stärken: «Daher überlasse ich nicht die Beweisführung, aber die Beibringung der Beispiele einem andern, der sorgfältiger und glücklicher ist.»[52]

So kommt es, dass der erfahrene Himmelsbeobachter Bürgi nach zwei Jahrzehnten in Kassel nun auch wieder in Prag Himmelskörper vermisst. Kepler schätzt Bürgi auch in dieser Funktion mit anerkennendem Urteil als «in der Beobachtung der Fixsterne äusserst zuverlässigen Mann».[53] Im ersten Jahr Bürgis in Prag ist die Beobachtungsaktivität Keplers gering, da Franz Tengnagel, der Vertreter der Brahe-Erben, es Johannes Kepler wieder einmal verunmöglicht, Brahes Beobachtungsjournale zu nutzen, und sich Kepler der Abfassung seiner *Astronomiae pars optica (Optik-Teil der Astronomie)* widmet. Auch weil er bei seinen Marsanalysen im Moment keinen Lösungsansatz erkennt, weicht Kepler auf dieses Thema der Optikforschung aus.

Die Erben Brahes verbieten Kepler nicht nur die Einsicht in die Beobachtungsjournale, sondern auch die Nutzung der Beobachtungsinstrumente von Tycho Brahe. Jost Bürgis Instrumente zur astronomischen Winkel- und

195/ **Johannes Kepler entdeckt am 9./17.10.1604 mit einem Bürgi-Sextanten einen Stern am Fusse des Schlangenträgers (Seite 208). Er verfasst darüber *De nova stella in pede Serpendarii* (1606).**

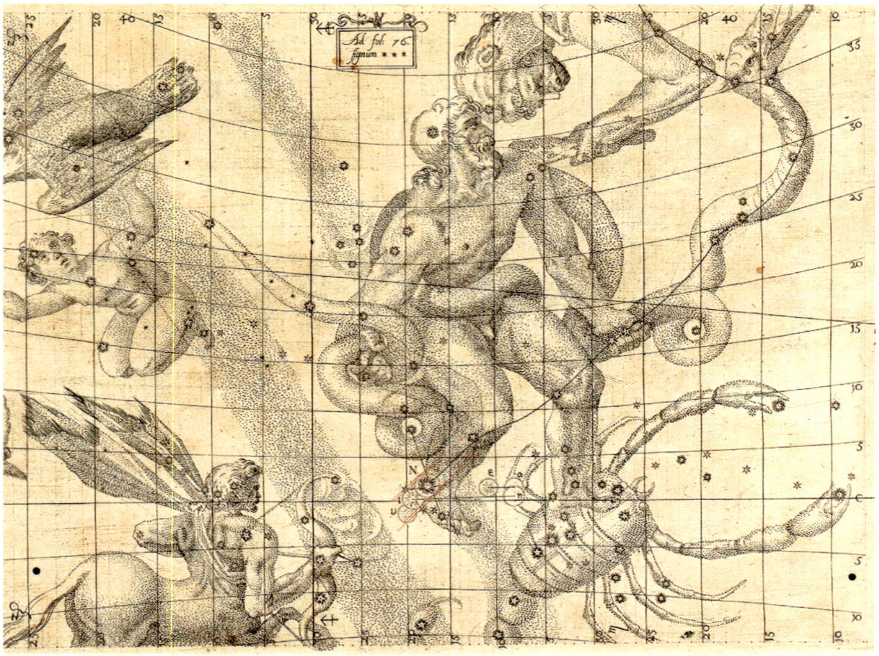

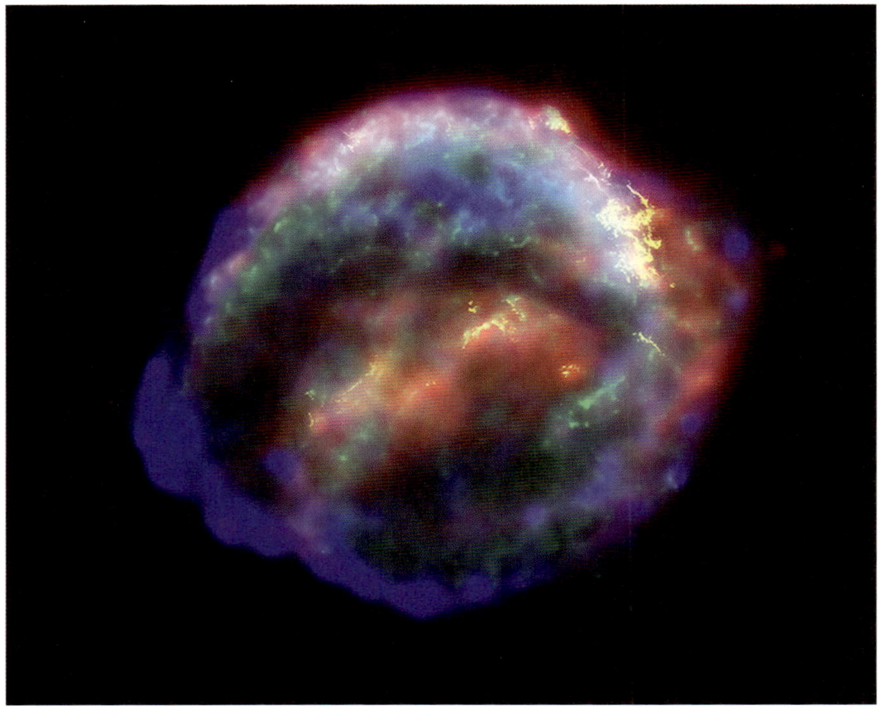

196/ **Keplers Stern ist die letzte in unserer Milchstrasse explodierte Supernova. Ihre verbliebene Strahlung wurde im Juni 2000 im Infrarot-, Sichtbar- und Röntgenbereich erfasst und in diesem Bild zusammengefügt.**

Zeitmessung gelten – noch mehr als Brahes unhandliche Riesengeräte – als unübertroffen genaue Messgeräte ihrer Zeit und sind gegenüber den tychonischen auch justierhaltiger und mobil.

Die Entdeckung von «Keplers Nova» und weiteren Sternen. Eine von Kepler verbürgte astronomische Beobachtung Bürgis datiert aus dem Herbst des Jahres 1604, als Bürgi, Kepler und Brahes Schwiegersohn Franz Tengnagel mit ihren Sextanten die Winkeldistanzen eines neuen Sterns zu den Fixsternen bestimmen. Bei dieser Supernova-Beobachtung vom 11./21. Oktober 1604 im Fuss des Schlangenträgers [54] im Sternbild Ophiuchus [55] bereitet gemäss Karsten Gaulke eine bestimmte Winkeldistanz besondere Schwierigkeiten.[56] Kepler selbst habe von Messung zu Messung Abweichungen von bis zu 20 Winkelminuten erhalten [57]. Kepler setzt sich in seiner Schrift *De stella nova in pede Serpendarii* damit auch astrologisch kritisch auseinander. Seither wird dieser Stern «Keplers Nova» genannt.[58] Das Erscheinen dieses neuen Sterns steht allerdings im Widerspruch zur damals herrschenden – und bereits von Giordano Bruno bestrittenen – Auffassung, das Fixsterngewölbe sei unveränderlich. Deshalb löst die Entdeckung lange naturphilosophische Kontroversen und theologische Diskussionen aus. Bereits 1577 hat Brahe mit seiner Beschreibung des Kometen die Existenz von festen Sphärenschalen der Planeten ausgeschlossen, denn sonst würde sich der Komet nicht auf diese Weise am Himmel bewegen können.[59] Und nun soll selbst die Fixsternsphäre nicht mehr aus einer kristallinen Schale bestehen, sondern unendlich sein?

168 JOAN. KEPL. DE STEL. CYGNI.

Ex quibus diſtantijs extruxerunt Braheani, circumſpectis omnibus locum 16. 18′ Aquarij, latit: 55. 30′ Bor. Hinc invenitur aſcenſio recta Novæ 300. 46′. declinatio 36.52′ Borealis. Culminat igitur cum 28. 37′ Capric.

Species Oloris poſt acceſſum Novæ.

N. Novam denotat.

In Hiſpaniæ parte Andaluſia, in Sicilia, Peloponneſo, Ionia, Cilicia, Syria, cæteriſque locis Terrarum, ſub hoc eodem parallelo ſitis, per Verticem quotidie tranſit. Quibus verò eſt altitudo Poli 53. 8′, ij horizontem ſtringit in Septentrione; ut Angliæ, Hollandię, Brunſvvigo, Marchiæ, Livoniæ, Moſcoviæ. Ulterius verſus Septentrionem non occidit.

197/ **Illustration aus Johannes Keplers Schrift** ***Über den Stern dritter Ordnung im Schwan*** **(1606).**

Anlässlich eines neu entdeckten Sterns im Schwan schreibt Kepler im März 1605 seinem Lehrer Michael Mästlin: «Es ist hier Jost Bürgi, der Mechaniker des Landgrafen, der sehr sorgfältige Beobachter der Fixsterne. Dieser verneint unzweideutig, den Stern gesehen zu haben, als er [1591] den Silberglobus gravierte und mit dem Himmel in Übereinstimmung brachte; doch hat er damals etwas Unzweideutiges im Antinous festgestellt.»[60] Obwohl Jost Bürgi der Stern veränderlicher Helligkeit mit der Bezeichnung «p. 464 Cygni» im Sternbild des Schwan schon 1601 bekannt ist,[61] ist er auf Bürgis Globusuhr «Kassel II» (1591) nicht eingraviert, und zwar deswegen, weil die von Landgraf Wilhelm IV. angeordnete Vergleichung der Himmelskugel mit dem Nachthimmel durch Bürgi sowie die Gravurarbeit schon abgeschlossen sind, bevor dieser Stern zu leuchten beginnt.[62] Entdeckt hat diesen Stern William Blaeu 1600 in Amsterdam.[63] Auf Bürgis Globusuhr «Kassel II» ist im linken Fuss des Antinous – ein Teil des Sternbildes Adler – hingegen ein Stern mit der Grösse 4 eingraviert, der weder im Kasseler Sternverzeichnis noch in Bürgis Sternliste aufgeführt ist und der auch in Ptolemäus' *Almagest*-Sternkatalog fehlt. Gemäss Rudolf Wolf sollte es sich dabei um einen neuen Stern im Sternbild des Adlers (η Aquilae) handeln.[64] In den Gravuren der silbernen Planetenglobusuhr von 1591, den Bürgi Kaiser Rudolf II. überbracht hat und den Bürgi 1604 überprüft, fehlt dieser Stern noch, er ist damals mit blossem Auge noch nicht sichtbar. Nachprüfungen durch J. Hagen haben jedoch ergeben, dass es sich dabei um ein damals schon bekanntes Himmelsobjekt gehandelt haben müsse: entweder um den bereits bekannten Fl 12 im Sternbild des Adler oder um eine Erscheinung des *Nova Aquilae 3* mit hoher Intensitätsschwankung der Helligkeit.[65]

Die längste Erfahrung. Nach dem Tod Brahes ist Jost Bürgi in Prag der einzige noch lebende Mitverantwortliche des ersten europäischen Astronomie-Kooperationsprojektes zwischen Kassel, Uraniborg und Prag. Jost Bürgi ist damit auch der Einzige der ehemaligen Initianten und Kasseler Astronomen Wilhelm IV., Rothmann, Reimers und Wittich – die zu diesem Zeitpunkt bereits tot sind –, der über umfassende Erfahrungen aus der «historischen» Erfassungsphase beider Verzeichnisse verfügt und Kepler am besten Auskunft geben kann. Schon zu Lebzeiten Brahes hat sich der ehemalige Brahe-Assistent Christian Sörensen «Longomontanus» Lonberg (1562–1647) – der vor Kepler vergeblich die Marsdaten analysiert hat – aus dem Brahe-Team verabschiedet und die Rektorposition an einer Schule in Viborg sowie anschliessend eine Professorenstelle der Universität Kopenhagen angenommen. Der adelige Brahe-Assistent Franz Tengnagel (1576–1622), der die Brahe-Tochter Elisabeth geheiratet hat und ursprünglich die Arbeit Brahes fortsetzen wollte, hat von der Astronomie in die habsburgische Verwaltung und in die Diplomatie gewechselt.

Marsbahn-Abweichung bestätigt. Der Mars ist der Planet mit der stärksten Exzentrität und auch derjenige Wanderstern, von dem Brahe am meisten Beobachtungsdaten gesammelt hat. Am 10. März 1604 observiert Kepler den Mars zur Bestimmung seiner Bahn.[69] Die Angaben aus dieser Messung komplettieren in der *Astronomia Nova* auch eine Zeitverlaufsserie von insgesamt zwölf Abstandsbestimmungen Sonne – Mars – Erde einschliesslich der Bestimmung der Bahnneigungen und scheinbaren Ellipsenbreite.[70] Zehn der Datensätze basieren auf Messungen Brahes zwischen 1580 und 1600 sowie zwei auf Messungen Keplers in den Jahren 1602 und 1604.[71] Auch als Johannes Kepler 1605 gemäss seinem Brief an David Fabricius vom 18. Dezember 1604 («eine möglicherweise elliptische Planetenbahn»[72]) Bahnpositionen des Mars empirisch überprüft und dabei gegenüber einer Kreis- bzw. einer Ovalform eine Abweichung von 8 Bogenminuten mit ellipsenförmigem Verlauf bestätigt findet, ist ein Bürgi-Sextant im Einsatz. Diese 8 Minuten sind nicht mehr als eine Sichelbreite des Mondes bzw. ein Viertel des Vollmonddurchmessers, der am Nachthimmel ein halbes Bogengrad beansprucht. Und obwohl bei diesen Messungen gemäss privaten Aufzeichnungen Keplers der Bürgi-Sextant verwendet wird, hat Kepler öffentlich Brahes Genauigkeit zu loben.

Vielseitiger Uhrmachergehilfe Stolle. Der Hofastronom Kepler verlässt sich nicht nur auf Bürgis Fähigkeit zu beobachten und die zeitliche Verfügbarkeit Bürgis, sondern auch auf Bürgis Uhrmachergehilfen Heinrich Stolle. In den St. Petersburger Nachlassunterlagen Keplers befindet sich das Protokoll ei-

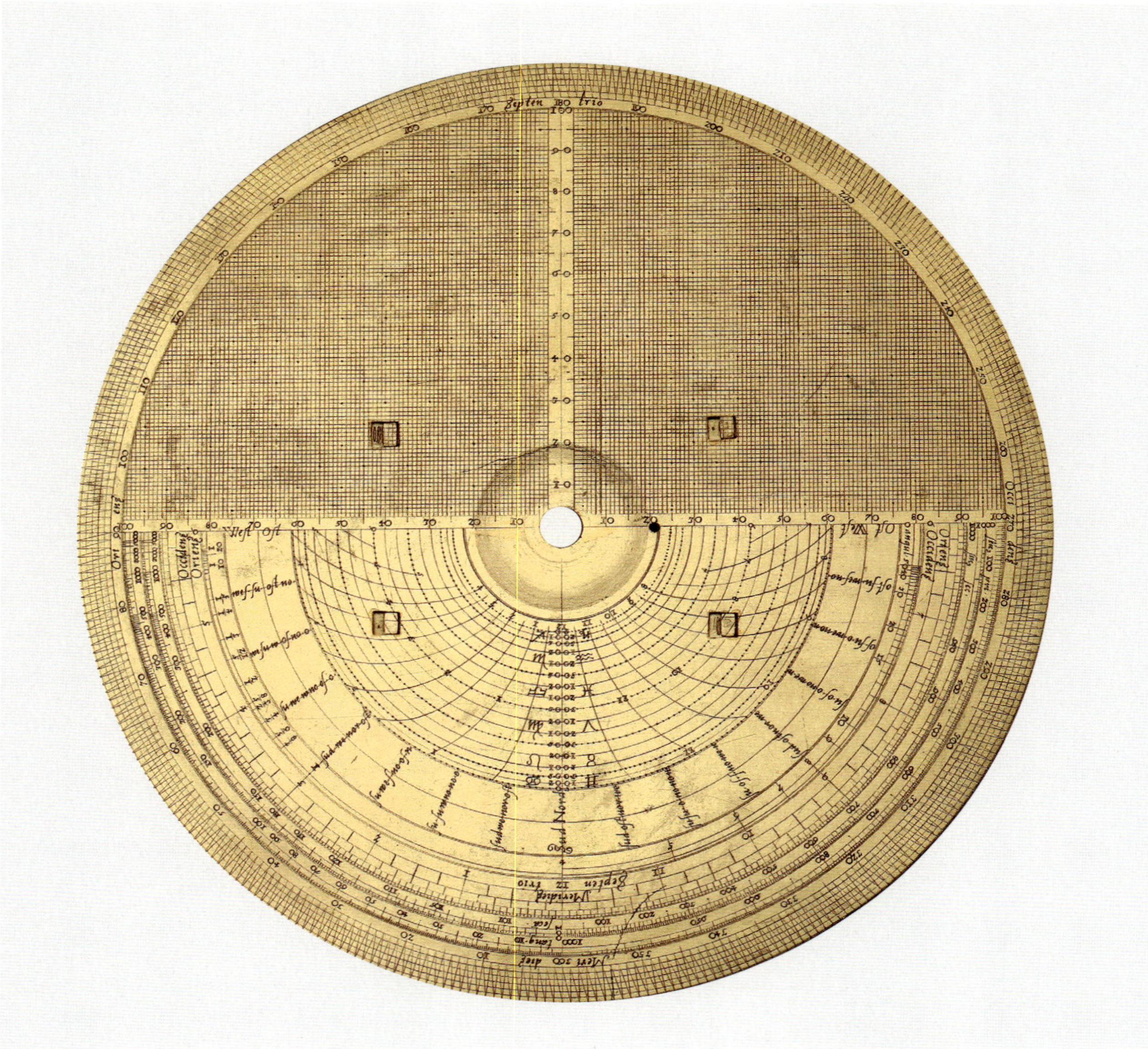

198/ **Stolles Theodolit-Horizontalkreis-Grundplatte erlaubt Ablesungen auf 5 Bogenminuten. Zusätzlich zu den Sonnenuhrmarkierungen sind zahlreiche trigonometrische Funktionen ablesbar.**

199>/ **Auf Seite 90 der *Astronomia Nova* orientiert Johannes Kepler (1609) über die offiziell verwendeten Marsdaten. Ob er Bürgis Marsbeobachtungen ebenfalls nutzt – was wahrscheinlich ist –, wissen wir nicht.**

ner Sonnenbeobachtung vom 28. September 1607, das vom Bürgi-Gehilfen als Mitbeobachter wie folgt unterschrieben ist: «Dessen ist ein Zeug Jobst Bürgens Uhrmachergesell der darbey gestanden und zugesehen. Heinrich Stolle klein Uhrmacher gesell. Mein handt.»[66] Damit bestätigt Stolle das Beobachtungsprotokoll eines vermeintlichen Merkurdurchgangs am Spätnachmittag vom 28. Juni 1607: In Wahrheit ist es nicht der Merkur zwischen Erde und Sonne, sondern es sind die Gas- und Materieausbrüche, die auf der Sonnenscheibe dunkle Punkte erzeugt haben. Noch ist das Teleskop nicht erfunden, erst zwei Jahre später blickt Galileo mit einem solchen Gerät auf den Mond. Und lediglich ein weiteres Jahr später fertigt der auf Instrumente spezialisierte Uhrmachergeselle *Byrgius'* Heinrich Stolle 1610 in Prag das erste Fernrohr.[67] Er baut vor und nach seinem Schritt in die Selbstständigkeit 1616 von Bürgi erfundene Instrumente und eigene Geräte wie einen der ersten Theodolite.[68]

CAP. XV.

ATQVE HÆC DVODECIM loca eccentrica Martis (exuta scilicet quo ad longitudinem omni inæqualitate secunda) omni possibili diligentia constituta sunt. Si quid me in tam spinoso labore fugit etiamnum (fugerat autem aliquando per octodecim mensium spacium, me falso fundamento falso inquam applicatæ observationi inniti & in vanum tam diu laborare), id equidem nulla ratione possum animadvertere.

EXPONAM itaque loca omnia in sequenti tabella, additis longitudinibus mediis ex TYCHONE (potui vel ex PRVTENICIS vel ex PECVLIARI computo, qualem PTOLEMÆVS præmisit suis demonstrationibus: sed nihil opus. Nam si correctione indigebit motus medius, postmodum eam inveniet. In præsentia nobis serviet nihilominus ad interstitia temporum metienda sine errore sensibili.

	Stylo veteri					Longitudo				Latitudo			Long. media			
	Anni	D.	Menses	H	M	G	M	S	S	G	M		S	G	M	S
I	1580	18	Novemb.	1	31	6	28	35	♊	1	40	B	1	25	49	31
II	1582	28	Decembr.	3	58	16	55	30	♋	4	6	B	3	9	24	55
III	1585	30	Januarii	19	14	21	36	10	♌	4	$32\frac{1}{6}$	B	4	20	8	19
IV	1587	6	Martii	7	23	25	43	0	♍	3	41	B	6	0	47	40
V	1589	14	Aprilis	6	23	4	23	0	♏	1	$12\frac{3}{4}$	B	7	14	18	26
VI	1591	8	Junii	7	43	26	43	0	♐	4	0	M	9	5	43	55
VII	1593	25	Augusti	17	27	12	16	0	♓	6	2	M	11	9	55	4
IIX	1595	31	Octobris	0	39	17	31	40	♉	0	8	B	1	7	14	9
IX	1597	13	Decembr.	15	54	2	28	0	♋	3	33	B	2	23	11	56
X	1600	18	Januarii	14	2	8	38	0	♌	4	$30\frac{5}{6}$	B	4	4	35	50
XI	1602	20	Februarii	14	13	12	27	0	♍	4	10	B	5	14	59	37
XII	1604	28	Martii	16	23	18	37	10	♎	2	26	B	6	27	0	12

CAPVT XVI.

Methodus inquirendi hypothesin pro inæqualitate prima salvanda.

PTOLEMÆVS libro IX Operis Magni capite IV primam inæqualitatem Planetarum aggressurus præmittit superficiariam quandam declarationem suppositionum quib. velit uti. cujus summa hæc est: Cernimus Planetam in oppositis semicirculis inæqualiter immorari. Vt a $2\frac{2}{3}^{\circ}$ ♋ per ♌ in $26\frac{3}{4}^{\circ}$ ♐ minus est semicirculo; a 26° ♐ per ♒ in ♋ plus semicirculo. & tamen inventus est Planeta diutius commorari in illo quam in hoc, cum ex æqualitatis lege contrarium oportuerit. Nam a media longitudine $2^{s}.23.18$ in $9^{s}.5.44$ sunt $6^{s}.12.26$ plus semicirculo, hoc est plus quam dimi-

Seit Jahrhunderten verkannt. Wenn vor 400 Jahren die Informationen den braheschen Vorschriften entsprechen mussten, so prägen diese noch heute die Wissenschaften und unser Allgemeinwissen. Das gilt auch für den Nachweis der 8 Bogenminuten, die beim Mars die Bahn zur Ellipse machen. Johannes Kepler schreibt 1610 in seiner *Unterredung mit dem Sternenboten*: «Denn was am Himmel ein Bogen von 60° sei, was 34', das wird allein durch Brahes Instrumente klar.»[73] In seinen privaten Aufzeichnungen hat er hingegen festgehalten, dass der Bürgi-Sextant im Einsatz war. Der renommierte Optik-Professor Rolf Riekher wiederholt diese Meinung noch 2008: «Entscheidende Voraussetzung für Keplers Bestimmung der Marsbahn und das Auffinden der ersten beiden Keplerschen Gesetze waren die von Tycho Brahe im Verlaufe von über zwei Jahrzehnten gewonnenen Messungen von Stern- und Planetenpositionen und Abständen. Erst Tychos Steigerung der Messgenauigkeit gegenüber den Vorgängern um eine Grössenordnung durch Verbesserung der Messinstrumente und der Messtechnik ermöglichte es Kepler, die Form der Marsbahn als Ellipse zu bestimmen. Ein bevorzugtes Instrument für die Messung von Stern- bzw. Planetenabständen bis zu Winkeln von 60° war Tychos *Sextant Astronomicus Trigonicus pro Distantiis* mit einem Radius von etwa 1,55 Meter und einer Ablesegenauigkeit durch transversale Messlinien auf etwa 15". Einstellung und Messung erfolgen gleichzeitig durch zwei Beobachter. Die Genauigkeit von Tychos Stern- und Planetenmessungen liegt bei etwa 0,5' bis 1,5'.»[74] Kontrollmessungen in unserem Jahrhundert haben ergeben, dass Bürgis Messungen und Instrumente genauere Werte lieferten als Brahes stationäre und unhandliche sowie temperatur- und witterungsbeeinflusste Riesengeräte (Seite 218).

Keplers Planetengesetze. Als erste Frucht seiner jahrelangen Arbeit veröffentlicht Johannes Kepler 1609 seine *Astronomia nova de motibus stellae Martis* mit den Bahndaten des Mars und den beiden ersten keplerschen Gesetzen zur elliptischen Geometrie sowie mit den Vermutungen einer Anziehungskraft *(anima motrix)* der Sonne auf diese Planeten und eines Einflusses des Mondes auf Ebbe und Flut. Im ersten Gesetz postuliert er, dass die Planetenbahnen keine Kreise sind, sondern Ellipsen, in deren einem Brennpunkt die Sonne steht. 1600 ist William Gilberts Werk zum Magnetismus

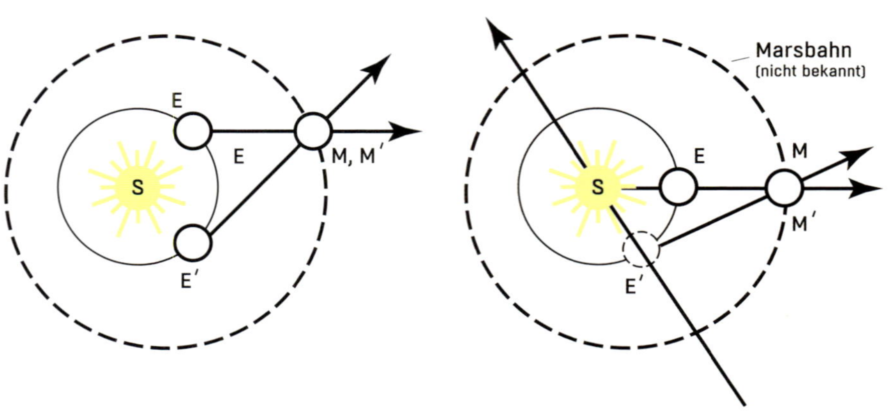

200/ **Schematische Darstellung der Ermittlung der Marsbahn unter Einbezug von Sonne, Erde und Mars zu verschiedenen Zeitpunkten. Ein Beweis der hohen intellektuellen Fähigkeiten Keplers, die 1921 auch sein Landsmann Albert Einstein lobte.**

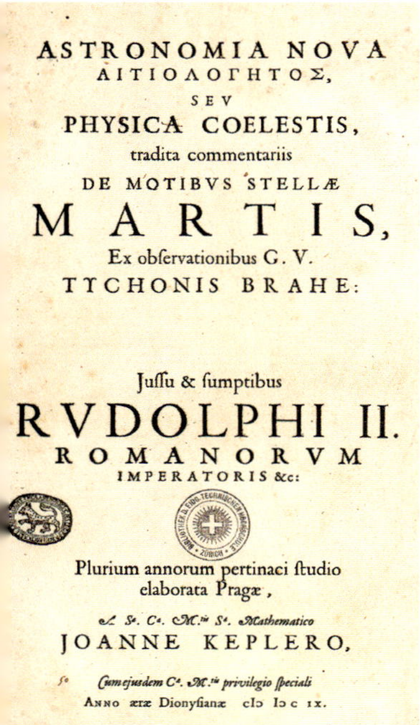

ASTRONOMIA NOVA
ΑΙΤΙΟΛΟΓΗΤΟΣ,
SEV
PHYSICA COELESTIS,
tradita commentariis
DE MOTIBVS STELLÆ
MARTIS,
Ex obſervationibus G. V.
TYCHONIS BRAHE:

Juſſu & ſumptibus
RVDOLPHI II.
ROMANORVM
IMPERATORIS &c:

Plurium annorum pertinaci ſtudio
elaborata Pragæ,
A S. C. M.tis S. Mathematico
JOANNE KEPLERO,
Cum ejusdem C. M.tis privilegio ſpeciali
ANNO æræ Dionyſianæ clɔ Iɔc ix.

201/ **Die Buchstabengrössen der Namen Kepler, Brahe und Rudolph II. auf der Titelseite von Keplers *Astronomia Nova* bestimmen die Brahe-Erben. Der Beitrag Kassels und Bürgis wird einfach negiert – nicht nur auf der Titelseite, sondern im gesamten Werk (Seite 200).**

erschienen, das die Idee einer Anziehungskraft weiter propagiert. Der zweite Satz Keplers besagt, dass die Verbindungslinie (der Leitstrahl) zwischen der Sonne und einem Planeten in gleichen Zeiträumen gleiche Flächen der Bahnebene überstreicht; das heisst, je weiter ein Planet von der Sonne entfernt ist, desto langsamer bewegt er sich – und je näher er ist, desto schneller. Sein drittes, erst 1618 in Linz erkanntes Planetengesetz zeigt, dass die Quadrate der Umlaufzeiten der Planeten sich so verhalten wie die Kuben – die dritten Potenzen – ihrer mittleren Entfernungen von der Sonne. Die von Kepler für diese Analysen eingesetzten Instrumente, Daten und Rechenmethoden beruhen zum Teil auf Bürgis Innovationen. Wegen fehlender geometrischer Lösungswege zur Konzeption und Berechnung seines Flächensatzes entwickelt Kepler mittels arithmetischer Methoden eine Vorstufe der Infinitesimalrechnung, der er mit der Einführung des «Unendlich Kleinen» in seiner *Messekunst des Archimedis* ein weiteres wichtiges Element hinzufügt und in seiner Fassregel eine frühe Näherungsformel für das Integral einer Funktion aufstellt.[75] Wegen des Exklusivitätsanspruches der Erben von Brahe dürfen Jost Bürgi und seine Kasseler Kollegen in der *Astronomia Nova* generell nicht als astronomische Beobachter genannt werden.

Vom Oval zur Ellipse. Eines der Hauptkriterien bei der Entwicklung eines neuen Weltmodells ist bei Kepler die Vereinfachung der Rechenarbeit durch ein einfacheres Konzept sowie seine Verknüpfung mit physikalischen Kräften. Auf dem Weg der Eliminierung von Exzentern, Epizyklen, Deferenten und Äquitanten auf den Kreisbahnen – selbst Kopernikus benötigt für sein heliozentrisches Modell bereits wieder 34 solcher Hilfskreise – wagt Johannes Kepler bei der Suche nach der Bahnform des Planeten Mars zur Umgehung mathematischer Schwierigkeiten einen revolutionären Schritt. Keplers erster Lösungsansatz führt ihn gemäss Volker Bialas nur zu einer Ersatzhypothese, die zwar als Rechengrundlage für die Bestimmung der Bahnlängen von Mars und Erde geeignet ist, die jedoch mit der ungleichen Teilung der Bahnexzentrizität (Distanz Sonne – Bahnmittelpunkt) die Wirklichkeit verfehlt.[76] Ihre Falsifizierung durch die Untersuchung geozentrischer und heliozentrischer Marsbahnbreiten führt Kepler zur nötigen Halbierung der Exzentrizität. Die Rechnung mit halbierter Exzentrizität offenbart für den exzentrischen Kreis als Bahnmodell in den Punkten mit jeweils 45 Grad Abstand vom sonnennächsten und sonnenfernsten Punkt (den Bahnoktanten) plötzlich jene berühmte 8-Minuten-Differenz der tychonischen Beobachtungen, die gemäss Kepler «den Weg zur Erneuerung der ganzen Astronomie» gewiesen hat.[77] Zuerst prüft er eine Ovalform, die aber keine Verbindung zu physikalischen Einflüssen zulässt. Dann entdeckt er nach zahlreichen Versuchen die im Gegensatz zur Ovalform symmetrische Form der Ellipse,[78] mit der sich nun auch das Flächengesetz formulieren lässt. Die Abweichung der Marsbahn von einem Kreis ist mit 8 Bogenminuten nur sehr gering.[79]

Inspirationen zur Ellipse

Weil sich Kepler nicht vorstellen kann, dass frühere Astronomen eine so naheliegende einfache Planetenbahnform wie diejenige der Ellipse nicht bereits geprüft haben sollen,[80] muss er sie im Trial-and-error-Verfahren über die Exzentrizität zweier Kreisbahnen und die Ovalform in insgesamt 40 Versuchen schrittweise erarbeiten. Jost Bürgi ist 1590 bei der Suche nach einer Lösung seiner Probleme ebenfalls auf eine elliptische Lösung zugesteuert und hat sie in zwei Instrumenten realisiert: 1591 in der Mondanomalie-Äquationsuhr und 1594 im kleinen Himmelsglobus.

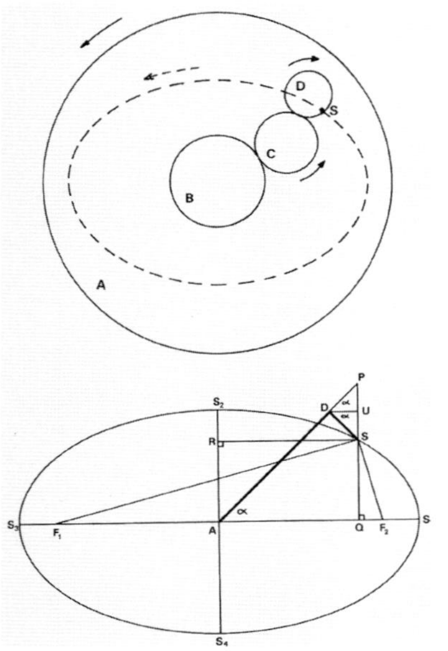

202/ **Jost Bürgi ist einer der originären Konstrukteure und Anwender des doppelepizyklischen Antriebs.**

Karsten Gaulke schreibt in seinem 2007 veröffentlichten Werk *Der Ptolemäus von Kassel*, dass es der hessische Landgraf Wilhelm IV. gewesen sei, der schon 1583 mit der kopernikanischen Mondbahntheorie erste praktische Erfahrungen gesammelt hat und der seinen Marburger Mathematikprofessor Victorin Schönfeld anweist, die genauen Ursachen und den Verlauf einer soeben erlebten Mondfinsternis mit Kopernikus' Theorie nachzuvollziehen. Und er führt aus: «Kopernikus verdankt gerade der Mondbahntheorie [...] seine Reputation als Reformer der mathematischen Astronomie. Jost Bürgis Äquationsuhr bildet die kopernikanische Mondbahntheorie ohne nennenswerte Fehlweisungen ab – eine Leistung, die nicht nur den genialen Inventor selbst weit aus dem Kreis der zeitgenössischen Uhrmacher hervorhebt, sondern eben auch die Gelehrsamkeit Wilhelms IV. preist, der diese Uhr 1590 in Auftrag gegeben hatte.»[81] *

Bürgi hat nach einer sechsjährigen Serie von Sonnenbeobachtungen schon 1591 die Exzentrizität der Erdbahn in einer damals unübertroffenen Genauigkeit definiert.[82] Ebenso hat er bei Arbeiten an seiner Äquationsuhr bereits 1590 entdeckt, dass sich der tatsächliche Bahnverlauf zusammen mit der Präzessions- und Schiefekorrektur der Erdachse mechanisch am besten mit der Form einer Ellipse nachbilden lässt, und sie entsprechend konstruiert. Im Sommer 1595 ist Kepler im Besitz von Beobachtungen der Kasseler Sternwarte über Sonnenhöhen für die Bestimmung der Exzentrizität und des Halbdurchmessers der «scheinbaren» Sonnenbahn. Woher Kepler diese von Jost Bürgi erarbeiteten Sonnendaten hat, erwähnt er nicht. Zu bedauern ist, dass der wissenschaftliche Nachlass keine Auskunft über diese Arbeiten zu geben vermag, sind eigenartigerweise doch sowohl die Blätter, auf denen Bürgi den Sonnenabstand und die Umlaufzeiten ermittelte, als auch diejenigen, auf denen Kepler das Verhältnis der Umlaufzeiten der Planeten zu ihrem mittleren Sonnenabstand berechnete, verschwunden.[83]

Als Kepler ab etwa Ostern 1605 die elliptische Form seiner Marsbahn prüft, ist Bürgi schon zwei Jahre in Prag und steht mit ihm in regem Gedan-

* Wir weisen hier nur summarisch darauf hin, dass gemäss den neuesten Erkenntnissen vermutet wird, Kopernikus sei nicht der originäre Erfinder dieses Prinzips, sondern vor ihm habe bereits der Mathematiker al-Din Nasir al-Tusi (1201-1274) damit gearbeitet. Neuerdings geht man sogar davon aus (Leopold [1986] und Oechslin [2012]), dass bereits die Hellenen beim Bau des Antikythera-Mechanismus 70 v. u. Z. dieses Prinzip in ihrem Bronze-Kalendarium nutzten; auch, dass vor Bürgi in Kassel am Strassburger Münster bereits Dasypodius an einer solchen Lösung arbeitete.

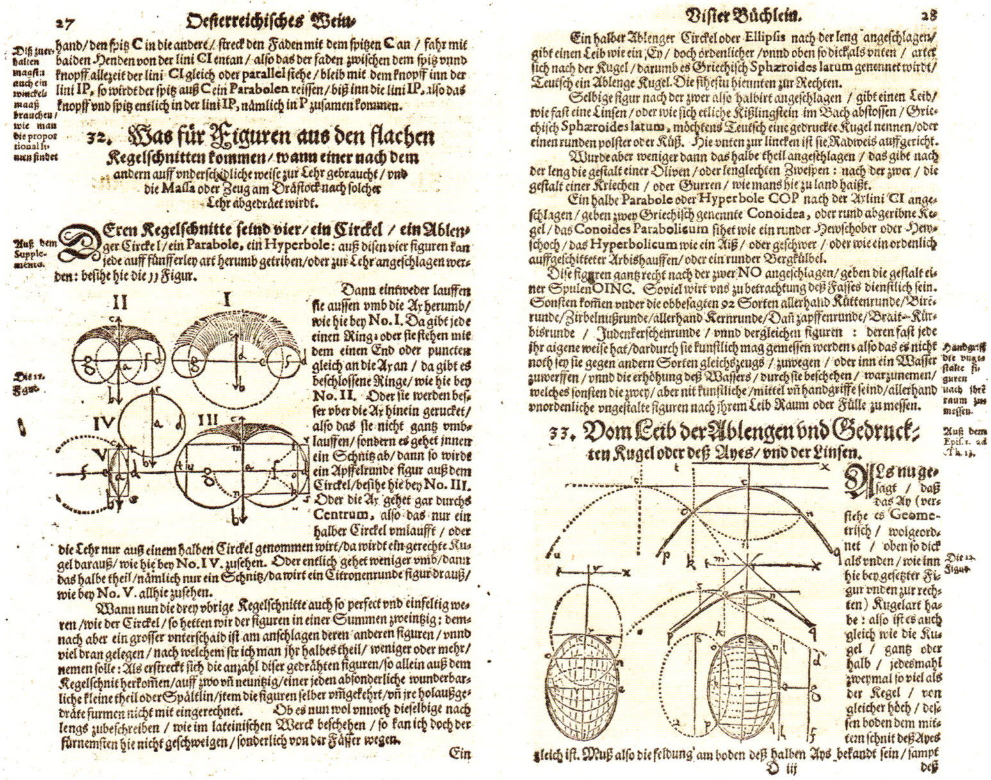

203/ **Kurz bevor Kepler die Ellipse als Bahnform der Planeten entdeckt, beschäftigt er sich mit der Optik und mit Kegelschnitten und ihren Ellipsen. Ein Jahrzehnt später illustriert er diese auch in seiner Messetechnik für den Küfer, Fassbinder und Weinhändler.**

kenaustausch: höchstwahrscheinlich auch über die Bahnform. Diskutiert wird von Kepler und Bürgi zweifelsohne direkt am entstehenden Objekt die 1605 fertiggestellte Bürgi Planetenuhr mit einer dualen* Darstellung des kopernikanischen Weltmodells.

So wie sich für Jost Bürgi die Bahnform einer Ellipse und ihre mechanische Generierung als ideal passende Lösung in der Uhrentechnik ergeben haben, so könnte Johannes Kepler bei seiner ersten Idee einer Ellipse von der Optiktechnik inspiriert worden sein. Weil Kepler 1604 bei der Bearbeitung der Brahe-Daten von den Erben behindert wird, nutzt er die Zeit, um sich mit dem Sehen und der Optik auseinanderzusetzen. Weil für ihn die Astronomie ohne das Auge nicht denkbar ist und Licht das mit vielen Materialien (besonders mit Glas) und in unterschiedlichen Substanzen (wie der Atmosphäre) unterschiedlich wirkende Medium, interessiert ihn diese Thematik in hohem Masse. Bereits 1602 hat er sich der Klassiker in diesem Fachbereich – Euklid, Ptolemäus und Witelo – mit seinem Beitrag *Ad vitellionem* angenommen und zum Thema «Sehen» geschrieben. 1604 behandelt er mit seiner *Astronomia pars optica* das Gebiet der geometrisch-technischen Optik, um damit gleich die moderne Wissenschaft vom Sehen und von der Optik zu begründen. Anschliessend kann er an der *Neuen Astronomie* weiterarbeiten, bevor er noch im gleichen Jahrzehnt sein zweites grosses Optikwerk, diesmal über Linsensysteme *(Dioptrik),* verfasst.[84]

* Wir bezeichnen hier mit «dual» diejenige Darstellungsform des heliozentrischen Weltmodells, die parallel einerseits die menschliche Erdbewohnerperspektive illustriert, andererseits die kosmische Weltmodelldarstellung.

In der *Optik der Astronomie* kommt Kepler 1604 unter anderem zu einer neuen geometrischen Betrachtung elliptischer Kegelschnitte.[85] Dies könnte ihn gemäss Rolf Riekher zu ellipsenförmigen Planetenbahnen und zu seinem ersten keplerschen Gesetz geführt haben.[86] In der *Dioptrik* legt er 1610, begleitet von empirischen Versuchen, eine perfekte theoretische Darstellung von Linsen und von Linsenkombinationen vor, darunter neben derjenigen des terrestrischen Fernrohrs auch diejenige des keplerschen astronomischen Fernrohrs (Seite 226). Nach Abschluss der intensiven ersten Optiktechnikphase spricht Kepler in seinem Brief vom 18. Dezember 1604 an den ostfriesischen Astronomen David Fabricius von einer möglichen Elliptizität der Marsbahn. Und im Oktober 1610 verfügt er als erster Zeitgenosse Galileis über ein selbstgebautes, höchstwahrscheinlich astronomisches Fernrohr, das die Fähigkeiten des galileischen Exemplars für Himmelsbeobachtungen übertrifft. In beiden Fällen wird er von Jost Bürgi oder dessen Mitarbeiter Heinrich Stolle unterstützt.

Ein Blick in die Zukunft. Die Zukunft der Astronomie gehört in der Frühen Neuzeit dem Fernrohr, und dies besonders in Kombination mit einer Observatoriumsuhr. Nachdem es 1608 in den Niederlanden erfunden worden ist, richtet Galileo Galilei 1609 als Erster einen solchen auch nach ihm benannten Fernrohrtyp gen Himmel und entdeckt Details im Mond und um die Venus, die er sofort dokumentiert. Um die gleiche Zeit baut in Prag der von seinen astronomischen Beobachtungen mit Kepler bestens bekannte Gehilfe Bürgis, Heinrich Stolle[87], als Instrumentenspezialist[88] auch schon das erste Prager «Fernrohr», das heute im Britischen Museum zu sehen ist[89]. Dieses kleine handliche Fernglasrohr besteht aus vergoldetem Messing und einem Objektiv von 13 Millimeter sowie einem Okular von 4 Millimeter Öffnung. Mit seiner zweifachen Vergrösserung generiert es scharfe Bilder, sodass sein Besitzer Kaiser Rudolf II. damit schon 1610 den Mond betrachtet. Geschützt wird es von einem 64 Millimeter langen, vergoldeten Büchsenetui, das mit einer Krone versehen ist.[90] Gefertigt hat Stolle dieses kleine Objekt wahrscheinlich auf dem Hradschin in Bürgis Werkstatt – die auch für die Bearbeitung von Glas und Bergkristall ausgestattet ist.[91] Auf mehrere Bitten Keplers an Galileo Galilei, ihm doch eines seiner Fernrohre oder/und zwei konvexförmige oder notfalls auch konkave Linsen zu senden, geht der italienische Kollege nicht ein. Hingegen hat Kepler vom 29. August bis 9. September 1610 Gelegenheit, beim Kölner Kurfürsten Ernst von Bayern – ein Wittelsbacher – sein holländisch-galileisches Fernrohr auszuleihen. Zu diesem Zeitpunkt hat Kepler den Grossteil seiner *Dioptrik* schon verfasst und gleichzeitig auch die Konstruktionsprinzipien zur Steigerung der Vergrösserung gegenüber einem galileischen Fernrohr in einem astronomischen bzw. keplerschen Fernrohr entwickelt. Und er bleibt nicht bei der Theorie stehen: Kaum ist Ernst von Bayerns Fernrohr wieder zurückgegeben, da richtet Johannes Kepler sein in Prag in wenigen Wochen selbst gebautes Exemplar gen Himmel: zunächst am 4. Oktober und dann vom 21. Oktober bis zum 5. November.[92]

> Für Keplers gleich 20-fach vergrösserndes, jedoch lichtschwaches Fernrohr, das er zusammen mit Bürgi, Stolle oder dem neuen Mitarbeiter Bürgis, Hans Christoph Schissler, im Beisein seines Assistenten Benjamin «Ursinus» Behr in wenigen Wochen gefertigt hat, hat Keplers guter Bekannter und Gönner Wackher von Wackenfels die Linsen durch den Gesandten der Republik Lucca besorgen lassen. Kepler notiert: «Mit keinem der Fernrohre, durch die ich bisher sehen konnte, werden die kleinen Sterne wahrgenommen – mit Ausnahme des einen, das ich selbst hergestellt habe.»[93] Dass Kepler die Resultate wohl protokolliert, aber nicht veröffentlicht, dürfte damit zusammenhängen, dass es sich um einen Prototyp handelt, dessen Elemente – vor allem die Linsen – noch nicht in erforderlich hoher Qualität gefertigt sind und für dessen Montage und Justierung nur minime praktische Erfahrungen vorliegen. Doch es dürfte sich dabei um das erste astronomische Fernrohr handeln, das in guter Qualität gebaut worden ist. Es ist schon lange verschollen.*

«Der Ptolemäus von Kassel»

Als «Ptolemäus von Kassel» bezeichnet Petrus Ramos 1567 Wilhelm IV. von Hessen-Kassel – und genau 440 Jahre später nennt Karsten Gaulke ein Buch über diesen aussergewöhnlichen Landgrafen genauso.** Gemäss Gaulkes Kapitel «Das wissenschaftliche Erbe Wilhelms IV.» profitiert Johannes Kepler von Jost Bürgis Mathematik umfassend.[94] Karsten Gaulke, Leiter des Astronomisch-Physikalischen Kabinetts der Museumslandschaft Hessen Kassel, gehört mit Fritz Krafft,[95] Ludwig Oechslin und Jürgen Hamel zu den ersten Wissenschaftshistorikern, die den Einfluss und die Bedeutung Jost Bürgis in diesem Gebiet erkennen und benennen. Er führt aus: «Zur mathematischen Beschreibung der ovalen Bahn ging man von der Fragestellung aus, wie man die Fläche des Kreissegmentes berechnen kann, die die Differenz der Kreisfläche zur Ovalfläche ausmacht. [...] Kepler rief mehr als einmal während dieser Zeit verzweifelt die Geometer zu Hilfe. Der beste Geometer, der Kepler zur Verfügung stand, war Jost Bürgi, der sich nachweislich mit dem Problem der Flächenbestimmung dieses Möndchens auseinandergesetzt hatte. [...] Mit Sicherheit nutzte Kepler die Fähigkeiten, die Bürgi in Kassel entwickelt hatte, für seine Zwecke.»[96]

* Bis heute wird davon ausgegangen, dass es sich um ein gewöhnliches holländisch-galileisches Fernrohr handelt, das Kepler in Prag gebaut hat. Es ist jedoch schwer vorstellbar, warum Kepler dabei nicht seine eigenen Konstruktionsprinzipien realisiert haben sollte, die er in seiner *Dioptrice* entwickelt und praktisch erprobt hatte. Nur weil Kepler gemäss Riekher, S. 530, beim *Dioptrice*-Konstruktionsvorschlag Nr. 86 («Mit Hilfe zweier Konvexlinsen die Gegenstände grösser und deutlich, aber umgekehrt sichtbar machen») zur Problemlösung von einer Aufgabe spricht, soll wohl eine Versuchsanordnung ausprobiert, jedoch kein gebrauchsfähiges Instrument entwickelt worden sein. Diese Hypothese ist zu überprüfen. Bis jetzt gilt Christoph Scheiner zwischen 1614 und 1615 als der erste Hersteller eines keplerschen Fernrohrs.

** Der Verfasser der vorliegenden Biografie wurde erst nach Fertigstellung des Manuskriptes im Zusammenhang mit der Bildbesorgung auf dieses sowohl inhaltlich als auch gestalterisch überzeugende – im Handel nur schwer erhältliche – Buch aufmerksam. Die daraus gewonnenen Erkenntnisse wurden so weit wie möglich integriert.

Bezug nehmend auf die trigonometrischen Tabellen des *Canon Sinuum* erkennt Karsten Gaulke: «In einer Zeit ohne mechanische Rechenhilfen entschied die Genauigkeit dieser trigonometrischen Tafeln über die Ergebnisse der Berechnungen. Kein Wunder also, dass Kepler alle ihm zur Verfügung stehenden Kontakte nutzte, um an den *Canon Sinuum* zu kommen [Brief 8.12.1602 an D. Fabricius].[97] Obwohl die handschriftlichen Tafeln Bürgis heute nicht mehr im Kepler-Nachlass nachzuweisen sind, kann es angesichts des Vertrauensverhältnisses von Kepler zu Bürgi als gesichert gelten, dass der kaiserliche Mathematiker in den entscheidenden Phasen seiner Arbeit an der Marstheorie über sie verfügte.»[98]

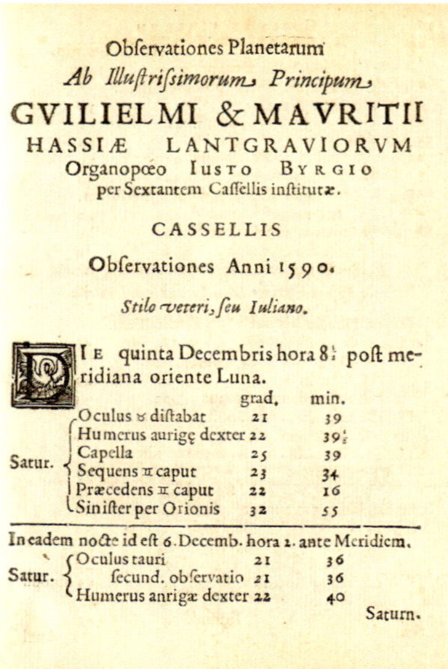

Obſervationes Planetarum
Ab Illuſtriſsimorum Principum
GVILIELMI & MAVRITII
HASSIÆ LANTGRAVIORVM
Organopœo IVSTO BYRGIO
per Sextantem Caſſellis inſtitutæ.

CASSELLIS

Obſervationes Anni 1590.

Stilo veteri, ſeu Iuliano.

DIE quinta Decembris hora 8½ poſt meridiana oriente Luna.

		grad.	min.
Satur.	Oculus ♉ diſtabat	21	39
	Humerus aurigę dexter	22	39½
	Capella	25	39
	Sequens ♊ caput	23	34
	Præcedens ♊ caput	22	16
	Siniſter per Orionis	32	55

In eadem nocte id eſt 6. Decemb. hora 2. ante Meridiem.

Satur.	Oculus tauri	21	36
	ſecund. obſervatio	21	36
	Humerus aurigæ dexter	22	40

Saturn.

204/ **Jost Bürgis Kasseler Messungen werden erst 1618 in den *Observationes Hassiacae* veröffentlicht** (Seite 224).

Auch Bürgis Logarithmen liegen Kepler vor: «Die wichtigste mathematische Neuerung Bürgis, nämlich die Logarithmen oder Progresstafeln, konnte Kepler vermutlich bei seinen Rechnungen ebenfalls benutzen. Sie ermöglichten ihm, komplexe Rechenoperationen durch einfachere zu ersetzen. Dieses Prinzip hatten Bürgi und andere vor ihm bereits mit der sogenannten Prosthaphärese verfolgt.»[99]

Gaulke fasst zusammen: «Alle hier beschriebenen Beispiele aus der Zusammenarbeit Keplers und Bürgis zeigen, dass dessen in Kassel erworbene Fähigkeiten auf dem Gebiete der Messkunde und Mathematik für kleine, aber entscheidende Details in Keplers Arbeiten eine wichtige Rolle gespielt haben.»[100]

Was die astronomischen Beobachtungs- und Vermessungsdaten betrifft, ist Karsten Gaulke wie die gesamte Fachwelt noch der Meinung, dass Bürgis Planetenvermessungen von 1590 bis 1597 «keine Rolle gespielt» hätten und dass Rothmanns [und Bürgis] Fixsterntabellen «im Kontext der Planetenastronomie ohnehin nicht gefragt»[101] gewesen seien.* Doch das ist schwer vorstellbar. Genauso wie Kepler Bürgis mathematisches Instrumentarium nutzt und davon profitiert – ohne wegen der Verschwiegenheitsvereinbarung mit Bürgi darüber berichten zu können –, nutzt Kepler seit 1595(!) folgende Daten: Bürgis Sonnenhöhen- und Exzentrizitätsdaten sowie Mondpositionen und Planetenberechnungen; die im Brahe-Fixsternkatalog und der Kassel-Hven-Korrespondenz enthaltenen Qualitäten der Kasseler Astronomen; den *Hessischen Fixsternkatalog* und die Beobachtungsjournale des Mars von Bürgi; die Anzahl und Positionen der von Bürgi gravierten Sterne auf Bürgis Planetenglobusuhr von 1592 einschliesslich Vergleichen mit anderen Globen und Verzeichnissen; Bürgis Vermessungen in Prag im Auftrag von Johannes Kepler mit dem Bürgi-Sextant und der Observatoriumsuhr von 1604 in Prag. Warum also sollte Kepler bei der Datenerfassung

* Demgegenüber schreibt Johannes Kepler in der *Astronomia Nova*, 22. Kap., S. 194: «Dazu war es notwendig, viele Tage im Laufe dieser 20 Jahre festzustellen, an denen die ausgeglichene Kommutation [...] so gross war. Sodann musste man all diese Tage mit dem Katalog der Marsbeobachtungen vergleichen, um zu sehen, ob der Planet in den betreffenden Zeitpunkten beobachtet worden ist. Wenn Mars von dem äusserst fleissigen Tycho Brahe nicht so häufig beobachtet worden wäre, so hätte ich nicht auf die Erfüllung meines Wunsches rechnen können. [...] Ein solches Zweigespann von Beobachtungen fand sich jedoch nicht in dem Katalog der angestellten Beobachtungen.» Die Ausführungen lassen den Schluss zu, dass Kepler dringend Marsbeobachtungen sucht, die Bürgi hat – er darf aber dessen Namen nicht nennen.

nicht genauso seine guten Beziehungen zu Jost Bürgi genutzt haben wie bei den Rechenmethoden zu deren Verarbeitung? Doch auch darüber durfte Kepler weder in seiner *Astronomia Nova* noch in seinen *Tabulae Rudolphinae* berichten – diesmal jedoch nicht so sehr wegen Bürgi, sondern wegen der Vorschriften der Brahe-Erben und der eventuell damit verbundenen kaiserlichen Sanktionen.

Frustrierte Freunde

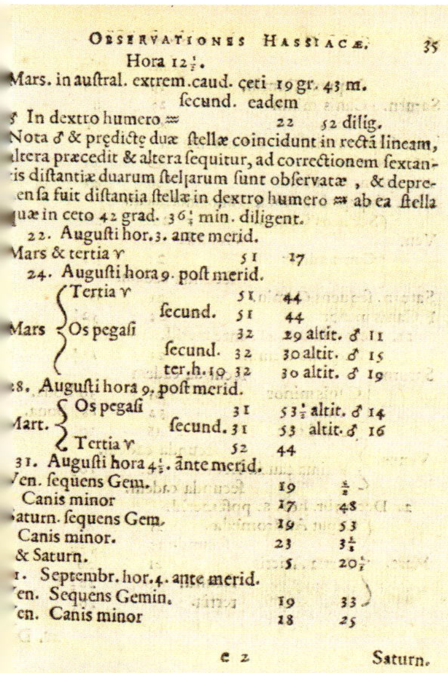
OBSERVATIONES HASSIACÆ. 35
Hora 12½.
Mars. in austral. extrem. caud. ceti 19 gr. 43 m.
secund. eadem
In dextro humero ≈ 22 52 dilig.
Nota ♂ & prędictę duæ stellæ coincidunt in rectâ lineam, altera præcedit & altera sequitur, ad correctionem sextantis distantiæ duarum stellarum sunt observatæ, & deprensa fuit distantia stellæ in dextro humero ≈ ab ea stella quæ in ceto 42 grad. 36½ min. diligent.
22. Augusti hor. 3. ante merid.
Mars & tertia ♈ 51 17
24. Augusti hora 9. post merid.
Mars { Tertia ♈ 51 44
secund. 51 44
Os pegasi 32 29 altit. ♂ 11
secund. 32 30 altit. ♂ 15
ter. h. 19 32 30 altit. ♂ 19
28. Augusti hora 9. post merid.
Mart. { Os pegasi 31 53½ altit. ♂ 14
secund. 31 53 altit. ♂ 16
Tertia ♈ 52 44
31. Augusti hora 4½. ante merid.
Ven. sequens Gem. 19 ½
Canis minor 17 48
Saturn. sequens Gem. 19 53
Canis minor. 23 3½
& Saturn. 5 20½
1. Septembr. hor. 4. ante merid.
Ven. Sequens Gemin. 19 33
Ven. Canis minor 18 25
C 2 Saturn.

205/ **Auf Seite 15 der *Observationes* beginnt eine siebenjährige Serie Jost Bürgis mit 50 Seiten Aufzeichnungen originärer Planetenorte, darunter zahlreicher Marsmessungen.**

Neun Jahre verbringen Bürgi und Kepler gemeinsam in Prag, und vor allem von 1603 bis 1608 tauschen sie sich intensiv über ihre Arbeiten aus. Es sind Johannes Keplers wichtigste Jahre, in denen ihm der entscheidende Durchbruch zur neuen Astronomie gelingt – und vielleicht müsste man sie deshalb auch Bürgis wichtigste Jahre nennen, sofern man die epochalen Auswirkungen seiner zahlreichen Beiträge für die keplerschen Entdeckungen als Massstab nimmt. Ihr persönliches Verhältnis war gemäss dem ersten Herausgeber von Keplers *Gesammelten Werken* und Kepler-Biografen Max Caspar sehr gut: «Einen Freund, wie er ihn brauchte, hatte Kepler in dem ausserordentlich begabten kaiserlichen Mechaniker und Uhrmacher gefunden. (…) Kepler und Bürgi steckten oft beieinander zu gemeinsamer Arbeit und Unterhaltung.» [102]

Im Jahre 1610 zeichnen sich einschneidende Veränderungen ab, und Johannes Kepler muss sich 1612 aus Prag verabschieden. Damit trennen sich auch seine und Bürgis Wege. Martin Solc schreibt in seinem Beitrag über die letzten Prager Jahre von Johannes Kepler: «Die Früchte seines Lebens in Prag von 1600 bis 1611 umfassten mehr als dreissig gedruckte Schriften, Kepler war jetzt vierzig Jahre alt und auf dem Gipfel seiner schöpferischen Kräfte.»[103] Kepler wird in Linz, wohin er gezogen ist, weitere Publikationen verfassen, darunter vier seiner Hauptwerke: *Stereometria (Messekunst Archimedis), Epitome (Aufriss der Kopernikanischen Astronomie), Harmonice (Weltharmonien)* und *Tabulae Rudolphinae (Rudolfinische Tafeln)*.

Kepler reagiert zunehmend frustriert auf Bürgi, der die Publikation seiner druckfertigen Manuskripte der *Aritmetischen und Geometrischen Progresstabulen* (Logarithmentafeln) und des *Canon Sinuum* (Sinustabellen) mit der *Arithmetica Bürgii* hinauszögert. Letztlich ist Kepler enttäuscht über seinen ehemaligen Kollegen auf dem Prager Hradschin, der ihn mit seinen genialen Lösungen so lange und so intensiv unterstützt hat und der diese Arbeiten der Wissenschaft und der Öffentlichkeit nun vorenthält. Von einer späteren Freundschaft Bürgis und Keplers – oder einer gemeinsamen Korrespondenz – ist nichts verzeichnet, obwohl sich Kepler 1621 und 1627/28 auch in Hessen (auf der Frankfurter Messe sowie in Butzbach bei Landgraf Philipp III.) aufhält, ebenso ist er 1617 zwei Monate und 1628 nochmals längere Zeit in Prag.

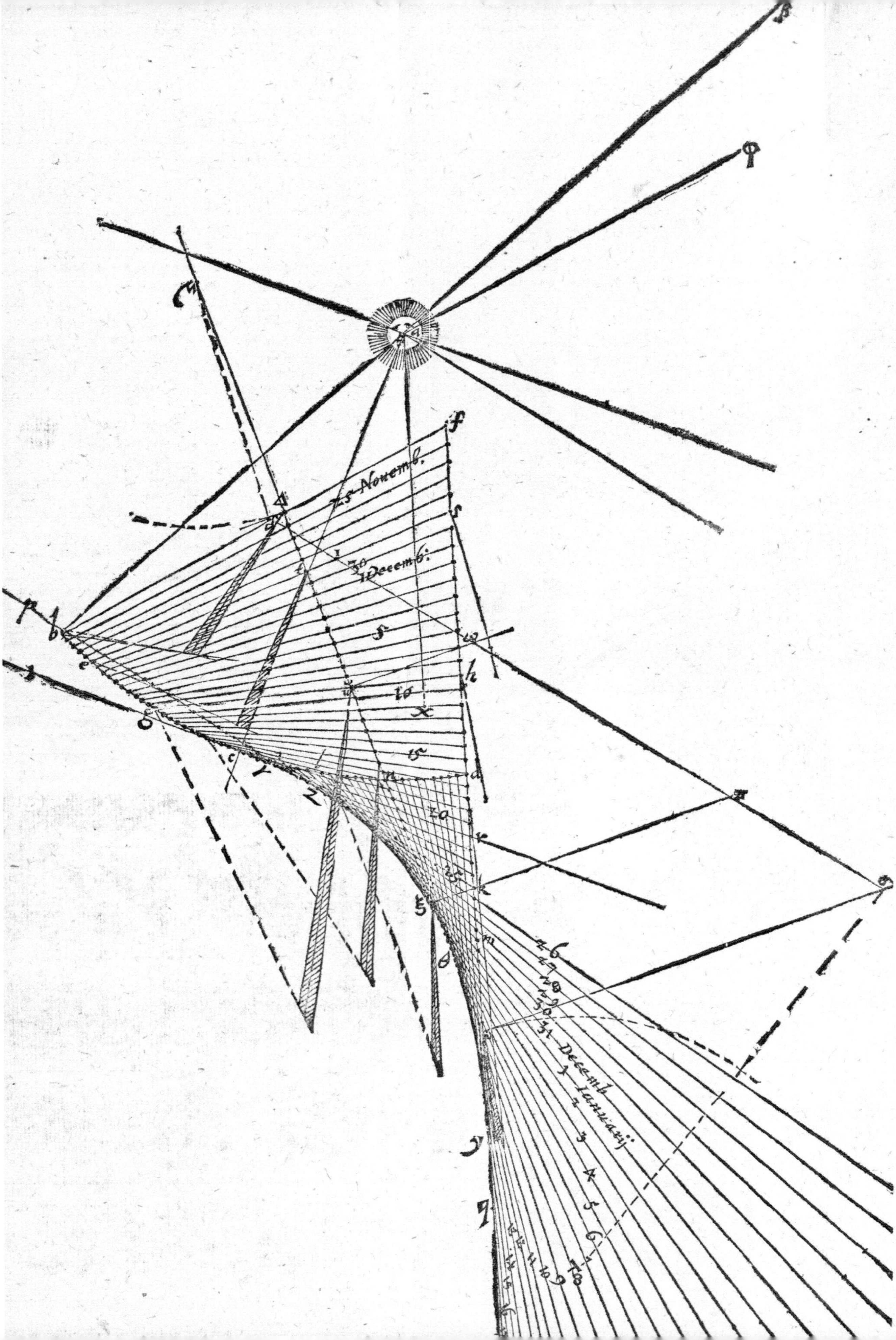
25 Novemb.
Decemb.
Decemb.
Ianuarij

Kapitel 10
Kepler erneut auf der Suche nach Harmonie

207/ **Kaiser Rudolf II., um 1608.**

208/ **1607–1612 wohnt Johannes Kepler mit seiner Familie in der Karlova-Gasse 4 in Prag, nahe dem Brückenturm der Altstadt.**

<206/ **Immer wieder blitzt in den Unterlagen Keplers, indem er den Zeitablauf miteinbezieht, sein grosses vierdimensionales Vorstellungsvermögen auf. Hier dokumentiert er 1616 in *De Cometis* den Verlauf des Kometen.**

Im unsicher gewordenen Prag

Mit Kaiser Rudolf II. regiert seit 1576 ein immer tiefer in die Melancholie versinkender habsburgischer Herrscher das riesige Heilige Römische Reich, zunächst von Wien aus, seit 1583 dann von Prag aus. Rudolfs Eltern, Kaiser Maximilian II. und Maria, eine Tochter Karls V., sind die Kinder von Geschwistern.[1] Der nicht verheiratete Rudolf II. ist selbst Vater mehrerer Kinder, darunter des wahnsinnig gewordenen Don Julio. Rudolf II. spricht schwerfällig mit leiser Stimme und trägt eine lederne Kinnprothese, hat ihm die Syphilis doch den Kieferknochen zerstört. Mehr als für die Nöte der Bevölkerung und für die Aufrechterhaltung des komplexen Machtgleichgewichtes im Reich interessiert sich dieser «Alchemist auf dem Kaiserthron», wie er genannt wird, für die Künste und die Wissenschaften, für Alchemie und Astrologie sowie für seine wundersame und unübertroffen reichhaltige Kunstkammer, aber auch für die Uhrmacherei und für seine eigenen Goldschmiedestunden in der Werkstatt. Zeitlebens ist Rudolf II. auf der Suche nach dem «Stein der Weisen», der es ermöglichen soll, aus unedlen Metallen Gold zu gewinnen. Gleichzeitig wird das ohnehin prekäre staatliche Machtgefüge nach der Reformation immer stärker durch gegenreformatorische Kräfte gestört, die vielfach zur engsten Verwandtschaft des konfessionell toleranteren Rudolf II. gehören.

Der unglücklich agierende Kaiser Rudolf wird von seinem Bruder Matthias vom 11. April 1611 an auf der Burg praktisch eingesperrt, er muss allem entsagen und sich mit einer jährlichen Apanage begnügen. Franz Tengnagel kommt infolge des Bruderzwists ins Gefängnis. Als Matthias in Prag einzieht und am 23. Mai 1611 gekrönt wird, übernimmt er Kepler in seine Dienste. Er bewilligt auch Keplers Bitte, nach Linz zu ziehen, um dort in grösserer Ruhe die *Rudolfinischen Tafeln* zu beenden. Diesem Vorhaben widersetzt sich jedoch Kaiser Rudolf erfolgreich: Er will Kepler nicht ziehen lassen und behält ihn bei sich bis zu seinem Tod im Januar 1612.

Kepler in Linz, Ulm, Sagan und Regensburg

Arbeitsintensive und glückliche Jahre in Linz. Nach dem Tod Kaiser Rudolfs II. zieht Johannes Kepler 1612 vom unsicher gewordenen Prag ins oberösterreichische Linz, wo er an der evangelischen Landwirtschaftsschule eine Anstellung findet. Hier ist er als Landschaftsmathematiker und als Geometer der protestantischen Landstände immerhin eineinhalb Jahrzehnte lang beschäftigt und entdeckt sein drittes keplersches Gesetz, die «keplersche Gleichung».

209/ Johannes Kepler (1571–1630) ein gutes Jahr vor seinem Umzug nach Linz (1612).

> **Von Kepler und Galilei zu Newton.** Mit seinen drei Gesetzen überwindet Kepler die bisher übliche einfache kinematische Beschreibung der Vorgänge am Himmel durch eine dynamische Erklärung, und dies mithilfe empirisch gewonnener Daten und mathematischer Methoden. In Italien untersucht sein früherer Korrespondenzpartner Galileo Galilei ebenfalls dynamische Konstellationen, allerdings im irdischen Nahbereich. Gemeinsam legen damit beide eine wichtige Wegstrecke in Richtung Gravitation zurück, die John Newton im Endspurt souverän zusammen mit der Frühen Neuzeit abschliessen wird.

In Linz verfasst Kepler sein Lieblingswerk *Harmonices Mundi (Weltharmonien)* und ebenso sein gewichtiges astronomisches Lehrbuch *Epitome Astronomiae Copernicanae (Aufriss der Kopernikanischen Astronomie),* das vom Vatikan 1619 gleich auf den Index gesetzt wird. Schon 1615 publiziert Kepler zusätzlich zur lateinischen Originalfassung *Nova Stereometria* erstmals in deutscher Sprache seinen *Auszug aus der uralten Messekunst Archimedis.*

In Linz verbringt Johannes Kepler die glücklichsten Jahre seines Lebens, wie er selbst sagt.[2] Dies trotz des Hexenprozesses gegen seine Mutter Katharina, der sich über sechs Jahre erstreckt und somit als längster Hexenprozess überhaupt in die Geschichte eingegangen ist und der öfters die Prä-

210/ Kepler ist in Linz als Landschaftsmathematiker ebenfalls für die Kartierung Oberösterreichs zuständig.

211>>/ Frontispiz von Johannes Keplers *Tabulae Rudolphinae:* der Tempel seiner Astronomie, zensuriert von Brahes Erben. Kein Platz mehr für den (ehemaligen) guten Freund Bürgi und Freund des Brahe-Gegners Reimers.

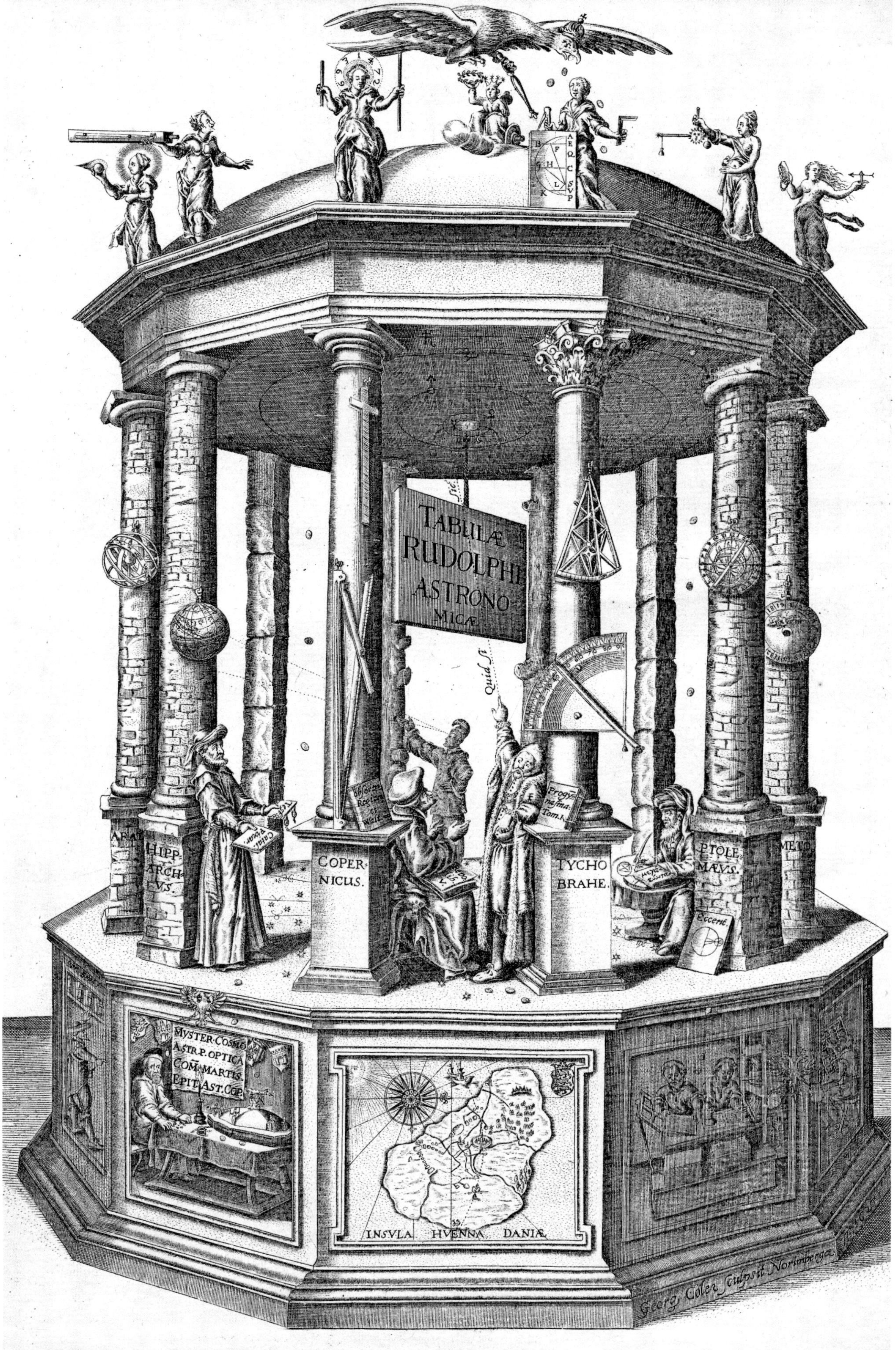
TABULÆ RUDOLPHI ASTRONOMICÆ
COPERNICUS.
TYCHO BRAHE.
HIPP ARCHUS
PTOLEMÆUS
MYSTER·COSMO ASTR.P. OPTICA COM̄ MARTIS EPIT·AST·COP
INSULA HUENNA DANIÆ

212 / **Auf dem Tempeldach ist Bürgi allegorisch in der *Doctrina Triangulorum* und links daneben in der *Arithmetica Logarithmica* vertreten. Warum der kaiserliche Reichsadler gerade bei diesen Bürgi-Figuren Geld ausspuckt, dürfte damit zusammenhängen, dass Bürgi neben einem hohen Grundsalär für jedes Werk Zusatzprämien ausbezahlt werden.**

senz des Sohnes in Württemberg erfordert.[3] Immer wieder kann Kepler in Linz an den langwierigen Berechnungen der Sonnen-, Mond- und Planetenörter und Ephemeriden für seine *Rudolfinischen Tafeln* arbeiten und mit interessanten Persönlichkeiten korrespondieren, etwa mit dem Jesuitenpater und Mathematikprofessor Paul Guldin (Seite 192), mit Michael Mästlin oder mit Landgraf Philipp von Hessen-Butzbach sowie – recht einseitig – mit dem ihn weitgehend ignorierenden Galileo Galilei. Unterstützt wird er – wie schon in Prag – in Linz in den ersten Jahren von seinem Gehilfen Benjamin Ursinus Behr.[4] Doch plötzlich verändert sich die bis anhin tolerante Stadt: Auch in Linz werden im Zuge der Gegenreformation die Nichtkatholiken aus der Stadt gewiesen, wobei der Hofbeamte Kepler etwas schonender behandelt wird und man ihm ein wenig mehr Zeit gewährt. Fatalererweise wird 1626 aufgrund eines Bauernaufstandes die mit dem Druck der *Tabulae Rudolphinae* beauftragte Linzer Druckerei Plank ein Raub der Flammen. Zum Glück können Druckformen und Manuskript gerettet und in einem langen Fuhrwerktransport über Regensburg donauaufwärts von Kepler persönlich zur Ulmer Druckerei Saur gebracht werden. Wieder einmal sieht es für Kepler plötzlich ganz so aus, «als habe er nur die Wahl zwischen zwei Übeln: an einen Ort zu ziehen, der schon zerstört war, oder an einen [anderen], der erst zerstört wird»[5].

213 / **Hausplakette in Ulm, wo die *Tabulae Rudolphinae* 1627 gedruckt wurden.**

Das für viele Jahrzehnte massgebende Tabellenwerk *Tabulae Rudolphinae* von Kepler gibt 1627 die Ephemeriden und 1005 Fixsternorte (davon 777 von Brahe eingemessen) einschliesslich der Sonnen- und Mondereignisse sowie die geografische Breite von 500 Hauptorten mit hoher Genauigkeit an. Auch die tychonischen Fixsterntafeln, die Refraktionstabellen und Rechenabschnitte mit den napierschen Logarithmen sowie selbst keplersche Logarithmentafeln fehlen in diesem Werk nicht. Mit Keplers Ephemeriden, trigonometrischen Tabellen und den dazu verfassten Regeln lassen sich für die meisten Orte die Planetenkonstellationen zu jedem Zeitpunkt bestimmen. Johannes Kepler erwähnt Jost Bürgi in den *Rudolfinischen Tafeln* lediglich auf Seite 11 im Vorwort[6] – wegen der Geheimhaltungsvereinbarung aber nur pauschal und wegen der versäumten Logarithmenpublikation diesmal auch enttäuscht und verärgert. Kepler schreibt dabei ebenfalls, dass Bürgi seine Logarithmen (Progresstabulen) bereits viele Jahre vor denjenigen Napiers fertiggestellt hat.[7] Als die *Tabulae Rudolphinae* auf der Frankfurter Buchmesse schon gebunden vorliegen, verlangen die Brahe-Erben beim Kaiser einen Auslieferungsstopp und dass die entsprechenden Bogen in den bereits ausgelieferten Exemplaren ausgetauscht werden.

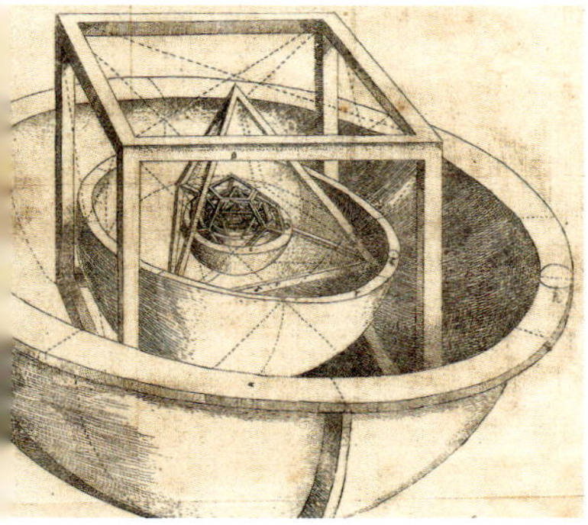

214/ **Zeitlebens sucht Kepler im Sonnensystem neoplatonisch-pythagoräische Relationen.**

Von Linz aus bringt Kepler seine Familie 1626 nach Regensburg in Sicherheit. Anschliessend reist er direkt nach Ulm weiter – wo seine *Tabulae Rudolphinae* unter seiner Leitung nochmals abgesetzt und nach erneuter Verzögerung durch die Brahe-Erben Ende 1627 endlich gedruckt werden. Dann fährt er mit den ersten Exemplaren des grossen Tafelwerkes nach Frankfurt und Prag, wo er Kaiser Ferdinand II. trifft. Immerhin bekommt er Ende 1628 für das Erscheinen 4000 Gulden «ausbezahlt» – allerdings nur in Form von Zahlungsanweisungen an die ohnehin kriegsgeschädigten Stadtkassen Ulms und Nürnbergs, die nicht daran denken, in absehbarer Zeit zu zahlen.

Keplers Verbindung mit Böhmen geht jedoch noch viele Jahre weiter. Öfters kommt er nach Prag und bleibt hier mehrere Wochen. Wie bereits 1609 eröffnet sich ihm 1617 erneut die Möglichkeit, eine Mathematikprofessur an der ältesten deutschsprachigen Universität zu übernehmen, doch die blutigen Ereignisse der Jahre 1618–1623 vernichten auch diesmal die schönen Pläne. Als er 1627/28 erneut auf der Suche nach einer neuen Anstellung mehrere Monate in die ehemalige Kaiserstadt Prag zurückkehrt, trifft er mit Wallenstein zusammen[8] und übernimmt im Mai 1628 bei ihm in Sagan eine Stelle als Hausmathematiker, die er im Juli 1628 antritt. Der vom evangelischen Glaubensbekenntnis zum Katholizismus konvertierte Generalissimus Albrecht Wenzel Eusebius von «Wallenstein» Waldstein – Herzog von Friedland (in Böhmen), Herzog von Mecklenburg und Fürst von Sagan (in Schlesien) – ist geradezu astrologiesüchtig. Wallenstein setzt sich denn auch dafür ein, dass Kepler eine Professur in Rostock bekommt.[9]

1630 reist Johannes Kepler von Sagan zu Pferd über Leipzig nach Nürnberg und weiter nach Regensburg an den Kurfürstentag. Hier hat er nach der soeben erfolgten Absetzung Wallensteins die Absicht, seine noch ausstehenden 12 000 Goldgulden wieder direkt beim Kaiser anzumahnen und Ausschau nach einer neuen Anstellung zu halten, falls die Rostocker Berufung als Mathematikprofessor nach Wallensteins Absetzung nun doch nicht zustande kommen sollte. Doch Johannes Kepler erkrankt auf dem Ritt nach Regensburg und stirbt dort nur 13 Tage später am 15. November 1630 in seinem 60. Lebensjahr.

54
53
55
56
57
60
26
17
19
25

Kapitel 11
Von Prag zurück nach Kassel

215/ **Prag mit der die Stadt überragenden Königsburg auf dem Hradcany, von der Neustädter Seite her betrachtet.**

Ein Vierteljahrhundert in Prag

Der bescheiden und ruhig auftretende Jost Bürgi[1] hat es vielerorts leichter als der sich theologisch exponierende, vom Sakrament des Abendmahls ausgeschlossene und wissenschaftlich publizierende Johannes Kepler. Der zurückhaltende Jost Bürgi wird hochgeschätzt und ist überall wohlgelitten, ausser von Leuten, die mit ihm Geldgeschäfte tätigen. Die Familien Bürgi und Kepler wohnen in der Altstadt von Prag (Bürgi hinter dem Pulverturm in der heutigen Hybernska-Strasse, Kepler bis 1606 im König-Wenzeslaus-Kolleg am Ovocny trh und anschliessend im Kepler-Haus hinter dem Brückenturm). Johannes Kepler arbeitet zu Hause, während Jost Bürgi auf den Hradschin in seine Werkstatt geht oder kutschiert wird – falls er ohnehin nicht im Ruheraum der Werkstatt genächtigt hat, in der er zwei Gehilfen beschäftigt. Diese liegt an der Vikarska-Gasse direkt neben dem Veitsdom und nicht weit vom Kaiserpalast entfernt.

216/ **Im Erdgeschoss und Hochparterre der Vikarska 34 befinden sich das Atelier von Adriaen de Vries mit Giesserei sowie die «alchemistische» Versuchsgiesserei von Rudolf II. Jost Bürgi baut seine Uhren im oberen Stockwerk.**

Schon zu Beginn seiner Tätigkeit auf dem Prager Hradschin erhält Bürgi ab 15. Mai 1604 als kaiserlicher Hofuhrmacher ein monatliches Basissalär von 60 Gulden[2] «neben herberg, holz, koln vnnd metall bewilligt»[3] und zusätzliche Sonderzahlungen für ein jedes von ihm geschaffene Werk. Das ist die dritthöchste Entlöhnung aller damals am Hof angestellten Spitzenbeamten, Wissenschaftler und Künstler. Ein höheres Einkommen als Jost Bürgi haben nur «der Leibmedicus Octauio Rouorethj mit 83 Gulden und 20 Kreutzern und der Obristen Cammerer Freyherr Vlrich Desiderius Prosskhowsky mit 80 Gulden. 25 Cronen zue 90 Kreutzer verdient der Bildthawer Adrian de Fries, 25 Gulden der Khupfferstecher Egidius Sadeler, 20 Gulden der Goldtschmidt Paul vonn Vianen, und 20 Gulden monatlich der Cammerzwerg Ehrhart Pyllnhofer»[4]. Leider ist der Tresor der Hofkasse meistens leer und die Beamten müssen vielfach jahrelang auf ihr Gehalt warten. So wird Bürgi der Lohn seiner Arbeit vom 6. September 1607 bis 5. Mai 1608 erst vier Jahre später (am 20. März 1612) ausgezahlt. Und seinen Lohn für die Zeit zwischen dem 16. November 1612 und dem 15. November 1613 erhält er erst im Juli 1617.[5] Und was ist ein Gulden wert? Für 1½ Gulden erhält man bereits zwei Kälber und für einen Gulden 40 Kilogramm Rindfleisch.

Der adelige Justus von Byrgius. Am 16. März 1609 erhebt Rudolf II. Jobsten Bürgy in den Adelsstand, nachdem Bürgi dazu erst am 5. März 1609 beim Kaiser einen entsprechenden Wunsch geäussert hat. Rudolf II. nobilitiert ihn für «die angenemen getreuen, gehorsamen vnd willigen dienst, so Er Vnns nunmehr Sibenzehen darunter aber fünff Jahr lang, als vnser Cammer Vhrmacher, mit verferttigung ettlicher fürnemen Vhrwercken, Mathematisch: vnd Astronomischen Instrumenten, vnd andern sachen gehorsaist erzaigz vund bewisen, noch Täglichs thuet, vnd hinfüro zuthuen, vnterthenigst vrpürtig ist, auch wol thuen mag vnd solle».[6] Am 3. Februar 1611 wird sein Wappen in das Reichssiegelbuch II.17 aufgenommen und die Eule mit der kaiserlich privilegierten Helmzier gekrönt (Seite 254).[7] Hinzugefügt werden: auf «zwaien Creuzweiss gestelten Vnruhen erscheint ain halbes Staigrad, mit ausswerts gewendten zennen, vnd ob dem Rad auf yedr seitten, ain goldfarber Sechsecketer Stern»[8]. 1610 wird Bürgi auch noch Bürger der Stadt Prag, nachdem man ihm bereits zwei Jahrzehnte zuvor das Bürgerrecht der Stadt Kassel verliehen hat und er darüber hinaus auch noch immer dasjenige seines Geburtsortes Lichtensteig besitzt.

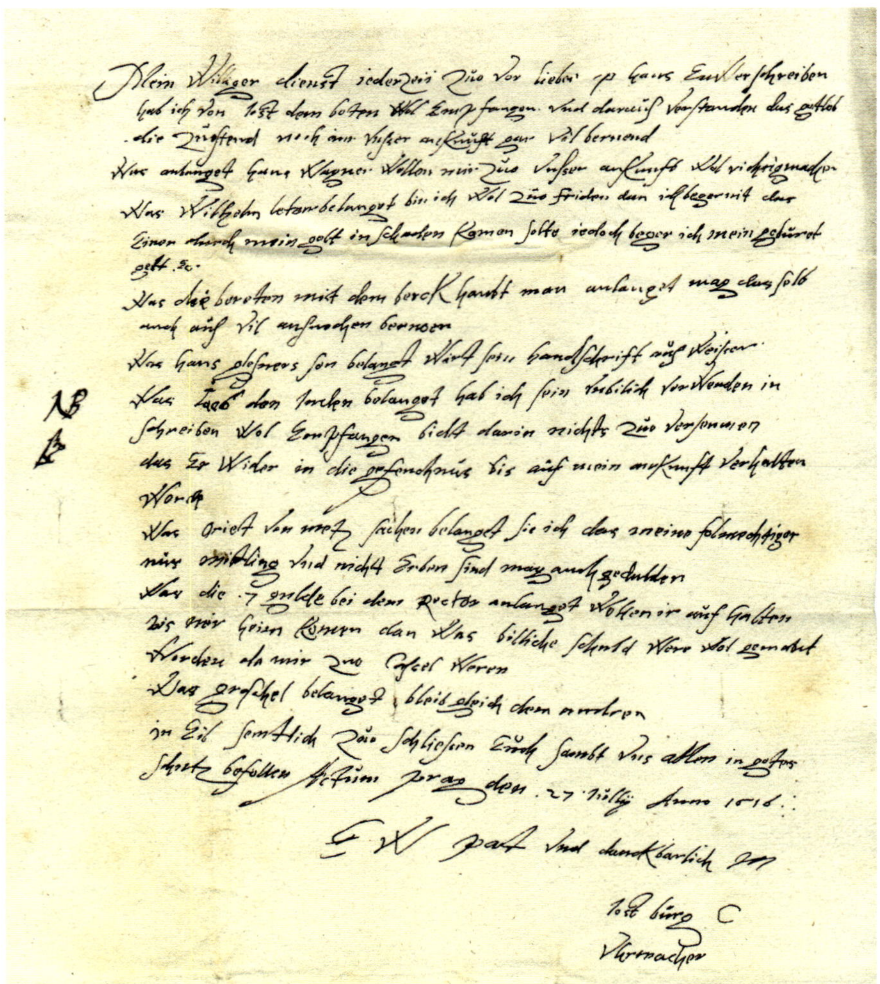

217/ **Der als Financier hohe Risiken eingehende Jost Bürgi hat gemäss diesem Brief an seinen Kasseler Freund Hans Dickhaut mehr als eine Handvoll Streitfälle zu lösen.**

218/ **Der Weg auf den Hradschin führt für Johannes Kepler – wie auch für Jost Bürgi von seinem Stadthaus aus – über die Karlsbrücke.**

219/ **Seit 1610 ist Jost Bürgi Hauseigentümer und Bürger Prags. Sein Haus in der Altstadt liegt hinter dem Pulverturm (Bild) an der Neuen Hybernska-Strasse.**

Vom wohlhabenden Bürger zum Edelmann und risikoreichen Financier. Als Mitglied der kaiserlichen Hofgesellschaft bewegt sich Jost Bürgi vor allem im deutschsprachigen Milieu der Stadt an der Moldau und kaum unter der tschechisch sprechenden Mehrheit der Prager Stadtbevölkerung.[9] Weil er in der Lage ist, eigenes Geld gegen Bezahlung von Zinsen auszuleihen, gilt Jost Bürgi bald einmal als vermögender Mann. Rückzahlungsschwierigkeiten von Gläubigern, der Einkauf und Handel mit den kostbaren Rohstoffen – wie Gold, Silber und Edelsteine – für seine Instrumente und säumige Mieter bringen den eher kleingewachsenen bärtigen Mann in der grossen europäischen Metropole Praha an der Vltava (Moldau) auch immer wieder mit schillernden Zeitgenossen in Kontakt. Wegen einer überteuerten Vorverkaufssumme eines Geschäftspartners lässt ihn der sich geprellt fühlende Juwelier sogar einmal geheimpolizeilich ausschreiben.[10] Gegenüber solchen Schlitzohrigkeiten und kriminellen Methoden sowie gegen missbräuchliche Nutzniesser seiner Erfindungen weiss er sich in verschiedenen Prozessen[11] vor allem in Kassel auch vor Gericht zu behaupten.[12] Hierfür weilt Bürgi 1614 und 1617 jeweils mehrere Monate in Kassel. Dabei hat er, wie die Notiz an seinen Freund und Paten Hans Dickhaut in der äusserst seltenen Original-Handschrift des 64-Jährigen zeigt, gleich mit acht verschiedenen Hauptkontrahenten Händel und Probleme, die er lösen muss und die ihn emotional und finanziell strapazieren.[13] «Damit ist erwiesen, dass er ein Prozesskrämer geworden ist», folgert Alhard von Drach.[14]

220/ **Bronzegussbüste von Kaiser Rudolf II. in der Kunstkammer in Wien. 1603 von Adriaen de Vries in Prag in der Vikarska 34 geschaffen – im selben Gebäude wie Bürgis Uhren, die sich nun ebenfalls in der Wiener Kunstkammer befinden.**

221/ **Bürgis Planetenuhr von 1605. Goldschmiedearbeiten und Figuren von Jan Vermeyen.**

223/ **Drachenschale aus Lapislazuli von Gasparo Miseroni in einer Fassung aus reinem Gold, Email, Rubinen, Smaragden, Perlen und Granatsteinen.**

222/ **Bürgis Kristalluhr von 1622/27. Kristallarbeiten von Ottavio Miseroni.**

224>>/ **Narwalbecher von Jan Vermeyen aus Horn, Narwalhorn («Einhorn»), Gold, Email, Diamanten, Rubinen; Doppelkamee aus Achat und Elfenbein.**

225/ **Vor 34 Jahren wurde Rudolf II. zum Kaiser gekrönt. In den Jahren 1610/11 verliert der unglücklich Agierende seine Macht an seinen fünf Jahre jüngeren Bruder Matthias.**

226/ **Kaiser Matthias (geb. 1557, reg. 1612–1619) ist acht Jahre auf dem Kaiserthron und enttäuscht seine ehemaligen böhmischen Verbündeten.**

227/ **Kaiser Ferdinand II. (geb. 1578, reg. 1619–1637) – hier gemalt mit dem «Hofkammerzwerg» – verstärkt bereits als Böhmischer König ab Juni 1617 den gegenreformatorischen Druck.**

Treue zu Prag. Als Kaiser Rudolf II. stirbt, behält Jost Bürgi auch unter dessen Nachfolgern Matthias I. (geb. 1557, reg. 1612–1619) und Ferdinand II. (geb. 1578, reg. 1619–1636) den Titel des kaiserlichen Hof- und Kammeruhrmachers. Als sich 1619 der kaiserliche Hofstaat unter Matthias nach Wien zurückzieht und Prag dadurch faktisch wieder zu einer «Provinzstadt» degradiert wird, bleibt Bürgi in Prag. Er findet auch unter dem Statthalter des Kaisers in Böhmen, Fürst Karl von Liechtenstein (1561–1627), Anerkennung, Aufträge und Schutz. Mit der Auszahlung von 7594 Gulden «per Besoldung und verrichtete Arbeit» durch das kaiserliche Hofzahlamt alleine zwischen 1620 und 1624 wird Jost Bürgi für seine Arbeit im wahrsten Sinne des Wortes fürstlich entlohnt.[15] In diesem Betrag ist auch die Entschädigung für Bürgis Wiener Bergkristalluhr mit kleinstem Himmelsglobus (1622/27) enthalten, die Bürgi nach eigener Ansicht als schönste seiner Uhren in diesen Jahren im Auftrag des Fürsten Karl von Liechtenstein, kaiserlicher Statthalter in Böhmen, in Prag geschaffen hat.

I B

Verheerender Dreissigjähriger Krieg

Die ungünstigen Lebensumstände, in die Jost Bürgi hineingeboren wurde, verschlimmern sich noch. Unter der Faust des Hauses Habsburg und des damit verbündeten Herzogs Maximilian von Bayern entfacht sich im Zuge der Gegenreformation in Böhmen 1618 der Dreissigjährige Krieg. Jost Bürgi sitzt nur wenige Meter vom Ort der Initialzündung entfernt, dem Zweiten Fenstersturz zu Prag in den Schlossgraben des Hradschin. Eines ergibt das andere: Erste Aktionen der habsburgischen Gegenreformatoren richten sich gegen die evangelischen Stände Böhmens sowie Deutschlands und Österreichs; erste Reaktionen führen zum Fenstersturz auf dem Hradschin und zum Zug des böhmischen Heeres nach Wien, das Prag als Kaisersitz abgelöst hatte. Es folgen in nächster Nähe Bürgis 1619 die Wahl von Friedrich V. von der Pfalz zum böhmischen Winterkönig und 1620 die für Böhmen wie Protestanten insgesamt verheerende Schlacht am Weissen Berg.

228/ **Jost Bürgi gehört seit März 1609 dem Adelsstand an. Sein Vollwappen ist mit der kaiserlich privilegierten Helmzier gekrönt (Seite 250).**

Niederlagen Hessens und Dänemarks. Nachdem trotz langer Gespräche 1623/24 die Armee der Katholischen Liga noch immer nicht aufgelöst ist, sondern im evangelischen Norden ihr Winterlager aufschlägt, betrachtet dies Christian IV. von Dänemark und Norwegen als unfreundliche Geste der Bedrohung. Als gleichzeitiger Herzog von Holstein und Kreisobrist des niedersächsischen Reichskreises und mit Unterstützung Wilhelms V. (1602–1637) von Hessen-Kassel stösst Christian IV. in Richtung Niedersachsen vor. Hier wird er im Juni 1626 von t'Serclaes von Tilly in Witten südlich von Braunschweig geschlagen (und 1628 nochmals von Wallenstein). Schon vorher hatte Tilly den Reichfürstenedikt der Absetzung des Landgrafen Moritz von Hessen-Kassel exekutiert und 1626 die ganze Grafschaft besetzt.[16] «Eine englische Delegation, die 1636 zum Regensburger Kurfürstentag reiste, berichtete von unvorstellbaren Verwüstungen.

229/ **Mit dem Fenstersturz der kaiserlichen Repräsentanten in den Schlossgraben beginnt 1618 der Dreissigjährige Krieg. Jost Bürgi ist nur gut 100 Meter vom Geschehen entfernt.**

230/ **Trostlose Landstriche mit verstörten Menschen: Resultat von drei Jahrzehnten Krieg.**

Zwischen Mainz und Frankfurt sei das Land menschenleer, und ein Dorf binnen zwei Jahren beispielsweise 18-mal geplündert worden. Man lagere in Trümmerfeldern, weil weit und breit kein Mensch mehr lebe.»[17] Und weiter: «Die kaiserliche Armee, die 1635 durch das Gebiet des verbündeten Landgrafen von Hessen-Darmstadt zog, sorgte dort für einen Verlust von 30 000 Pferden, 100 000 Kühen und 600 000 Schafen.»[18]

Die Folgen des Krieges. Der englische Kriegshistoriker Michael Howard ordnet diesen Krieg wie folgt ein: «Im Dreissigjährigen Krieg erreichte die Kriegsführung einen Höhepunkt der Brutalität und Sinnlosigkeit. (...) Die Opfer der Söldnertruppen mussten sich, wenn ihr Haus verbrannt und ihre Familie ausgelöscht worden war, um überhaupt überleben zu können, selbst als Söldner verdingen.»[19] Etwa ein Drittel der 30 Millionen Einwohner verlor das Leben. Im Gegensatz zu den zentralistisch geführten Ländern Frankreich und England besteht das Deutsche Reich faktisch aus einem Flickenteppich von 300 weitgehend autonomen Kleinstaaten. Noch im Sommer 1648 plündert als letzte Truppe das schwedische Heer unter der Führung des Feldherrn Königsmarck auf der Kaiserburg des Hradschin die verbliebenen kostbaren Wunderkammer-Schätze, darunter Bürgis silberne Planetenglobusuhr von 1592 und die noch heute in Stockholm ausgestellte Armillarsphäre mit Astrolabium. Zu dieser Kriegsbeute gehört ebenfalls der Pegasus-Globus von Emmoser und vielleicht auch aus dem Brahe-Nachlass die Abschrift des wernerschen Prostaphärese-Manuskriptes, das die schwedische Königin Christina «Ohne-Land» einige Jahrzehnte später nach Rom in den Vatikan mitnimmt.

Konsequenzen des Westfälischen Friedens. Erst der Westfälische Friede von Münster (1648) und Osnabrück (1649) wird nicht nur der Habsburger Dynastie das Ende ihrer Universalmonarchie bescheren, sondern dem geschundenen Land die lang erhoffte Ruhe bringen – in verwüsteten und von Menschen nahezu ausgestorbenen Landstrichen leider viel zu oft eine Friedhofsruhe. Jetzt ist der «deutsche» Raum erstmals als ein Gemeinwesen von der Nord- und Ostsee bis zu den Alpen vereint.[20] Schweden ist einer der Kriegsgewinner. Frankreich ist nach dem Friedensschluss zur grössten Macht Europas aufgestiegen.

231/ **Schlacht am Weissen Berg 1620 vor Prag. Das von Peeter Snayers gemalte Bild zeigt eine grosse Überlegenheit der kaiserlich-habsburgischen Truppen.**

Erbfolgekrieg in Hessen. Auch die Grafschaft Hessen-Kassel leidet unter der Bedrohung und späteren Besetzung vor allem durch den Feldherrn der Katholischen Liga Johann t'Serclaes Graf von Tilly. Hinzu kommen die Auswirkungen der Erbteilung Hessens nach dem Tod von Landgraf Philipp I. 1567 im ursprünglich rein lutherischen Hessen (die Teilung führt zu den wesentlich kleineren Gebieten Hessen-Darmstadt, Hessen-Butzbach, Hessen-Kassel und Hessen-Marburg). Nach dem Tod von Wilhelm IV. 1592 in Hessen-Kassel konvertiert dessen Sohn Landgraf Moritz 1605 mit seiner Bevölkerung – aber ohne ihre Zustimmung – zum Calvinismus, während sein Halbbruder Graf Hermann von Hessen-Rotenburg an der Fulda («Rotenburger Quart») der lutherischen Konfession treu bleibt. Diese hessischen Erbfolgestreitigkeiten kulminieren in der Belagerung Marburgs 1645/46 im «Hessenkrieg» zwischen dem kaiserlichen katholischen Hessen-Darmstadt und dem schwedisch-protestantischen Hessen-Kassel.

Staatliche Souveränität für die Schweiz. Der Schweizer Eidgenossenschaft und dem nördlichen Teil der Niederlande bringt der Westfälische Friede mit ihrem Ausscheiden aus dem Reichsverband endlich auch *de jure* die staatliche Souveränität und die völkerrechtliche Anerkennung. Aus heiterem Himmel kommt diese Trennung der Schweiz vom Kaiserreich allerdings nicht: Bereits seit dem Basler Frieden von 1499 hatte die Eidgenossenschaft an der Reichspolitik des Heiligen Römischen Reiches Deutscher Nation nicht mehr teilgenommen.

232/ **Dem grossen Philosophen und Mathematiker René Descartes (1596–1650) ist Jost Bürgi wahrscheinlich nie persönlich begegnet.**

Bürgi und Descartes: verfehlte Zufallsbegegnung in Prag. Seit 1619 ist der junge Franzose René «Cartesius» Descartes (1596–1650) Mitglied der kaiserlichen Truppen. Angeblich soll der spätere Naturforscher und Philosoph Descartes («Cogito ergo sum» – «Ich denke, also bin ich!») auch dabei gewesen sein, als das Heer von Kaiser Ferdinand II. unter Albrecht von Wallenstein und Graf Tilly bei Prag am Weissen Berge 1620 die aufständischen böhmischen Truppen mit ihrem «Winterkönig» Friedrich V. von der Pfalz besiegte. Descartes' persönliche Teilnahme an der Schlacht am Weissen Berg vor Prag wird von Adrien Baillet in der 1691 erschienenen Biografie *La vie de Monsieur René Descartes* geschildert, ist aber heute umstritten, und gemäss Martin Solc ebenso die Berichte, dass sich der 24-jährige Descartes auf den Schlössern Benatek und Belvedere die ehemaligen Sternwarten Brahes ansieht und das ehemalige Wohnhaus Keplers besucht. Zur gleichen Zeit begutachtet nebenan auf der Kaiserburg Hradschin der 68-jährige Jost Bürgi gerade seine Logarithmentafeln im Probedruck, bevor er für längere Zeit nach Kassel verreist. Ganz auszuschliessen ist es nicht, aber es ist unwahrscheinlich, dass sich die beiden Pioniere der Neuzeit hier persönlich begegnet sind. Wahrscheinlich ist, dass der junge 24-jährige Descartes Kepler in Linz besuchte. Wie auch immer, es dauert von da an noch 17 Jahre, bis René «Cartesius» Descartes sein Hauptwerk *Discours de la méthode* veröffentlicht, das erste Mathematik-Buch der von Jost Bürgi mitentwickelten analytischen Geometrie.[21]

233/ **Die analytische Geometrie setzt sich mit René Descartes und seinem *Diskurs über die Methoden* durch. Er baut dabei auch auf Bürgis Vorarbeiten auf.**

234>/ **Hier erläutert Descartes einen Regenbogen.**

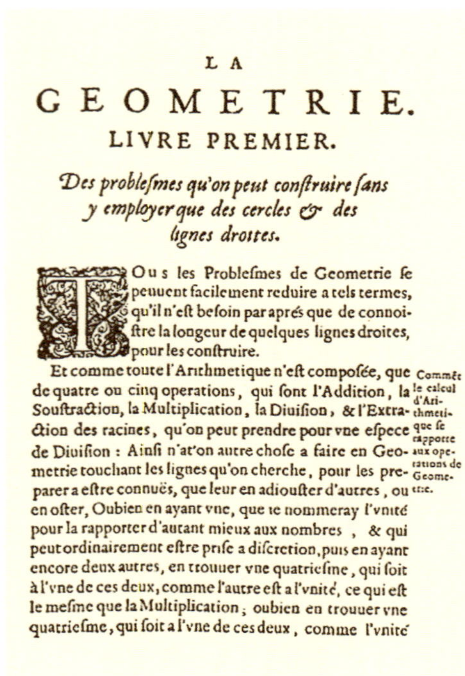

LA

GEOMETRIE.

LIVRE PREMIER.

Des problesmes qu'on peut construire sans y employer que des cercles & des lignes droites.

TOus les Problesmes de Geometrie se peuuent facilement reduire a tels termes, qu'il n'est besoin par aprés que de connoistre la longeur de quelques lignes droites, pour les construire.

Et comme toute l'Arithmetique n'est composée, que de quatre ou cinq operations, qui sont l'Addition, la Soustraction, la Multiplication, la Diuision, & l'Extraction des racines, qu'on peut prendre pour vne espece de Diuision : Ainsi n'a-t'on autre chose a faire en Geometrie touchant les lignes qu'on cherche, pour les preparer a estre connuës, que leur en adiouster d'autres, ou en oster, Oubien en ayant vne, que ie nommeray l'vnité pour la rapporter d'autant mieux aux nombres, & qui peut ordinairement estre prise a discretion, puis en ayant encore deux autres, en trouuer vne quatriesme, qui soit à l'vne de ces deux, comme l'autre est a l'vnité, ce qui est le mesme que la Multiplication; oubien en trouuer vne quatriesme, qui soit a l'vne de ces deux, comme l'vnité

Commẽt le calcul d'Arithmetique se rapporte aux operations de Geometrie.

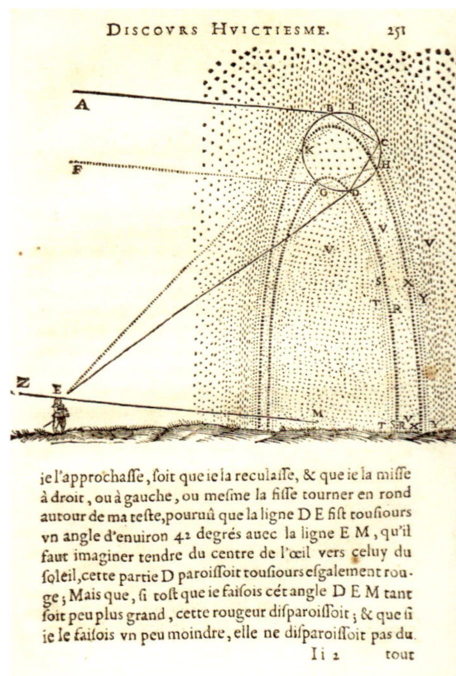

DISCOVRS HVICTIESME. 251

ie l'approchasse, soit que ie la reculasse, & que ie la misse à droit, ou à gauche, ou mesme la fisse tourner en rond autour de ma teste, pouruû que la ligne D E fist tousiours vn angle d'enuiron 42 degrés auec la ligne E M, qu'il faut imaginer tendre du centre de l'œil vers celuy du soleil, cette partie D paroissoit tousiours esgalement rouge; Mais que, si tost que ie faisois cét angle D E M tant soit peu plus grand, cette rougeur disparoissoit; & que si ie le faisois vn peu moindre, elle ne disparoissoit pas du

Ii 2 tout

235/ **Jost Bürgi kehrt 1631 nach Kassel zurück – in die Stadt, in der sich sein Genius entfaltet und in der er die meisten Jahre seines Lebens verbracht hat (Kupferstich um 1620).**

Bürgis Rückkehr nach Kassel

Während seiner Anstellung als kaiserlicher Hof- und Kammeruhrmacher in Prag gilt Jost Bürgi in Kassel als beurlaubt. Seinen Titel und zeitweise auch seine Funktionen als fürstlicher Kammeruhrmacher hält er dabei unter den drei Landgrafen Wilhelm IV., Moritz I. Wilhelm V. (1602–1637) aufrecht. Immer wieder verbringt Bürgi auch längere Zeitabschnitte in Kassel, wo «Jobst der Uhrmacher» 1591 als Bürger aufgenommen worden ist und seitdem dort ein Haus sein eigen nennt. Hier hat er 1591 die Tochter des früh an der Pest verstorbenen Pfarrers David Bramer aus Felsberg bei Kassel geehelicht, die 1609 stirbt. In den nachfolgenden Jahren hält sich Bürgi öfters in Kassel auf, wo er 1611 auch seine zweite Ehefrau Catharina Braun, verwitwete Oerling (1557–1632), kennenlernt. Im Jahr 1617 hat er in Kassel verschiedene Aufgaben zu erledigen. So unterrichtet er auf dem Kasseler Schloss den Prinzen und späteren Grafen Hermann von Hessen-Rotenburg in Astronomie. Hermann ist der Sohn Wilhelms IV. aus zweiter Ehe und nur zu einem kleineren Anteil erbberechtigt. Moritz ist weitaus besser gestellt als Hermann, aber dieser wiederum steht um einiges besser da als Wilhelms ausserehelicher Sohn Philipp Wilhelm von Cornberg – ein weiteres Kind von Wilhelm IV. von Hessen-Kassel, hervorgegangen aus einer Beziehung des Landgrafen mit der Tochter des Schlossturmwächters der Kasseler Residenz.[22]

An den günstigen Leser.

ES hat mein lieber Præceptor vnnd Schwager / Jobst Burgi Käys. Mayest. Rudolphi, Matth. vnd Ferdinandi bestellter Cammervhrmacher / vnd ins 43. Jahr Fürstl. Hessischer Vhrmacher zu Cassel seliger vor vngefehr 56. Jahren zum bericht seines inventirten Triangular Instruments, von Anthonio Eisenhauten Kupfferstechern vnd Goldschmieden zu Warburg / gegenwärtige figuren erstlich schneiden lassen / Käys. Mayest. Rudolphus hochlobseligstes andenckens jhme hernacher auch darüber ein privilegium in Anno 1602. gnädig ertheilet / es ist aber kein bericht darbey verfertigt worden / ohne was ich in Anno 1609. als ich bey demselben mich auffgehalten / vber etliche figuren zum messen bloß entworffen / weil er aber endlich willens gewesen / diesen Bericht gäntzlich verfertigen zu lassen / vnd denselben also auch seine schöne progres Tabulen, vnd die Tabulas Sinuum, so er in grad / minuten / vnd von 2. zu 2. secunden, mit vnsäglicher arbeit calculiret, auff vieler anhalten in Truck kommen zu lassen willens gewesen / wie dann 1619. sein deß Burgi S. Bildnuß von Ægidio Satlern Käys. Mayest. Kupfferstechern in den Titul gestochen worden / weil aber die in gantz Teutschland noch wehrende grosse vnruhe / sich damals in Böhmen entsponnen / vnd daselbsten ein anfang genommen / ist solches alles liegen verblieben / biß er endlichen in Anno 1632. sich in hohem Alter wider nacher Cassel begeben / vnd folgendes Jahr auch daselbsten verstorben / seynd mir solche Kupffer neben anderm zugewachsen / so ich auch biß dahero liegen lassen / weil ich wegen tragender Ambtsgeschäfften / wenige zeit etwas anders vorzunehmen zeit haben können / darnach so ist mir auch wol bewust / daß Anno 1603. Leonhard Zubler von Zürich ein Tractätlein von einem fast dergleichen Instrument außgegeben / wie dann auch zuvor vnd Anno 97. Philip Damfrie einen Tractat in Frantzösischer sprach zu Pariß getruckt / an tag kommen lassen / so diesem Triangular Instrument nicht

Benjamin Bramer pflegt Bürgis Vermächtnis. Jost Bürgi fühlt sich in Kassel zu Hause. Um 1598, nach zwei Jahrzehnten in Kassel, schreibt er in der Einleitung zur *Arithmetica Bürgii*: «Hab ich mein Pfund, so mir von Gott vertrawt, nit vergraben, sondern der geometrischen kunst zum besten auch meinem geliebten Vatterland teutscher Nation zu Ehren in teütscher spraach, deren jch gewohnt in offnen truckh geben wöllen.»[23] Diese Aussage wird gelegentlich als eine Stellungnahme Bürgis zugunsten Deutschlands und als Ablehnung der Schweiz interpretiert, doch das dürfte er damit kaum gemeint haben: Bürgi kann sein Werk mangels Fremdsprachenkenntnissen nicht in Latein schreiben, und er will seinen des Lateins ebenfalls nicht mächtigen Zeitgenossen seine Kenntnisse der geometrischen Kunst in gewohntem Deutsch zugänglich und nicht in Latein unzugänglich machen.

236/ **1648 veröffentlicht Benjamin Bramer in Kassel die Bedienungsanleitung von Jost Bürgis Triangulationsinstrument und richtet sich zu Beginn an den «Günstigen Leser».**

Endgültig kehrt Jost Bürgi erst 1631 inmitten der schlimmsten Wirren des Dreissigjährigen Krieges – und nach dem Verkauf seines Prager Hauses – von Prag nach Kassel zurück und damit in eines der von Krieg und Pest am schwersten geschädigten Gebiete Deutschlands.

Knapp einen Monat vor seinem 80. Geburtstag (28. Februar) stirbt Jost Bürgi am 31. Januar 1632 hochverehrt in Kassel und wird als Zwinglianer-Calvinist auf dem Friedhof der Freiheitergemeinde der Kasseler Martinskirche beerdigt. Dieses Grab existiert schon lange nicht mehr, doch erinnert eine Tafel in der Lutherstrasse an ihn, dessen Genius sich in Kassel am grossartigsten entfaltet, der in Prag im Zentrum des politischen Weltgeschehens gestanden und der an der wissenschaftlichen Durchsetzung der kopernikanischen Wende und der keplerschen Revolution entscheidenden Anteil gehabt hat. Im Totenbuch konnte man lesen: «Anno Domini 1632. Jost Bürgi von Lichtensteig aus Schweitz, seiner Kunst ein uhrmacher, aber der Erfahrung ein berümbter (am kaiserlichen hoff und fürstlichen höffen) astronom und gottselig mann, aetatis 81 anno.» Bürgis 75-jährige Witwe Catharina stirbt nur zwei Wochen später, und so tritt der Pflegesohn Benjamin Bramer Bürgis Erbe an, der zeitlebens auch Bürgis aufmerksamster Schüler und bester Lehrling gewesen ist. Bei Bürgis Tod ist Bramer bereits seit zwei Jahrzehnten Festungsbaumeister von Marburg und Kassel sowie von Ziegenhain und der Burg Rheinfels.

237/ **Benjamin Bramer (1588–1664) war Bürgis gelehrigster Schüler, sein Schwager und gleichzeitig sein einziger (Pflege-)Sohn.**

Kaum mehr verwandtschaftliche Bindungen. Jost Bürgis beide Ehen mit hessischen Frauen bleiben kinderlos, doch hat Bürgi 1591 bei seiner ersten Hochzeit Benjamin Bramer aufgenommen, den früh verwaisten, dreijährigen Sohn des Felsberger Pfarrers David Bramer. Als Jost Bürgi zum ersten Mal heiratet, ist er bereits 38 Jahre alt. Seine Frau dürfte knapp über 20 gewesen sein und damit etwa 20 Jahre älter als ihr kleiner Bruder Benjamin Bramer. Es ist durchaus möglich, dass Benjamin und Bürgis Ehefrau nicht die gleiche Mutter haben und also Halbgeschwister sind.

Seinen von Kassel und Prag mehrere Tagesreisen entfernten Geburts- und ersten Bürgerort Lichtensteig hat Jost Bürgi in diesen unruhigen kriegerischen Zeiten schon länger nicht mehr besucht, obwohl er dort noch das kleine Haus am Untertor besitzt, das sein Cousin Conrad Bürgi, der Schuhmacher, verwaltet und in dem Josts Schwester mit ihrem Gatten «Ronnj» Murer wohnt. Nachdem der Familienzweig der protestantischen Bürgi mit dem Tod des vermögenden Sebastian «Basty» Bürgi (1589–1666) ausstirbt [24] – alle seine vier Söhne sterben bereits vor ihm selbst im Kindesalter –, erlischt der katholische Zweig des traditionsreichen Lichtensteiger Familienstammes der Bürgi mit dem Tod des letzten männlichen Nachkommen Carl Rudolph Bürgi 1921 in Basel zwar genealogisch neun Generationen später – nicht jedoch genetisch. Über die jeweils unter anderem Namen verheirateten Töchter der Familien Bürgi sowie deren Nachkommen existiert jedoch (noch) keine Dokumentation.

238/ **Bürgi-Reliefbüste von R. Kissling (1906) am nach Jost Bürgi benannten Lichtensteiger Schulhaus.**

Dokumente gegen das schnelle Vergessen

Hauptanziehungspunkte für heutige Zeitgenossen sind Jost Bürgis Himmelsgloben und Uhren in den Museen von Kassel, Dresden, Zürich, Wien, Paris, Weimar und Stockholm sowie sein Sextant in Prag. Unter den Publikationen sind neben den Werken von Karsten Gaulke und Jürgen Hamel der von Ludolf von Mackensen 1979 herausgegebene Jubiläumsband *400 Jahre Jost Bürgi in Kassel* und besonders das grossformatige Werk *Astronomen, Sterne, Geräte* von John H. Leopold hervorzuheben, das 1986 in limitierter Auflage gedruckt wurde. Es ist, wie seine mit K. Pechstein verfasste Parallelpublikation *Der kleine Himmelsglobus von 1594 von Jost Bürgi,* leider nur noch antiquarisch erhältlich. Hingegen ist von Ludwig Oechslin zu seiner Bürgi-Biografie das Büchlein *Der Bürgi-Globus* mit vielseitigen farbigen Einblicken in die Globenwelten erschienen.

239/ **Szene aus dem Dokudrama *Himmel hab' ich gemessen* von Michael Havas, gedreht 1990 an den Originalschauplätzen in Prag: hier auf dem Hradschin.**

240/ **Bronzefigur Jost Bürgi am Kepler-Denkmal in Weil der Stadt.**

1983 wurde von der Schweizer Post eine Sonderbriefmarke mit dem kleinen Zürcher Himmelsglobus herausgegeben, die als schönste Marke der Serie prämiiert wurde, und kurz vor Auflösung der DDR gab die Post eine 20-Pfennig-Briefmarke heraus, die Jost Bürgis Weimarer Himmelsglobus beim 400-Jahr-Jubiläum zeigte. Zum 200-Jahr-Jubiläum des Kantons St. Gallen im Jahre 2003 verfasste Philipp Schöbi-Fink über Jost Bürgi ein Theaterstück, das in Lichtensteig mehrmals aufgeführt wurde.

In Jost Bürgis Geburtsort Lichtensteig erinnert neben einem Bronzerelief ein abstraktes Denkmal von 1963 an das Toggenburger Universalgenie, im Kepler-Geburtsort Weil der Stadt bilden eine imposante Bürgi-Figur und eine mit Kepler gemeinsame Beobachtungssituation (Seite 226) wichtige Elemente des bereits 1870 kurz vor dem 300. Kepler-Geburtstag eingeweihten Denkmals mit Bronzefiguren und Reliefs von August von Kreling in idealisierend-historisierendem Zeitstil. In Kassel gibt es eine Bürgi-Gedenkplakette und – wie in Lichtensteig – eine Bürgi-Strasse. So wie Mondkrater nach den anderen grossen Pionieren der Frühen Neuzeit benannt wurden, gibt es auch einen mit dem Namen «Byrgius». Man erkennt den 87 Kilometer grossen und 4 Kilometer tiefen Krater am südwestlichen Mondrand. Und 1977 erhält ein von Paul Wild am Berner Observatorium Zimmerwald entdeckter Asteroid des Hauptgürtels den Namen «(2581) Bürgi».

Das bis anhin grösste öffentliche Interesse für Jost Bürgi erzielte 1991 das Fernseh-Dokudrama *Himmel hab' ich gemessen* über Jost Bürgi von Michael Havas. Es wurde als dreiteilige Folge von jeweils 30 Minuten in allen deutschsprachigen Ländern sowie in Tschechien und Neuseeland über die öffentlich-rechtlichen TV-Kanäle ausgestrahlt, in den USA und Japan mehrfach ausgezeichnet sowie in das Archiv des Museum and International Institute of Film, New York, aufgenommen.

241/ **Sonderbriefmarke der sich damals in Auflösung befindenden DDR über den Weimarer Himmelsglobus Jost Bürgis.**

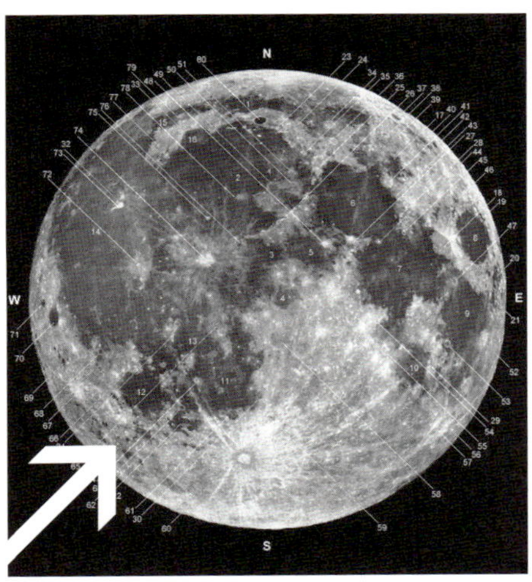

242/ **Links unten am Mondrand (Pfeil) liegt der nach Jost Bürgi benannte Krater Byrgius.**

243/ **Der Byrgius-Hauptkrater hat einen Durchmesser von 87 Kilometern.**

Corpus xpi quod recepti sumus et sanguis.
Gratias ago tibi clementissime mundi redemptor qui pro salute mundi mortem pertulisti et me in commemoratione angelice refectionis corpore et sanguine tuo satiasti et so-
lum et potestas decus et imperium et i secula seculorum. Amen. Domine ihesu xpe fili dei uiui corpus tuum crucifixum et sanguinem tuum pro nobis effusum bibimus fiat nobis corpus tuum saluti et sanguis tuus in remissione peccatorum. Amen. Nunc dimittis. Pater noster. Salvum fac. s. t. ds. m. s. i. te. Mitte ei a. d. s. et d. s. y. t. me. Domine exaudi orationem meam. et c. Perfice in nobis quesumus domine gratiam tuam qui iusti symeonis expectationem implesti ut sic ille per morte non uideret prius xpm uidere mereretur. ita et ego gratias super eum corporis et sanguinis eiusdem domini uitam merear habere sempiternam. Amen.
Omnipotens sempiterne deus propicius esto peccatis meis per mortem et crucem tuam et per sumptionem corporis et sanguinis tui et per intercessionem omnium sanctorum ... loquitur dicens
Qui manducat me-

am carnem et bibit meum sanguinem in eo ideo te
precor summe mundi creator et spiritu principali
re digneris ut ab omnibus ...
omnibus. ut gaudiorum celesti
percepi. Reudm.
Yhu. m. an. et Mat. s. y.
Om. dulc. pia. la.
Om. Mat. di. s. u.
Om. ad obtata n.
Om. ancil. h.
ap. p. u. g. fru.
ple fec. n.
gratia nobi
sal. luni. dat
dign. seqs. s.
car. s. sal. m.
apli. mat.
mides pusi.
bulc mel gu
pia dile. d.
le. p. ce pla.

Xpe audi nos.
Xpe audi nos.
Salvator mundi adiuva nos.
Sca dei genitrix
Sca virgo virginum
Sca maria
Sce michahel
Sce gabrihel
Sce raphahel
Omnes sci seraphin
Omnes sci cherubin
Omnes sci throni
Omnes sci dominationes
Omnes sci principatus
Omnes sci potestates
Omnes sce virtutes
Omnes sci archangeli
Omnes sci angeli
Omnes sci beatorum ordines

Sce ihes baptista
Omnes sci patriarche et prophete
Sce petre
Sce paule
Sce andrea
Sce iacobe
Sce iohannes
Sce thoma
Sce iacobe
Sce philippe
Sce bartholomee
Sce mathee
Sce symon
Sce thathee
Sce mathia
Sce marce
Sce barnaba
Sce luca
Omnes sci apli et evangeliste

Sce stephane
Sce laurenti
Sce clemens
Sce syxte
Sce constanti
Sce corneli
Sce cipriane
Sce thoma
Sce iohes et pa
Sce oswalde
Sce georgi
Sce pancrati
Sce pantaleon
Sce dionisii
Sce mauricii
Sce gereon
Omnes sci mart
Sce silvester
Sce gregori

Kapitel 12
«Durch Wiszenheit dieser Kunst erlangt ich grosser Herren Gunst»

244/ «Der Mönch mit dem Sehrohr» ist die älteste Darstellung einer fernrohrähnlichen Ausrüstung zur Astronomie nördlich der Alpen. Diese mehr als 1000 Jahre alte Illustration des Benediktinermönchs Hartker befindet sich in der Stiftsbibliothek St. Gallen. Wie die Lebensgeschichte von Jost Bürgi aufzeigt, war es 600 Jahre später wiederum ein St. Galler, der für die neue Astronomie entscheidende Impulse lieferte. Vielleicht wurde in seiner Werkstätte in der Vikarska 34 in Prag auch das erste astronomische Fernrohr gebaut.

Besinnen wir uns zurück an den Beginn dieser einzigartigen Lebensgeschichte: Wissen und Können betrachtet Jost Bürgi selbst als sein Erfolgsgeheimnis (Seite 22). Er ist ein brillanter Uhrmacher und Instrumentenkonstrukteur, zugleich ein tüchtiger Astronom und ein hervorragender Mathematiker. Ohne seine Mathematikinnovationen wie die Logarithmen und ohne seine effizienten Adaptationen (Dezimalbruchrechnung, Prosthaphärese, Algebra, Sinustafeln), ohne seine Sextanten, astronomischen Sekunden- und Observatoriumsuhren sowie ohne seine in jahrzehntelangen Himmelsbeobachtungen gewonnenen Positionsdaten wären die Analysen Keplers nicht so schnell erfolgt.

Die kreativste Phase seiner grossen Erfindungen auf den Gebieten der Mathematik, der Uhrenkonstruktion, des Instrumentenbaus, der Globusuhrenherstellung und der Astronomie erlebt Jost Bürgi von 1584 bis 1599 im Alter zwischen 32 und 47 Jahren in Kassel. Die intensivste Zeit von 1603 bis 1608 ist durch eine enge Zusammenarbeit mit Johannes Kepler geprägt, und dies nicht irgendwo, sondern in der kaiserlichen Residenz auf dem Hradschin zu Prag. Hier lernt Kepler Bürgis' Manuskript *Arithmetica Bürgii* kennen und damit auch die modernsten algebraischen und algorithmischen Rechenverfahren, hier entdeckt er die Ellipsenform der Marsbahn, postuliert er die beiden ersten keplerschen Gesetze und verfasst er seine *Neue Astronomie*. Ein kurzer Blick auf die Entdeckungen jener Zeit zeigt schnell, auf wie vielen Gebieten und auf welch vielfältige Weise Jost Bürgi den kaiserlichen Mathematiker Johannes Kepler unterstützt – und wie er sich selbst und seine Verdienste hinter einer Geheimhaltungsvereinbarung verborgen hält.

1552 in Lichtensteig in der Schweiz auf die Welt gekommen, 1591 in die Bürgerschaft Kassels (Deutschland) aufgenommen und 1609 in seinem jahrzehntelangen Wohn- und Arbeitsort Prag (Tschechien) geadelt, zählt Jost Bürgi zusammen mit dem Polen Nikolaos Koppernigk, dem Österreicher Joachim Rheticus, dem Deutschen Johannes Kepler, dem Italiener Galileo Galilei, dem Dänen Tycho Brahe und dem Franzosen René Descartes zur Garde bedeutender Europäer an der Schwelle zur Neuzeit, die der Engländer Isaac Newton eine gute Generation später abschliesst.

Erst im letzten Jahrzehnt wurde es dank Jürgen Hamels und Karsten Gaulkes Forschungsberichten und Publikationen sowie mit Eckehard Rothenbergs und Johann Wünschs Untersuchungen offensichtlich, dass das hessische Astronomenteam in Kassel mit Wilhelm IV., Christoph Rothmann und Jost Bürgi während Jahrzehnten die Gestirne genauer erfasst hat als Tycho Brahe.

Bürgis mathematische Erkenntnisse und wissenschaftliche Instrumente zur Zeit- und Winkelmessung erschliessen in der Mathematik, in der Astronomie, in der Zeitmessung und im Instrumentenbau neue Dimensionen. Jost Bürgi ist es, der die Neuzeit zum Ticken bringt. Nur dank der Genauigkeit von Bürgis Uhren und Sextanten sowie dank der von ihm geschaffenen Rechenverfahren ist Johannes Kepler in der Lage, die 8 Bogenminuten genau zu errechnen und empirisch nachzumessen.

Vielleicht erinnern wir uns an Jost Bürgi, wenn wir wieder einmal etwas im Sekundenbereich messen oder wenn wir ein Fahrziel mit dem amerikanischen Navstar-, dem russischen Glonass- oder dem europäischen Galilei-GPS-Navigationssystem ansteuern – oder, noch besser, wenn wir in einer schönen Mondnacht den Krater «Byrgius» im Blickfeld haben und der Asteroid «(2581) Bürgi» im Asteroiden-Hauptgürtel seine elliptische Bahn zieht.

Anmerkungen

Vorwort und Einleitung 11

1 Leopold, S. 231.
2 Ebd., S. 51 f.
3 Zitiert nach Wolf (1858), S. 58.
4 Ebd.
5 Kepler, KGW, Bd. 1, S. 307.
6 Zitiert nach Bridel, S. 160.

Kapitel 1 23
Jost Bürgi aus Lichtensteig im Toggenburg

1 Schmidt (2010), S. 29–31.
2 Müller (1982), S. 13–15.
3 Müller (1978), S. 25.
4 Müller (1982), S. 13 und Müller (1977), S. 109.
5 Müller (1982), S. 11.
6 Ebd.
7 Müller (1978), S. 41.
8 Müller (1977), S. 111.
9 Müller (1982), S. 10.
10 Edelmann, S. 15.
11 Ebd.
12 Zitiert nach Edelmann, S. 16.
13 Fried, S. 357.
14 Schoettli, S. 52.
15 Oestmann (2012 b).
16 Roth, S. 7.
17 Dürst (1983), S. 16.
18 Schmidt (2010), S. 16.
19 Caspar (1948), S. 300.
20 Schmidt (2010), S. 18.
21 Wild, S. 11.
22 Kepler, KGW, Bd. XVI, S. 20.
23 Schmidt (2010), S. 9.
24 Bönisch, S. 42.
25 Schmidt (2010), S. 12 f.
26 Morris, S. 438.
27 Voellmy, S. 7.
28 Sandl, S. 20.
29 Wolfschmidt (2010), S. 43.
30 Lenke/Roulet, S. 136.
31 Granada, S. 74.
32 Hasner, S. 2.
33 Bridel, S. 160.
34 Faustmann, S. 39.
35 Oestmann (2012 b).
36 Nussbaumer, S. 77.
37 Wolfschmidt (2010), S. 44.
38 Kepler, KGW, Bd. I, S. 459.
39 List/Bialas, S. 7.
40 Leopold (1986), S. 86.
41 Keil/Zäh, S. 88, FN 148.

Kapitel 2 49
Spekulationen über Bürgis Wanderjahre

1 Roegel (2012a).
2 Oestmann (2012a).
3 Müller (1978), S. 107.
4 Steccanella (2006), S. 23.
5 Rittmeyer, S. 29.
6 Müller (1978), S. 106 ff.
7 List/Bialas, S. 7.
8 Ortsarchiv Lichtensteig, OAL Rb2 und Steuerrodel Widiz.
9 Müller (1978), S. 44.
10 Zinner, S. 348.
11 Oechslin (2000), S. 1; Bertele, S. 48.
12 Ebd.
13 Oechslin (2012), S. 8
14 Münster, S. 649.
15 Vgl. Roeck, S. 28.
16 Irmscher, S. 108.
17 Keil/Zäh, S. 58.
18 Roeck, S. 165.
19 Leopold (1986), S. 55.
20 Mosley, S. 37.
21 Keil/Zäh, S. 54.
22 Oechslin (2000a), S. 49.
23 Keil/Zäh, S. 46.
24 Grünenfelder, S. 117.
25 Leopold (1986), S. 61.
26 Zinner, S. 520.
27 Leopold (1986), S. 33, FN 211.
28 Ebd., S. 9.
29 Ebd., S. 104.
30 Stiegemann, S. 258.
31 Dürst (1983), S. 46.
32 Irmscher, S. 106.
33 Roeck, S. 257.
34 Löffladt/Leich, S. 13.
35 Wolfschmidt (2010), S. 34.
36 Ebd., S. 36.
37 Vgl. Mosley, S. 50.
38 Vgl. Leopold (1986), S. 29.
39 Kühn, S. 8.
40 Folkerts, S. 31.
41 Teichmann, S. 130.
42 Mosley, S. 214.
43 Ebd., S. 215.
44 Leopold (1986), S. 35.
45 Zinner, S. 56.
46 Leopold/Pechstein, S. 20.
47 Drach, S. 26.
48 Leopold (1986), S. 72.
49 Leopold/Pechstein, S. 159.
50 Ebd., S. 175.
51 Leopold (1986), S. 19.
52 Ebd., S. 55.
53 Zitiert nach Gaulke (2007b), S. 109.
54 Wolfschmidt (2012).
55 Bauer/Haupt, S. 111.

Kapitel 3 79

Bürgis Meisterwerke der Zeitmessung

1 Mackensen (1979), S. 22.
2 Müller (1982), S. 16.
3 Ebd., S. 12.
4 Leopold (1986), S. 15.
5 Mackensen (1979), S. 25.
6 Zinner, S. 274.
7 Zitiert nach Leopold (1986), S. 233.
8 Mosley, S. 264.
9 Zinner, S. 271.
10 Zitiert nach Wenzel, S. 21.
11 Vgl. Bertele, S. 49; Gaulke/Korey, S. 59.
12 Mackensen (1979), S. 48.
13 Zitiert nach Wenzel, S. 22.
14 Zinner, S. 22.
15 Gaulke (2007c), S. 157.
16 Bertele, S. 26.
17 Wolf (1876), S. 59.
18 Vgl. Hamel (2002), S. 45.
19 Grötzsch, S. 233–235.
20 Ebd., S. 233.
21 Leopold (1986), S. 159–173.
22 Zinner, S. 274.
23 Schöbi-Fink (2008), S. 12.
24 Leopold (1986), S. 51, 160, 200.
25 Ebd., S. 52, FN 182.
26 Gaulke (2007c), S. 149.
27 Leopold (1986), S. 194.
28 Ebd., S. 196.
29 Ebd., S. 33.
30 Drach, S. 33.
31 Zinner, S. 520.
32 Svejda (2012b).
33 Voellmy, S. 10.
34 Leopold (1986), S. 204–210.
35 Ebd., S. 204.
36 Howard, S. 60.
37 Zitiert nach Gilder, S. 47.
38 Howard, S. 60.
39 Oechslin (2012), S. 7.
40 Oestmann (2012b).

Kapitel 4 105

Der geniale Instrumentenkonstrukteur Bürgi

1 Vgl. Leopold (1986), S. 19.
2 Wolfschmidt (2010), S. 20.
3 Gaulke (2007c), S. 228.
4 Mackensen (1979), S. 126.
5 Leopold (1986), S. 150.
6 Gaulke (2010), S. 54.
7 Kepler (1609), S. 191.
8 Mackensen (1979), S. 61.
9 Gaulke/Korey, S. 60.
10 Mackensen (1979), S. 67.
11 Hamel (2002), S. 22.
12 Zitiert nach Mosley, S. 55 (Übers. F. S.).
13 Zitiert nach Hamel (2002), S. 20.
14 Ebd.
15 Hamel (2002), S. 22.
16 Gaulke/Korey, S. 60.
17 Rankl, S. 43.
18 Ebd., S. 42.
19 Ebd., S. 40.
20 Rothmann, S. 40.
21 Granada/Hamel/Mackensen, S. 40.
22 Kepler (1609), S. 287.
23 Vgl. Riekher, S. 71.
24 Zitiert nach Granada/Hamel/Mackensen, S. 40.
25 Ebd., S. 39.
26 Gaulke/Korey, S. 57.
27 Gaulke/Korey, S. 58.
28 Svejda, S. 50.
29 Bramer (1630), S. 1.
30 Zitiert nach Dürst (1983), S. 51.
31 Ebd., S. 46.
32 Kern, Bd. 1, S. 278.
33 Padova, S. 19.
34 Voellmy, S. 13.
35 Mackensen (1979), S. 128.
36 Kepler, KGW, Bd. XIX, S. 342.
37 Zinner, S. 268.
38 Kepler, Opera, Bd. 5, S. 634, 639.
39 Caspar (1948), S. 189.
40 Leopold (1986), S. 33.
41 Kepler, KGW, Bd. XVI, S. 410.
42 List/Bialas, S. 109.
43 Mackensen (1979), S. 140.
44 Drach, S. 32.
45 Gilder, S. 130.
46 Zitiert nach Mosley, S. 279 (Übers. F. S.).
47 Brahe, Opera, Bd. IV, S. 157.
48 Zinner, S. 273.
49 Mackensen (1979), S. 33.
50 Ostsee-Zeitung, 18.9.2010, und Telefonat mit Jürgen Hamel, März 2012.
51 Drach, S. 30.
52 Wild, S. 31.
53 Staudacher (2010).

Kapitel 5 125

Wilhelms Kasseler Astronomie

1 Gaulke (2010), S. 60.
2 Korey, S. 104.
3 Ebd., S. 106.
4 Leopold (1986), S. 32.
5 Gaulke (2010), S. 49.
6 Leopold (1986), S. 189.
7 Hamel (2002), S. 11.
8 Mackensen (1979), S. 15.
9 Leopold (1986), S. 15.
10 Hamel (2002), S. 9.
11 Ebd., S. 11.
12 Ebd., S. 24.
13 Zitiert nach Leopold (1986), S. 29.
14 Vgl. Leopold/Pechstein, S. 14.
15 Hamel (2002), S. 9.
16 Ebd., S. 43.
17 Ebd., S. 12.
18 Ebd., S. 10.
19 Mackensen (1979), S. 121.
20 Gerke, S. 253.
21 Leopold (1986), S. 56.
22 Oechslin (2000), S. 34.
23 Zitiert nach Leopold (1986), S. 233.
24 Hamel (2002), S. 24.
25 Gaulke/Korey, S. 59.
26 Ebd., S. 60.
27 Ebd., S. 61.
28 Hamel (2002), S. 29 f.
29 Leopold (1986), S. 23.
30 Gaulke (2007b), S. 116.
31 Granada (2007), S. 67.
32 Hamel (2002), S. 73.
33 Ebd., S. 26.
34 Ebd., S. 54.
35 Gaulke (2007b), S. 110.
36 Hamel (2002), S. 54–73.
37 Hamel/Rothenberg, S. 61.
38 Hamel (2002), S. 58.
39 Zitiert nach Mosley, S. 86 (Übers. F. S.).
40 Hamel (2002), S. 58.
41 Granada/Hamel/Mackensen, S. 7.
42 Hamel (2002), S. 76.
43 Leopold (1986), S. 27.
44 Hamel (2002), S. 77.
45 Ebd., S. 75.
46 Mackensen (1979), S. 38.
47 Zitiert nach Mosley, S. 112 (Übers. F. S.).
48 Vgl. Mosley, S. 220.
49 Ebd., S. 263.
50 Zitiert nach Wolf (1872), S. 10 f.
51 Gaulke (2004), S. 74 f.
52 Granada/Hamel/Mackensen, S. 15.
53 Gilder, S. 104.
54 Wünsch, S. 30.
55 Ebd., S. 32.
56 Hamel (2002), S. 66.

Kapitel 6 147

Kaiserliche Himmelsgloben

1 Zinner, S. 269.
2 Zitiert nach Mackensen (1979), S. 31.
3 Vgl. Leopold/Pechstein, S. 25 und Leopold (1986), S. 176.
4 Drach, S. 32.
5 Leopold (1986), S. 174 f.
6 Ebd. S. 176.
7 Ebd.
8 Ebd., S. 175.
9 Zitiert nach Niederhäuser, S. 10.
10 Drach, S. 26.
11 Ebd.
12 Ebd.
13 Mosley, S. 263.
14 Leopold (1986), S. 32.
15 Drach, S. 33.
16 Oechslin (2000a), S. 45 und Leopold (1986), S. 101.
17 Leopold (1986), S. 178.
18 Ebd., S. 42.
19 Ebd., S. 52 und Oechslin (2000a), S. 55.
20 Leopold/Pechstein, S. 13.
21 Mosley, S. 229.
22 Leopold (1986), S. 112.
23 Leopold/Pechstein, S. 30.
24 Büchler, Tafel 10c.
25 Bodnar, S. 92.
26 Plassmann, S. 70.
27 Leopold (1986), S. 228.
28 Ebd., S. 152.
29 Ebd., S. 207.

Kapitel 7 163

Der innovative Mathematiker

1 Hamel (2002), S. 49
2 Lutstorf, S. 6.
3 Hamel (2002), S. 18.
4 Leopold (1986), S. 23.
5 Granada/Hamel/Mackensen, S. 11–14.
6 Hamel (2007), S. 34.
7 Hamel (2002), S. 78.
8 Riekher, S. 543.
9 Zinner, S. 269.
10 Padova, S. 207.
11 Granada/Hamel/Mackensen, S. 18.
12 List/Bialas, S. 104.
13 Ebd., S. 104 f.
14 Gingerich/Westmann, S. 17.
15 Hamel (2002), S. 22.
16 Launert (2010), S. 6.
17 List/Bialas, S. 105.
18 Reimers (1588), S. C 1 r.
19 Bürgi/Kepler, S. 9.
20 Ebd., S. 7.
21 Lutstorf, S. 159.
22 List/Bialas, S. 83, S. 114.
23 Lutstorf/Walter, S. 23.
24 List/Bialas, S. 114.
25 Oechslin (2000), S. 80.
26 Zinner, S. 269.
27 Lutstorf/Walter, S. 19.
28 Vgl. Kepler, KGW, Bd. XIII, S. 241 sowie Lutstorf/Walter, S. 4.
29 Zitiert nach Braunmühl, Bd. 1, S. 210.
30 Lutstorf/Walter, S. 1.
31 Vgl. Lutstorf/Walter, S. 8 und Oechslin (2000), S. 72.
32 Lutstorf/Walter, S. 12.
33 Vgl. Wolf (1872), S. 14.
34 Oechslin (2003), S. 17.
35 Vgl. Wolf (1858), S. 71 und Kepler, KGW, Bd. X, S. 11.
36 Waldvogel (2013), S. 18.
37 Voellmy, S. 21.
38 Lutstorf, S. 24.
39 Waldvogel (2013), S. 9.
40 Lutstorf/Walter, S. 2.
41 Faustmann, S. 45.
42 Waldvogel (2013), S. 21.
43 Ebd., S. 8.
44 Zitiert nach Leopold/Pechstein, S. 84.
45 Wolf (1872), S. 17.
46 Oechslin (2000), S. 101.
47 Oechslin (2003), S. 17.
48 Krafft (2005a), S. XLVII.
49 Ebd., S. XLVII.
50 Braunmühl, Bd. 2, S. 38.
51 Stoll, S. 95.
52 Krafft (2005a), S. XLVII.
53 Hammer, S. 463.
54 Bürgi/Kepler, S. 9.
55 Vgl. Loeffel, S. 37–51.
56 Braunmühl, Bd. 1, S. 208.
57 Zitiert nach Braunmühl, Bd. 1, S. 206.
58 Braunmühl, Bd. 1, S. 209.
59 Ebd., S. 73.
60 Ebd., S. 207.
61 Loeffel, S. 44.
62 Schöbi-Fink (2008), S. 14.
63 Oechslin (2000), S. 90.
64 Schöbi-Fink (2010), S. 40.
65 Zinner, S. 269.
66 Oechslin (2003), S. 17.
67 Vgl. List/Bialas, S. 113.
68 Zitiert nach Voellmy, S. 13.
69 Kepler, KGW, Bd. IX, S. 147.
70 Kepler, KGW, Bd. XIV, S. 497.
71 Bürgi/Kepler, S. 7.
72 List/Bialas, S. 122.
73 Oechslin (2000), S. 104.
74 List/Bialas, S. 114.
75 Zitiert nach Braunmühl, Bd. 2, S. 23.
76 Vgl. Wolf (1872), S. 13.
77 Kepler (1609), S. 210.
78 Vgl. Braunmühl, Bd. 1, S. 205.
79 Al-Khalili, S. 180.
80 Kepler (1596/2005), S. 348.
81 Ebd., S. 395–397.
82 Kepler, KGW, Bd. VI, S. 474.
83 Vgl. ebd., S. 526.
84 Bialas, S. 125.
85 Zinner, S. 269.
86 Lemcke, S. 68.
87 Nussbaumer, S. 131.
88 Ebd. 137.
89 Braunmühl, Bd. 2, S. 124.
90 Schöbi-Fink (2010), S. 35.
91 Vgl. Kepler, KGW, Bd. XVIII, S. 520.
92 Ebd.
93 Zitiert nach Gronau (2009), S. 16.

Kapitel 8 195

Der verborgene Bürgi

1 List/Bialas, S. 108.
2 Voellmy, S. 9.
3 List/Bialas, S. 109.
4 Ebd., S. 122.
5 Kepler, KGW, Bd. XIV, S. 448.
6 Braunmühl, Bd. 1, S. 209.
7 Kepler (2005), S. 392.
8 Kepler, KGW, Bd. XIV, S. 413.
9 Hammer, S. 463.
10 Jütte, S. 204.
11 Leopold (1986), S. 33.
12 Braunmühl, S. 207.
13 Kepler (1609), S. 191.
14 Ebd.
15 Kepler, KGW, Bd. XIX, S. 189.
16 Ebd. S. 190.
17 Kepler (1609), S. 18.
18 Ebd., S. 191.
19 Voellmy, S. 20.
20 Leopold (1986), S. 31.
21 Plassmann, S. 264 ff.
22 Lutstorf, S. 162.
23 Kepler, KGW, Bd. XIV, S. 497.
24 Kepler, KGW, Bd. XVIII, S. 149 f.
25 Vgl. List/Bialas, S. 110.
26 Lemcke, S. 121.
27 Zitiert nach Leopold (1986), S. 22.
28 Kepler, KGW, Bd. X, S. 48.
29 Zitiert nach Wolf (1858), S. 71.
30 Zitiert nach Leopold (1986), S. 33.
31 Reimers (1588), S. 19v.
32 Oechslin (2000), S. 106.
33 Kepler, KGW, Bd. I, S. 307.
34 Lutstorf, S. ii.

Kapitel 9 209
Bürgis Beitrag zu Keplers Astronomie

1 Documenta Rudolphinae DR/ A1612-02-00-02640.xml. Zugriff: 6.6.2013.
2 Gaulke (2007b), S. 110.
3 Gilder, S. 143.
4 Vgl. Gilder, S. 191.
5 List/Bialas, S. 108.
6 Zitiert nach Launert (2010), S. 20.
7 Documenta Rudolphinae DR 31.3.1600. Zugriff: 6.6.2013.
8 Gilder, S. 184.
9 Ebd., S. 185
10 Ebd., S. 162.
11 Kepler, KGW, Bd. XIX, S. 180.
12 Mosley, S. 237.
13 Hasner, S. 22.
14 Zitiert nach Lemcke, S. 56.
15 Hasner, S. 11.
16 Kepler (1609), S. XLII.
17 Dijksterhuis, S. 345.
18 Gaulke/Korey, S. 57.
19 Hamel (2002), S. 12.
20 Ebd., S. 14.
21 Zitiert nach Mosley, S. 99 (Übers. F. S.).
22 Brahe, TBOO, Bd. VI, S. 117.
23 Mosley, S. 101.
24 Zitiert nach Hamel/ Rothenberg, S. 71.
25 Zitiert nach Mosley, S. 58 (Übers. F. S.).
26 Hamel/Rothenberg, S. 54.
27 Zitiert nach Wolf (1872), S. 12.
28 Hamel/Rothenberg, S. 68.
29 Hamel (2002), S. 28.
30 Kepler (1609), S. 284.
31 Mackensen (1979), S. 38.
32 Hamel (2002), S. 74.
33 Documenta Rudolphiinae DR /A1603-07-00-01946.xml. Zugriff: 6.6.2013.
34 Leopold (1986), S. 212.
35 Hamel (2002), S. 76.
36 Leopold (1986), S. 231.
37 Leopold/Pechstein, S. 22.
38 Keplerraum, S. 6.
39 Bialas, S. 168.
40 Hamel (2002), S. 76.
41 Kepler, KGW, Bd. XIII, S. 124.
42 Zitiert nach List/Bialas, S. 107.
43 Zinner, S. 268.
44 Kepler, Opera, Bd. 1, S. 219.
45 Mosley, S. 255, FN 152.
46 Ebd., S. 255, FN 153.
47 Padova, S. 255.
48 Hasner, S. 34.
49 Zitiert nach Voellmy, S. 11.
50 Kepler (1609), S. 168.
51 Zitiert nach Gilder, S. 169.
52 Kepler (1609), S. 171.
53 Müller (1982), S. 19.
54 Svejda, S. 74.
55 Nussbaumer, S. 115.
56 Gaulke (2007b), S. 112.
57 Gaulke (2004), Kap. 3/4.
58 Keplerraum, S. 11.
59 Vgl. Nussbaumer, S. 116.
60 Kepler, KGW, Bd. XV, S. 171.
61 Ebd.
62 Leopold (1986), S. 42.
63 Zinner, S. 268.
64 Wolf (1858), S. 68.
65 Hagen, S. 68.
66 Kepler (1609), S. 287.
67 Ebd., S. 387.
68 Ebd., S. 518.
69 Zitiert nach Riekher, S. 71.
70 Zitiert nach Riekher, S. 298.
71 Leopold (1986), S. 212.
72 Svejda, S. 50.
73 Ebd., S. 379.
74 Ebd., S. 569.
75 Gronau (2009), S. 93.
76 Bialas, S. 62.
77 Kepler, KGW, Bd. III, S. 178.
78 Simonyi, S. 193.
79 Leopold/Pechstein, S. 32.
80 Documenta Rudolphinae DR /1612-02-00-02640.xml. Zugriff: 6.6.2013.
81 Gaulke (2007a), S. 150 f.
82 Leopold (1986), S. 51.
83 Vgl. Bialas, S. 167.
84 Riekher, S. 428.
85 Riekher, S. 71.
86 Riekher, S. 533.
87 Leopold (1986), S. 212.
88 Riekher, S. 300.
89 Ebd., S. 437.
90 Zinner, S. 217.
91 Leopold (1986), S. 33.
92 Riekher, S. 420.
93 Kepler, KGW, Bd. IV, S. 464.
94 Gaulke (2007b), S. 112–114.
95 Krafft (2005a), S. XLVII.
96 Gaulke (2007b), S. 113.
97 Kepler, KGW; Bd. XIV, S. 339.
98 Gaulke (2007c), S. 12.
99 Gaulke (2007b), S. 113.
100 Ebd., S. 114.
101 Ebd.
102 Caspar (1948), S. 188 f.
103 Solc, S. 14.

Kapitel 10 243
Kepler erneut auf der Suche nach Harmonie

1 Roth, S. 6.
2 Vgl. Bialas, S. 37.
3 Hammer, S. 464.
4 Ebd., S. 463.
5 Nussbaumer, S. 105.
6 Kepler, KGW, Bd. X, S. 48 [11].
7 Vgl. Wolf (1858), S. 71.
8 Gingerich (2003), S. 77.
9 Hamel (2010a), S. 225–231.

Kapitel 11 249
Von Prag zurück nach Kassel

1 List/Bialas, S. 106.
2 Voellmy, S. 9.
3 Documenta Rudolphinae DR /A1605-01-11-02152.xml. Zugriff: 6.6.2013.
4 Documenta Rudolphinae DR /A1612-02-00-02640.xml. Zugriff: 6.6.2013.
5 Zinner, S. 269.
6 Documenta Rudolphinae DR /A1609-03-05-02700.xml. Zugriff: 6.6.2013.
7 Müller (1982), S. 18.
8 Documenta Rudolphinae DR /A1609-03-16-02695.xml. Zugriff: 6.6.2013.
9 Lutstorf, S. 159.
10 Documenta Rudolphinae DR /1609-12-05-02488.xml. Zugriff: 6.6.2013.
11 Voellmy. S. 9.
12 Leopold (1986), S. 34.
13 Drach, S. 39 f.
14 Ebd., S. 35.
15 Leopold, S. 32.
16 Schmidt (2010), S. 40.
17 Ebd., S. 65.
18 Ebd.
19 Howard, S. 56.
20 Schmidt (2010), S. 7.
21 Lutstorf/Walter, S. 15.
22 Drach, S. 34.
23 Müller (1978), S. 41 und Müller (1977), S. 113.
24 Bürgi/Kepler, S. 8.

Dank

Diese Bürgi-Biografie ist das Resultat einer spannenden Reise in die Vergangenheit. Seit meiner Mitarbeit an Michael Havas' Dokudrama *Himmel hab' ich gemessen*, das 1990 dreiteilig in den grossen deutschsprachigen öffentlich-rechtlichen Fernsehsendern lief, ging mir dieses Toggenburger Universalgenie Bürgi nicht mehr aus dem Kopf – nicht zuletzt deswegen, weil ich ihn als ein leuchtendes Beispiel für die Stärke der Schweiz in den Disziplinen Innovation und Präzision erkannte, in denen sich die Eidgenossen während meines Berufslebens eine dominierende Weltmarktstellung sicherten. Dazu gehören Zeitmessung, 3-D-Koordinatenmessung, Gewichtsbestimmung, Spannungsmessung usw. Überall hier sind Schweizer Unternehmen seit vielen Jahrzehnten an vorderster Stelle dabei. Zu den überraschenden Erkenntnissen zählt, dass sowohl der Pionier der Zeitsekunde – Jost Bürgi – als auch der Pionier der Winkelsekunde – Heinrich Wild – ihren familiären Ursprung im Toggenburg haben. Aus dieser Zeit der Realisierung dieses Dokudramas habe ich meinem ehemaligen Vorgesetzten Dr. Markus Rauh zu danken, der die Mittel dafür freigab, und Rüdiger Findeisen, der als Produzent meine Mitarbeit zu einem erfolgreichen Teamwork werden liess.

Geholfen haben mir mit ihren eigenen neueren Forschungen und Publikationen zu Jost Bürgi sowie mit ihren sowohl ermunternden als auch kritischen Kommentaren in verschiedenen Stadien des Entstehungsprozesses ganz besonders Professor Dr. Ludwig Oechslin, Professor Dr. Jörg Waldvogel, Privatdozent Dr. Jürgen Hamel und Dr. Karsten Gaulke, ebenso die mit Uhren besonders vertrauten Professoren der Wissenschaftsgeschichte Dr. Günther Oestmann, Berlin, und Dr. Denis Roegel, Nancy, sowie die Prager Experten Dr. Martin Solc und Antonin Svejda. Nicht zu vergessen sind Dr. Hans Büchler, Präsident der Lichtensteiger «Jost Bürgi»-Gedächtnis-Stiftung, der mich freundschaftlich und unterstützend begleitet hat, Dr. Bernhard Braunecker, der den Anstoss gab, über Jost Bürgi zu berichten, und Ernst Grob von der Toggenburger Vereinigung für Heimatkunde und vom Historischen Verein des Kantons St. Gallen. Er war es auch, der als Leiter eines Expertengremiums im Auftrag von Präsident Dr. Cornel Dora dieses Projekt geprüft und empfohlen hat. Als sehr hilfreich erwies sich die Unterstützung durch die Vorstandsmitglieder der Kepler-Gesellschaft e.V. seiner Heimatstadt Weil der Stadt Professor Manfred Fischer und Wolfgang Schütz sowie durch Dr. Ernst Seidel von der Karl-Franzens-Universität Graz, der dort das zweite Exemplar der *Progress Tabulen* entdeckt hat. Mein Dank gilt auch dem Verlag NZZ Libro mit Verlagsleiter Hans-Peter Thür und Programmleiterin lic. phil. Ursula Merz, die meinen Themenvorschlag aufgriffen und mich, zusammen mit der Lektorin Liliane Studer und der für die Gestaltung verantwortlichen Bettina Gysin Leutenegger, bei der Realisierung kompetent begleiteten. Zahlreiche Archive und Bibliotheken haben mir Zutritt und Unterstützung bei der Textrecherche gewährt, ebenso Museen und Institutionen bei der Suche nach Bildern und Reproduktionsrechten, wobei besonders die Museen und Bibliotheken in Kassel, Kremsmünster, Lichtensteig, Marburg, New York, Paris, Prag, St. Petersburg, Rychnow, Stockholm, Weimar, Wien, Wolfenbüttel und Zürich zu nennen sind.

Es ist klar, dass es nicht nur der fachlichen und ideellen Unterstützung bedarf, um ein solches Werk verlegerisch zu realisieren, sondern auch der materiellen. Hier danke ich besonders folgenden Institutionen und Gönnern für ihre ideelle und finanzielle Unterstützung, die es erst möglich machte, dieses Werk zu publizieren:
– AVINA-STIFTUNG
– «Jost Bürgi»-Gedächtnis-Stiftung
– Kanton St. Gallen, Amt für Kultur, Kulturförderung
– Verein «Kultur» Toggenburg
– Politische Gemeinde Lichtensteig
– Ortsgemeinde Lichtensteig
– Toggenburger Vereinigung für Heimatkunde
– Historischer Verein des Kantons St. Gallen
– Walter und Verena Spühl-Stiftung

Widnau, Juni 2013
Fritz Staudacher

Originaldokumente und verwendete Literatur
Standorte der Originaldokumente und Instrumente

Archive und Bibliotheken mit schriftlichen Originaldokumenten

(handschriftliche Aufzeichnungen, Briefe, Manuskripte, Illustrationen und Erstdrucke von und an Jost Bürgi, Wilhelm IV., Christoph Rothmann und Benjamin Bramer sowie ihre Korrespondenzpartner wie Brahe, Mästlin, Reimers, Kepler usw.).

Chambéry: Municipalité, Bibliothèque municipale: Sammelhandschrift (Kopie) astronomischer Manuskripte aus Kassel. 393 Seiten, 33 x 21 cm, Manuskript 111.

Dresden: Sächsisches Hauptstadtarchiv, Bestände Loc. 7285/2; 10024 Loc. (8505/6), (8513), (9835/15), (10026/15); Bestand Kursächsisches Geheimes Archiv.

Sächsische Landes-Bibliothek (LBS), Handschrift Mscr. Dresd. K 20, C 51 (=KA 495): Tabulae centri. Manuskripte Dresden B.7 Handschrift.

Graz: Universitätsbibliothek. Sondersammlungen: Probedruck *Aritmetische und geometrische Progress Tabulen* mit handschriftlichem «Gründlichem Unterricht». – Daselbst, in Guldin-Bibliothek: Reimers' deutsches Übersetzungsmanuskript von 1586 *Von den Umdrehungen der himmlischen Kreise* nach Kopernikus' *De revolutionibus* (Ms. 560, 34/16 f.).

Kassel: Universitätsbibliothek Kassel – Landesbibliothek und Murhard'sche Bibliothek, insbesondere 2° Ms. astron. 5 – Handschriftenlesesaal: 2° Ms. Astron. 5 und 16; 2° Ms. Hess. 57.2 und Hist. Litt. 4.: insbesondere Sternverzeichnisse.

Museumslandschaft Hessen Kassel, Astronomisch-Physikalisches Kabinett: Erstdrucke der Gebrauchsanleitungen Triangulationsgerät, Proportionalzirkel.

Lichtensteig: Ortsarchiv Lichtensteig: Ratsbücher 1 und 2 sowie Steuerrodel, insbesondere Bürgi und Widiz.

Toggenburger Heimatmuseum Hans Büchler, Christelle Wick. Byrgiana: Original-Gebrauchsanleitungen Hulsius *Proportional Zirckel* (1604) und Bramer Proportional-Lineal und Parallel-Instrument (1617) sowie *Triangular Instruments* (1648). Zettelkasten von Armin Müller zur Erschliessung der Ratsbücher und Steuerrodel; Ausstellungstafeln zum 350-Jahr-Jubiläum.

Marburg: Hessisches Staatsarchiv: Bestände 4 a 3; 4 a 26 (Nr. 24), 4 a 29 (Nr. 34), 4 a 31 (Nr. 3), (Nr. 4), (Nr. 7), (Nr. 17), (Nr. 26), (Nr. 29); 4 b 23 (Nr. 11), 4 b (Nr. 490); 4 f Kursachsen (Nr. 51), (Nr. 60); 4 f Braunschw.-Wolffenbüttel (Nr. 60); 4 g 10; 17 e Kassel (Nr. 149), insbesondere Verpflichtungsschreiben Bürgis, Bittbrief Rudolf.

München: Physikalisch-mathematisches Kabinett: Erstdruck/Probeabzug *Aritmetische und geometrische Progress Tabulen*. 59 Seiten.

Paris: Institut de France, Bibliothèque: Sammelhandschrift (Kopie) astronomischer Manuskripte aus Kassel 1760. 451 Seiten, 34 x 21 cm, Manuskript 2389.

St. Gallen: Staatsarchiv St. Gallen, insbesondere über Gallus, Goldschmiede, Erd- und Himmelsglobus. – Stiftsbibliothek St. Gallen, insbesondere erste Handschriften in Deutsch.

St. Petersburg: Filiale St. Petersburg der bundesstaatlich finanzierten Institution der Archivwissenschaften der Russischen Akademie der Wissenschaften: Kepler-Manuskripte, insbesondere *Arithmetica Bürgii*.

Vatikan: Archivum Historicum Societatis Iesu, insbesondere zu Bürgi, Galilei, Guldin, Kepler.

Wien: Österreichische Nationalbibliothek (ÖNB), insbesondere Documenta Rudolphinae und Rothmann 4° Ms 10686/80. Handschriftenabteilung Ms. 9363.

Wolfenbüttel: Herzog August Bibliothek: Handschriften und Sondersammlungen, insbesondere zur Astronomie/Astrologie.

Zürich: ETH-Bibliothek, Zentralarchiv Biografien: Dokumentation Bürgi. – Alte und seltene Drucke: Handschriften und Inkunabeln, insbesondere zur Astronomie.

Museen mit Originaluhren, -globen und -instrumenten von Jost Bürgi

Dresden: Staatlicher Mathematisch-Physikalischer Salon im Zwinger: zwei Observatoriumsuhren.

Kassel: Museumslandschaft Hessen Kassel, Astronomisch-Physikalisches Kabinett: zwei Globusuhren, Äquations-Mondanomalienuhr, Kalenderuhr, Wunderuhr, Observatoriumsuhr, Perspektiv-Zeichengerät, Triangulationsgerät, Proportionalzirkel, Kaliberstab.

Kremsmünster: Sternwarte Benediktinerkloster: Sextant.

London: Billmeier Collection: Triangulationsinstrument.

Oxford: Museum of the History of Science: Triangulationsinstrument.

Paris: Musée du Conservatoire National des Arts et Métiers: Globusuhr.

Prag: Narodni Technické Muzeum: Sextant, Proportionalzirkel in Bürgi-Stil (Hersteller nicht definitiv geklärt).

Stockholm: Nordiska Museet: Armillarsphären-Astrolabiumsuhr.

Stralsund: Kulturmuseum, Löwensche Sammlung: Triangulationsinstrument.

Weimar: Herzogin Anna Amalia Bibliothek: Globusuhr (früher als Leihgabe in Dresden).

Wien: Kunsthistorisches Museum: Planetenuhr und Bergkristalluhr in der «Kunstkammer Wien», Perspektiv-Zeichengerät.

Zürich: Schweizerisches Landesmuseum/ Nationalmuseum: Kleiner Himmelsglobus.

Originaldokumente und verwendete Literatur
Verwendete Literatur

Aiton, Eric L. (2003): The Cartesian vortex theory. In: Taton, René und Wilson, Curtis (Hg.): Planetary astronomy from the Renaissance to the rise of astrophysics. Vol. 2, Part A: Tycho Brahe to Newton. Cambridge University Press: Cambridge/New York/Port Chester/Melbourne/Sydney, S. 207–221.

Al-Khalili, Jim (2011): Im Haus der Weisheit. Die arabischen Wissenschaften als Fundament unserer Kultur. S. Fischer Verlag: Frankfurt am Main.

Arnet, Helene und Fuhrer, Hans Rudolf (2012): Schicksalsjahr 1712: Seither dominiert Zürich. In: Tages-Anzeiger, 26. 4. 2012, S. 18. Zürich.

Apian Bennewitz, Peter (1967): Astronomicum Caesareum. Ingolstadt 1540. Exemplar der Herzog August Bibliothek Wolfenbüttel. Faksimileausgabe, Verlag VEB Druck: Leipzig 1967.

Augsburger Stadtlexikon: Die Stadtgeschichte von Augsburg: Forster (verfasst von Horst Jesse und Ulrich Kirstein). Christoph Weiditz (verfasst von Tilman Falk). http://www.stadtlexikon-augsburg.de/index.php?id=114&tx_ttnews[pointer]=1&tx_ttnews[tt_news]=3777&tx_ttnews[backPid]=121&c Hash=62899a4fab (7.2.2013).

Bauer, Rotraud und Haupt, Herbert (1976): Die Kunstkammer Kaiser Rudolfs II. in Prag. Ein Inventar aus den Jahren 1607–1611. In: Jahrbuch der kunsthistorischen Sammlungen in Wien, Band 72, (Neue Folge Band XXXVI).

Behringer, Wolfgang (2011): Der erste Weltkrieg. In: Spiegel Geschichte. Der Dreissigjährige Krieg, Nr. 4, 2011. Spiegel-Verlag: Hamburg, S. 94–103.

Bellone, Enrico (2002): Galileo Galilei. Leben und Werk eines unruhigen Geistes. Spektrum der Wissenschaft. Biografie 1/2002.

Bertele, Hans von (1979): Bürgi als Uhrmacher und Ingenieur. In: Mackensen, Ludolf von: Die erste Sternwarte Europas mit ihren Instrumenten und Uhren. 400 Jahre Jost Bürgi in Kassel. Callwey Verlag und Staatliche Kunstsammlungen Kassel: München/Kassel, S. 42–60.

Betsch, Gerhard (2010): Mathematische Themen im wissenschaftlichen Austausch von Mästlin, Kepler und Schickard. In: Gaulke, Karsten und Hamel, Jürgen (Hg): Kepler, Galiei, das Fernrohr und die Folgen. Acta Historica Astronomiae, Vol. 40. Verlag Harri Deutsch: Frankfurt am Main, S. 110–130.

Bessel, Friedrich Wilhelm (1848): Populäre Vorlesungen über wissenschaftliche Gegenstände. Hg. von H. C. Schuhmacher. Verlag Perthes-Besser & Mauke: Hamburg.

Bianci, Luca (2008): Physik der Bewegung. In: Spektrum der Wissenschaft. Highlights 3/08: Forschung und Technik im Mittelalter, S. 34–37.

Bialas, Volker (1985): Die Gestalt der Erde. In: Teichmann, Jürgen (Hg.): Wandel des Weltbildes. Astronomie, Physik und Messtechnik in der Kulturgeschichte. Rowohlt Taschenbuch Verlag: Reinbek bei Hamburg, S. 125–170.

Bialas, Volker (2003): Johannes Kepler. Verlag C. H. Beck: München.

Blaeu, Joan (1665): Atlas Maior of 1665. Exemplar der Österreichischen Nationalbibliothek, Wien. (Faksimileausgabe (2005), Verlag Taschen: Wien.)

Bobinger, Maximilian (1954): Christoph Schissler der Ältere und der Jüngere. Verlag Die Brigg: Augsburg/Basel.

Bobinger, Maximilian (1969): Kunstuhrmacher in Alt-Augsburg. Schriftenreihe des Stadtarchivs Augsburg, Bd. 18, Hans Rösler Verlag: Augsburg.

Bodnar, Szilvia (2003): Das zeichnerische Werk des Antonius Eisenhoit. In: Stiegemann, Christoph (Hg.): Wunderwerk: Göttliche Ordnung und vermessene Welt. Der Goldschmied und Kupferstecher Antonius Eisenhoit und die Hofkunst um 1600. Katalog zur Ausstellung im Erzbischöflichen Diözesanmuseum Paderborn 2003. Philipp von Zabern: Mainz, S. 82–92.

Bondt, René (2010): Der Minister aus dem Bauernhaus. Handelsdiplomat Jean Hotz und seine turbulente Zeit. Verlag Neue Zürcher Zeitung: Zürich.

Bönisch, Georg (2011): Hunger, Flöhe, Hass. In: Spiegel Geschichte. Der Dreissigjährige Krieg, Nr. 4, 2011. Spiegel-Verlag: Hamburg, S. 40–43.

Borges, Sebastian: Ein tiefer Fall. In: Spiegel Geschichte. Der Dreissigjährige Krieg, Nr. 4, 2011. Spiegel-Verlag: Hamburg, S. 28–35.

Borst, Otto (1983): Alltagsleben im Mittelalter. Insel-Verlag: Frankfurt am Main.

Bosshard, Albert (etwa 1910): 2 Panoramen von Gruben 902 m ü. M., Köbelisberg 1055 m ü. M., Lichtensteig (Toggenburg). Aufgenommen von Albert Bosshard in Winterthur. Herausgegeben vom Verkehrsverein Lichtensteig. Polygraphischer Verlag: Zürich.

Brahe TBOO (1913–1929): Tychonis Brahe Dani Opera Omnia. Hg. von John Louis Emil Dreyer u. a. Gesamtausgabe, Bände I–XV, Nielsen and Lydiche: Kopenhagen.

Brahe, Tycho (1588): De mundi aetherii recentioribus phaenomenis. Uraniborg: Kopenhagen. Siehe auch: Brahe TBOO IV (1922).

Brahe, Tychonis Dani (1596): Epistolarum astronomicarum libri: quorum primus hic illustriss: et laudatiss, principis Gulielmi Hassicae landtgravii ac ipsus mathematici literas, unac; responsa ad singulas complectitur. Uraniburgi cum Caesaris et regum quorundam privilegiis. Uraniborg: Kopenhagen. Siehe auch: Brahe TBOO VI (1919).

Brahe, Tycho (1598): Astronomiae instauratae mechanica. Wandesburg: Kopenhagen. Siehe auch: Brahe TBOO V (1923).

Brahe, Tycho (1602): Astronomiae instauratae progymnasmata. Kopenhagen. Siehe auch: Brahe TBOO I/II (1913–1915).

Bramer, Benjamin (1617): Bericht und Gebrauch eines Proportional Lineals: neben kurtzem Underricht eines Parallel Instruments. Gedruckt zu Marpurg durch Paul Egenollf.

Bramer, Benjamin (1630): Beschreibung eines sehr leichten Perspectiv und grundreissenden Instruments auff einem Stande. Frankfurt.

Bramer, Benjamin (1648): Bericht zu M. Jobsten Bürgi seligen geometrischen Triangular Instruments. Mit schönen Kupfferstücken hierzu geschnitten. Gedruckt zu Cassel bey Jacob Gentsch. In Verlegung Johan. Schützen. Im Jahre M.DC. XLVIII. Kassel.

Bramer, Benjamin (1684): Apollonius Cattus oder Kern der gantzen Geometriae mit Anhang eines Berichts von M. Jobsten Burgi Geometrischen Triangular Instruments. 3. Auflage.

Braunmühl, Anton von (1900): Geschichte der Trigonometrie. Taeubner. Leipzig. (Faksimile-ausgabe 2007, Sändig Reprint Verlag Wohlwend: Vaduz.)

Brethauer, Karl (1974): Johannes Krabbe Mundensis. In: Braunschweigisches Jahrbuch 55, S. 72–89.

Bridel, Philippe-Sirice (1829): Conservateur Suisse ou receuil complet des Etrennes Helvétiennes. X. Notice biographique Jobst Burgi. Chez Louis Knab, Libraire Corbaz: Lausanne, S. 149–165.

Brück, Jürgen (2009): Drei grosse Sternenforscher: Kopernikus – Galilei – Kepler. Baumhaus Verlag: Bergisch-Gladbach.

Büchler, Hans (Hrsg.) (2002): Ausstellungstafeln der Jost-Bürgi-Gesellschaft zum 450. Geburtstags-Jubiläum von Jost Bürgi 2002 in Lichtensteig. Unter Mitarbeit von Rolf Heeb und Rainer Koch sowie Schülern der Kantonsschule Wattwil und Kirchberg.

Bürgi, Jost (1620): Aritmetische und Geometrische Progress Tabulen, sambt gründlichem Unterricht, wie solche nützlich in allerley Rechnungen zugebrauchen und verstanden werden sol. Gedruckt in der Alten Stadt Prag bey Paul Sessen, der löblichen Universitet Buchdruckern. Im Jahr 1620. Digitalisierte Ausgabe der Titel- und Tabellenseiten einsehbar in Locomat Projekt Denis Roegel: http://locomat.loria.fr/buergi 1620/buergi1620doc.pdf (7.2.2013).

Bürgi, Jost und Kepler, Johannes (1973): Arithmetica Bürgii. Einschliesslich Faksimile-Seiten Keplers und Bürgis der Pulkower Handschrift. In: List, Martha und Bialas, Volker: Die Coss von Jost Bürgi in der Redaktion von Johannes Kepler. Ein Beitrag zur frühen Algebra. Bayerische Akademie der Wissenschaften, Heft 154, München.

Buscher, Hans (1946): Heinrich Pantaleon und sein Heldenbuch. Basler Beiträge zur Geschichtswissenschaft, Band 26, Verlag von Helbing und Lichtenhahn: Basel.

Camerarius, Joachim (1594): Neuw Kreutterbuch. Frankfurt am Main.

Cantor, Moritz (1900): Vorlesungen über Geschichte der Mathematik. B. G. Teubner: Leipzig. (Neuauflage Stuttgart 1965.)

Carrier, Martin (2001): Nikolaus Kopernikus. C. H. Beck: München.

Caspar, Max (1930): Johannes Kepler in seinen Briefen 1590–1599. Verlag R. Oldenbourg: München/Berlin.

Caspar, Max (1948): Johannes Kepler. Europäischer Buchklub: Stuttgart–Zürich–Salzburg.

Cellarius, Andreas (1661): Harmonia macrocosmica seu atlas universalis et novus.

Christian Astrologers, including Galileo Galilei u. a. (2011). Hephaestus Books.

Dambeck, Thorsten (2011): Warum der Mars ein Zwerg ist. In: NZZ, 15.6.2011, S. 60.

Denzler, Martin; Berg, J.-R. und Mischer, Olaf (2008): Zeitläufte: Der Dreissigjährige Krieg. In: Geo Epoche: Der Dreissigjährige Krieg, Nr. 29, S. 164–149.

Descartes, René (1637): Discours de la méthode pour bien conduire sa raison, et chercher la vérité dans les sciences. Plus la dioptrique. Les Météores. Et la géométrie. Qui sont des essais de cette méthode. Ian Maire: Leiden. – Deutsch: Ostwald, Holger (2001): Bericht über die Methode, die Vernunft richtig zu führen und die Wahrheiten in den Wissenschaften zu erforschen. Reclam: Stuttgart.

Dijksterhuis, Emanuel Jan (1983): Die Mechanisierung des Weltbildes. Reprint. Springer-Verlag: Berlin/Heidelberg/New York.

Documenta Rudolphina DR: Erfasst und digitalisiert von Manfred Staudinger: http://documenta.rudolphina.org/Regesten/.xml

Drach, Alhard Carl von (1884): Jost Bürgi, Kammeruhrmacher Kaiser Rudolfs II. Beiträge zu seiner Lebensgeschichte und Nachrichten über Arbeiten desselben. In: Jahrbuch der Kunsthistorischen Sammlungen des allerhöchsten Kaiserhauses, 15, S. 15–44.

Dubbi, Franz-Josef (2003): Warburg – elegans oppidum Westphaliae. In: Stiegemann, Christoph (Hg.): Wunderwerk: Göttliche Ordnung und vermessene Welt. Der Goldschmied und Kupferstecher Antonius Eisenhoit und die Hofkunst um 1600. Katalog zur Ausstellung im Erzbischöflichen Diözesanmuseum Paderborn 2003. Philipp von Zabern: Mainz, S. 53–66.

Dürst, Arthur (1978): Die Region zwischen Säntis und Bodensee im Bild alter Karten. Ausstellungskatalog Historisches Museum St. Gallen.

Dürst, Arthur (1983): Philipp Eberhard (1563–1627) & Leonhard Zubler (1563–1611): zwei Zürcher Instrumentenmacher im Dienste der Artillerie. CLXXV. Neujahrsblatt der Feuerwerker-Gesellschaft, Zürich.

Edelmann, Heinrich (1944): Lichtensteig. Geschichte des toggenburgischen Städtchens. 84. Neujahrsblatt des Historischen Vereins St. Gallen, Lichtensteig.

Eissenhauer, Michael (Hg.) und Gaulke, Karsten (Bearbeitung) (2007): Der Ptolemäus von Kassel: Landgraf Wilhelm IV. von Hessen-Kassel und die Astronomie. Kataloge der Museumslandschaft Hessen Kassel, Bd. 38, Kassel.

Evans, Robert (1972): Rudolph II and his World. Cambridge.

Faustmann, Gerlinde (1995): Die Geschichte der Logarithmen. In: Didaktikhefte der Österreichischen Mathematischen Gesellschaft Nr. 23, S. 36–57.

Fischer, Robert (2007): Die keltische Religion in Irland und ihre Beeinflussung durch die Christianisierung. Diplomarbeit Universität Wien.

Flamsteed, John (1725): Historiae coelestis Britannicae volumen tertium. Mit Grossem Hessischem Sternverzeichnis von 1587. London, S. 24–44.

Flamsteed, John (1729): Atlas Coelestis. London.

Folkerts, Menso (2008): Geometrie – Gelehrte Kreise von Sizilien bis Oxford. In: Spektrum der Wissenschaft. Highlights 3/08: Forschung und Technik im Mittelalter, S. 26–37.

Franz, Angelika (2011): Der fromme Eiferer. In: Spiegel Geschichte. Der Dreissigjährige Krieg. Nr. 4, Spiegel-Verlag: Hamburg, S. 44–49.

Fremersdorf, Joseph (1977): Zur Geschichte des kleinen Himmelsglobus von 1594. In: Leopold, John H. und Pechstein, K. (Hg.): Der kleine Himmelsglobus 1594 von Jost Bürgi. Edition Joseph Fremersdorf: Luzern 1977, S. 101–105.

Fremersdorf, Joseph (1977a): Die Bürgische Kristalluhr mit kleiner Himmelskugel in Wien. In: Leopold, John H. und Pechstein, K. (Hg.): Der kleine Himmelsglobus 1594 von Jost Bürgi. Edition Joseph Fremersdorf: Luzern 1977, S. 118–119.

Fried, Johannes (2008): Das Mittelalter. Geschichte und Kultur. Verlag C. H. Beck: München.

Fust, Josef (1952): Jost Bürgi. Uhrenmacher, Astronom und Mathematiker – Zu seinem 400. Geburtstag. Sein Lebenswerk. Lichtensteig. Sonderdruck aus ETH-Zentralarchiv-Dokument.

Gassendus, Petrus (1654): Tychonis Brahei, equitis Dani, astromonumorum corphei vita. Paris (Den Haag 1655).

Gaulke, Karsten (2004): Observationes huius Novae Stellae – Das Verhältnis von Beobachtung und Hypothese in Johannes Keplers Werk «De Stella Nova». Dissertation Universität Stuttgart.

Gaulke, Karsten (2007a): Die Bedeutung der Astronomie im 16. Jahrhundert. In: Eissenhauer, Michael (Hg.) und Gaulke, Karsten (Bearbeitung): Der Ptolemäus von Kassel: Landgraf Wilhelm IV. von Hessen-Kassel und die Astronomie. Kataloge der Museumslandschaft Hessen Kassel, Bd. 38, Kassel, S. 11–26.

Gaulke, Karsten (2007b): Das wissenschaftliche Erbe Wilhelms IV. In: Eissenhauer, Michael (Hg.) und Gaulke, Karsten (Bearbeitung): Der Ptolemäus von Kassel: Landgraf Wilhelm IV. von Hessen-Kassel und die Astronomie. Kataloge der Museumslandschaft Hessen Kassel, Bd. 38, Kassel, S. 109–122.

Gaulke, Karsten (2007c) et al.: Katalog Instrumente. In: Eissenhauer, Michael (Hg.) und Gaulke, Karsten (Bearbeitung): Der Ptolemäus von Kassel: Landgraf Wilhelm IV. von Hessen-Kassel und die Astronomie. Kataloge der Museumslandschaft Hessen Kassel, Bd. 38, Kassel, S. 128–261.

Gaulke, Karsten (2010): Wilhelm IV. von Hessen-Kassel. Der Nutzen der Astronomie für einen Fürstenhof des 16. Jahrhunderts. In: Gaulke, Karsten und Hamel, Jürgen (Hg.): Kepler, Galilei, das Fernrohr und die Folgen. Acta Historica Astronomiae, Vol. 40. Verlag Harri Deutsch: Frankfurt am Main, S. 47–66.

Gaulke, Karsten und Hamel, Jürgen (Hg.) (2010): Kepler, Galilei, das Fernrohr und die Folgen. Acta Historica Astronomiae, Vol. 40. Verlag Harri Deutsch: Frankfurt am Main.

Gaulke Karsten und Korey Michael (2007): Alltag uff der Aldaun: Die Vermessung des Fixsternhimmels. In: Eissenhauer, Michael (Hg.) und Gaulke, Karsten (Bearbeitung): Der Ptolemäus von Kassel: Landgraf Wilhelm IV. von Hessen-Kassel und die Astronomie. Kataloge der Museumslandschaft Hessen Kassel, Bd. 38, Kassel, S. 43–62.

Gaulke, Karsten und Schirmeier, Bjoern (2011): Optica. Optische Instrumente am Hof der Landgrafen von Hessen-Kassel. Museumslandschaft Hessen Kassel. Michael Imhof Verlag: Petersberg.

Gerke, Stefanie (2002): Astronomische und astrologische Instrumente. In: Heitzmann, Christian: Die Sterne lügen nicht. Astrologie und Astronomie im Mittelalter und in der Frühen Neuzeit. Herzog August Bibliothek Wolfenbüttel 2002. Harrassowitz Verlag: Wiesbaden, S. 251–254.

Gieswald, Hermann Robert (1856): Justus Byrg als Mathematiker und dessen Einleitung in die Logarithmen. In: Programm Realgymnasium St. Johannis, Realgymnasium St. Johannis: Danzig, S. 1–36.

Gilder, Joshua und Anne-Lee (2006): Der Fall Kepler. Mord im Namen der Wissenschaft. List Taschenbuchverlag: Berlin.

Gingerich, Owen (2003): Johannes Kepler. In: Taton, René und Wilson, Curtis (Hg.): Planetary astronomy from the Renaissance to the rise of astrophysics. Vol. 2, Part A: Tycho Brahe to Newton. Cambridge University Press: Cambridge/New York/Port Chester/Melbourne/Sydney, S. 54–78.

Gingerich, (2006) Owen: Astronomie und Geografie an der Wende zur Neuzeit. In: Spektrum der Wissenschaft. Dossier Astronomie vor Galilei, 4/06, S. 70–76.

Gingerich, Owen und Westman, Robert S. (1988): The Wittich connection. Conflict and priority in late sixteenth-century cosmology. Transactions of the American Philosophical Society, Vol. 78, part 7, American Philosophical Society.

Granada, Miguel A. (2007): Christoph Rothmann und die Kosmologie in Kassel zur Zeit Wilhelms I. In: Eissenhauer, Michael (Hg.) und Gaulke, Karsten (Bearbeitung): Der Ptolemäus von Kassel: Landgraf Wilhelm IV. von Hessen-Kassel und die Astronomie. Kataloge der Museumslandschaft Hessen Kassel, Bd. 38, Kassel, S. 63–76.

Granada, Miguel Angel und Mehl, Edouard (Hg.) (2009): Nouveau ciel, nouvelle terre: la révolution copernicienne dans l'Allemagne de réforme (1530–1630). Collection L'âne d'or, Les belles lettres: Paris.

Granada, Miguel A.; Hamel, Jürgen und Mackensen, Ludolf von (Hg.) (2003): Christoph Rothmanns Handbuch der Astronomie von 1589. Acta Historica Astronomiae, Vol. 19. Verlag Harri Deutsch: Frankfurt am Main.

Gronau, Detlef (1989): The Logarithms – From Calculation to Functional Equitations. Vortrag gehalten am II. Österreichischen Symposium zur Geschichte der Mathematik, Neuhofen an der Ybbs, 22.–28. Oktober 1989.

Gronau, Detlef (2009): Paulus Guldin, 1577–1643, Jesuit und Mathematiker. In: Pichler, Franz und Renteln, Michael von (Hg.): Kosmisches Wissen von Peuerbach bis Laplace – Astronomie, Mathematik, Physik. Trauner Verlag: Linz, S. 101–120.

Gronau, Detlef (2009a): Vorlesung zur frühen Geschichte der Mathematik. Skript. Institut für Mathematik der Karl-Franzens-Universität Graz.

Grötzsch, Helmut H. (1975): Kepler and Jost Bürgi's Cross-beat Clock. In: Vistus in Astronomy, Vol. 18, S. 239.

Grünenfelder, Josef (2012): Der Stiftsbezirk St. Gallen – Kulturhistorischer Führer. Kunstverlag Josef Fink: Lindenberg im Allgäu.

Hagen, Johann Georg (1919): Die ältere Literatur über einen «Neuen Stern» in Aquila und die Bezeichnung der Novae. In: Astronomische Nachrichten, Nr. 4973, S. 67–71.

Hamel, Jürgen (1998): Geschichte der Astronomie. Birkhäuser-Verlag: Basel.

Hamel, Jürgen (2002): Die astronomischen Forschungen in Kassel unter Wilhelm IV. Mit einer Teiledition der deutschen Übersetzung des Hauptwerkes von Copernicus um 1586. Acta Historica Astronomiae, Vol. 2, Verlag Harri Deutsch: Frankfurt am Main (2. korrigierte Auflage).

Hamel, Jürgen (2007): Wilhelm IV. als Astronom. In: Eissenhauer, Michael (Hg.) und Gaulke, Karsten (Bearbeitung): Der Ptolemäus von Kassel: Landgraf Wilhelm IV. von Hessen-Kassel und die Astronomie. Kataloge der Museumslandschaft Hessen Kassel, Bd. 38, Kassel, S. 27–42.

Hamel, Jürgen (2009): Die Begründung der modernen astronomischen Beobachtungstechnik an der Kasseler Sternwarte im 16. Jahrhundert. Der Kasseler Sternkatalog 1586 – eine Fehleranalyse der ihm zugrunde liegenden Positionsmessungen. In: Granada, Miguel Angel und Mehl, Edouard (Hg.) (2009): Nouveau ciel, nouvelle terre: la révolution copernicienne dans l'Allemagne de réforme (1530–1630). Collection L'âne d'or, Les belles lettres: Paris, S. 67–84.

Hamel, Jürgen (2010): Kepler, Galilei, das Fernrohr und die Folgen. In: Gaulke, Karsten und Hamel, Jürgen (Hg.): Kepler, Galilei, das Fernrohr und die Folgen. Acta Historica Astronomiae, Vol. 40. Verlag Harri Deutsch: Frankfurt am Main, S. 9–34.

Hamel, Jürgen (2010a): Die geplante Berufung Keplers an die Rostocker Universität 1629/1630. In: Gaulke, Karsten und Hamel, Jürgen (Hg.): Kepler, Galilei, das Fernrohr und die Folgen. Acta Historica Astronomiae, Vol. 40. Verlag Harri Deutsch: Frankfurt am Main, S. 225–231.

Hamel, Jürgen und Keil, Inge (2007): Der Meister und die Fernrohre. Acta Historica Astronomiae, Vol. 33. Verlag Harri Deutsch: Frankfurt am Main.

Hamel, Jürgen und Posch, Th. (2008): Nikolaus Kopernikus: Über die Umläufe der himmlischen Kreise. (De revolutionibus orbium coelestium, 1543). Deutsche Übersetzung durch die Autoren. Verlag Harri Deutsch: Frankfurt am Main.

Hamel, Jürgen und Rothenberg, Eckehard (2002): Das Kasseler Sternverzeichnis – der Durchbruch zu den Sternkatalogen der Neuzeit. In: Hamel, Jürgen: Die astronomischen Forschungen in Kassel unter Wilhelm IV. Mit einer Teiledition der deutschen Übersetzung des Hauptwerkes von Copernicus um 1586. Acta Historica Astronomiae, Vol. 2. Verlag Harri Deutsch: Frankfurt am Main (2. korrigierte Auflage), S. 54–66.

Hammer, Franz (1960): Nachbericht zu den logarithmischen Schriften von Johannes Kepler. In: [Kepler KGW], Band IX, C. H. Beck'sche Verlagsbuchhandlung: München, S. 461–483.

Hammer Franz: Guldin Paul. Neue deutsche Biographie, Berlin, 1952. Digitale Bibliothek, http://www.deutsche-biographie.de/sfz24632.html (7.2.2013).

Harenberg, Bodo (Hg.) (1984): Chronik der Menschheit. Chronik-Verlag: Dortmund.

Hasner, Josef von Artho (1872): Tycho Brahe und J. Kepler in Prag. J.G. Calve'sche k.u.k. Hof- u. Universitäts-Buchhandlung: Prag.

Havas, Michael (1990): Himmel hab' ich gemessen / The Cosmic Triangle. TV-Dokudrama, dreiteilig, 90-Min.-Drehbuch und Filmregie. Produzent: Rüdiger Findeisen, Koproduzent: Fritz Staudacher. Condor-Film: Zürich.

Hawlitschek, Kurt (2006): Johann Faulhaber und René Descartes auf dem Weg zur modernen Wissenschaft – Ulm 1619. Veröffentlichungen der Stadt Ulm, Band 22, Stadtbibliothek Ulm.

Hein, Olaf und Mader, Rolf (2004): Die Umwandlung gleichförmiger Kreisbewegungen in geradlinige Bewegung nach Nasir al din al-Tusi. In: Acta Historica Astronomiae, Vol. 23. Verlag Harri Deutsch: Frankfurt am Main, S. 12–44.

Heitzmann, Christian (2002): Die Sterne lügen nicht. Astrologie und Astronomie im Mittelalter und in der Frühen Neuzeit. Herzog August Bibliothek Wolfenbüttel 2002. Harrassowitz Verlag: Wiesbaden.

Herbst, Klaus-Dieter (2010): Die erstmalige Benutzung von Keplers Rudolphinischen Tafeln für die Herstellung eines Schreibkalenders. In: Gaulke, Karsten und Hamel, Jürgen (Hg): Kepler, Galiei, das Fernrohr und die Folgen. Acta Historica Astronomiae, Vol. 40. Verlag Harri Deutsch: Frankfurt am Main, S. 160–169.

Herold, Anja (2010): Rudolf II. Der Traum des Einsiedlers. In: Geo Epoche: Die Macht der Habsburger, Nr. 46, S. 54–62.

Hevelius, Johannes (1673): Machinae coelestis pars prior. Danzig. Reprint Leipzig 1969.

Hotz, Karl (2012): Ein Krieg, der die Gewichte verschob. In: St. Galler Tagblatt, 25.7.2012, S. 25.

Howard, Michael (2010): Der Krieg in der europäischen Geschichte. Verlag C. H. Beck: München (2. erweiterte Auflage).

Huff, Toby E. (2011): Intellectual Curiosity and the Scientific Revolution. A global perspective. Cambridge University Press: New York.

Hulsius, Levin (1604): Dritter Tractat der Mechanischen Instrumenten Levini Hulsii. Beschreibung und Unterricht dess Jobst Burgi Proportional Circkels. Franckfurt. Mit Röm. Kay. May. Freyheit. In Verlegung Leuini Hulsij. M.D CIIII.

Irmscher, Günter (2003): Die süddeutsche Goldschmiedekunst der zweiten Hälfte des 16. Jahrhunderts. In: Stiegemann, Christoph (Hg.): Wunderwerk: Göttliche Ordnung und vermessene Welt. Der Goldschmied und Kupferstecher Antonius Eisenhoit und die Hofkunst um 1600. Katalog zur Ausstellung im Erzbischöflichen Diözesanmuseum Paderborn 2003. Philipp von Zabern: Mainz, S. 101–115.

Jäggi, Walter (2011): Das rätselhafte Räderwerk von Antikythera. In: Tages-Anzeiger, 15.10.2011, S. 50.

Jarreff Richard A. (2003): The contemporaries of Tycho Brahe. In: Taton, René und Wilson, Curtis (Hg.): Planetary astronomy from the Renaissance to the rise of astrophysics. Vol. 2, Part A: Tycho Brahe to Newton. Cambridge University Press: Cambridge/New York/Port Chester/Melbourne/Sydney, S. 22–32.

Jütte, Daniel (2011): Als die Geheimnistuerei populär wurde. In: NZZ, 23.7.2011, S. 57.

Jütte, Daniel (2011a): Das Zeitalter des Geheimnisses. Juden, Christen und die Ökonomie des Geheimen (1400–1800). Vandenhoek & Ruprecht: Göttingen.

Karr Schmidt, Suzanne (2002): Johannes Krabbes Papierastrolabien. In: Heitzmann, Christian: Die Sterne lügen nicht. Astrologie und Astronomie im Mittelalter und in der Frühen Neuzeit. Herzog August Bibliothek Wolfenbüttel 2002. Harrassowitz Verlag: Wiesbaden, S. 117–121.

Keil, Inge (2010): Frühe Fernrohre in Augsburg. In: Gaulke, Karsten und Hamel, Jürgen (Hg.): Kepler, Galiei, das Fernrohr und die Folgen. Acta Historica Astronomiae, Vol. 40. Verlag Harri Deutsch: Frankfurt am Main, S.170–183.

Keil, Inge und Zäh, Helmut (2004): Tycho Brahes Aufenthalte in Augsburg (1569–1570 und 1575). In: Beiträge zur Astronomiegeschichte, Band 7, Acta Historica Astronomiae, Vol.23, Verlag Harri Deutsch: Frankfurt am Main, S.45–98.

Kepler Johannes (1596/2005): Mysterium Cosmographicum. Tübingen. In: Kepler, Johannes (2005): Was die Welt im Innersten zusammenhält. Antworten aus Keplers Schriften. Mit einer Einleitung, Erläuterungen und Glossar herausgegeben von Fritz Krafft. Marixverlag: Wiesbaden.

Kepler, Johannes (1603): Arithmetica Bürgii. Einschliesslich Faksimile-Seiten Keplers und Bürgis der Pulkower Handschrift. In: List, Martha und Bialas, Volker (1973): Die Coss von Jost Bürgi in der Redaktion von Johannes Kepler. Ein Beitrag zur frühen Algebra. Bayerische Akademie der Wissenschaften, Band V, Neue Folge Nova Kepleriana. Heft 154. Verlag C.H.Beck: München.

Kepler, Johannes (1604/2008): Deutsche Übersetzungen von Ad Vitellionem paralipomena (1604), Astronomiae pars Optica (1604), Dissertatio cum Nuncio Sidereo (1609), Dioptrik (1611). Eingeführt und ergänzt von Rolf Riekher. In: Riekher Rolf (2008): Johannes Kepler Schriften zur Optik. 1604–1611. Verlag Harri Deutsch: Frankfurt am Main.

Kepler, Johannes (1609/2005a): Astronomia Nova. Neue ursächlich begründete Astronomie. In der Übertragung von Max Caspar. Herausgegeben und eingeleitet von Fritz Krafft. Marixverlag: Wiesbaden.

Kepler, Johannes (1616): Messekunst Archimedis. Linz. In: Kepler, KGW IX (1960).

Kepler, Johannes (1624): Chilias logarithmorum ad totidem numeros rotundos. Caspar Chemlin. Marburg. In: Kepler, Johannes (1960): Gesammelte Werke Band IX. C.H.Beck'sche Verlagsbuchhandlung: München, S.275–352.

Kepler, Johannes (1625): Supplementum chiliadis logarithmorum. Marburg 1625). In: Kepler, Johannes (1960): Gesammelte Werke, Band IX. C.H.Beck'sche Verlagsbuchhandlung: München, S.353–426.

Kepler, Johannes (1627): Tabulae Rudolfinae. (Ulm 1627). In: Kepler KGW. Band 10. C.H.Beck'sche Verlagsbuchhandlung: München 1969.

Kepler, Johannes (1858–1871): Joannis astronomi opera omnia (Opera). 8 Bände. Herausgegeben von Frisch Christian. Frankfurt und Erlangen.

Kepler, Johannes (1930): Johannes Kepler in seinen Briefen 1590–1599, herausgegeben von Max Caspar und Walthe van Dyck. Verlag R.Oldenbourg: München/Berlin.

Kepler, Johannes (1937–2011): Gesammelte Werke (KGW). XXII Bände. Herausgegeben im Auftrag der Deutschen Forschungsgemeinschaft und der Bayerischen Akademie der Wissenschaften. Begründet von Walther von Dyck und Max Caspar. Fortgesetzt von Franz Hammer, Martha List und Volker Bialas. C.H.Beck: München.

Kepler, Johannes (2005): Was die Welt im Innersten zusammenhält. Antworten aus Keplers Schriften. Mit einer Einleitung, Erläuterungen und Glossar herausgegeben von Fritz Krafft. Marixverlag: Wiesbaden.

Kepler, Johannes (2008): Schriften zur Optik. 1604–1611. Eingeführt und ergänzt durch historische Beiträge zur Optik- und Fernrohrgeschichte von Rolf Riekher. Verlag Harri Deutsch: Frankfurt.

Kepler-Gesellschaft e.V. (2005): Stellungnahme der Kepler-Gesellschaft zum Buch von Joshua Gilder und Anne-Lee Gilder. 4 Seiten 4.März 2005. Weil der Stadt.

Keplerraum: Website keplerraum.at/biogr.html mit Biografie Johannes Keplers (22.April 2010).

Kern, Ralf (2010): Wissenschaftliche Instrumente in ihrer Zeit. 4 Bände. Verlag der Buchhandlung Walther König: Köln.

Kertscher, Dieter (2002): Johannes Krabbe (1553–1616), ein Astronom am Wolfenbütteler Hof (S.111–116). In: Heitzmann, Christian: Die Sterne lügen nicht. Astrologie und Astronomie im Mittelalter und in der Frühen Neuzeit. Herzog August Bibliothek Wolfenbüttel 2002. Harrassowitz Verlag: Wiesbaden.

Kleineberg, Andreas; Knobloch, Eberhard und Lelgemann, Dieter (2006): Die Weltkarte des Klaudios Ptolemaios – geodätisch entzerrt. In: Spektrum der Wissenschaft. Dossier Astronomie vor Galilei, 4/06, S.16–21.

Kleinle, Thomas (2012): Häuserkartei Wemding von Dr.Joseph Schneid (1920). Haus Nr.30 (heute Lebergasse 3): Besitzer 1566 Lutz, 1567 Christoph Weyditz, 1568 Riel. E-Mail 11.4.2012 an den Verfasser.

Klusmann, Uwe (2011): Der Löwe aus Mitternacht: Gustav Adolf II. von Schweden. In: Spiegel Geschichte. Der Dreissigjährige Krieg. Nr.4, Spiegel-Verlag: Hamburg, S.64–71.

Korey, Michael: Gantz und gar entzunden von Wilhelms Instrumenten. In: Eissenhauer, Michael (Hg.) und Gaulke, Karsten (Bearbeitung) (2007): Der Ptolemäus von Kassel: Landgraf Wilhelm IV. von Hessen-Kassel und die Astronomie. Kataloge der Museumslandschaft Hessen Kassel, Bd.38, Kassel, S.93–108.

Krafft, Fritz (2005): Johannes Keplers Antworten auf die Frage, was die Welt im Innersten zusammenhält. Antworten aus Keplers Schriften. Mit einer Einleitung, Erläuterungen und Glossar, herausgegeben von Fritz Krafft. Marixverlag: Wiesbaden.

Krafft, Fritz (2005a): Johannes Kepler – die neue, ursächlich begründete Astronomie. In: Kepler, Johannes (1608/2005a): Astronomia Nova. Neue ursächlich begründete Astronomie. In der Übertragung von Max Caspar. Herausgegeben und eingeleitet von Fritz Krafft. Marixverlag: Wiesbaden.

Kramer, Heinrich (Institoris) (2003): Der Hexenhammer. Malleus Maleficarum. Kommentierte Neuübersetzung von Günter Jerouschek und Wolfgang Behringer. dtv: München.

Krauss, Stefan (1999): Die Entdeckungsgeschichte und die Ausnahmestellung einer besonderen Zahl: e = 2,71828182845904523536. The teaching of mathematics, Vol.II (1999), S.105–118.

Kremer, Richard (2010): War Bernhard Walther, Nürnberger astronomischer Beobachter des 15.Jh., auch ein Theoretiker? In: Wolfschmidt, Gudrun (Hg.): Astronomie in Nürnberg. Nuncius Hamburgiensis, Beiträge zur Geschichte der Naturwissenschaften, Tredition Science; Hamburg, S. 156–183. Kühn, Klaus (2007): Die Prostaphärese und Johannes Werner (1468–1528). Dokumentation. Alling-Biburg.

Kühn, Klaus und McCarthy, Jerry (2013): Prosthaphaeresis and Johannes Werner (1468–1522). Dokumentation. Alling (D) und Wokingham (UK). http://www.oughtred.org/jos/articles/PROSTHAPHAERESISandWERNERfinal.jmccLR8.8.pdf (27.2.2013).

Kunitzsch, Paul (2006): Arabisches am Sternhimmel. In: Spektrum der Wissenschaft. Dossier Astronomie vor Galilei, 4/06, S. 48–53.

Lamprey, J. (1997): An Examination of Two Groups of Georg Hartmann 16th-century Astrolabes and the Tables Used in their Manufacture. In: Annals of Science 54, S. 111–142.

Launert, Dieter (2007): Nicolaus Reimers Ursus. Stellenwertsystem und Algebra in der Geodaesia und Arithmetica. Bayerische Akademie der Wissenschaften, Abhandlungen, Neue Folge, Heft 175. Nova Kepleriana, Neue Folge Heft 9. Verlag C. H. Beck: München.

Launert, Dieter (2009): Le système du monde de Nicolas Raimar Ursus comparé à ceux de Brahe et Roeslin. In: Granada, Miguel Angel und Mehl, Edouard (Hg.): Nouveau ciel, nouvelle terre: la révolution copernicienne dans l'Allemagne de réforme (1530–1630). Collection L'âne d'or, Les belles lettres: Paris.

Launert, Dieter (2010): Nicolaus Reimers Ursus und seine Lebensstationen. Auszug aus: Launert Dieter: Nicolaus Reimers Ursus – Leben und Werk. Meldorfer Gelehrtenschule.

Lemcke, Mechthild (2007): Johannes Kepler. Rowohlt Taschenbuch Verlag: Reinbek bei Hamburg (3. Auflage).

Lenke, Nils und Roulet, Nicolas (2010): Philippus Feselius. Biographische Notizen zum unbekannten Medicus aus Keplers Tertius Interveniens. In: Gaulke, Karsten und Hamel, Jürgen (Hg.): Kepler, Galiei, das Fernrohr und die Folgen. Acta Historica Astronomiae, Vol. 40. Verlag Harri Deutsch: Frankfurt am Main, S. 131–159.

Leopold, John H. (1979): Die zwei mechanischen Himmelsgloben von Bürgi in Kassel. In: Mackensen, Ludolf von: Die erste Sternwarte Europas mit ihren Instrumenten und Uhren. 400 Jahre Jost Bürgi in Kassel. Callwey Verlag und Staatliche Kunstsammlungen Kassel: München/Kassel, S. 70–88.

Leopold, John H. (1986): Astronomen, Sterne, Geräte. Landgraf Wilhelm IV. und seine sich selbst bewegenden Globen. Edition Joseph Fremersdorf: Luzern.

Leopold John H., (1997): Mechanical Globes. 1500–1650. In: Bulletin of the Scientific Instrument Society 53, S. 5–87.

Leopold, John H. und Pechstein, K. (Hg.) (1977): Der kleine Himmelsglobus 1594 von Jost Bürgi. Edition Joseph Fremersdorf: Luzern.

Linsmeier, Klaus-Dieter (2008): Tausend Jahre Europa. In: Spektrum der Wissenschaft. Highlights 3/08: Forschung und Technik im Mittelalter, S. 6 f.

List, Martha und Bialas, Volker (1973): Die Coss von Jost Bürgi in der Redaktion von Johannes Kepler. Ein Beitrag zur frühen Algebra. Bayerische Akademie der Wissenschaften, Band V, Neue Folge Nova Kepleriana. Heft 154. Verlag C. H. Beck: München.

Lombardi Anna Maria (2000): Johannes Kepler. Einsichten in die himmlische Harmonie. Spektrum der Wissenschaft. Biografie 4/2000, Heidelberg.

Loeffel Hans (1982): Das mathematische Werk Jost Bürgis. In: Toggenburgerblätter für Heimatkunde 34, S. 36–51.

Löffladt, Günter und Leich, Pierre (2010): Astronomie in Nürnberg – oder der Versuch einer würdevollen Erinnerung und eines wünschenswerten Neuanfangs. In: Astronomie in Nürnberg – anlässlich des 500. Todestages von Bernhard Walther und des 300. Todestages von Georg Christoph Eimmart. Nuncius Hamburgiensis, Bd. 3, Beiträge zur Geschichte der Naturwissenschaften: Tredition Science: Hamburg, S. 12–14.

Lutstorf, Heinz (2005): Die Logarithmentafeln Jost Bürgis. Bemerkungen zur Stellenwert- und Basisfrage. Schriftenreihe der ETH-Bibliothek, Wissenschaftsgeschichte Band 3. Zürich.

Lutstorf, Heinz und Walter, Max (1992): Jost Bürgi's Progress-Tabulen, nachgerechnet und kommentiert. Schriftenreihe der ETH-Bibliothek, Nr. 28, Zürich.

Mackensen, Ludolf von (Hg.) (1979): Die erste Sternwarte Europas mit ihren Instrumenten und Uhren. 400 Jahre Jost Bürgi in Kassel. Callwey Verlag und Staatliche Kunstsammlungen Kassel: München/Kassel,

Mackensen, Ludolf von (2003): Observationsuhr I. In: Stiegemann, Christoph (Hg.): Wunderwerk: Göttliche Ordnung und vermessene Welt. Der Goldschmied und Kupferstecher Antonius Eisenhoit und die Hofkunst um 1600. Katalog zur Ausstellung im Erzbischöflichen Diözesanmuseum Paderborn 2003. Philipp von Zabern: Mainz, S. 258–260.

Mackensen, Ludolf von (2003a): Triangularinstrument. In: Stiegemann, Christoph (Hg.): Wunderwerk: Göttliche Ordnung und vermessene Welt. Der Goldschmied und Kupferstecher Antonius Eisenhoit und die Hofkunst um 1600. Katalog zur Ausstellung im Erzbischöflichen Diözesanmuseum Paderborn 2003. Philipp von Zabern: Mainz, S. 261–262.

Mader, Rolf und Hein, Olaf (2004): Die Umwandlung gleichförmiger Kreisbewegungen in geradlinige Bewegung nach Nasir al din al-Tusi. In: Beiträge zur Astronomiegeschichte, Band 7, Acta Historica Astronomiae, Vol. 23, Verlag Harri Deutsch: Frankfurt am Main, S. 12–44.

Marchant, Jo (2011): Die Entstehung des Himmels. Rowohlt: Hamburg.

Matthäus, Klaus: Die offiziellen Nürnberger Kalenderschreiber. In: Astronomie in Nürnberg – anlässlich des 500. Todestages von Bernhard Walther und des 300. Todestages von Georg Christoph Eimmart. Nuncius Hamburgiensis, Bd. 3, Beiträge zur Geschichte der Naturwissenschaften. Tredition Science: Hamburg, S. 184–195.

Mischer, Olaf: René Descartes (2008): Die Geburt des Zweifels. In: Geo Epoche: Der Dreissigjährige Krieg, Nr. 29, Hamburg, S. 140 f.

Montaigne, Michel de (2004): Tagebuch der Reise nach Italien über die Schweiz und Deutschland von 1580 bis 1581. Übersetzt, herausgegeben und mit einem Essay versehen von Hans Stilett. Wissenschaftliche Buchgesellschaft: Darmstadt.

Montucla, Jean-Etienne (1799): Histoire des mathématiques. Henri Agasse: Paris.

Morris, Ian (2010): Wer regiert die Welt? Campus Verlag: Frankfurt/New York.

Mosley, Adam (2007): Bearing the heavens. Tycho Brahe and the astronomical community of the late sixteenth century. Cambridge University Press: Cambridge.

Müller, Armin (1968): Jost Bürgis Herkunft und Verwandtschaft. In: Toggenburgerblätter für Heimatkunde, 27, S. 53–68.

Müller, Armin (1977): Jost Bürgis Herkunft. In: Leopold, John H. und Pechstein, K. (Hg.): Der kleine Himmelsglobus 1594 von Jost Bürgi. Edition Joseph Fremersdorf: Luzern, S. 107-112.

Müller, Armin (1978): Lichtensteig. Geschichte des Toggenburger Städtchens. Verlag der Politischen Gemeinde Lichtensteig.

Müller, Armin (1982): Herkunft und Lebensweg Jost Bürgis. In: Toggenburgerblätter für Heimatkunde, 34, S. 7–20.

Müller, Armin (1982a): Jost Bürgi 1532–1982. In: Toggenburgerblätter für Heimatkunde, 34.

Mulsow, Martin (2011): Die Aufklärung der Enkel. Familiendynamik und Ideengeschichte. In: NZZ, 23.7.2011, S. 59.

Münster, Sebastian (1544): Cosmographia. Beschreibung aller Lender. Mit Städtetexten über Feldkirch, Chur, Lindau und Augsburg von Achilles Pirminus Gasser. Henrichum Petri: Basel. (Digital e-rara ETH-Bibliothek Zürich, Rar 5716: http://dx.doi.org/10.3931/e-rara-88339) (7.2.2013).

Napier, John (1614): Mirifici logarithmorum canonis descriptio. Andrew Hart: Edinburg.

Niederhäuser, Peter (2010): Die Habsburger zwischen Aare und Bodensee. Chronos-Verlag: Zürich.

Novy, Lubos (1998): Kurt Hawlitscheks Johann Faulhaber 1580–1635. Ulm 1995. Rezension in: Dejiny ved a techniky. Deutsche Übersetzung in: Hawlitschek, Kurt (2006): Johann Faulhaber und René Descartes auf dem Weg zur modernen Wissenschaft – Ulm 1619. Veröffentlichungen der Stadt Ulm, Band 22, Stadtbibliothek Ulm, S. 159–162.

Nussbaumer, Harry (2011): Revolution am Himmel. vdf Hochschulverlag an der ETH Zürich.

Oberschelp, Arnold (2010): Über die Grösse des Ptolemäischen Weltsystems. In: Gaulke, Karsten und Hamel, Jürgen (Hg.): Kepler, Galilei, das Fernrohr und die Folgen. Acta Historica Astronomiae, Vol. 40, Verlag Harri Deutsch: Frankfurt am Main, S. 89–100.

Oechslin, Ludwig (2000): Jost Bürgi. Verlag Ineichen: Luzern.

Oechslin, Ludwig (2000a): Der Bürgi-Globus. Schweizerisches Landesmuseum Zürich.

Oechslin, Ludwig (2003): Jost Bürgi und Rudolf Wolf, oder wie Denkstile Bilder beeinflussen. In: Toggenburger Jahrbuch 2003, S. 9–18.

Oechslin, Ludwig (2012): Die Monumentaluhr als Quelle der Inspiration. Skript eines Referates im Herbst 2012 in La-Chaux-de-Fonds.

Oestmann, Günther (1993): Die astronomische Uhr des Strassburger Münsters. Funktion und Bedeutung eines Kosmos-Modells im 16. Jahrhundert. Stuttgart.

Oestmann, Günther (2012): Unveröffentlichte E-Mails (2012 a) 21.8.2012; (2012 b) 2.11.2012.

Oltmer, Thorsten (2011): Wanderarbeiter des Todes. In: Spiegel Geschichte. Der Dreissigjährige Krieg. Nr. 4, Spiegel-Verlag: Hamburg, S. 54–57.

Padova, Thomas de (2009): Das Weltgeheimnis. Kepler, Galilei und die Vermessung des Himmels. Piper: München.

Pantaleon (Bandlin), Heinrich (1578): Deutscher Nation wahrhafften Helden (Teutscher Nation Heldenbuch.). Teil 1–3. Gedruckt durch Lienhard Ostein: Basel (3. Auflage).

Paturi, Felix R. (1988): Chronik der Technik. Chronik-Verlag: Dortmund (2. verbesserte Ausgabe).

Pitiscus, Bartholomäus (1608): Trigonometria: Sive de Solutione Triangulorum Tractatus Brevis et Perspicuus (2. Auflage).

Plassmann, Otmar (2003): Chronologie der Werke Eisenhoits. In: Stiegemann, Christoph (Hg.): Wunderwerk: Göttliche Ordnung und vermessene Welt. Der Goldschmied und Kupferstecher Antonius Eisenhoit und die Hofkunst um 1600. Katalog zur Ausstellung im Erzbischöflichen Diözesanmuseum Paderborn 2003. Philipp von Zabern: Mainz, S. 65–74.

Plassmann, Otmar (2003a): Bericht zu Jost Bürgis Triangularinstrument. In: Stiegemann, Christoph (Hg.): Wunderwerk: Göttliche Ordnung und vermessene Welt. Der Goldschmied und Kupferstecher Antonius Eisenhoit und die Hofkunst um 1600. Katalog zur Ausstellung im Erzbischöflichen Diözesanmuseum Paderborn 2003. Philipp von Zabern: Mainz, S. 264–274.

Pötzl, Norbert F. (2011): Griff nach den Sternen. In: Spiegel Geschichte. Der Dreissigjährige Krieg. Nr. 4. Spiegel-Verlag: Hamburg, S. 72–77.

Poser, Hans (2003): René Descartes. Eine Einführung: Reclam Universal-Bibliothek. Reclam: Stuttgart.

Priesner, Claus (2008): Die Alchemie. In: Spektrum der Wissenschaft. Highlights 3/08: Forschung und Technik im Mittelalter, S. 62–71.

Ramus, Petrus (1576): Prooemium mathematicum. A. Wechel: Paris.

Rankl, Richard (1946): Der Tychonische Sextant in der Sternwarte Kremsmünster. 89. Jahresbereicht des Obergymnasiums der Benediktiner zu Kremsmünster, Schuljahr 1946. Kremsmünster, S. 33–47. (www.specula.at/adv/sextant.htm).

Reich, Karin und Knobloch, Eberhard (2004): Melanchthons Vorreden zu Sacroboscos Sphaera und zum Computus ecclesiasticus. In: Beiträge zur Astronomiegeschichte, Band 7, Acta Historica Astronomiae, Vol. 23. Verlag Harri Deutsch: Frankfurt am Main, S. 12–44.

Reichert, Uwe (2008): Regiomontanus – Wegbereiter der beobachtenden Astronomie. In: Spektrum der Wissenschaft. Highlights 3/08: Forschung und Technik im Mittelalter, S. 10.

Reimers, Nicolas «Ursus» Reimarus (1588): Fundamentum astronomicum: id est, nova doctrina sinuum et triangulorum. (Astronomische Grundlagen). Bernard Jobin: Strassburg.

Reimers, Nicolas «Ursus» Reimarus (1597): De astronomicis hypothesibus seu systemate mundano, tractatus astronomicus et cosmographicus. (Astronomische Hypothesen). Prag.

Reimers, Nicolas «Ursus» Reimarus (1601): Arithmetica analytica vulgo Coss oder Algebra. Prag.

Reimers, Nicolas «Ursus» Reimarus (1606): Chronologische Beweisung. Prag.

Rheticus, Georg Joachim und Otho, Valentinus (1596): Opus palatinum de triangulis. Matthaeus Harnisch: Neustadt.

Riekher, Rolf (2008): Johannes Kepler, Schriften zur Optik 1604–1611. Eingeführt und ergänzt durch historische Beiträge zur Optik- und Fernrohrgeschichte von Rolf Riekher. Verlag Harri Deutsch: Frankfurt am Main.

Rittmeyer, Dora Fanny (1974): Von den Goldschmieden in Lichtensteig im Toggenburg und ihrer Arbeit. Zeitschrift für Schweizer Archäologie und Kunstgeschichte, Band 6, Heft 1/1974, S. 19–32.

Roeck, Bernd (2009): Ketzer, Künstler und Dämon. Die Welten des Goldschmieds David Altenstetter. Eine Geschichte aus der Renaissance. Verlag C.H. Beck: München.

Roeck, Bernd (2011): Totentanz am Lech. In: Spiegel Geschichte. Der Dreissigjährige Krieg. Nr. 4, Spiegel-Verlag: Hamburg, S. 122–127.

Roegel, Denis (2010): Bürgi's Progress Tabulen (1620): logarithmic tables without logarithms. Locomat Project Loria: Nancy, www.locomat.loria.fr (7.2.2013).

Roegel, Denis (2011): A reconstruction of the tables of Briggs' Arithmetica logarithmica (1624). Locomat Project Loria: Nancy, www.locomat.loria.fr (7.2.2013).

Roegel, Denis (2012): Unveröffentlichte E-Mails an den Autor, a) vom 7.8.2012; b) vom 25.9.2012.

Roegel, Denis (2012c): Napier's ideal construction of the logarithms. Locomat Project Loria: Nancy, www.locomat.loria.fr (7.2.2013).

Roth, Gerhard (2007): Der begehbare Traum. Die Presse Online, 13.4.2007. (Zugriff 10.2.2013).

Saliba, George (2006): Der schwierige Weg von Ptolemäus zu Kopernikus. In: Spektrum der Wissenschaft. Dossier Astronomie vor Galilei, 4/06, S. 54–61.

Saltzwedel, Johannes (2011): Lehren des Entsetzens. In: Spiegel Geschichte. Der Dreissigjährige Krieg, Nr. 4, Spiegel-Verlag: Hamburg, S. 12–21.

Sandl, Ida (2011): Als der Schwarze Tod wütete. In: St. Galler Tagblatt, 13.9.2011, S. 20.

Schär, Max (2011): Gallus. Der Heilige in seiner Zeit. Schwabe Verlag: Basel.

Schimkat, Peter (2007): Wilhelm IV. als Naturforscher, Ökonom und Landesherr. In: Eissenhauer, Michael (Hg.) und Gaulke, Karsten (Bearbeitung) (2007): Der Ptolemäus von Kassel: Landgraf Wilhelm IV. von Hessen-Kassel und die Astronomie. Kataloge der Museumslandschaft Hessen Kassel, Bd. 38, Kassel, S. 77–92.

Schmidt, Georg (2010): Der Dreissigjährige Krieg. 8. durchgesehene und aktualisierte Auflage. C. H. Beck: München.

Schmidt, Georg (2011): Auch die teuerste Armee muss nicht immer gewinnen. In: Spiegel Geschichte. Der Dreissigjährige Krieg. Nr. 4, Spiegel-Verlag: Hamburg, S. 22–27.

Schmidl, Petra G. (2007): Astrolabien. In: Eissenhauer, Michael (Hg.) und Gaulke, Karsten (Bearbeitung) (2007): Der Ptolemäus von Kassel: Landgraf Wilhelm IV. von Hessen-Kassel und die Astronomie. Kataloge der Museumslandschaft Hessen Kassel, Bd. 38, Kassel, S. 217–231.

Schöbi-Fink, Philipp (2008): Georg Joachim Rheticus aus Feldkirch und Jost Bürgi, ein Genie aus dem Toggenburg. Montfort, Jg. 30, 2008-4, S. 5–20.

Schöbi-Fink Philipp (2010): Rheticus – Der erste Kopernikaner. In: Wanner, Gerhard und Schöbi-Fink, Philipp: Rheticus – Wegbereiter der Neuzeit. Schriftenreihe der Rheticus Gesellschaft 51, S. 7–44.

Schöbi-Fink, Philipp (2011): Rheticus – Der erste Kopernikaner. In: SPG Mitteilungen Nr. 35, September 2011, S. 26–29.

Schoettli, Urs (2010): Je älter, desto toleranter. Der Sündenfall des Johannes Calvin und die Frage nach dem Fanatismus in den Religionen. In: NZZ, 2.7.2010, S. 52.

Schreiber, Peter (2008): Algorithmen – Programme für den Handbetrieb. In: Spektrum der Wissenschaft. Highlights 3/08: Forschung und Technik im Mittelalter, S.16–19.

Seling, Helmut (2007): Die Augsburger Gold- und Silberschmiede 1529–1868. Meister, Marken, Werke C. H. Beck: München.

Sedlmair, Andreas (2010): Aufstieg und Niedergang einer Dynastie. In: Geo Epoche: Die Macht der Habsburger. Nr. 46, S. 162–168.

Sesin, Claus-Peter (2008): Zeitmesser – wem die Stunde schlägt. In: Spektrum der Wissenschaft. Highlights 3/08: Forschung und Technik im Mittelalter, S. 84–85.

Shea, William (2003): Nikolaus Kopernikus. Der Begründer des modernen Weltbildes. Spektrum der Wissenschaft. Biografie 1/2003.

Sima, Z. (1993): Prague Sextants of Tycho Brahe. In: Annals of Science 50, S. 445–453.

Simonyi, Karoli (2004): Kulturgeschichte der Physik. Verlag Harri Deutsch: Frankfurt am Main (3. Auflage).

Snellio, Willebrordo (1618): Coeli siderum in eo errantium observationes Hassiacae. Illustrissimi principis Wilhelmi Hassiae Lantgravii auspicijs quondam institutae; et spicilegium biennale ex observatioibus Bohemicis v. n. Tychonis Brahe. Nunc primum publicante. Leyden.

Solc, Martin (2012): Die letzten Prager Jahre von Johannes Kepler. In: Kalb, Herbert und Pichler, Franz (Hg.): Johannes Kepler in Linz 1612–1628. Schriftenreihe Geschichte der Naturwissenschaften und der Technik, Band 22, Johannes Kepler Universität: Linz.

Solc, Martin (2006): Astronomy, mathematics, physics in and around Prague. Prag.

Sonderegger, Helmut (2008): Der «Betstuhl – das Rheticus-Denkmal auf dem Feldkircher Domplatz». In: Montfort, Jg. 30, 2008-4, S. 69–96.

Spektrum der Wissenschaft (2006): Dossier Astronomie vor Galilei, 4/06. Heidelberg.

Spektrum der Wissenschaft (2008): Highlights 3/08: Forschung und Technik im Mittelalter. Heidelberg.

Spiegel Geschichte (2011): Der Dreissigjährige Krieg. Nr. 4, 2011. Spiegel-Verlag: Hamburg.

Staudacher, Fritz (2009): Die Einstein-Wild-Relation. Unveröffentlichtes Manuskript. Widnau.

Staudacher, Fritz (2010): Neu entdeckte Wild-Einstein-Relation. Schweizerische Physikalische Gesellschaft. Anekdoten. http://www.sps.ch/artikel/physik_anekdoten/neu_entdeckte_wild_einstein_relation_1/ (27. 2. 2013).

Staudacher, Fritz (2011): Jost Bürgi (1552–1632) brachte die Neuzeit zum Ticken. In: Toggenburger Jahrbuch 2011. Toggenburger Verlag: Wattwil, S. 49–74.

Steccanella, Angelo (2004): Lichtensteiger Goldschmiede. St. Galler Goldschmiedeforschung. Thal.

Steccanella, Angelo (2006): Lichtensteiger Zinngiesser. In: Toggenburger Jahrbuch 2006. Toggenburger Verlag: Wattwil, S. 25–52.

Stiegemann, Christoph (Hg.) (2003): Wunderwerk: Göttliche Ordnung und vermessene Welt. Der Goldschmied und Kupferstecher Antonius Eisenhoit und die Hofkunst um 1600. Katalog zur Ausstellung im Erzbischöflichen Diözesanmuseum Paderborn 2003. Philipp von Zabern: Mainz.

Stifel, Michael (1544): Arithmetica integra. Johannes Petreius. Nürnberg.

Stoll, Cliff (2007): Als Rechner noch geschoben wurden. In: Spektrum der Wissenschaft, 4/07, S. 93–99.

Strohmaier, Gotthard (2006): Al-Biruni – ein Gelehrter, den das Abendland übersah. In: Spektrum der Wissenschaft. Dossier Astronomie vor Galilei, 4/06, S. 22–29.

Strohmaier, Gotthard (2006a): Alhazen – Physik am Rande des Irrsinns. In: Spektrum der Wissenschaft. Dossier Astronomie vor Galilei, 4/06, S. 30–37.

Strohmaier, Gotthard (2008): Arabische Astronomie. In: Spektrum der Wissenschaft. Highlights 3/08: Forschung und Technik im Mittelalter, S. 8–13.

Stumpf, Johannes (1576): Chronica. Ausg. Weisz 1576.

Svatek, Josef (2005): Joost Bürgi, aus Ottova Encycopedie 1888. In: Lutstorf, Heinz (2005): Die Logarithmentafeln Jost Bürgis. Bemerkungen zur Stellenwert- und Basisfrage. Schriftenreihe der ETH-Bibliothek, Wissenschaftsgeschichte Band 3, Zürich, S. 156–162.

Svejda, Antonin (2004): Kepler and Prague. Narodni Technicke Muzeum. Prag.

Svejda, Antonin (2012): Unveröffentlichte E-Mails an den Autor. a) vom 15.8.2012; b) vom 30.10.2012.

Taton, René und Wilson, Curtis (Hg.) (2003): Planetary astronomy from the Renaissance to the rise of astrophysics. Vol. 2, Part A: Tycho Brahe to Newton. Cambridge University Press: Cambridge/New York/Port Chester/Melbourne/ Sydney.

Teichmann, Jürgen (1985): Wandel des Weltbildes. Astronomie, Physik und Messtechnik in der Kulturgeschichte. Rowohlt Taschenbuch Verlag: Reinbek bei Hamburg.

Thoren Victor E. (1990): The Lord of Uraniborg. Cambridge University Press: Cambridge.

Valderas, José Maria (2008): Arzneien. In: Spektrum der Wissenschaft. Highlights 3/08: Forschung und Technik im Mittelalter, S. 58–61.

Voellmy, Erwin (1948): Jost Bürgi und die Logarithmen. Elemente der Mathematik, Beiheft Nr. 5. Birkhäuser: Basel.

Waldvogel, Jörg (1976): Jost Bürgi's logarithms. ETH-interne Notiz, 12.12.1976.

Waldvogel, Jörg (1998): Jost Bürgi, a swiss discoverer of the logarithms. In: Joss, Heinz (1998): Slide rule '98 Rechenschieber proceedings of the rule collectors. Huttwil 14.–16. Oktober 1998, S. 15–23.

Waldvogel, Jörg (2013): Jost Bürgi and the discovery of the logarithms. ETH Zürich, Seminar für Angewandte Mathematik: http://www.sam.math.ethz.ch/sam_reports/reports_final/reports2012/2012-43.pdf. Publikation 2014 in: Elemente der Mathematik, Heft 1/2.

Wanner, Gerhard und Schöbi-Fink, Philipp (2010): Rheticus – Wegbereiter der Neuzeit. In: Schriftenreihe der Rheticus Gesellschaft 51, S. 7–44.

Warnke, Martin (1986): Hofkünstler. Zur Vorgeschichte des modernen Künstlers. DuMont: Köln (2. überarbeitete Auflage 1996).

Wenzel, Johannes (1982): Jost Bürgi als Künstler der Mechanik. In: Toggenburgerblätter für Heimatkunde 34, S. 21–36.

Wild, Patrick A. (2012): Chronik der Familie Wild. Unveröffentlichtes Manuskript. Egg ZH.

Wilhelm IV. von Hessen-Kassel (1560): Observationes p[er] torquetum diligentissimae quat[en]u[m] fieri potuit. Annis 1560 61 et 63; Tabula insignorum stallarum Fixarum ab ipso Principe observatorum anno M.D.LVI et Principio LXVII. Tabula insignorum stellarum fixarum ab ipso Principe observatorum; UB Kassel, 2° Ms. Astron. 16 bzw. 5 (19).

Winkler, Heinrich August (2013): Die Geschichte des Westens. Verlag C.H. Beck: München.

Wittgenstein, Ludwig (1963): Tractatus logico-philosophicus. Logisch-philosophische Abhandlung. Edition Suhrkamp: Frankfurt am Main.

Wolf, Rudolf (1849): Über Bürgi's Logarithmen. In: Mittheilungen der naturforschenden Gesellschaft in Bern, Nr. 114–115. Nachdruck in: Archiv der Mathematik und Physik. Literarische Berichte, Nr. 12, S. 671–674.

Wolf, Rudolf (1858): Jost Bürgi von Lichtensteig. In: Biografien zur Kulturgeschichte der Schweiz, Bd. 1, S. 57–80.

Wolf, Rudolf (1872): Johannes Keppler und Jost Bürgi. Vortrag gehalten den 4. Januar 1872 auf dem Rathaus in Zürich. Friedrich Schulthess: Zürich.

Wolf, Rudolf (1876): Astronomische Mittheilungen. Band XXXI–XXXX. Zürcher und Furrer, 1872–1876.

Wolf, Rudolf (1890): Handbuch der Astronomie. Zürich.

Wolfschmidt, Gudrun (Hg.) (2010): Astronomie in Nürnberg – anlässlich des 500. Todestages von Bernhard Walther und des 300. Todestages von Georg Christoph Eimmart. Nuncius Hamburgiensis, Bd. 3, Beiträge zur Geschichte der Naturwissenschaften. Tredition Science: Hamburg.

Wolfschmidt Gudrun (2012): unveröffentlichte an den Autor adressierte E-Mail vom 11.11.2012.

Wünsch, Johann (2003): Die Messgenauigkeit von Tycho Brahes grossem Sextanten. In: Beiträge zur Astronomiegeschichte, Band 6, Acta Historica Astronomiae, Vol. 18, Verlag Harri Deutsch: Frankfurt am Main, S. 29–33.

Zinner, Ernst (1979): Deutsche und niederländische astronomische Instrumente des 11.–18. Jahrhunderts. Verlag C. H. Beck: München.

Zitzmann, Marc (2006): Algebra und Astrolabien. In: NZZ, 6.1.2006, S. 42.

Zeittafel

Synoptische Übersicht markanter biografischer Daten Jost Bürgis und seiner Zeitgenossen

Andere Akteure und Ereignisse	Jahr	Jost Bürgi
Nikolaus Kopernikus (*1473) veröffentlicht ***De revolutionibus orbium coelestium***	**1543**	
Kopernikus stirbt 70-jährig		
Geburt Tycho Brahe und John Napier	**1546**	
Georg Joachim Rheticus: *Canon doctrinae triangulorum*	**1551**	
Erasmus Reinhold: *Prutenische Tafeln*		
	1552	**Geburt** Jost Bürgi (28. Feb.) in Lichtensteig/ Toggenburg (Schweiz)
Geburt Antonius Eisenhoit	**1553**	
Erste Sternvermessungen Wilhelms in Kassel	**1558**	**Schulbesuch** Jost Bürgi in Lichtensteig (max. 6 Jahre)
Ausbau Kasseler Stadtschloss zur **Sternwarte**	**1560**	
Geburt Galileo Galilei und William Shakespeare	**1564**	**Schulabschluss** nach sechs Jahren in Lichtensteig
		Mithilfe in väterlicher Schlosserei
Philipp I. stirbt, **Wilhelm IV. Landgraf in Kassel**	**1567**	**Berufslehre** als Silberschmied evtl. bei Widiz
Zweite Fixsternliste in Kassel durch Wilhelm		
Goldschmied Widiz kommt nach Lichtensteig		
Wilhelm IV. beobachtet und beschreibt Komet	**1568**	
Erdkarte für Seefahrer in Mercator-Projektion		
Tycho Brahe baut in Augsburg 5,4-Meter-Quadrant	**1569**	
Brahe in Augsburg: Messing-Rechenglobus 1,5 m	**1570**	Als junger Silberschmied evtl. zusätzlich Uhrmacherlehre bei Habrecht
Augsburg: Bau St. Galler Erd- und Himmelsglobus		
Geburt Johannes Kepler in Weil der Stadt	**1571**	
Sieg spanische über osmanische Flotte bei Lepanto		
Brahe und Wilhelm IV. beobachten Supernova	**1572**	Als Uhrmachergeselle in **Cremona**?
Astronomische Uhr (2. Vers.) in Strassburg durch C. Dasypodius und Uhrmacher Gebr. Habrecht	**1574**	Als Uhrmacher vielleicht bei Gebr. Habrecht
Einwöchiger **Besuch Brahes in Kassel**	**1575**	Als Uhrmacher vermutlich in **Augsburg**
Maximilian II. stirbt, **Rudolf II. wird Kaiser**	**1576**	Höchstwahrscheinlich Uhrmacher in **Nürnberg**
Brahe Baubeginn Uraniborg; Heiden stirbt		Bürgi stellt Heiden-Globus fertig
Geburt Paul Guldin in Mels SG	**1577**	
	1579	Als **Hofuhrmacher in Kassel** bei Wilhelm IV. (Eintritt: 25. Juli)
Brahes Sternwarte **Uraniborg** auf Hven ist fertig	**1580**	Baut seine **erste Globusuhr** in Kassel
Paul Wittich mehrere Monate auf Hven bei Brahe		
Prosthaphärese-Rechnung durch Wittich und Brahe		
Francis Drake beendet Erdumsegelung		
Einführung **gregorianischer Kalender**	**1582**	Entwickelt **neuartigen Sextanten**

Rudolf II. verlegt Residenz von Wien nach **Prag**	**1583**	Erfindet den **Reduktions-Proportionalzirkel**
Aufenthalt Paul Wittich in Kassel (bis März 1586)	**1584**	Suche nach neuen Prosthaphärese-Lösungen
Besuch Nikolaus Reimers bei Brahe (Sept.)		Baut welterste **sekundengenaue astronomische Observatoriumsuhr** in Kassel
Mathematiker **Rothmann** in Kassel (Nov.)		
Forschungsaufenthalt **Reimers' in Kassel** (Frühjahr 1586 bis Juni 1588)	**1586**	Einführung des neuen **Vermessungsverfahrens im Horizontsystem** durch Bürgi, Rothmann und Wilhelm IV.
		Wilhelm IV.: **«Bürgi ist wie ein zweiter Archimedes.»**
		Berechnet und baut **Planetenmodelle** für Reimers und Rothmann
Erste **Übersetzung** von *De revolutionibus* in Deutsch durch Reimers für Bürgi	**1587**	Wird von Reimers als sein **Lehrer und Meister** beschrieben, der die Eigenschaften von **Archimedes und Euklid** verbinde
Paul Wittich stirbt als 40-Jähriger (9. Jan.)		Beginnt sein Sonnendaten/Erdbahn-Messprogramm (bis 1591)
		Fertigstellung des ***Grossen Hessischen Sternverzeichnisses*** mit 383 neuvermessenen Fixsternen. Erstes neuzeitliches Verzeichnis mit viel höherer Genauigkeit durch Bürgi, Rothmann und Wilhelm IV.
Reimers: ***Fundamentum Astronomicum*** Reimers wird Mathematikprofessor in Strassburg	**1588**	**Vorstellung von Bürgis neuen Rechenmethoden** in Reimers' *Fundamentum Astronomicum*
Niederlage der span. Armada gegen England		Entwickelt neue **Prosthaphärese**-Lösungen
		Entwickelt neue **algebraisch-geometrische** und numerische Methoden inklusive neuer Algorithmen und Interpolation
		Entwicklung der **Dezimalbruchrechnung** durch Bürgi
		Erfindet **Logarithmen (Progress-Tabulen)**
Longomontanus wird Brahes Assistent (bis 1600)	**1589**	Vorlage des Pergamentexemplars des *Grossen Hessischen Sternverzeichnisses*
Besuch **Rothmanns bei Brahe** (Aug.) Rothmann kehrt nicht mehr nach Kassel zurück	**1590**	Beginnt eigenes **Messprogramm zur Planetenbestimmung** mit über 1000 eigenen Beobachtungen in acht Jahren (1590/97)
Reimers wird **kaiserlicher Hofmathematiker** in Prag	**1591**	Wird **Bürger von Kassel**
		Baut **erste Mondanomalien-Tischuhr** in Kassel
		Baut eine **silberne Planetenglobusuhr** für Kaiser Rudolf II.
Ursus Reimers lehnt Wunsch des Jesuitenkardinals Clavius ab, Jost Bürgi auszufragen. Bürgi habe ihm Schweigen geboten.	**1592**	Erste **Reise zu Kaiser Rudolf II. in Prag** (Juni–Sept.) mit Übergabe silberner Planetenglobusuhr und Proportionalzirkel.
Wilhelm IV. stirbt, Moritz I. wird Landgraf		Zeigt Brahe bereits erste Teile des ***Canon Sinuum***
		Sendet Brahe zum zweiten Mal die Beobachtungsdaten des *Grossen Hessischen Sternverzeichnisses* zum Abgleich
		Erteilt Kupferstecher Eisenhoit Auftrag zur Illustration der Bedienungsanleitung des Triangulationsgerätes
		Berechnet Erdbahn mit eigenen Messdaten (1587–1591)
Kepler wird Landschaftsmathematiker in Graz	**1594**	Stellt **Kleinen Himmelsglobus** fertig (heute in Zürich)

Kepler hat **vertrauliche Kasseler Sonnendaten** und Bahnberechnungen Bürgis von 1592	**1595**	Berechnung seiner Messdatenreihe (1587–1591) bestimmt **Erdbahn, Richtung und Exzentrizität bisher am genauesten**
Kepler: ***Weltgeheimnis***	**1596**	Zweite kurze **Reise nach Prag**
Tycho Brahe: ***Briefwechsel Kassel – Hven*** 1585–1596 *(Epistolarum astronomicarum)*		Wird in Briefen von Rothmann und Brahe immer ohne Namen nur als «Uhrmacher» oder «Automatenmacher» erwähnt
Otho/Rheticus: ***Opus palatinum*** *de trianguluis*		Lehnt das *Opus palatinum* als **zu ungenau und zu grob** ab
Geburt René Descartes		
Tycho Brahe muss Hven verlassen – bezieht Quartier bei Statthalter Rantzau in Wandsbek	**1597**	Schliesst Planetenmessserie ab (seit 1590)
Reimers: *De astronomicis hypothesibus*		
Zerstörung der spanischen Flotte bei England		
Fertigstellung von **Brahes *Sternkatalog*** mit 777 neu eingemessenen Fixsternen	**1598**	Schliesst Sinustabellen ***Canon Sinuum*** ab
Brahe ab Juni in Prag und Benatky Baut Schloss Benatek zur Sternwarte um	**1599**	Hat **Rohentwurf der *Arithmetica Burgii*** für Einleitung zum *Canon Sinuum* erstellt; übergibt ihn wahrscheinlich Reimers
Kepler besucht Reimers in Prag (Jan.) u. Brahe auf Schloss Benatek (Feb./Apr.); Brahe verpflichtet Kepler als Gastforscher, speziell für Mars	**1600**	
Kepler erhält Bürgis Rohentwurf der *Arithmetica Burgii* zur Redaktion, eventuell von Reimers		
Kepler streitet mit Brahe wegen Geheimhaltung und vereinbart sie		
Kepler verfertigt in Brahes Auftrag zweiseitige und längere Prioritätsstreitschrift gegen Reimers		
Reimers stirbt 15. Aug. an Tuberkulose		
Brahe wird kaiserlicher Hofastronom Rudolfs II.		
Kepler übersiedelt 19. Okt. von Graz nach Prag		
Giordano Bruno wird wegen Ketzerei verbrannt		
Shakespeare schreibt *Hamlet*		
Brahe stirbt in Prag 24. Okt. wahrscheinlich an Quecksilbervergiftung	**1601**	**Vereinbart mit Kepler Geheimhaltung** über *Coss*-Redaktion
Kepler wird kaiserlicher Hofastronom Rudolfs II.		
Johannes Bayer veröffentlicht Himmelsatlas *Uranometria*	**1602**	Erhält Patentschutz-Privileg für **Triangularinstrument**
Französischer Mathematiker Francois Viète stirbt	**1603**	Ab Mitte Jahr in Prag; erhält Triangularpatentprivileg ausgehändigt
Kepler schliesst Redaktion von **Bürgis *Arithmetica / Coss*** ab		Erhält **von Kepler redigierte *Arithmetica Burgii*-Fassung/Coss** zurück (Mai)
		Bürgis Proportionalzirkel wird von Levin Hulsius beschrieben
Kepler entdeckt neuen Stern **«Keplers Nova»**	**1604**	Schenkt Rudolf II. Quadrant und Perspektivzeichengerät
Kepler: *Astronomia pars optica*		**Begleitet fehlsichtigen Kepler** bei Entdeckung Keplers Nova
Kepler untersucht Bürgi-Globen auf Sterne		Baut **Zahnradpumpenmodell** für Kepler
		Beobachtet mit **Bürgi-Sextant und Kepler** in Prag Mondfinsternis

		Ist seit Mai und ab 23.12. offizieller Kammeruhrmacher Rudolfs II, Werkstatt auf Hradschin; Haus bei Pulverturm; Monatslohn 60 Gulden
Entdeckung des Sterns p. 464 Cygni veränderlicher Helligkeit im Schwan durch Kepler	**1605**	**Assistiert Kepler mit Bürgi-Sextant** als astronomischer Beobachter bei Entdeckung des Sterns p. 464 Cygni
Willem Jansz entdeckt offiziell Australien		Kepler: «Bürgi ist ein **sehr sorgfältiger Beobachter** der Fixsterne.»
		In Bürgis Prager Werkstätte: Bau der **Planetenuhr** (heute in Wien)
Kepler: *De stella tertii honoris in Cygno*	**1606**	Wird von Kepler in *De stella tertii* als **Koryphäe in der Mathematik** bezeichnet, wie es **Dürer in der Malerei** sei
Kepler beschreibt Halleyschen Kometen	**1607**	**Lizenzfertigung in Zürich** von Bürgis Proportionalzirkel
Kepler beobachtet mit Bürgi-Gehilfe Stolle Sonne		
Pitiscus: ***Trigonometria,*** 2. Auflage; nennt Bürgi **«Mathematicus ingeniosissimus»,** Buch erscheint mit Beispielen von Bürgi. Lippershey erhält Patent für Fernrohr	**1608**	**Bürgis neue algebraische Methoden** werden in *Trigonometria* publiziert, darunter Methode 1: aus mindestens drei mehrere Monate auseinander liegenden Sonnenbeobachtungen die Richtung und Grösse der Exzentrizität zu bestimmen; Methode 2: aus dem Sinus eines Winkels den Sinus des halben Winkels zu finden
Kepler publiziert sein revolutionäres Werk ***Astronomia Nova*** zusammen mit den beiden ersten keplerschen Gesetzen	**1609**	**Die Daten Brahes,** die Kepler seinen Berechnungen der Planetenbewegungen zugrunde legt, **enthalten Informationen Bürgis** und seiner Kasseler Astronomiekollegen infolge des jahrzehntelangen Datenaustausches zwischen Kassel und Hven
Galileo Galilei entdeckt mit Teleskop Mondgebirge		Kepler: **«Bürgi übertrifft in mathematischer Kenntnis und Erfindungsgabe viele der Professoren.»**
		Nobilitation in Prag
		Benjamin Bramer sieht bei Bürgi fertiggestellte *Progresstabulen* (Logarithmentabellen) und *Canon Sinuum*
		Tod der ersten Ehefrau Bürgis – Bürgi mehrere Monate in Kassel
		Martin Schmidt Nachfolger von Benjamin Bramer in Prag
Galileo Galilei entdeckt mit Teleskop Jupitermonde und Venusphasen	**1610**	Hermann Stolle ist **Bürgis Uhrmachergehilfe** und **baut in Bürgis Werkstatt** erstes Prager Fernrohr für Kaiser Rudolf II.
Heinrich Stolle baut **erstes Fernrohr in Prag**		Christoph Schissler neuer Hofuhrmachergehilfe
Kepler: *Dissertation cum nuncio sider*		Wird **Bürger der Stadt Prag** (3. Feb.)
		Wahrscheinlich Bau des ersten Kepler-Fernrohres in Bürgis Werkstatt
Kepler: *Dioptrice* – Funktionen des Teleskops	**1611**	**Zweite Ehe Bürgis** mit Catharina in Kassel (17. Juni)
		Kaiserlicher Wappen-Zusatz in Prag
Rudolf II. stirbt, neuer Kaiser Matthias I. Kepler nach Linz als Landschaftsmathematiker	**1612**	**Bürgis neue geometrisch-algebraische Lösungen** werden von Pitiscus in Neuauflage der *Trigonometria* veröffentlicht
Napier: *Mirifici logarithmorum descriptio*	**1614**	
Kepler: *Nova Stereometria – Auszug aus der uralten Messekunst Archimedis*	**1615**	**Bürgi habe Dezimalbruchrechnung und Dezimalpunkt erfunden** und sie ihm zusammen mit der abgekürzten **Multiplikation** beigebracht (Kepler in der *Messekunst Archimedis*)
Kopernikus: *De Revolutionibus* suspendiert (Index)	**1616**	

William Shakespeare stirbt		
Bürgi-Gehilfe Heinrich Stolle ist selbstständig		
Napier stirbt – Briggs: *Logarithmorum Prima*	**1617**	Wieder in Kassel: **unterrichtet Prinz Hermann** in Astronomie und führt auch hier Gerichtsverfahren
Prager Fenstersturz im Prager Schloss (23. Mai)	**1618**	
Kepler: *Epitome astronomiae Copernicae*		
Kepler: ***Weltharmonien (Harmonices mundi)*** zusammen mit 3. keplerschem Gesetz	**1619**	Kepler in *Weltharmonien* zu Bürgis Siebeneckteilung: **«Bürgi hat sehr geistreiche und überraschende Lösungen.»**
Wien wieder Residenzstadt, Prag Provinzstadt		An 67. Geburtstag zeichnet Egidius Sadeler Bürgis einziges Porträt
Matthias I. stirbt; neuer **Kaiser Ferdinand II.**		
Schlacht am Weissen Berge bei Prag Kaiserliche Truppen unter Wallenstein siegen	**1620**	Verteilt Abzüge der ***Aritmetischen und geometrischen Progress Tabulen*** (Probeabzüge mit handgeschriebenem Unterrichtstext)
René Descartes in Prag		
Henry Briggs: *Arithmetica Logarithmica*		
	1621	Erhält Druckprivileg für Progresstabulen, löst es aber nicht ein
W. Schickard, Tübingen: erste Rechenmaschine	**1623**	**Baut Bergkristalluhr** (heute in Kunstkammer Wien)
Kepler: *Chilias Logarithmorum*	**1624**	
Kepler verlässt Linz via Regensburg und Ulm	**1626**	
Kepler: ***Rudolfinische Tafeln***	**1627**	**Bürgi wird im Vorwort** der *Rudolfinischen Tafeln* von Kepler wegen seiner verschleppten *Progress Tabulen* als **Geheimniskrämer** bezeichnet, der «sein Kind nicht grossgezogen hat»
Kepler Astrologe bei Wallenstein/Sagan (bis 1630)	**1628**	
Johannes Kepler stirbt in Regensburg (Nov.)	**1630**	
Beginn der Bauarbeiten des Taj Mahal	**1631**	Verkauft sein Prager Haus und kehrt nach Kassel zurück
Galilei: *Dialogo über die beiden Weltsysteme*	**1632**	**Beerdigung von Jost Bürgi** (31. Jan.) in Kassel
Verurteilung Galileo Galilei durch Inquisition	**1633**	
Wallenstein wird in Eger ermordet	**1634**	
Descartes: *Discours de la méthode*	**1637**	
Galileo Galilei stirbt – Geburt Isaac Newtons	**1642**	
Ende des Dreissigjährigen Krieges Westfälischer Friede *De jure* Selbstständigkeit der Schweiz	**1648**	Veröffentlichung der 1592 von Bürgi begonnenen Bedienungsanleitung für Triangularinstrument durch Benjamin Bramer in Marburg

Personenverzeichnis

(Auswahl)

A
Alfons X. von Kastilien (1221–1284) 148
Amman, Jost (1539–1591) 71, 128
Apian, Peter Bennewitz (1495–1552) 107, 127, 196, 274
Aristarchos von Samos (310–230 v. Chr.) 8, 103

B
Bayer, Johannes (1572–1625) 221, 285
Beg, Ulugh (1394–1449) 102, 135, 139, 180
Behaim, Martin (1459–1507) 72
Bernoulli, Jakob I. (1655–1705) 89, 207
Bernoulli, Johannes III. (1744–1807) 207
Brahe, Tycho Ottesen (1546–1601) 12, 13, 15–17, 19–21, 37, 39–41, 50, 58, 66, 67, 74, 84, 86–88, 98, 108–112, 120, 127, 128, 132, 134–141, 143–145, 147, 163, 165–168, 172, 182, 187, 195, 197–200, 205, 207, 209–222, 224, 227–229, 231, 234, 235, 237, 240, 241, 244, 246, 247, 256, 258, 265, 266, 268, 270, 273, 274, 276, 277, 279, 281, 282–285
Bramer, Benjamin (1588–1652) 25, 36, 52, 93, 115, 121, 174, 176, 202–204, 261, 268, 273–275, 286, 287
Bruno, Giordano (1548–1600) 33, 229, 285
Bürgi, Conrad (1587–1611), Schuhmacher 25, 262
Bürgi, Lienhard (1480–1547), Grossvater von Jost 25, 26, 28, 122
Bürgi, Lienz (1551–1577), Vater von Jost 25
Buschmann, «Hanns» Johann (1600–1662) 57, 62, 93

C
Calvin, Jean (1509–1564) 31, 34, 46, 82, 257, 261, 281
Caesar, Julius (100–44 v. Chr.) 34
Camerarius I., Georg Joachim d. J. (1534–1598) 37, 47, 74, 76, 275
Cardano, Gerolamo (1501–1576) 45, 66, 71, 188, 189
Cecco, d'Ascoli (1227–1347) 33
Christian IV,. König von Dänemark (1577–1648) 144, 255
Clavius, Christophorus «Schlüssel» (1537–1612) 171, 205

D
Dasypodius II., Conrad Hasenfratz (~1531–1601) 50, 54, 55, 127, 168, 236, 283
Dee, «007» John (1527–1608) 87, 165, 197
Descartes, René (1596–1650) 137, 186, 188, 189, 258, 265, 275, 277, 279, 280, 285, 287
Digges Thomas (etwa 1546–1595) 192
Dürer, Albrecht (1471–1528) 21, 43, 45, 54, 68–71, 76, 119, 152, 153, 156, 207, 286

E
Eberhard, Philipp (1563–1627) 115, 116, 275
Einstein, Albert (1879–1955) 122, 123, 234, 281
Eisenhoit, Antonius (1553–1603) 4, 23, 46, 63, 105, 107, 112, 120, 153–156, 158, 160, 202, 255, 274, 275, 277, 279, 280, 283, 284
Emmoser, Gerhard (†1584) 63, 64, 74, 75, 256
Euklid von Alexandria (360–280 v. Chr.) 21, 91, 98, 163, 237, 284
Euler, Leonhard (1707–1783) 176, 189

F
Fabricius I., David (1564–1604) 196, 210, 231, 238, 240
Faulhaber, Johannes (1580–1635) 137, 277, 280
Ferdinand II., Kaiser (1558–1637) 19, 95, 212, 247, 253, 258, 287
Flamsteed, John (1646–1719) 12, 15, 88, 138, 139, 219, 275
Forrer, Verena Ruggenberger Widiz (etwa 1535–1610) 28, 52, 53
Frederik II., König von Dänemark (1534–1588) 139, 140, 144
Fugger, Familie 56, 58, 69
Fugger, Philipp (1546–1618) 58–60

G
Galilei, Galileo (1564–1642) 11, 15, 16, 20, 32, 93, 116, 190–193, 197, 238, 244, 246, 265, 273–278, 280–283, 286, 287
Gasser, Achilles Pirmin (1505–1577) 56, 58, 280
Gmünder, Ambrosius (etwa 1500–1565) 61
Guldin, Paul Habakuk (1577–1643) 45, 169, 190–193, 199, 203, 205, 246, 273, 276, 277, 283
Gutenberg zum Gensfleisch, Johannes (1400–1468) 43

H
Habermel, Erasmus (1538–1606) 46, 50, 110, 111, 115, 158, 227
Habrecht, Gebrüder (1544–1620) 53–56, 76, 283
Hainzel, Paul (1527–1581) 58
Heiden, Christian (1526–1576) 47, 63, 72, 74–77, 155, 283
Henlein, Peter (1479–1542) 43, 71, 72
Hermann von Hessen-Kassel (1607–1658) 111, 151, 202
Herwart, Hans Georg Baron von Hohenburg (1553–1622) 118
Hevelius, Johannes (1611–1687) 138, 139, 145, 204, 219, 277
Hipparchos von Nicäa (190–120 v. Chr.) 91, 98, 101, 105, 110, 139
Hoffmann, Ferdinand Baron von Grünbühel (†1606) 110, 111, 227
Hulsius, Levin (1546–1606) 66, 113, 115, 273, 277, 285
Huygens, Christian (1629–1695) 87, 88, 207

K
Kepler, Katharina, Mutter 33, 191, 211, 244
Kolumbus, Christoph (1451–1506) 45, 67, 72
Kopernikus, Nikolaus (1473–1543) 8, 11, 16, 31, 32, 37, 66, 67, 71, 90, 91, 97, 98, 102, 103, 119, 129, 147, 167, 169, 190–192, 199, 205, 206, 209, 211, 213, 225, 235, 236, 265, 273, 275, 283, 286
Kurtz, «Curtius» Jacob von Senftenau (1554–1594) 110, 168, 205, 227

L
Laplace, Pierre-Simon (1749–1827) 179, 276
Leibniz, Gottfried Wilhelm (1646–1716) 189
Leonardo da Vinci (1452–1519) 45, 70, 116
Liechtenstein, Karl von (1561–1627) 29, 77, 95, 161, 253
Longomontanus, Sörensen Lonberg (1562–1647) 172, 210, 219, 231, 284
Luther, Martin (1483–1546) 31, 34, 41, 82, 102, 261

M
Machiavelli, Niccolo (1469–1527) 43
Matthias I., Kaiser (1557–1619) 19, 23, 243, 253, 386, 387
Maximilian I., Kaiser (1459–1519) 148, 151, 191
Maximilian II., Kaiser (1527–1576) 74, 75, 243, 283
Maximilian, Herzog von Bayern (1573–1651) 255
Mercator, Gerhard Kremer (1512–1594) 61, 72, 152, 156, 189, 283, 287
Michelangelo, Buonarroti (1475–1564) 45
Montaigne, Michel de (1533–1592) 56, 279
Moritz I. von Hessen-Kassel (1572–1632) 19, 81, 112, 120, 132, 135, 152, 166, 209, 215, 225, 255, 257, 259, 284

N
Napier, John of Merchiston (1550–1617) 163, 174, 175, 178, 179, 196, 197, 204, 207, 246, 247, 280, 281, 283, 286, 287
Newton, Isaak (1643–1727) 189, 244, 265, 274, 276, 277, 282, 287
Nostradamus, Michel de Nostredame (1503–1566) 42

O
Otho, Valentinus (1550–1603) 164, 182, 183, 281, 285

P
Paracelsus, Theophrastus Bombastus Aureolus von Hohenheim (1493–1541) 37, 39
Pitiscus, Bartholomäus (1561–1613) 180, 182, 187, 196–198, 224, 280, 286
Ptolemäus von Alexandria (nach 80–160 n. Chr.) 6, 11, 68, 72, 73, 91, 97, 98, 101–103, 105, 107, 128, 135, 139, 153, 230, 236, 237, 239, 275–278

R
Ramus, Petrus Pierre de la Ramée (1515–1572) 239
Reimers, Nikolaus «Raimarus Ursus» Bär (1551–1600) 15, 20, 21, 93, 119, 120, 132, 139, 144, 150, 166–169, 171–174, 181, 182, 187, 193, 195, 196, 206, 209, 210, 225, 244, 269, 273, 279–281, 284, 285
Reinhold, Erasmus (1511–1553) 134, 225, 213

Rheticus, Georg Joachim (1514–1574) 39, 56, 66, 70, 71, 103, 168, 182, 183, 190–192, 265, 281–283, 285
Rothmann, Christoph (1551–1600) 12, 15–17, 84, 85, 87, 88, 91, 93, 109, 111, 112, 120, 125, 127, 129–133, 135–137, 139, 145, 153, 164–167, 197, 200, 204, 205, 216–218, 221, 224, 225, 231, 240, 266, 268, 273, 276, 284, 285
Rudolf I. von Habsburg, Deutscher König (1218–1291) 148
Rudolf II. von Habsburg, Römischer Kaiser (geb. 1552, reg. 1576–1612) 19, 41, 62, 74–76, 83, 93, 94, 110, 112, 115, 119, 147, 148, 150–152, 155, 160, 161, 178, 190, 198, 200, 204, 209, 210, 213, 230, 235, 238, 241, 243, 244, 246, 247, 250, 252, 253, 270, 273, 275, 277, 283, 284, 286

S
Sachs, Hans (1494–1576) 49, 71, 128
Sacrobosco, Johannes de John Holywood (etwa 1190–1256) 101, 102, 280
Sadeler, Aegidius (1570–1629) 23, 202, 249, 284
Scheiner, Christoph (etwa 1573–1650) 239
Schickard, Wilhelm (1592–1632) 118, 158, 274, 287
Schöner, Andreas (1528–1590) 73, 76, 126, 127, 130, 132
Schöner, Johannes (1477–1547) 66, 68, 71–73, 101
Snell, Rudolf «Snellius» I. van Rojen (1546–1613) 126, 225
Snell, Willebrord «Snellius» II. van Rojen (1580–1626) 126, 224, 225, 281
Stevin, Simon (1548–1620) 174
Stifel, Michael (1486–1567) 41, 66, 174, 189, 282
Stolle, Heinrich (etwa 1570–1626) 93, 110, 115, 231, 232, 238, 239, 286

T
Takiyyüddin-us-Sami Rashid (1525–1585) 87, 127
Tengnagel von Kamp, Franz Gansneb (1576–1622) 198–200, 210, 213, 214, 228, 231, 243
Tilly, t'Serclaes von (1559–1632) 58, 255, 257

V
Viète, François (1540–1603) 171, 174, 180, 187–189, 221, 285

W
Wallenstein, Albrecht von Waldstein (1583–1634) 21, 41, 95, 193, 247, 255, 258, 287
Widiz, David (etwa 1535–1596) 28, 52, 53, 56, 62, 273, 283
Wild, Heinrich (1877–1951) 122, 123, 271
Wilhelm IV. von Hessen-Kassel (1532–1592) 16, 17, 19–21, 24, 32, 40, 47, 50, 73–76, 79, 81–84, 87, 88, 93, 105, 107, 109, 111, 112, 125–129, 133, 135, 139, 140, 143, 145, 150, 151, 153, 156, 157, 164–167, 182, 197, 205, 215, 216, 224, 230, 231, 236, 239, 257, 259, 273, 275–279, 281–284
Wilhelm V. von Hessen-Kassel (1602–1637) 19, 81, 250
Wilhelm V., Herzog von Bayern (1548–1626) 62, 76, 83, 151
Wittich, Paul (etwa 1546–1586) 106, 107, 109, 112, 132, 165–168, 171, 172, 231, 276, 283, 284

Z
Zorn, Georg d. J. (1564–1632) 64, 115–117
Zubler, Leonhard (1563–1611) 115, 275
Zwingli, Ulrich Huldrych (1483–1531) 32, 82, 122, 261

Bildnachweis

akg-images ©: Abb. 44: Winkelmessung mit Jakobsstab. Holzschnitt. Signatur: 2-A60-A2-1520.

Biblioteka Jagiellonska ©: Abb. 71: Kopernikus-Manuskript. Signatur: Ms 10000, f. 9v.

bpk – Bildagentur für Kunst, Kultur und Geschichte ©: **Abb. 7, 140:** Kaiser Rudolf II. mit Krone; Halbgouache, um 1630. © bpk/ Kunstbibliothek, SMB. Staatliche Museen zu Berlin. **Abb. 19:** Bildnis Huldrych Zwingli von Hans Asper aus dem Jahre 1531. Kunstmuseum Winterthur. © bpk / Hermann Buresch. **Abb. 25:** Paracelsus. Gemälde von Quentin Massys. Musée du Louvre, Paris. © bpk / RMN – Grand Palais/Hervé Lewandowski. **Abb. 42:** Emmoser Pegasus-Himmelsglobus mit Uhrwerk. Gift of J. Pierpont Morgan, 1917. © bpk / The Metropolitan Museum of Art. **Abb. 43:** Nürnberg 1493. Holzschnitt aus Hartmann Schedels Buch der Chroniken (Schedel'sche Weltchronik) von 1493. **Abb. 48:** Albrecht Dürer im Pelzrock. © bpk / Bayerische Staatsgemäldesammlungen; Alte Pinakothek. **Abb. 50:** «Der Uhrmacher» im Buch der Stände und Handwerker von 1568. Holzschnitte von Jost Amman, Verse von Hans Sachs. **Abb. 61:** Marburger Religionsgespräch. Gemälde von August Noack. Hessisches Landesmuseum Darmstadt. © bpk / Hermann Buresch. **Abb. 62:** Observatoriumsuhr Dresden. © bpk / Staatliche Kunstsammlungen Dresden / Jürgen Karpinski. Mathematisch-Physikalischer Salon. **Abb. 83:** Bürgi-Astrolabium. © bpk / Museumslandschaft Hessen Kassel, Astronomisch-Physikalisches Kabinett, Kassel. **Abb. 98, 179:** Galileo Galilei, gemalt von Francesco Boschi. Versailles, Châteaux de Versailles et de Trianon. © bpk / RMN – Grand Palais / Gérard Blot. **Abb. 99:** Galileis Zirkelkatalog. Astronomische Geräte von Galilei. Florenz, Biblioteca Nazionale Centrale. © bpk / Scala. **Abb. 100:** Bürgi-Kaliberstab. © bpk / Museumslandschaft Hessen Kassel. **Abb. 118:** «Der Astronom» im Buch der Stände und Handwerker von 1568. Holzschnitte von Jost Amman, Verse von Hans Sachs. **Abb. 132:** Tycho Brahe nach Gemälde von B. Geyn um 1600 in Prag. **Abb. 135:** Mauerquadrant Uraniborg. Kolorierter Holzstich von 1587. © bpk / Dietmar Katz. **Abb. 139:** Ansicht von Prag mit Blick auf den Königlichen Palast. **Abb. 215:** Prag 1710. Kolorierter Kupferstich. **Abb. 218:** Karlsbrücke in Prag mit Altstädter Brückenturm. © bpk / Angelika Schnell-Dürrast. **Abb. 231:** Schlacht am Weissen Berg. © bpk / Bayerische Staatsgemäldesammlungen; Leihgabe des Armeemuseums Ingolstadt. **Abb. 232:** René Descartes. Gemälde nach Frans Hals. Musée du Louvre. © bpk / RMN – Grand Palais / Thierry Le Mage.

Carl Andrea ©: Abb. 30: Foto Rathaus Rothenburg ob der Tauber (Renaissancetrakt 1572–1580).

Corbis ©: Abb. 20: Hexenverbrennung 1555 im Rheinischen. **Abb. 29:** Leonardo Da Vinci: Vitruvmann. © Corbis / Stadtmuseum Florenz. **Abb. 32:** Silberschmiede. © Corbis / Lebrecht 3. **Abb. 35:** Strassburger Münsteruhr. © René Mattes / Corbis. **Abb. 36:** Augsburg 1490. © Philip de Bay / Corbis. **Abb. 73:** Schiffe. Gemälde von Abraham van Salm. **Abb. 72, 174:** Porträt Kopernikus. **Abb. 80:** Beg-Mauerquadrant. © Roger Ressmeyer / Corbis. **Abb. 127:** Sternwarte Greenwich. **Abb. 177:** Feldkirch mit Schattenburg. © Corbis Riccardo Spilla / Grand Tour / Corbis. **Abb. 180:** Claude Flammarion (1888); Kolorierter Holzstich «Wo Himmel und Erde sich begegnen». **Abb. 229:** Zweiter Prager Fenstersturz. Illustration of Royal Commissioners.

Deutsches Museum ©: Abb. 210: Feldmessung auf Wagen. Holzschnitt aus Pfintzing, Pauli: Methodus Geometrica. Nürnberg 1598.

ETH-Bibliothek Zürich, Alte und Seltene Drucke ©: Abb. 37: Brahe-Quadrant. Signatur: Rar 4153. Tycho Brahe: Astronomiae instauratae progymnasmata. Uraniburg 1610. S. 356. **Abb. 87:** Halber Brahe Nussbaumholz-Reisesextant. Signatur: Rar 4153. Tycho Brahe: Astronomiae instauratae progymnasmata. Uraniburg 1610. S. 337. **Abb. 104:** Zeichnung Planetenmodell. Signatur: Rar 4369: 2. Nicolai Raymari Ursi: Fundamentum Astronomicum, Strassburg 1588. **Abb. 129, 130, 131:** Epistolarum Briefe Kassel–Uraniborg. Erstes Buch 1596, zweites Buch 1601. Signatur: Rar 4403. Tycho Brahe/Wilhelm: Epistolarum astronomicarum libri. Noribergae: Hulsium 1601. Abb. 129 Titelseite, Abb. 130 Brief Wilhelms über Rothmann (S. 196), Abb. 131 Hessische astronomische Daten gingen ab 1585 an Brahe (S. 49). **Abb. 133:** Brahes Nova im Sternbild Cassiopeia. Signatur: Rar 4153. Tycho Brahe: Astronomiae instauratae progymnasmata. Uraniburgi, 1610. S. 315. **Abb. 136:** Tycho Brahes Sternkatalog in den Rudolfinischen Tafeln. Signatur: Rar 8895. Johannes Kepler: Tabulae Rudolphinae. Ulm: Jonas Saur, 1627. S. 157 f. **Abb. 167:** Kunstweg-Interpolationsschema. Signatur: Rar 4369 : 2. Nicolai Raymari Ursi: Fundamentum Astronomicum, Strassburg 1588. S. C1r. **Abb. 182:** Titelseite Rudolphinische Tafeln. Signatur: Rar 8895. Johannes Kepler: Tabulae Rudolphinae. Ulm: Jonas Saur, 1627. S. 3. **Abb. 186, 195:** Keplers Neuer Stern im Fusse des Schlangenträgers. Signatur: Rar 4156. Johannes Kepler: De stella nova in pede serpendarii. Pragae: Pauli Sessii, 1606. S. 77. **Abb. 193, 204, 205:** Bürgis Planetendaten aus den Jahren 1590–1597. Signatur: Rar 4385. Willebrordus Snellius: Coeli & siderum in eo errantium observationes Hassiacae. Leyden: Iustum Colsterum, 1618. S. 1, 14, 15. **Abb. 197:** Lokalisierung des neuen Sterns im Schwan. Rote Markierung nachträglich durch einen Leser. Signatur: Rar 4156. Johannes Kepler: De stella nova in pede serpendarii. Pragae: Pauli Sessii, 1606. S. 168. **Abb. 199:** Seite mit Marsobservationsdaten. Signatur: Rar 4482. Johannes Kepler: Astronomia nova. Heidelberg: Voegelin, 1609. S. 90. **Abb. 201:** Titelseite Astronomia Nova. Signatur: Rar 4482. Johannes Kepler: Astronomia nova. Heidelberg, Voegelin, 1609. S. 2. **Abb. 203:** Messekunst-Doppelseite. Signatur: Rar 356: 2q. Johannes Kepler: Auszug aus der uralten Messekunst Archimedis. Linz: Hansen Blancken, 1616. S. 26–27. **Abb. 206:** Verlauf der Kometenwanderung. Signatur: Rar 4389:1. Johannes Kepler: De Cometis libelli tres. Augsburg 1619. S. 2. **Abb. 211:** Frontispiz Rudolfinische Tafeln. Signatur: Rar 8895. Johannes Kepler: Tabulae Rudolphinae. Ulm: Jonas Saur, 1627. S. 2. **Abb. 212:** Tempeldach-Ausschnitt aus Abb. 211. **Abb. 214:** Sonnensystem mit Keplers neoplatonischen geometrischen Körpern. Signatur: Rar : 1. Johannes Kepler: Prodomus dissertationum cosmographicum. Tübingen 1596. S. 25 (Bildausschnitt). Noch 13 Jahre später in seiner Weltharmonie verteidigt er diese fünf regelmässigen Körper und ihre Relationen (Krafft [2005a], S. 576). **Abb. 233, 234:** Zwei Seiten aus René Descartes breit angelegten Discours de la méthode pour bien conduire sa raison, & chercher la vérité dans les sciences. Plus la dioptrique et les météores. Paris, Le Gras: 1658. Signatur: Rar 5222. Abb. 233 Beginn des ersten Buches (La Géometrie), Abb. 234 Physik des Regenbogens.

ETH Zentralbibliothek ©: Abb. 158: Überwärtsdividieren, Lutstorf/ Walter, S. 24.

Germanisches Nationalmuseum, Nürnberg ©: Abb. 26: Komet über Nürnberg Inv.-Nr. HB 814 Kaps 1205 Georg Mack d. Ä., 1577, Flugblatt, Holzschnitt. **Abb. 47:** Hieronymus im Gehäuse, Dürer Albrecht, 1514, Inv.-Nr. St.N. 2118, Kupferstich. Eigentum der Stadt Nürnberg. **Abb. 51:** Dosenförmige Taschenuhr. Inv.-Nr. WI 1265, Peter Henlein, Nürnberg, um 1510. **Abb. 52:** Behaim-Erdglobus Inv.-Nr. WI 1826, Entwurf: Martin Behaim, Bemalung: Georg Glockendon d. Ä., Nürnberg, 1492/94. **Abb. 53:** Eimmart-Sternwarte. Inv.-Nr. St.N. 10517, Kaps 1206, Astronomisches Observatorium des Georg Christoph Eimmart in Nürnberg, 1716. Eigentum der Stadt Nürnberg.

Havas Michael / Findeisen Rüdiger ©: Abb. 239: Standbild aus TV-Szene Rudolf II. (Martin Ruzek) und Jost Bürgi (Ivan Vyskocil) im Dokudrama Himmel hab' ich gemessen (1990). Produzent: Condor-Film Zürich, Co-Produzenten: Hessischer Rundfunk, Frankfurt am Main und Leica AG, St. Gallen.

Herzog August Bibliothek Wolfenbüttel, Abt. Handschriften und Sondersammlungen ©: Abb. 3: Titelkupfer der lateinischen Ausgabe von Galileo Galileis «Dialogen»: Aristoteles, Ptolemäus (mit Armillarsphäre) und Kopernikus (mit Tellurium). Signatur: Nx 11 (3), Kupfert. Übersetzt aus dem Italienischen durch Matthias Bernegger, Titelkupferstich von Jacob van der Heyden, Druck 1635 bei Elzevier in Leiden. **Abb. 6:** John Flamsteed, Atlas Coelestis (1725), Sternkarte Cassiopeia. Signatur: Ne 2°, 12. **Abb. 27:** Michel Nostradamus, Frontispiz. Signatur: Hr 310. In: Les vrayes centuries et propheties de Maistre Michel Nostradamus, Paris 1669. **Abb. 28:** Nostradamus-Titelseite, Kupfertitel. Signatur: Hr 310: Les vrayes centuries et propheties de Maistre Michel Nostradamus, Paris 1669 – **Abb. 45:** Regiomontanus. Signatur: Cod. Guelf. 69.9 Aug. 2°, fol. 82v. aus dem Jahre 1467. **Abb. 46:** Epytoma-Titelseite. Signatur: 12 Astron. 2° 2, Titelbl. Erstdruck. **Abb.78:** Almagest-Tabelle. Ptolemäus. Signatur: Cod. Guelf. 147 Gud. lat., 196 Bl. **Abb.79:** Sphera Mundi. Sacrobosco. Signatur: 25.1 Astron., Bl. a1v-a2r. **Abb. 84:** Apian Astronomium Caesareum. Signatur: Ne 2° 11, 28r. **Abb.128:** Hevelius mit Fernrohr. Hevelius. Signatur: 2.5 Astron. 2°, Taf. F.

Hessisches Staatsarchiv Marburg ©: Abb. 57: Bestallungsbrief Wilhelms an Bürgi, Signatur: Urkunde 7, Nr. 700, 25.7.1579, Bl.1r. **Abb. 58:** Bestallungsbrief Wilhelms an Bürgi, Rückseite. Signatur: Urkunde 7, Nr. 700, 25.7.79, Bl. 1v. **Abb. 59:** Reversbrief Bürgis an Wilhelm. Signatur: Urkunde 7, Nr. 699 von 1579 Juli 25, Bl. 1r/v., Bl.2r. **Abb.143:** Bittbrief Kaiser Rudolfs II. an Landgraf Wilhelm IV. Signatur: Urkunde 7, Nr. 1514 von 1592 Februar 16, Bl.1r. **Abb.144:** Bittbrief Kaiser Rudolfs II. an Landgraf Wilhelm IV.: Urkunde. Signatur: 7, Nr. 1514 von 1592 Februar 16, Bl.1v. **Abb. 217:** Brief Jost Bürgis vom 27.7.1616 aus Prag an seinen Freund Hans Dickhaut in Kassel. Signatur Best. 17 I, Nr. 2749, 1616 Juli 27. Vorderseite. **Abb. 228:** Bürgi-Vollwappen. Originalgrösse 13,5 mm x 16 mm. Restauriert von Alhard von Drach, dokumentiert von Walthard Vahl. Quelle: Drach, S. 39.

Karl-Franzens-Universität Graz / Fachbibliothek für Mathematik ©: Abb.178: Porträt Paul Guldin. Gemalt von unbekanntem Maler nach Vorlage-Bild von Christophorus Clavius.

Kepler-Kommission / Verlag C.H. Beck / List-Bialas ©: Abb.170: Bürgis Coss, Seite 50

Keystone/Gaetan Bally ©: Abb.141: Burg Habsburg.

Klaus Kühn ©: Abb.159: Prosthaphärese-Formel in Kühn / McCarthy, S.15. **Abb.161:** Sphärische trigonometrische Sternposition-Berechnung konventionell, mit Prosthaphärese und mit Logarithmen; in Kühn/McCarthy, S. 23.

Kolowrat Krakowsky Andrea, Rychnov nad Kneznou ©: Abb.176, 187: Porträt Kepler. Gemalt in Prag um 1609 vom kaiserlichen Hofmaler Hans von Aachen.

Kulturmuseum Stralsund © Foto Jürgen Hamel: **Abb.106:** Bürgi-Triangulationsinstrument.

Kunsthistorisches Museum Wien, Gemäldegalerie ©: Abb. 22: Jäger im Schnee (Winter), gemalt von Pieter Breughel d. Ä. (Inv.-Nr. GG_1838). **Abb.145:** Kaiser Rudolf II. im Harnisch, gemalt um 1576/80 von Martino Rota. (Inv.-Nr. GG_6438). **Abb. 207:** Kaiser Rudolf II., gemalt um 1606/08 von Hans von Aachen (Inv.-Nr. GG_1838). **Abb. 225:** Kaiser Rudolf II., gemalt um 1580 von unbekanntem Künstler als Miniatur (oval 11,1 x 9 cm), Ausschnitt, (Inv.-Nr. GG_5455). **Abb. 226:** Späterer Kaiser Matthias, gemalt zu Beginn des 19. Jahrhunderts im Format von 13,7 x 10,2 cm von Julie Mihes (Inv.-Nr. GG_5593). **Abb. 227:** Späterer Kaiser Ferdinand II. mit einem Hofkammerzwerg (wahrscheinlich Erhard Pyllnhofer), gemalt 1604 von Joseph Heintz d. Ä. (Inv.-Nr. GG_9450).

Kunsthistorisches Museum Wien, Kunstkammer ©: Abb. 41: Spielautomat Diana auf dem Kentauer von Jacob I. Bachmann, Augsburg (1598–1600). **Abb. 55, 222:** Sogenannte Wiener Bergkristalluhr von Jost Bürgi um 1622/27 (Inv.-Nr. KK_1116 7498). **Abb. 68, 221:** Sogenannte Wiener Planetenuhr von Jost Bürgi, um 1605 (Inv.-Nr. KK_846_Neu 5). **Abb. 69:** Sogenannte Wiener Planetenuhr von Jost Bürgi, Rückseite (Inv.-Nr. KK_846_ Neu 2). **Abb. 70:** Sogenannte Wiener Bergkristalluhr von Jost Bürgi, Rückseite (Inv.-Nr. KK_1116 7506). **Abb.153:** Sogenannte Wiener Bergkristalluhr von Jost Bürgi (Ausschnitt Globus aus Abb. 55). **Abb. 220:** Kunstkammersaal mit Büste Rudolfs II. von Adriaen de Vries (1603). **Abb. 223:** Drachenschale von Gasparo Miseroni (1565/70). **Abb. 224:** Narwalbecher von Jan Vermeyen (1600/05).

Landesmuseum Zürich / Schweizerisches Nationalmuseum ©: Umschlag: Herkules-Gravur von Antonius Eisenhhoit auf Bürgis Kleinem Himmelsglobus (1594). **Abb.138:** Bürgi-Himmelsglobus 1594, Gesamtaufnahme. **Abb.146:** Bürgi-Himmelsglobus 1594, Gesamtaufnahme. **Abb.147:** Herkules-Gravur von Antonius Eisenhoit. **Abb.148:** Sonnensymbol am Bürgi-Himmelsglobus 1594. **Abb.149:** Ableseskalen für drei Koordinatensysteme am kleinen Bürgi-Globus von 1594.

Leica Geosystems, Heerbrugg ©: Abb.109: Repetitionstheodolit um 1895, rechts davon Wild Universal-Sekundentheodolit T2 (1922). **Abb.112:** Baustellenvermessung beim Viaduc de Millau (2003). **Abb.113:** Karte Mt. Everest von National Geographic (1988). Erstellt mit fotogrammetrischen Aufnahme- und Auswertesystemen der Leica Geosystems durch Swissairphoto und Eidg. Landestopographie.

Loeffel Hans / Toggenburgerblätter für Heimatkunde ©: Abb.166: 34. Heft (1982), S. 34–51.

Lunar and Planetary Institute USRA: Abb. 242, 243: Digital Lunar Orbiter Photographic Atlas of the Moon. Photo Number IV-168-H1: Byrgius.

Maschek Wolfgang ©: Abb.102: Schema keplersche Zahnradpumpe. **Abb.120:** Sternvermessung im Horizontsystem, gem. Oechslin (2000), S. 68. **Abb.121:** Astronomische Begriffe, gemäss Mackensen (1979), S. 26. **Abb.155:** Sphärische Triangulation eines neuen Sterns (N), gem. Oechslin (2000), S.68. **Abb. 200:** Keplers Vorgehen bei der Marsbahnberechnung, Phase I und II.

Musée des arts et métiers–Cnam, Paris / Photo: Pascal Faligot ©: Abb.151: Bürgi-Globusuhr (Sphère céleste par Jost Bürgi Paris, Inv. 07490).

Museumslandschaft Hessen Kassel, Astronomisch-Physikalisches Kabinett © Foto: Arno Hensmanns: **Abb. 56:** Porträtausschnitt Wilhelm IV. aus Abb.115. **Abb. 64:** Bürgi-Kalenderuhr. **Abb. 65:** Bürgi-Äquationsuhr, Schrägaufnahme. **Abb. 66:** Bürgi-Äquationsuhr, Deckelinnenseite. **Abb. 94:** Bürgi-Proportionalzirkel (A). **Abb. 95:** Bürgi-Proportionalzirkel (B). **Abb.115:** Doppelgemälde Wilhelm und Sabine von 1577, Caspar van der Borcht zugeschrieben. **Abb.117:** Wilhelmsuhr. **Abb.119:** Rechenglobus. **Abb.150:** Bürgi-Globusuhr Kassel I.

Museumslandschaft Hessen Kassel, Gemäldegalerie, Neue Galerie, Städtischer Kulturbesitz ©: Abb.116: Das Kurfürstliche Residenzschloss in Kassel, gemalt um 1806 von einem unbekannten Künstler; Inv.-Nr. AZ782, Neg. Nr. M20629.

Narodni Technicke Muszeum Prag © Foto: Katerina Uksova: **Abb. 85:** Bürgi-Sextant. **Abb. 90:** Bürgi-Sextant: Messingbogen mit Visierlineal und Transversalteilungen. **Abb. 97:** Proportionalzirkel im Bürgi-Stil. **Abb.198:** Theodolit-Grundplatte von Heinrich Stolle.

NASA / ESA / JHU / R. Sankrit & W. Blair ©: Abb.196: Kepler SN 1604, generiert durch Datenfusion aus Chandra-, Spitzer- und Hubble-Observatorien.

Nordiska museet, Stockholm © Mats Landin: **Abb.152:** Bürgi-Armillarsphäre.

Neue Zürcher Zeitung ©: Abb. 21: Anomalien in der Sommertemperatur in ° Celsius (geglättete Werte). NZZ 19.1.2011. Quelle: WSL

P. Amand Kraml, Sternwarte Kremsmünster © Foto: Abb. 86: Zahnrad-Ketten-Trieb des Kremsmünsterner Bürgi/Habermel/Kepler-Sextanten zur genauen Positionierung des Visierlineals. **Abb. 91:** Bürgi/Habermel-Sextant, von etwa 1601 im Besitz Johannes Keplers. **Abb. 209:** Kepler-Porträt von 1610/11 (Ölgemälde auf Holz). Im Besitz des Benediktinerstiftes Kremsmünster.

ÖNB/Wien © Österreichische Nationalbibliothek: **Abb.74:** Ptolemäisches Weltmodell. Atlas Blaeu fol. 13v oben. **Abb.75:** Kopernikanisches Weltmodell. Atlas Blaeu fol. 13v unten. **Abb.76:** Tychonisches Weltmodell, Atlas Blaeu fol. 14r.

Ortsarchiv Lichtensteig ©: Abb. 13: OAL101, Ratsbuch 2, Seite 82r, 1596.

Poretti Giorgio, Universita di Trieste: Abb. 111: Expedition K2-Everest; Gipfelfoto Mt. Everest 1992 mit Leica GPS 300 und Laserreflektoren.

Privatbesitz ©: Abb. 18: Martin Luther, Holzschnitt von Heinrich Vogtherr aus Pantaleons Heldenbuch. **Abb. 23:** Bild Pocken Toggenburgerbibel. **Abb. 33:** Foto Hintergasse 23. **Abb. 34:** Foto Portalscheitel. **Abb. 60:** Foto Bürgi-Wappen. **Abb. 87:** Brahe Sextant (Uraniborg-Ausschnitt). **Abb. 108:** Foto Heinrich Wild. **Abb. 110:** Wilds Konstruktionszeichnung zu Koinzidenz-Optiktelemeter (1904). **Abb. 122:** Rothmann-Holzschnittporträt*. **Abb. 156:** Reimers-Holzschnittporträt*. **Abb. 160:** Braunmühl-Beweis, Geschichte der Trigonometrie, Bd. 1, S. 195., basierend auf Reimers' Fundamentum astronomicum (Strassburg 1588). **Abb. 171:** Foto Alpsteingipfel mit Säntis aus Nordosten. **Abb. 172:** Karte Ostschweiz (1668). **Abb. 165:** Sin-log-Logarithmustabelle Napiers. Tabellenanfang in der Mirifici logarithmorum Canonis descriptio, ejusque usus, in utraque Trigonometria; ut etiam in omni Logistica Mathematica. Edinburgi 1614. Tabelle entnommen aus Gerlinde Faustmanns (1995) Geschichte der Logarithmen, S. 46. **Abb. 173:** Rheticus-Holzschnittporträt*. **Abb. 202:** Herstellung einer Ellipse durch epizyklische Übertragung. Leopold/Fremersdorf, S. 52. **Abb. 208:** Foto Kepler-Wohnhaus beim Altstädter Brückenturm. **Abb. 213:** Hausplakette in Ulm. **Abb. 216:** Vikarska-Gebäude Nr. 34 von der Seite. **Abb. 219:** Foto Pulverturm bei ehemaligem Bürgihaus. **Abb. 230:** Kupferstich Dreissigjähriger Krieg. **Abb. 241:** DDR-Sonderbriefmarke Bürgi-Globus 1990.

Rothenberg Eckehard / Hamel Jürgen / Acta Historica Astronomiae ©: Abb. 188: Positionsgenauigkeit Kassel. Vol. 2, 2002, S. 64. **Abb. 189:** Positionsgenauigkeit Hven/Brahe. Vol. 2, 2002, S. 66.

Rotour / Andrea Carl: Abb. 31: Foto Treppenhausschnecke (1577) Rathaus Rothenburg ob der Tauber.

Sächsische Landesbibliothek – Staats- und Universitätsbibliothek Dresden (SLUB), Digitale Sammlungen ©: Abb. 49: Tabellendoppelseite 12/13 aus dem Canon doctrinae triangulorum von Georg Joachim Rheticus. Lipsiae 1551. Signatur: Math.478,misc.2.

Schatzkammer und Museum des Deutschen Ordens, Wien © : Abb. 54: Erd- und Himmelsglobus von Ch. Heiden 1570.

Schütz Wolfgang ©: Abb. 194: Foto des Kepler-Bürgi-Bronzegussreliefs im 1870 eingeweihten Kepler-Denkmal in Weil der Stadt, gestaltet von August von Kreling. **Abb. 240:** Foto der Bürgi-Bronzegussfigur im Kepler-Denkmal in Weil der Stadt, gestaltet von August von Kreling.

St. Petersburg Branch of the Federal State Government-financed Institution of Science of the Archive of the Russian Academy of Sciences (SPb ARAS) ©: Abb. 168: Bürgi-Handschrift. Fond 285. Opis 1. Delo 5. List 127v. Arithmetica Burgii, 1603. **Abb. 169:** Kepler-Handschrift. Fond 285. Opis 1. Delo 5. List 118v. Arithmetica Burgii, 1603. **Abb. 190:** Kepler-Arbeitsbuch Nro. XXVI. Fond 285. Opis 1. Delo 10. List 68. Working book XXVI. 1600.

Staatsarchiv Aargau: Abb. 142: Habsburg. Copyright @ Staatsarchiv Aargau, Signatur: CH-000051-7 V/4-1985/0001, f. 24r.

Sternwarte des Zentrums für Astronomie der Universität Heidelberg und NASA ©: Abb. 134: Brahes Nova. Datenfusion der Weltraum-Teleskope Spitzer Infrarot und Chandra Röntgen mit der Normalspektrum-Aufnahme desselben Ortes durch das Calar-Alto-Observatorium in Spanien.

* Von den Bürgi-Zeitgenossen Reimers, Rheticus und Rothmann sind keine Porträts überliefert. Wir folgen daher der Praxis der damaligen Zeit, für die Darstellung der jeweiligen Person Prototypen mit Attributen ihres Standes zu verwenden und entnehmen diese Heinrich Pantaleon Bandlins sogenanntem Heldenbuch – dem Who is who des 16. Jahrhunderts. Mathematiker und Astronomen sind in diesem Buch durch entsprechende stereotype Instrumente charakterisiert, wie geometrisches Quadrat, Abakus, oder Rechenglobus mit Halbmesser. Diese drei Holzschnitte wurden um 1560 von Heinrich Vogtherr erstellt, der auch Stamms Schweizerchronik illustrierte.

Stiftsbibliothek St. Gallen © : Abb. 38: Erd- und Himmelsglobus St. Gallen, Replikat aus dem Jahre 2009. **Abb. 39:** Globusbemalung im Mercator-Stil mit ersten Sternen an der afrikanischen Mittelmeerküste. Auf der Südhalbkugel nehmen die Sterne zu und – vor allem südlich von Neguinea – die Landinformationen ab. **Abb. 40:** Ausschnitt Meeresungeheuer. **Abb. 244:** Der Mönch mit dem Sehrohr (Horologium nocturnum) zur Gebetsstundenbestimmung während der Nacht mittels des Polarsterns und seines zirkumpolaren Nachbarsterns 32 Camelopardalis Hevelii. Signatur: Cod. Sang. 18, S. 43. Federzeichnung des St. Galler Benediktinermönches Hartker (um 1000 n. Chr.) in Purpur, Minium und Grün. Die mit der Zeichnung ursprüngliche Beschreibung der astronomischen und horologischen Zusammenhänge wurde vom Pergament entfernt und ist seit dem frühen Mittelalter neu mit Psalmen überschrieben (Palimpest).

Toggenburger Museum Lichtensteig ©: Umschlag: Kombinierte runde Skala der Progresstabulen-Titelseite (Bürgi 1620) und Sadeler-Kupferstich des Bürgi-Porträts von 1619 (Bramer 1648). **Abb. 4, 175:** Bürgi-Porträt von Ägidius Sadeler 1619 aus Abb. 8. **Abb. 8:** Frontispiz von Benjamin Bramers Bericht zu M. Jobsten Bürgi seligen geometrischen Triangular Instrument. Kupferstich von Antonius Eisenhoit (1592) mit Porträt-Kupferstich von Ägidius Sadeler (1619), gedruckt 1648 in Kassel. **Abb. 9:** Augenpartie Jost Bürgis (Ausschnitt aus Abb. 8). **Abb. 10:** Lichtensteig/Thurmühle, Gemälde von J. B. Isenring, um 1840. **Abb. 12, 14:** Bosshard-Panorama: Panoramen von Gruben Köbelisberg Lichtensteig. Aufgenommen von Albert Bosshard, Winterthur, herausgegeben von Verkehrsverein Lichtensteig. Gedruckt vom Polygraphischen Institut A.-G., Zürich. Etwa 1910.– **Abb. 15:** Gemälde Lichtensteig Hauptgasse 1806 durch unbekannten Künstler. **Abb. 17:** Wappenscheibe des Jos Bürgi im Bowes Museum Barnard Castle. **Abb. 82:** Geodätische Triangulation; Ausschnitt aus Kupferstich von Antonius Eisenhoit (Abb. 183). **Abb. 88:** Brahe-Sextant gemäss Druckgrafik Uraniborg. **Abb. 89:** Bürgi-Sextant. Kupferstich-Ausschnitt aus Frontispiz Abb. 8. **Abb. 92:** Azimutal-Quadrant gemäss Ausschnitt aus Abb. 8. **Abb. 93:** Transversalteilung gemäss Johann A. Repsold: Zur Geschichte der astronomischen Messwerkzeuge. In: Astronomische Nachrichten 209, 1914, S. 193–210).– **Abb. 96:** Bürgi-Zirkelskalen gemäss Coester/Gerland: Beschreibung der Sammlung astronomischer Apparate im Königlichen Museum zu Cassel. 1878. **Abb. 107:** Eine der 22 im Auftrag Jost Bürgis 1592 durch Antonius Eisenhoit in Kupfer gestochenen Anwendungsillustrationen, veröffentlicht in Benjamin Bramers Bericht zu M. Jobsten Bürgi seligen geometrischen Triangular Instrument (Bramer / Kassel 1648). **Abb. 169:** Erste Tabellenseite von Jost Bürgis Arithmetischen und Geometrischen Progress Tabulen. (Kopie des seit 1945 verschollenen Danziger Exemplars). **Abb. 183:** Hafenvermessung mit Triangular-Instrument (Anwendungsillustration wie Abb. 107 und 184). **Abb. 184:** Wolkenhöhenbestimmung mit Triangulation. **Abb. 185:** Titelseite von Bürgis Progress Tabulen. Kopie des Danziger Exemplars mit handschriftlichen Korrekturen Bürgis oder Bramers. **Abb. 191:** Wolf Rudolf: Astronomische Mittheilungen, Nr. XXXI, Zürich, 17. Jg., 1872, S. 387/388. **Abb. 235:** Kasseler Panorama um 1620. **Abb. 236:** Faksimileseite «Günstiger Leser» aus Benjamin Bramers Bericht über Jost Bürgis Triangulationsinstrument (1648). **Abb. 237:** Porträt Benjamin Bramers, kopiert aus Bericht und Gebrauch eines Proportional-Lineals neben kurzem Unterricht eines Parallel-Instrumentes. Marburg 1617. S. 2. **Abb. 238:** Bürgi-Büste (1906) von R. Kissling am Jost-Bürgi-Schulhaus in Lichtensteig.

Toggenburger Museum Lichtensteig / Museumslandschaft Hessen Kassel, Astronomisch-Physikalisches Kabinett – Ausstellungstafeln Lichtensteig 2002/2013 ©: Abb. 63: Foto Kreuzschlaghemmung. **Abb. 67:** Foto Kopernikus-Relief. **Abb. 103:** Zeichnung Bürgi-Perspektivgerät. **Abb. 105:** Foto Bürgi-Triangulationsinstrument.

Universitätsbibliothek Basel, Abt. Handschriften und Alte Drucke ©: Abb. 81: Rheticus Narratio Prima. Signatur: Km XI 14:2; e-rara-8319. Georg Joachim Rheticus: De libris revolutionum eruditissimi viri, et mathematici excellentiss. reverendi. Basileae 1541. S. 8–9.

Universitätsbibliothek Graz ©: Abb. 154, 162: Bürgis Progresstabulen (Prag 1620). Grazer Exemplar. Signatur: Werk UBG-I 18601, Jost Bürgi: Titelseite Aritmetische und Geometrische Progress Tabulen, Prag: Paul Sess 1620. **Abb. 157:** Reimers Kopernikus-Übersetzung für Jost Bürgi 1586. Signatur: Ms 560 fol 2r. **Abb. 164:** Letzte Seite der Progress Tabulen. Signatur: Werk UBG-I 18601. **Abb. 181:** Handgeschriebene anstatt gedruckte Vorrede zu den Progress Tabulen. Signatur: Werk UBG-I 18601.

Universitätsbibliothek Kassel, Landesbibliothek und Murhardsche Bibliothek der Stadt Kassel ©: Abb. 114: Antionous und Delphinus im Grossen Hessischen Sternverzeichnis. Signatur: Handschrift 2° Ms astron. 7, image_20120923_184203 Antionous. **Abb. 123:** Meridianhöhen Kassel. Signatur: Handschrift 2° Ms astron. 5 Nr. 3 Bl. 1. **Abb. 124:** Cygnus im Grossen Hessischen Sternverzeichnis. Signatur: Handschrift 2° Ms astron. 7, image_20120923_1840 42 Cygnus. **Abb. 125:** Ursus minor und Ursus maior im Grossen Hessischen Sternverzeichnis. Signatur: Handschrift 2° Ms astron. 7, image_20120923_183801 Ursus. **Abb. 126:** Handbuchmanuskript Rothmann. Signatur: Handschrift 2° Ms astron. 5 Nr. 7 Bl. 75'. **Abb. 192:** Marsblatt Bürgi. Signatur: 2° Ms astron. 5.14 Bürgi Mars 23.12.1595.

Wünsch Johann / Acta Historica Astronomiae ©: Abb. 137: Genauigkeit Brahe-Sextant, Vol. 18, S. 31.

Württembergische Landesbibliothek Stuttgart ©: Abb. 101: Kepler-Zahnradpumpe gem. Aufzeichnungen von Wilhelm Schickard, Handschriftensignatur: Cod. Hist. Qt. 203, Bl. 19r alte Foliierung 9r.

Zentralbibliothek Zürich ©: Abb. 1, 2, 4: The finest atlas of the heavens von Andreas Cellarius. Faksimileausgabe. Herausgegeben von Benedikt Taschen. Köln: Taschen, 2006. Originalausgabe: Harmonia macrocosmica, 1660 (Amsterdam, Universiteitsbibliotheek). Abb. 1: Signatur T_12_s008_009: Ptolemäisches geozentrisches Weltmodell. Abb. 2: Signatur T_12_s022_023:: Kopernikanisches heliozentrisches Weltmodell. Abb. 4: Signatur T_12_s044_045: Brahes Tychonisches hybrides Weltmodell. **Abb. 16:** Fürstabtei St. Gallen. Karte von Gabriel Walser, 1760, Signatur 4 Jl 04: 3 der Kartensammlung. **Abb. 24:** Tierkreiszeichenmann Codex Schürstab. Signatur: Ms_C_54_f41 verso .

Autor und Verlag danken den Rechtsinhabern der oben genannten Dokumente für die Bereitstellung der Bildvorlagen und Bilddaten sowie für die Erteilung der Abdruckgenehmigung. In Fällen, in denen ein exakter Nachweis nicht möglich bzw. allfällige Urheberrechtsinhaber nicht zu eruieren waren, bitten Autor und Verlag die Inhaber des Copyrights um Nachricht.